종교개혁사

History of the Reformation
by Oh Deok Kyo, Th.M., Ph.D.

Copyright ⓒ 2010 Hapdong Theological Seminary Press
Pubilshed by Hapdong Theological Seminary Press
Kwangkyojoongang-ro 50, Yeongtong-gu, Suwon, Korea
All rights reserved

종교개혁사

초판 1쇄 발행   1998년 2월 10일
개정증보 2판 1쇄 발행   2010년 3월 30일
3쇄 발행   2014년 9월 25일
4쇄 발행   2018년 3월 30일

지은이	오덕교
발행인	정창균
펴낸곳	합동신학대학원출판부
주소	경기도 수원시 영통구 광교중앙로 50(원천동)
전화	(031) 217-0629
팩스	(031) 212-6204
홈페이지	www.hapdong.ac.kr
출판등록번호	제22-1-1호
인쇄처	예원프린팅 (031) 957-6551
총판	(주) 기독교출판유통 (031) 906-9191
값	18,000원

ISBN 978-89-86191-56-3   93230

*잘못된 책은 교환해 드립니다

이 도서의 국립중앙도서관 출판시 도서목록(CIP)은 e-CIP 홈페이지
http://www.nl.go.kr/cip.php에서 이용하실 수 있습니다. (CIP제어번호: CIP 2005000667)
저작권법에 의하여 한국 내에서 보호를 받는 저작물이므로 저자와 출판사의 허락없이 내용의 일부를 인용하거나 발췌하는 것을 금합니다.

HISTORY OF THE REFORMATION

종교개혁사

오덕교 지음

합동신학대학원출판부

책머리에

　종교개혁은 초대교회의 연장선상에서 일어났다. 초대기독교 운동이 구약시대를 마감하였다면, 종교개혁은 중세의 종말을 고한 사건이었다. 이 두 사건은 한 지역이 아닌 여러 나라에서 일어났으며, 하나님의 섭리와 간섭 가운데 시작되었다는 점에서 유사하다. 수많은 선지자들을 통해 메시아에 대해 예언하시고 때가 차매 메시아를 보내심으로 초대기독교를 세우셨던 것처럼, 세월이 흐르면서 지상 교회가 점차 타락하고 부패되었을 때 하나님께서 준비된 사람들을 보내어 교회를 새롭게 회복하셨다는 점에서도 이 두 사건은 공통점을 지닌다.

　종교개혁자들은 무지와 미신으로 오염된 하나님의 교회를 성경의 가르침에 따라 개혁하고자 하였다. 그들은 성경이 교훈하는 대로 믿고, 예배하며, 생활하는 것을 개혁의 이상으로 삼았고, 새로운 교회를 세우는 대신 기존의 교회를 개혁하고자 하였다. 그럼에도 불구하고, 로마천주교도들은 프로테스탄트를 향하여 "루터 이전에 너희 교회는 어디 있었느냐?"고 질문함으로 프로테스탄트 교회가 그들에게서 나왔거나 새로운 종교인 것처럼 만들려고 한다. 그러나 프로테스탄트는 그들에게 "세수하기 전 당신의 얼굴은 어디 있었느냐?"고 반문함으로 종교개혁의 진정한 의미를 알린다. 곧 종교개혁은 오염된 교회를 정결하게 한 운동이지 새로운 시작이 아니었다는 말이다.

종교개혁자들이 새로운 교회를 세우려고 한 것은 아니지만, 오늘날은 다양한 교파로 나누어져 있다. 이러한 현상은 프로테스탄트가 분리주의적이라서가 아니라 각 교파의 신학적인 전제, 성경 해석 방법론, 개혁의 방법론의 차이에서 온 것이다. 예를 들어 루터는 천주교회의 전통을 비판하면서 성경으로 돌아갈 것을 주장하였지만, 이성의 권위를 중시하여 성경이 금하지 않은 것은 얼마든지 교회의 신앙과 예배를 결정할 수 있다고 보았다. 그러나 칼빈과 개혁주의자들은 인간의 이성을 부패한 것으로 보고 신앙과 생활의 최종적인 권위를 하나님의 말씀에 두고자 하였다. 성경이 명하지 않은 어떤 것도 교회가 수용할 필요가 없고, 그것들이 인간을 얽어맬 수 없다고 본 것이다. 신령주의자들은 성경대로 개혁할 것을 주장하면서도 성령의 직접 계시를 내세워 성경의 권위보다는 종교적 체험을 최종적인 것으로 간주하였다. 또한 합리주의자들은 신앙적 판단의 기준을 이성과 상식에 두고 그것으로부터 떠난 것은 일체 수용하지 않았다. 이와 같이 종교개혁자들의 신학적인 입장 차이는 전혀 다른 성경 해석을 낳았고, 이는 결국 다양한 교파를 만들어 내었다.[1]

그러므로 역사를 바로 해석하기 위해서는 바른 신학적 전제가 있어야 한다. 그릇된 전제에 기초하여 해석하게 된다면 역사는 왜곡될 수 있기 때문이다. 따라서 필자는 이 책에서 개혁주의적 전제에 기초하여 종교개

---

1. 신학적 전제와 신학의 방향에 대해서는 필자의 졸저, 『언덕 위의 도시: 청교도의 사회 개혁 이상』(수원: 합동신학대학원출판부, 2004) 제 3장 "신학적 전제"를 참고하라.

혁을 논하고자 한다. 곧 성경만이 신앙과 생활의 절대적 규범이 되며, 이성이나 전통, 그리고 체험은 상대적인 권위를 가질 뿐이라는 칼빈주의 입장에서 루터로부터 시작하여 츠빙글리, 재세례파, 과격파, 칼빈, 낙스, 그리고 청교도 등 종교개혁을 이끌어온 인물들 또는 단체의 신학 사상과 영향에 대해 분석하고 종합하여 나름대로 평가해 보고자 한다. 이 점이 종교개혁사라는 이름으로 다양한 책이 나왔음에도 불구하고, 또 하나의 책을 내게 된 동기이다.

  이 책을 집필하고 출판하는 동안 많은 사랑을 베풀어주신 여러분들에게 감사를 드린다. 필자가 신학의 문을 두드리던 시절에 개혁주의 신학체계를 가르쳐 주신 신복윤 박사님과 종교개혁사에 눈을 뜨게 해주신 김명혁 박사님, 그리고 늘 사랑과 격려를 주신 윤영탁 박사님 등 은사님들에게 감사를 드리며, 책이 나올 때마다 교정으로 수고해 주는 나의 아내 이정화에게 다시 감사를 표한다.

2005년 3월 8일
저자 오덕교

■ 차례

책머리에_ 5

제1장 · 종교개혁의 해석_ 11
    1. 종교개혁의 해석과 전제_ 12
    2. 기독교 각 종파의 견해_ 20

제2장 · 종교개혁의 역사적 배경_ 23
    1. 정치 · 경제적 배경_ 24
    2. 인쇄술의 발명_ 28
    3. 종교적 배경_ 30
    4. 학문적 배경_ 38

제3장 · 루터의 종교적 각성_ 51
    1. 종교개혁 이전의 개혁운동_ 51
    2. 루터의 신학 수업과 준비_ 55
    3. 종교개혁의 봉화_ 65

제4장 · 루터의 종교개혁_ 73
    1. 신학 논쟁_ 73
    2. 문서 활동_ 80
    3. 중단 없는 개혁_ 88
    4. 루터의 신학_ 96

제5장 · 분열과 분리_ 109
    1. 비텐베르크의 개혁자들_ 110
    2. 농민 전쟁_ 116

제6장 · 루터파 교회의 확산_ 127
    1. 독일에서 루터파의 확산_ 127

History of the Reformation

  2. 필립 멜랑히톤과 독일교회_ 136
  3. 루터교회의 북유럽 확산_ 143

제7장 · 츠빙글리와 취리히 개혁_ 147
  1. 츠빙글리의 신학 수업_ 148
  2. 츠빙글리와 취리히 개혁_ 154
  3. 츠빙글리의 신학_ 165
  4. 개혁운동의 확산_ 175

제8장 · 급진적인 개혁운동_ 183
  1. 재세례파의 일어남_ 184
  2. 광신적 천년왕국주의자들_ 205
  3. 이성주의적 급진주의자들_ 211

제9장 · 칼빈과 제네바의 종교개혁_ 219
  1. 개혁자로의 준비_ 221
  2. 스트라스부르의 칼빈_ 239
  3. 칼빈과 제네바 개혁_ 245
  4. 칼빈의 신학_ 255

제10장 · 반동종교개혁_ 277
  1. 반동종교개혁의 배경_ 278
  2. 예수회와 트렌트 교회회의_ 282
  3. 천주교회의 내적 개혁과 선교 운동_ 291
  4. 동방정교회와 종교개혁_ 302

제11장 · 종교개혁의 확산_ 307
  1. 프랑스의 개혁운동_ 307
  2. 네덜란드의 개혁운동_ 330

3. 대륙에서 칼빈주의 운동_ 345

제12장 · 스코틀랜드의 종교개혁_ 353
     1. 개혁의 선구자들_ 354
     2. 낙스와 스코틀랜드 종교개혁_ 358
     3. 앤드류 멜빌과 계약파_ 373

제13장 · 영국의 종교개혁_ 379
     1. 헨리 8세의 개혁운동_ 380
     2. 에드워드 6세의 개혁운동_ 391
     3. 메리의 박해정책_ 397
     4. 엘리자베스의 중용정책_ 401

제14장 · 청교도 운동과 스코틀랜드 계약파_ 409
     1. 청교도 운동_ 410
     2. 스튜어트 왕조 아래서의 개혁운동_ 423
     3. 웨스트민스터 총회와 청교도 혁명_ 430
     4. 스코틀랜드의 장로교도_ 442

제15장 · 종교적 관용과 다원화_ 449
     1. 30년 전쟁_ 449
     2. 종교적 관용 사상의 대두_ 455
     3. 퀘이커_ 457
     4. 맺는 말_ 464

     종교개혁 연대표_ 469
     참고 및 인용 도서_ 479

제1장

종교개혁의 해석

역사에 대한 이해는 그 사건에 관련된 주변의 요인들 및 그것을 해석하는 역사가의 주관에 의하여 결정된다. 또한 역사의 해석은 해석자의 학문 및 사상적인 전제에 따라 다르게 나타난다. 이는 동일한 사건도 보는 방향에 따라 다르게 설명될 수 있는 것과 같다. 하나의 사건을 설명할 때에 유신론자(有神論者)와 유물론자(唯物論者)의 해석이 다르며, 자본주의자와 노동자의 입장이 다르다. 유신론자들은 하나님이 인간의 삶에 절대적인 영향을 미친다는 전제 아래 사건을 해석한다면 유물론자들은 물질이 인간의 행동을 유발하는 동기를 제공한다는 전제 아래 모든 것을 물질과 관련하여 의미를 찾으려고 한다. 또한 자본주의자들은 자본에 의한 이익 창출에 초점을 맞추지만 노동자는 물질의 생산을 노동의 가치로 본다.

이와 같이 전제의 차이는 전혀 다른 입장을 낳는다. 신학도 마찬가지다. 신학적 전제에 따라 각기 다른 신학이 나오게 되며 다양한 교파가 생성된다. 천주교회는 성경과 교회의 전통이 신앙의 척도가 된다는 전제에 기초하여 그들의 교회를 세웠고, 루터는 전통의 불완전을 주장하면서 오직 성경과 이성이 신학 활동의 배경이 된다는 전제로 종교개혁을 일으켰다. 칼빈은 교회의 전통이나 이성적 활동이 불완전하다고 보고 오직 성경만이 신학과 생활의 기초가 되어야 한다고 주장했고, 신령주의자들은 종교적 체험을 절대화하였으며, 합리주의자 또는 자유주의자들은 이성과 상식만을 학문의 기초로 봄으로 그들의 신학을 세웠다. 그러므로 종교개혁에 대한 바른 해석은 그것을 해석하는 역사가의 신학적 입장과 전제에 따라 달라질 수밖에 없게 된다.

1. 종교개혁의 해석과 전제

종교개혁에 대한 해석은 해석자가 가지고 있는 신학적인 전제에 따라 규정된다. 일부에서는 종교개혁을 사탄에 의하여 일어난 운동으로 보지만, 다른 이들은 하나님께서 손수 행하신 역사로 평가한다. 이러한 해석의 차이는 종교개혁을 보는 시각이 다르기 때문이다. 천주교회의 역사가들은 루터의 종교개혁을 교회 약화를 초래한 사탄의 역사라고 비난하였다. 16세기 이전의 서구는 한 명 교황의 지배로 교회와 세상이 하나를 이루었는데, 루터의 종교개혁으로 교회는 분열되고 종교적인 갈등이 나타나 교권이 약해졌다는 것이다.

그러나 프로테스탄트 역사가들은 종교개혁을 하나님에 의하여 계획되고 준비되어 온 하나님의 역사라고 보았다. 무지와 미신이 다스리던 중세의 암흑을 깨고 새로운 광명의 시대를 전개한 것이 종교개혁이라는 것이다. 즉 하나님께서 루터를 준비하시고, 그를 통하여 종교개혁을 일으킴으로 교회를 향한 하나님의 뜻을 이루셨다고 해석하였다. 이러한 관점에서 보면, 종교개혁은 비난되어야 할 사건이 아니라 "성경의 정경화(正經化) 작업이 끝난 이후 일어난 수많은 사건 가운데 가장 위대한" 교회 역사이다(George 1987, 13).

이와 같이, 역사는 해석자의 입장에 따라 각기 다르게 평가된다. 해석자가 종교개혁에 대하여 긍정적으로 보면 긍정적인 해석이 가능하고, 부정적일 때 부정적인 해석이 나오게 된다. 프로테스탄트 역사가들은 종교개혁을 긍정적으로 평가해 왔지만, 천주교회는 부정적으로 보아왔다. 그러나 세속적인 학자들도 신학적인 입장에 따라 종교개혁을 해석하려고 하지 않고 당시의 사회 상황에서 종교개혁이 일어난 배경을 찾고 해석하고자 함으로 새로운 연구를 시도하였다.[2]

기독교 역사가의 해석

먼저 기독교[3] 역사가들의 해석을 살펴보자. 그들은 16세기의 종교개혁을 루터에 의하여 충동적으로 일어난 사건이 아니라 역사적으로 반드

---

2. 종교개혁에 대한 해석 차이로 교회의 갈등이 심해지자, 독일의 역사학자 레오폴드 랑케(Leopold Von Ranke)는 『종교개혁 시대의 역사』(History in the Age of Reformation, 1839)에서 종교개혁을 객관적으로 해석하고자 하였다. 그러나 이러한 시도는 또 다른 하나의 전제를 기초로 하게 하여 주관적인 범주를 벗어나지 못하였다.
3. 필자는 천주교회의 오류를 지적하면서 시작된 프로테스탄트 종교개혁을 단순히 '개신교' 운동이라고 부르고 싶지 않다. 왜냐하면 프로테스탄트를 개신교라고 할 때 마치 우리 교회가 천주교회(구교)에서 나왔거나 그에 기초하고 있는 것처럼 보이기

시 일어나야만 했던 사건이라고 본다. 그들은 종교개혁을 구원사적인 사건으로 이해하고, 루터와 칼빈을 신앙의 투사 혹은 영웅으로 간주한다. 이와 같이 해석한 최초의 인물로는 독일의 종교개혁자요, 역사가인 일리리쿠스(Mathias Flacius Illyricus, 1520~1575)를 들 수 있다. 그는 1562년에서 1574년 사이 저술한 『마그데부르크 세기』(Magdeburg Centuries)에서 교회 역사를 성경 중심의 참된 교회와 의식과 위선을 중시하는 거짓 교회의 투쟁사로 해석하면서, 16세기의 종교개혁을 거짓된 교회에 대항하여 일어난 참된 교회의 역사로 설명하였다.

일리리쿠스의 종교개혁에 대한 해석은 16세기 영국의 역사가 존 베일(John Bale)에게서도 나타난다. 종교개혁을 주장하던 베일은 당국의 소환을 받자, 벨기에의 앤트워프에서 1545년 『두 교회의 모습』(Image of Both Churches)이라는 책을 썼다. 그는 교회사를 하나님의 말씀을 중심으로 하는 참 교회와 의식과 전통을 강조하는 거짓 교회의 투쟁사로 설명하였다. 베일은 요한계시록에 예언된 일곱 나팔의 사역이 적그리스도 세력의 몰락을 뜻하는 것처럼, 루터의 종교개혁을 거짓된 중세 교회를 심판하는 사건으로 이해하였다(오덕교 1994, 57~62).

『순교사기』(The Book of Martyrs)의 저자로 널리 알려진 영국의 종교개혁자 존 폭스(John Foxe)도 교회사를 참 교회인 그리스도의 교회와 적그리스도의 교회인 천주교회의 투쟁사로 이해하였다. 그는 『순교사기』라고 알

때문이다. 로마가톨릭교회는 그들의 교회를 칭할 때 기독교회라는 말보다 천주교회라고 불러왔고, 세상 사람들은 프로테스탄트 교회를 기독교로 불러 오고 있다(물론 기독교회는 로마천주교회와 프로테스탄트, 동방정교회를 포함하고 있지만). 그러므로 우리는 가톨릭교회로부터 우리를 구별하기 위해 우리 종교를 기독교라고 부르고, 우리의 교회를 기독교회로 칭해야 할 것이다.

려진 『행위와 기념』(The Acts and Monuments, 1570)이라는 책에서, 교회 역사를 요한계시록 제2장과 제3장에 기록된 소아시아의 일곱 교회와 연관시켜 설명하였다. 교회 역사를 통해 볼 때, 참된 교회는 적그리스도의 교회에 의하여 핍박과 훼방을 받았지만 루터의 종교개혁으로 적그리스도의 교회가 몰락하기 시작하였다고 보았다. 거짓 교회가 중세 시대를 통해 잠시 득세하였지만, 하나님의 말씀과 성령을 중심으로 하는 참된 교회의 승리로 인류의 역사가 끝나게 될 것이라고 주장하였다(오덕교 1994, 66~70).

천주교의 해석

둘째는 천주교 역사가들의 해석이다. 그들은 중세 시대를 기독교적인 이상이 실현되었던 사회로 보고, 종교개혁 당시의 교회에 어떤 오류도 없었다고 주장하며, 종교개혁을 하나의 이단적이요, 분리주의적인 운동이라고 비판한다. 이와 같은 입장을 최초로 밝힌 글이 추기경 바로니우스(Baronius)가 1588년에서 1607년 사이에 완성한 『교회 연대기』(Annales Ecclesiatici)로, 이 책은 후대 천주교 역사가들의 종교개혁에 대한 기본적인 해석서가 되고 있다.

바로니우스는 『교회 연대기』를 통해 종교개혁을 로마천주교회의 정통신학으로부터의 일탈(逸脫)로 설명했다. 즉 종교개혁이란 교회가 혼란한 틈을 타서 일부의 신학자들이 천주교의 정통신학에서 떠나면서 시작된 사건이라는 것이다. 그는 중세 말기의 신학이 토머스 아퀴나스(Thomas Aquinas)의 실재론(Realism)을 따르는 '복고주의'(via antiqua), 그리고 옥캄의 윌리엄(William of Ockham)이 주장한 유명론(Nominalism)을 따르는 '현대주의'(via moderna)로 나뉘어져 대립하고 있었고, 그러한 갈등 가운데서 나온 것이 종교개혁이라고 하였다.

'현대주의' 신학자들은 아퀴나스의 실재론을 부인하고, 유명론적인 인식을 극단화하면서 신학을 신앙과 이성의 영역으로 나누었다. 그들은 천주교회의 교리들이 신학적으로 비록 정당화될 수 있을지 몰라도 성경적으로는 오류로 가득 차 있다고 비판하면서 하나님의 뜻을 이루기 위해 성경대로 교회를 개혁할 것과 세상 가운데 하나님의 주권을 실현해야한다고 주장하였다. 바로니우스는 이와 같은 옥캄의 유명론을 루터가 받아들이면서 종교개혁이 일어나게 되었다고 주장하였다.

실제로 루터는 옥캄주의의 영향을 받았다. 그가 최후의 옥캄주의자라고 하는 가브리엘 비엘(Gabriel Biel, d. 1485)의 글을 통하여 유명론을 받아들였기 때문이다.[4] 비엘은 15세기 초반 독일에서 태어나 공동생활형제단(Brethren of Common Life)에 의해 양육되었고, 1432년부터 하이델베르크대학과 에르푸르트대학, 그리고 쾰른대학에서 아퀴나스의 '복고주의' 및 옥캄의 '현대주의'를 두루 익혔다. 그러나 그는 자연 신학의 입장을 취하는 아퀴나스보다는 종교의 초자연성을 강조하는 옥캄을 더 좋아하

---

4. 가브리엘 비엘은 '오늘의 헌신'(devotio moderna) 운동에서 강조하는 영성과 자신의 학문적인 연구를 조화시키려고 하다가 반(半)펠라기우스주의(Semi-Pelagianism)에 빠졌다. 비엘의 신학은 그의 구원 서정에 관한 교리에 잘 나타난다. 비엘은 죄인들을 위한 구원의 서정에 대하여 논하면서 성령의 은혜나 외적인 도움 없이 죄인의 독자적인 자유의지로 구원을 성취할 수 있다고 하였다. 또한 인간의 우선적인 행동이 공로가 되어 하나님의 은혜를 획득하게 되고, 하나님의 은혜를 받아 은혜의 상태에 거하게 되므로 계속 선을 행할 수 있다고 하였다. 한 걸음 더 나아가, 그는 하나님께서 최선을 다해 선을 행하는 자에게 은혜를 주신다는 '자비의 약속'과 은혜의 상태에서 계속 선을 행하는 자에게 그 공로를 인정하여 의인으로 칭하는 '공의의 약속'을 주셨다고 주장하였다. 비엘의 사상은 인간의 노력을 통한 구원을 추구하게 하였는데, 이는 루터의 '오직 믿음으로'(Sola fide), '오직 은혜'(Sola gratia)사상과 전적으로 배치되는 것이다.

었다. 그리고 토머스 아 켐피스(Thomas à Kempis)의 반(反)지성주의를 반대하였다. 이러한 비엘의 유명론이 천주교회에 의하여 이단으로 정죄되었으므로, 바로니우스는 루터가 이단적인 사상을 계승하고 있다고 지적하였다.[5]

천주교 역사가들은 바로니우스의 해석을 따라 루터의 종교개혁을 개혁이 아니라 개악이라고 비판하곤 한다. 미국 켄터키 주, 루이빌(Louisville)의 로마천주교 주교였던 마틴 스팔딩(Martin J. Spalding)은 개혁파 교회사가인 메릴 따비네(Merle d'Aubigne)가 쓴 『16세기의 종교개혁사』(History of the Reformation of the Sixteenth Century)를 비판하기 위해 『프로테스탄트 종교개혁의 역사』(The History of the Protestant Reformation, Louisville, Kentucky, 1860)라는 책을 썼다. 그는 이 책의 제1권 102쪽부터 109쪽에서, 중세 교회는 완전한 교리 체계를 갖추고 바른 전통에 서 있었음에도 루터가 종교개혁을 일으킴으로 교회를 허물어뜨렸다고 비난하면서, 종교개혁은 하나님의 역사가 아니라 교회의 몰락을 일으킨 악령의 역사였다고 비판하였다.

하인리히 데니플(Heinrich Denifle), 하트만 그리사(Hartman Grisar)와 로스 윌리엄슨(H. Rosse Williamson) 같은 천주교도들은 종교개혁의 원인을 루터의 자기도취증(Narcism) 및 성적인 충동 탓이라고 언급했다. 독일의 영주들은 탐욕과 정권욕에 이끌려 종교개혁을 추구했고, 종교개혁자들은 호색을 즐기기 위해 그들의 영혼을 배교했다고 보았다. 하트만 그리사는

---

5. 이러한 맥락에서, 천주교 신학자 요하네스 에크(Johannes Eck)는 1519년 라이프치히 논쟁 때에 루터의 신학적인 입장이 전통적인 아퀴나스 신학에서 이탈한 옥캄의 입장이라고 지적하고, 종교개혁은 다름 아닌 천주교회의 정통적인 교리에서의 이탈한 것이라고 비판하였다(Spitz 1971, 308).

1960년에 출판한 『마틴 루터, 그의 생애와 업적』(Martin Luther, His Life and Work, Westminster, Maryland: The Newman Press)이라는 책에서, 종교개혁의 시작을 루터의 심리적인 변화에서 찾았다. 루터가 성직자에게 요구되는 금욕과 절제 대신, 단지 성욕을 억제할 수 없어 교회에 대항하여 종교개혁의 깃발을 들었다는 것이다. 윌리엄슨도 『영국 종교개혁의 시작』(The Beginnings of the England Reformation, Sheed & Ward Inc., 1957)에서 종교개혁을 마틴 루터의 그릇된 탐심에 기인한 것이라고 비판하였다.

조지 타바드(Georges Tavard)나 피에르 자넬(Pierre Janelle)과 같은 천주교 신학자들은 루터의 종교개혁을 교회 역사상 불필요했던 사건이었다고 언급하였다. 타바드는 『프로테스탄티즘』(Protestantism, New York: Hawthorne Books Inc, 1959)을 통하여 프로테스탄트 교회와 천주교회가 신앙적으로 차이점이 없으며, 기독교회는 단지 천주교회로부터 분가한 작은 집에 불과하므로 종교개혁은 없었어야 했다고 주장하였다. 루터의 종교개혁이란 그저 루터의 저급한 영웅 심리에서 나온 것일 뿐이라는 것이다. 자넬도 『가톨릭 종교개혁』(Catholic Reformation, Milwaukee, Wisconsin: The Bruce Publishing Company, 1963)에서 기독교와 천주교회는 같은 신학이었으므로 종교개혁이 불필요하였으며, 오히려 종교개혁으로 교회가 쇠퇴하게 되었다고 주장하였다.

이와 같이 천주교 학자들은 루터의 종교개혁으로 인해 "중세의 신앙과 이성에 대한 강조, 아퀴나스에 의하여 잘 조화된 자연과 은총 사상이 사라지면서 절대주의가 등장하게 되었고, 국가주의와 세속주의가 일어나는" 등 교회의 쇠퇴기를 이끌었다고 보고 있다. 그러나 이러한 역사 해석은 티모시 조지(Timothy George)가 지적한 대로, 일방적인 해석일 뿐만 아니라 많은 문제성을 내포하고 있다(George 1987, 14).

세속적인 해석

마지막으로 세속적인 학자들의 해석이 있다. 세속적인 역사학자들은 종교개혁의 배경을 당시 경제생활이나 사회적 가치관의 변화, 또는 국가적·정치적 상황의 변화에서 찾는다. 그 예로, 사회주의자들은 자본주의의 발생, 중산층의 형성, 인쇄술의 발명, 광업, 조선 기술, 산업 기술의 혁명과 같은 사회 구조의 변화로부터 종교개혁의 동기를 찾으며, 마르크스주의자들은 십자군 전쟁 이후 봉건 영주들이 몰락하고 중산층이 일어나는 등 사회 구조가 변화하는 데서 종교개혁이 일어나게 되었다고 주장한다.

사회주의적인 역사학자 스미스(P. Smith)는 『종교개혁의 시대』(The Age of the Reformation, Holt, Reinhardt and Winston, Inc., 1920)에서 종교개혁을 사회 구조의 변화로부터 기인된 것으로 보고, 국가주의와 자본주의와 개인주의가 팽배하게 되면서 종교개혁이 일어났다고 주장하였다. 독일의 역사학자 에바 프리스터(Eva Priester)는 1946년에 출판한 『간략한 오스트리아 역사』(Kurze Geschichte Österreichs, Vienna: Globus-Buchvertrieb)에서 종교개혁을 사회적·경제적 변화에서 발생한 사건으로 이해하였다. 한편, 합리주의자인 반 겔더(H. A. E. Van Gelder)는 역사를 이성 중심적으로 보았다. 그는 참된 종교개혁은 루터나 칼빈에 의하여 완성된 것이 아니라, 종교개혁 이후 르네상스의 전통을 계승한 계몽주의 시대의 인본주의자들로 인해 성취되었다고 주장하였다.[6]

---

6. 겔더(Gelder)의 입장에 대하여는 『16세기의 두 종교개혁』(The Two Reformations of the 16th Century, The Hague: Martinus Nijhoff, N. V. Publishers of the Hague, 1961)의 3~10을 참고하라.

2. 기독교 각 종파의 견해

기독교인이라고 해서 모두 다 종교개혁에 대해 동일한 입장을 가지는 것은 아니다. 종교개혁에 대하여 보는 시각이 제각기 다르며, 그들이 소속되어 있는 종파의 신학적 전통에 따라 해석하기 때문이다. 그러므로 루터 이후 다양한 종파가 생겨났지만, 그들의 해석은 루터파, 개혁파, 그리고 재세례파와 신령주의자 중심의 과격파의 입장에서 고찰할 수 있다.

루터의 개혁사상이 가장 옳았다고 확신하는 루터파는 종교개혁을 논할 때 루터의 위치와 그의 신학 사상 및 업적에 초점을 맞추어 설명한다. 루터의 개혁운동을 종교개혁의 완성으로 보는 것이다. 루터파의 입장을 대변하는 학자로는 고든 럽(Gordon Rupp), 롤랜드 베인튼(Roland H. Bainton), 그리고 게하르트 리터(Gerhard Ritter) 등이 있다.[7]

칼빈주의자로 일컬어지는 개혁주의자들은 울리히 츠빙글리(U. Zwingli), 존 칼빈(John Calvin), 그리고 영국의 청교도와 존 낙스(John Knox)의 개혁운동에 초점을 맞추어 종교개혁의 역사를 설명한다. 개혁파 입장을 취하는 이들은 종교개혁을 단순한 인간의 사역이 아니라 하나님의 섭리와 간섭 가운데 진행된 구속적인 역사로 보고, 성경 중심적 개혁주의 신학을 세운

---

[7] 종교개혁에서 루터의 중요성을 강조한 대표적인 저서로 루터의 회심 과정을 묘사한 고든 럽(Gordon Rupp)의 『하나님의 의』(*The Righteousness of God*)와 루터의 생애를 묘사한 롤랜드 베인튼(Roland H. Bainton)의 『내가 여기 서 있나이다』(*Here I Stand*) 등이 있다. 게하르트 리터(Gerhard Ritter)는 『루터: 그의 생애와 업적』(*Luther: His Life and Work*, New York: Harper and Row, Inc., 1963)에서 루터의 종교적인 체험을 독일의 종교개혁을 여는 열쇠라고 하였고, 슈비베르트(E. G. Schwiebert)는 『루터와 그의 시기』(*Luther and His Times* (St. Louis, Mo.: Concordia Publishing House, 1950)에서 루터의 공적을 평가하고, 루터가 종교개혁에 성공을 거둔 것은 대학과 인쇄술과 같은 기관을 동원하였기 때문이라고 주장하였다.

개혁주의자들을 중심으로 해석한다. 그 대표적인 학자로 메릴 따비네 (Jean Henri Merle d'Aubigne)와 쟝 카디에(Jean Cadier), 죠셉 보하텍(Josef Bohatec) 등이 있다.[8]

그러나 영적인 유산의 기초를 과격파에서 찾는 역사가들은 천주교회 만큼이나 루터와 개혁파의 개혁운동을 비판한다. 그들은 칼슈타트 (Andreas Karlstadt), 토머스 뮌쳐(Thomas Muntzer), 콘라드 그레벨(Conrad Grebel), 그리고 카스파르 판 슈벵크펠트(Kaspar van Schwenkfeld)와 같은 과격파에 의하여 진정한 종교개혁이 이루어졌다고 보기 때문이다. 과격파의 입장에서 종교개혁을 설명한 학자로는 노만 콘(Norman Cohn)과 조지 윌리엄스(George Hunston Williams) 등이 있다.[9]

종교개혁에 대한 해석은 해석자의 신학적인 입장에 따라 다르게 된다. 종교개혁에 대한 과격파의 입장을 두둔하면서 개혁주의 입장을 취할 수 없고, 천주교의 해석을 따르면서 자신의 입장을 과격파와 동일시 할 수

---

8. 따비네는 『16세기의 종교개혁』(History of the Reformation of the Sixteenth Century, Grand Rapids, Michigan: Baker Book House, 1846, Reprint edition)에서, 종교개혁이 그리스도의 초림 사건과 마찬가지로 하나님에 의하여 준비된 교회사의 가장 중요한 사건이라고 주장하면서, 칼빈의 개혁운동을 종교개혁의 절정으로 평가하였다. 이와 같은 따비네의 사상은 쟝 카디에의 『존 칼빈, 하나님의 부르신 사람』(John Calvin, the Man Whom God Called)과 죠셉 보하텍의 『부데와 칼빈』(Bude und Calvin)과 같은 글에 다시 나타난다.
9. 토머스 뮌쳐나 안드레아스 칼슈타트와 같은 과격파의 입장을 묘사한 저서로는 조지 윌리엄스(George Williams)의 『과격파 종교개혁』(The Radical Reformation, Philadelphia: Westminster Press, 1962)과 노만 콘(Norman Cohn)의 『천년왕국의 추구』(The Pursuit of the Millennium, New York: Oxford University Press, 1970)가 있다. 윌리엄스는 종교개혁이 성공한 것은 개혁자들의 과격한 요소 때문이라고 하였고, 노만 콘은 과격파들을 혁명적인 방법을 통하여 지상에 천년왕국을 실현하고자 하였던 무리로 묘사하였다.

없는 것이 종교개혁에 대한 해석인 것이다. 그러므로 종교개혁을 바로 이해하려면 바른 신학적인 전제를 가지는 것이 무엇보다 중요하다.

바른 신학 운동은 신학 활동에서 인간의 이성보다는 성경의 권위를 중시하며, 성경의 영감과 무오를 믿음으로 가능하다. 바른 신학은 성경이 기록된 역사적 배경과 문법적 의미를 기초로 하여 그 의미를 파악하고 발전시켜 온 신학이므로, 이러한 신학 체계는 루터란(Lutheran)이나 천주교가 아닌 오직 개혁주의 신학에서만 발견할 수 있다. 그렇다면 이제 이러한 신학적인 전제를 고수하고 있는 개혁주의자의 입장에서 종교개혁의 역사적 배경을 살펴보도록 하자.

제2장

종교개혁의 역사적 배경

    16세기는 믿음 때문에 살고 죽을 준비가 되어있던 시기였다. 어느 곳에 가든지 교회당들이 우뚝 서 있었고, 교회당은 성직자들로 가득 차 있었으며, 수많은 예배실이 있어 누구라도 쉽게 종교행사에 참석할 수 있었다. 그 예로 쾰른이라고 하는 독일의 한 도시를 들어보자. 쾰른에는 16세기 초반 약 3만 명의 인구가 살았는데, 100여 개의 교회당과 여러 개의 채플과 수도원이 있었다(Hillerbrand 1981, 17). 인구 300명에 하나 꼴로 교회당, 채플, 수도원이 있었던 셈이다. 이와 같은 현상은 다른 도시들도 비슷하였는데, 이는 일부 학자들로 하여금 가장 종교적인 시기에 왜 종교개혁이 일어나야 했는지 의문을 제기하게 하는 이유가 되고 있다.

    종교적인 사회라고해서 다 기독교적인 것만은 아니다. 비록 중세인들이 기독교라는 이름 아래 종교생활을 하고 열렬히 예배를 드렸다고 하더라도 교회가 성경이 가르치는 바른 신앙, 예배, 생활에서 이탈하여 있었다면 개혁되어야 했기 때문이다. 당시의 독일 교회는 성경이 가르치는 예배보다는 미신적이고 이교적인 예배가 만연하였고, 성경에 근거한 신앙보다는 교회회의가 결정한 바를 고집하며, 자율과 평등의 교회 행정보다는 교권이 지배하여 부정과 부패가 만연해 있었다. 따라서 교회개혁은 당시 사회가 요구하던 시대적인 요청이었다.

그러므로 종교개혁은 인간에 의하여 의도된 것이 아니라 하나님에 의하여 준비된 역사였다. 예수 그리스도의 초림(初臨)을 위해 하나님께서 정치·군사·문화적으로 준비하셨던 것처럼(갈 4:4), 하나님은 다양한 분야를 동원하여 종교개혁을 예비하신 것이다(d'Aubigne 1846, 1~2). 그렇다면 종교개혁을 가능하게 하였던 역사적인 배경을 살펴보자.

1. 정치·경제적 배경

십자군 전쟁이 끝난 후 장원제도와 함께 봉건주의가 무너졌다. 이러한 정치 구조의 변화는 산업 구조의 변화를 초래하였고, 그 결과 무역으로 치부한 상인들이 중산층으로 변모하였다. 왕은 경제력을 가진 상인들에게 자문을 구하고, 그들의 후원을 받아 권력을 신장하였다. 왕권이 점점 커가면서 영국, 독일, 프랑스, 스페인 등에서 절대 왕조들이 일어났다(Grimm 1973, 16~29 참고). 세속 군주들은 절대 권력을 추구하였고, 전쟁을 일으켜 국토를 확대하거나, 왕권신수설을 주장함으로 교회의 권세에 대항하였다.

정치적 요인

절대 군주들은 국가 권력을 확장하고자 재산의 해외 유출을 금하는 등의 재정정책을 폈다. 그 이유는 로마로의 재산 유출이 국가 재정에 엄청난 손실을 가져왔기 때문이다. 교황청은 유럽 땅의 3분의 1을 소유하고, 소작인들로부터 물질을 긁어모아 막강한 부를 향유하고 있었다. 이러한 상황에서 십일조, 임직세 등 다양한 세금과 소작료 등을 로마에 납부함으로 국가 재정이 어려워지자, 세속군주들은 로마로의 재정 유출을 막음으로 국가 재정을 든든히 하고자 하였다. 특히 국민 총수입의 40%가 로마로 유출되고 있던 독일의 경우에 있어 재산의 해외 반출 금지는 국가를 부강하게 하는 기초를 다지는 것과 같았다. 그러므로 정부는 필연적으로 국내 재산의 유출을 막아야 했고, 이를 위해서는 종교개혁을 지지하여야만 했다.

경제적 요인

종교개혁이 일어나기 이전의 유럽의 경제는 매우 혼란스러웠다. 경제 형편은 인구의 증감과 밀접한 관계를 가지고 있었다. 전쟁, 질병, 기근으로 인한 인구의 감소 현상이 일어나면서 경제가 어려워졌지만, 태평 시대를 맞아 인구가 급증하면서 경제가 활성화되기도 하였다. 반면 인구의 증가는 결국 실업률의 증가를 초래하여 경제 구조를 혼란스럽게 만들었다.

인구의 감소 현상은 십자군 전쟁 및 백년 전쟁과 같은 전쟁, 그리고 흑사병과 같은 전염병의 만연, 기근과 재해 등으로 인해 수많은 사람이 목숨을 잃음으로 나타났다. 특히 전염병으로 인한 인구의 감소는 현저하였다. 1346년에는 2500만 명이 죽었고, 1499년에서 1502년 사이 독일의 라인란트와 슈바비아 지역에서는 인구가 절반 이상이나 줄어들었다. 이러한 인구 감소로, 1500년대의 유럽의 인구는 1300년대의 인구와 거의 비슷해졌고 노동 인구가 절대적으로 부족하게 되었다.

16세기에 들어서자 평화 시대가 열리면서 인구의 급속한 증가가 이루어졌다. 영국의 경우 1500년경에 350만 명에 불과하던 인구가 1600년에는 500만 명이 되었다. 유럽의 인구도 1500년에 1200만 명이던 것이 1600년에는 2000만 명으로 증가하였다. 인구의 증가로 노동력이 풍부하여지자, 영주들은 농지에 대한 임대료를 인상하여 농민들을 억압하였고, 그로 인해 많은 실업자가 생겨났다. 일자리를 잃은 농민들은 일거리를 찾아 도시로 진출하든지 용병(傭兵)으로 나갔다. 또한 신대륙의 발견과 무역업의 발전으로 도시를 향한 인구의 유입이 빨라졌고, 대형 도시들이 생겨났다. 1500년 초반 인구 10만 명 이상이 되는 도시는 콘스탄티노플, 나폴리, 베니스, 밀란, 파리 등의 5개였으나, 1600년대 초반에는 12개로 늘어났다.

15세기부터 조선 기술과 항해술의 발달로 해상 무역이 발전하게 되었고, 이는 경제계의 변화를 가속화시켰다. 1세기에 로마제국의 군대들이 가는 곳마다 길을 놓아 여행자들이 쉽게 여행할 수 있었던 것과 같이, 14세기 중엽 포르투갈에 의한 조선과 해양 기술의 발전이 국제 무역 시대를 연 것이다. 포르투갈의 헨리(Henry)왕자는 탐험을 장려하여 아프리카 서안 해안을 탐험하면서 흑인들에게 기독교 신앙을 전하였고, 1471년 적도에 이르기까지 항해하였다. 1486년 바톨로뮤 디아즈(Bartolomew Dias)는 아프리카의 최남단에 있는 희망봉에 도착하였다.

유럽인들은 신대륙 개척을 통해 무역을 발전시켰다. 서남 아프리카에서 흑인 노예, 금, 직물, 향료, 목재, 양곡, 가죽옷, 소금, 포도주를 실어 날랐고, 인도에서는 후추와 상아를, 중국에서는 비단을 가져왔다. 이러한 무역업의 발전으로 유럽은 경제적인 풍요를 누릴 수 있게 되었다.

특히 콜럼버스(Christopher Columbus)의 신대륙 발견은 서구 세계를 온통 흔들었다. 그는 1492년 서인도제도의 바하마에 도착함으로 신대륙의 존재를 서구에 알렸다. 사람들은 신세계가 존재한다는 데 대하여 두려움과 흥분을 감추지 못하였다. 중세의 미신에 대한 새로운 각성이 일어나게 되었고, 가치관의 혼란이 일어났다. 신대륙의 발견은 수송업과 무역량의 증가에 크게 공헌하였다. 피에르(Pierre)와 초운스(Huguette Chaunce)의 통계에 의하면, 1550년에는 스페인의 세빌(Seville)에서 신대륙까지 200척의 배가 3만 톤의 물건을 날랐으나 1660년에는 5만 톤의 물건을 운송하였다(Koenigsberger 1968, 47). 무역량의 증가에 따른 많은 노동력이 요구되자, 노예무역이 성행하게 되었고,[10] 노동력이 필요한 도시로의 인구 유입은 더욱 가속화되었다.

노동력이 도시로 이동하자, 넓은 토지를 소유한 영주들은 점차로 부족한 노동력으로 곤경에 처하게 되었다. 그들은 노동력 해소를 위해 기계화를 촉진하였다. 그 결과 산업이 발전하고, 협동조합과 은행들이 생겨났으며, 은행의 출현과 함께 신용제도, 지폐, 할인제도 등과 같은 새로운 형태의 경제 구조가 등장하였다. 이는 자본주의적인 경제 구조로 나아가는 계기가 되었으며, 자본주의는 경제력의 집중화를 가속화시켰다.[11] 이런 경제 구조의 급속한 변화는 사회를 혼란 가운데로 이끌었다.

특히 물가의 불안은 그 절정에 이르렀다. 중세 말기에 매년 2~3퍼센트 인상되던 물가가 16세기에는 경제 단위가 더 커지면서 상승도 가속화되었다. 16세기 중엽부터 신대륙에서 금과 은이 유럽에 수입되면서 물가가 급등하였으며, 17세기 초반 영국에서는 양곡의 도매가격이 5배나 올랐고, 프랑스에서는 7배, 스페인에서는 그 이상으로 올랐다. 이러한 물가 상승은 오늘날의 기준으로 보면 그다지 높은 것이라 할 수 없지만, 당시

---

10. 노예제도에 대해 폴란드의 개혁자 존 아 라스코(John a Lasco)는 비인간적이라고 비판하였고, 에라스무스 비롯한 인문주의자들도 비윤리적이라고 비난하였다.
11. 제네바의 개혁자 칼빈은 다른 상품을 재생산시키기 위한 이윤 제도를 허용하였다.

에는 수습할 수 없을 정도로 위협적인 것이었다.

당시의 학자와 설교자들은 설교와 강의를 통하여, 전매업자, 고리대금업자, 상인, 특히 양곡 상인들의 농간에 대하여 비난을 퍼부었다. 물가상승으로 인하여 식량 폭동이 일어나자 전매업자, 고리대금업자, 상인들의 창고와 집은 주된 공격의 대상이 되기도 하였다(Koenigsberger 1968, 23). 이러한 경제·사회적인 혼란은 사람들로 하여금 개혁 혹은 혁명 등의 변화를 요청하게 만들었다.

2. 인쇄술의 발명

인쇄술의 발명은 종교개혁 사상의 파급을 신속하게 해 주었다. 칭기즈 칸이 서구를 점령하면서 시작된 동방과 서방의 교류는 현대 사회로 가는 새로운 길을 열었다. 특히 마르코 폴로(Marco Polo)에 의한 『동방견문록』이 출판되자, 동양에 대한 서양인들의 호기심이 가중되었고, 동서의 교류가 시작되면서 동양 문화가 점차로 서구에 소개되었다. 그 가운데 하나가 바로 종이, 화약, 나침반과 함께 인류의 4대 발명 가운데 하나로 알려진 인쇄 기술이었다. 인쇄술은 루터가 말했던 것처럼 "하나님이 주신 최근의, 그리고 최고의 선물"이었고, 존 폭스가 언급했듯이 "신성하고 신비로운 고안"이었다. 이러한 인쇄기술을 인류 역사상 최초로 발명한 나라는 바로 동방의 문화대국 고려(高麗)였다. 이 기술이 당시에 세계를 지배하던 몽골을 통해 유럽에 소개됨으로 서구 역사가 바뀌게 되었다.[12]

---

12. 인류 최초의 금속활자는 고려 우왕 3년(1377년)에 간행한 『불조직지심체요절(佛

인쇄술이 서양 사회에 소개되자, 1455년 구텐베르크(Johannes Gutenberg)가 인쇄기를 만들어 유럽의 근대화를 이끌었다. 인쇄 공장들이 독일은 물론, 네덜란드와 이탈리아 등지에 세워졌고, 수많은 책들이 출판되었다. 독일에서는 요하네스 프로벤(Johannes Froben), 알두스 마누티우스(Aldus Manutius), 요하네스 아메르바하(Johannes Amerbach)와 같은 인문주의 인쇄업자들이 그리스의 고전, 초대교부들의 글, 중세의 서적과 문서들, 그리고 경건 서적과 성경을 인쇄하여 보급하였다.

인쇄술의 발명은 지식의 풍요시기를 초래하여 지적 활동을 자극하였으며, 성경 지식의 확산을 도왔다. 1457년에서 1500년 사이에 유럽 전역에서 인쇄된 성경이 100여종이나 되었고, 그 가격이 이전에 비하여 20분의 1로 하락해서 누구라도 쉽게 구입할 수 있게 되면서 성경이 널리 보급되었다.[13] 1500년경에는 4만 여종의 책이 출판되었고, 총 수량이 1,000만 권에 이르면서 문예혁명이 시작되었다(Spitz 1983, 22).

인쇄술의 발전은 종교개혁에도 큰 공헌을 하였다. 종교개혁이 일어나기 전, 한 인쇄업자가 연간 발행한 서적은 약 40여권이었으나 종교개혁

祖直指心體要節)』로 독일 구텐베르크가 낸 『세계 심판』보다 63년이나 앞선 것이다. 이는 우리 민족의 독창성과 뛰어난 기술력을 입증시켜 주는 것이다. 『직지심체요절』은 구한말 프랑스 공사였던 꼴랭드 플랑시가 강화도에서 훔쳐간 수백 권의 책 중 한 권으로 1972년 파리에서 열린 세계도서축제에서 세계 최초 금속활자로 공인되었다. 원래 상하권이었으나 상권은 소실되고, 지금 하권만 프랑스 국립도서관에 보존돼 있다. 직지는 백운화상이 지은 불서지이다. 지난 1989년에 프랑스 대통령이 직지를 포함한 프랑스 내에 보관된 한국 문화재를 반환해 줄 것을 약속하였으나 아직까지 돌려주지 않고 있다.

13. 1450년 초반 파우스트(Faust)라는 성경 판매상은 성경 한 권을 500 크라운(Crown)에 판매할 수 있었으나 인쇄술의 발달로 성경이 많이 출판되자, 그 다음에 나온 책은 60 크라운, 그 다음에는 30 크라운, 그리고 맨 나중에는 구매자가 원하는 가격에 매매할 수밖에 없었다고 한다(Hays 1892, 39).

이후 매년 500권 이상이 출판되었다. 그리스도의 강림 때에 온 유럽의 사람들이 헬라어를 통하여 복음을 들을 수 있었던 것처럼, 인쇄술의 혁명으로 루터의 개혁사상을 손쉽게 접할 수 있게 되었다. 슈비베르트(Schwiebert)는 인쇄술이 가져온 영향에 대해 다음과 같이 언급했다: "매력적인 목각으로 새긴 인쇄물들은 개혁의 효과적인 수단이 되었다. 루터는 인쇄기를 이용하여 단 몇 주안에 그의 적대 세력인 천주교회의 공격에 답하였고, 설교와 신학적인 논문이 출판되었다. 보통 시민들도 종교개혁에 친숙하게 되었는데 이는 1517년에서 1520년 사이에 루터의 책이 370판이나 출판되었고, 30만 권 이상 판매되었다는 사실로 증명된다"(Schwiebert 1950, 1~11). 인문주의자 레나누스(Beatus Rhenanus)가 츠빙글리에게 편지를 보내면서 "루터가 95개조 신조를 발표하자마자, 그의 항의문들은 2주 만에 유럽 전역에 퍼져 나갔다"고 전한 데서 알 수 있듯이, 우리나라에 의해 발명된 인쇄술은 종교개혁을 성공으로 이끈 중요한 수단이었다.

루터의 글이 퍼지면서 전 유럽은 루터의 영향권 아래 있게 되었다. 영국의 종교개혁자 존 폭스(John Foxe)가 『순교사기』(Book of Martyrs)에서 지적한 것처럼, 인쇄술로 인해 "올바른 지식과 분별하는 빛이 훌륭한 양식 속에 자리를 잡게 되며, 어두움은 물러가고, 무지는 소멸되며, 오류로부터 진리가, 미신으로부터 참된 종교가 구별" 되기 시작하였다(Reid 1968, 26).

3. 종교적 배경

이와 같은 추세 가운데 변화를 거부하는 하나의 세력은 바로 바로 천주교의 지도자들과 교황청이었다. 교회는 무지와 미신 가운데 표류하였고, 교회가 사회에 미치는 영향력을 잃으면서 유럽 사회는 비기독교적인 가치관으로 만연되어 있었다.

무지와 미신

기독교의 세속화 현상은 이미 13세기에 시작되었다. 피터 왈도(Peter Waldo, d. 1217)에 대한 처리 과정에서 대표적으로 드러난다. 프랑스 리용에 살던 피터 왈도는 자신의 재산을 팔아 가난한 자들을 구제하고 성경을 번역하고 설교 운동을 전개하였다. 그러자 로마 교황청은 왈도의 개혁운동으로 인해 야기된 문제를 논의하기 위해 1229년 발렌시아에 교회회의(Council of Valencia)를 소집하였다. 회의 결과, 그들은 성경으로 돌아갈 것을 외친 왈도의 개혁운동을 이단으로 정죄하고, 그를 따르는 자 100만 명을 잔인하게 살해하였다. 또한 평신도들이 성경을 깨우침으로 교회 문제를 일으킨다고 보고, 평신도나 하층 성직자의 성경 소유와 연구를 금하였다. 따라서 1229년 이후 평신도들은 성경을 소유하거나 읽을 수 없게 되었다. 성경을 소유한다는 것은, 마치 20세기 냉전 시대에 서방 세계에서 칼 마르크스(Karl Marx)의 『자본론』(Das Kapital)을 연구하는 공산주의자나 다름 없는 취급을 받았다. 이 때부터 성경적 기독교는 사라지고, 인간적 고안과 편의에 의하여 마련된 교훈들이 교회와 신자들의 삶을 지배하였다.

말씀의 빛이 가려지면서 암흑시대가 시작되었다. 말씀에 대한 무지는 언제나 인간적이요, 미신적인 신앙으로 이어진다. 중세인들은 무지 가운데 점차 미신적인 신앙에 빠졌다. 성경에 접근하는 것을 법으로 금하였기 때문에 자연계를 통해서만 하나님의 뜻을 알 수 있었으므로 계시보다는 자연 현상에 의지하게 되면서 점점 더 미신적이 되었다. 더구나 흑사병의 만연으로 인한 죽음에 대한 공포와 계속적인 터키인의 위협은 서구인들로 하여금 더욱 진리에서 멀어지게 하였다.

　무지와 미신으로 하나님에 대한 지식이 왜곡되자, 급기야 하나님을 공포의 대상으로 간주하는 현상이 나타났다. 하나님의 진노를 달래기 위하여 고행과 금식 등 종교적인 공로를 쌓아야 한다는 주장도 팽배했다. 그리스도와 사도들이 거닐던 성지를 고행 가운데 순례하면 한 평생 범한 모든 죄가 감면된다는 면죄 사상, 지옥의 공포에서 벗어나 종교적인 안위를 얻기 위하여 새로운 기도문을 작성하여 암송하는 제도, 분위기 있는 예배를 통해 하나님의 은혜를 입게 된다는 생각으로 촛불 예배가 생겨났다. 불교인들이 현세의 고뇌를 잊기 위하여 사용하는 묵주가 얼레인 로쉬(Alain de Roche)에 의하여 천주교회에 소개되어 사람들이 묵주를 만지면서 그들의 소원을 아뢰기 시작하였다.

　이런 무지 가운데 중세인들은 날로 미신에 젖어들었다. 그 대표적인 예가 임종을 앞둔 사람들이 알아야 할 '죽는 기술' (ars moriendi)의 개발이다. 이는 임종할 때에 지옥으로 끌고 가려고 찾아오는 마귀의 유혹을 물리치는 기술로, 이를 터득함으로 천국에 갈 수 있다는 것이다. 천국의 복락이나 지옥의 고통을 당하는 것이 예수 그리스도와의 관계보다는 임박한 죽음의 순간에 임종하는 자가 내리는 판단에 따라 결정된다고 본 것이다. 교회 당국은 이와 같이 미신적이요, 반기독교적인 종교를 유지하려고 전력투구하였고, "무지는 헌신의 어머니"라는 격언으로 중세인들을 세뇌시켰다.

　무지와 미신의 또 다른 예는 성자숭배 사상이다. 말씀의 빛이 가려지자, 중세인들은 하나님을 공의와 심판의 하나님으로만 간주하여 감히 하나님께 나아가 기도할 수 없다고 생각하였다. 존엄하신 하나님보다는 성자(聖者)들을 통하여 기도하면 도움을 받을 수 있을 것이라고 생각하고 성자숭배 사상을 고안하였다. 성 조지(St. George)와 성 마틴(St. Martin)은 의

사와 병자들, 성 도로시아(St. Dorothea)는 정원사, 성 바바라(St. Barbara)는 사냥꾼, 성 바돌로뮤(St. Bartholomew)는 정육업자, 그리고 성 안나(St. Anna)는 광부들의 수호신으로 숭배되었다.

특히 중세 말기에는 마리아 숭배도 급증하였는데, 마리아는 대표적인 성자로 간주되었다. 중세인들은 마리아를 "우리의 경애하는 여인"으로 칭하고 그녀의 생애 및 신앙을 기념하면서 미사를 드렸다. 중세 말에는 마리아 숭배 신앙이 점점 보편화되었다. 교황청은 프랜시스칸 수도원과 도미니칸 수도원의 반대에도 불구하고 인문주의자들의 지지 가운데 마리아 무죄잉태사상을 정통적인 교리로 선언하였다.

성자숭배는 성물숭배로 이어졌다. 성물숭배는 복음을 위해 순교한 사람들의 유물을 섬기는 것인데, 중세인들은 성물에는 죄를 면해 주는 효과가 있다고 믿었고, 이러한 효과를 얻기 위해 성물 수집이나 참배를 하였다. 이는 철저한 천주교도뿐만 아니라 종교개혁을 지지하던 사람들 가운데서도 찾을 수 있는 현상이었다. 그 대표적인 인물이 루터의 후원자였던 작센(Saxony)의 지배자 프리드리히 현인(Frederick the Wise)이다. 그는 1509년 5,005점의 성물을 모았고, 1518년에는 17,443점을 모아 전시하였다. 그 가운데는 예수께서 태어나신 베들레헴의 말구유에서 뽑아 왔다고 하는 볏짚, 예수께서 유아 시절에 사용하셨다는 기저귀, 마리아의 어머니인 성 안나(St. Anna)의 엄지손가락, 예수께서 달리셨다는 십자가의 한 조각, 그리스도의 피가 뿌려졌다는 옷감, 불에 탄 모세의 가시나무 줄기, 최후의 만찬 때에 사용된 빵 조각 등이 있었다. 그가 소장했던 성물들은 총 1,902,202일에 해당하는 면죄 효과가 있는 분량이었다(Hillerbrand 1981, 18). 칼빈이 태어난 프랑스의 노용(Noyon)의 한 성당에도 예수께서 십자가에 달릴 때 쓰셨다는 가시관의 일부와 세례 요한의 머리카락이라고 하는 것을 보관하고 있었다. 교회 당국은 성물 하나를 참배하면 100일의 면죄 효과가 있다고 주장하였다(Ibid., 47~49).

중세인들의 미신적인 신앙은 성자와 성물 숭배에만 국한되지 않고 더 나아가 성지를 순례하는 일로 이어졌다. 대표적인 성지로 팔레스타인과 로마가 있었고, 영국의 캔터베리(Canterbury), 스페인의 콤파스텔라(Compastela) 등도 빼놓을 수 없는 곳이었다. 특히 독일 바바리아의 레겐스부르크(Regensburg)와 알트 욋팅(Alt Ötting) 등을 향한 순례자도 계속 늘어났는데, 이 지역에는 병이 낫기를 원하는 자들, 특히 다리를 저는 보행 장애자들이 다수를 이루었다(Spitz 1990, 28).

교회의 재정적 부패

교회의 재정적인 부패도 종교개혁이 일어난 또 다른 하나의 동기를 제공하였다. 교회의 재정적 부패는, 13세기에 성직을 가진 자가 사망할 경우에 교황이 마음대로 성직록(聖職錄)을 재할당할 수 있다는 교회법이 제정되면서 가속화되었다. 교황의 교회 재정에 대한 입지가 강화되자, 교황들은 다양한 세금 제도를 고안하였다. 성직자가 유고될 경우를 고려하여 후임을 약속하는 예약세, 성직자로 임직한 뒤 1년간의 수입을 교황청에 내는 임직세, 서약을 지킬 수 없을 때 내는 약속변경세 등을 고안하고, 성직매매 등의 방법을 통하여 축재했다.

교황청의 재정적 부패는 15세기말에 극에 달해 있었다. 1491년 로마를 방문하였던 아우구스부르크 시의 서기 콘라드 퓨팅거(Conrad Peutinger)는 로마의 부패상을 아래와 같이 묘사하였다: "나는 이곳에서 최고위직에서 최하위직에 이르기까지 모든 성직을 살 수 있음을 확인하였다. 음모와 위선, 아첨이 영예를 누리며, 종교는 탈선하였다. 헤아릴 수 없이 야비한 일들이 발생하고 있으며 정의는 잠자고 있다. 폐허가 된 고대의 유적들을 볼 때마다 이 유명한 도시가 위선과 허식, 모든 포악과 악독을 행하는 자들에 의하여 지배당하고 있다는 사실에 한탄하지 않을 수 없다. 그러나 이 악한 자들은 규제받는 대신 칭송받고 있다. 내가 그들을 책망하자, 그들은 운명이 그렇게 결정한 것이라고 하였다"(Spitz 1971. 313).

성직 매매는 교황 레오 10세(Leo X, 1513~1521) 때에 그 절정을 이루어 그의 치하에서 금전으로 거래된 성직의 수는 사상 최고에 달하였다. 로마 교황청과 교회 지도자들이 이와 같이 돈만 밝히자, 교회는 비난의 대상이 되었다. 항간에서는 로마 교황청의 탐욕을 빗대어 "돈을 사랑함이 일만 악의 뿌리"라는 라틴어(Radix Omnium Malomum Avaritia)의 첫 번째 글자를 따서 교황청을 ROMA라 조롱하기도 하였다. 곧 교회의 중심지였던 로마를 탐욕의 도시라고 풍자한 것이다.

교황만이 돈을 사랑한 것이 아니었다. 많은 사제들이 돈의 노예가 되었다. 사제들은 공적인 양심으로 탐심을 억제하고 가난을 사랑하며 성직 매매와 간음을 비난해야 하지만, 당시의 성직자들은 오히려 죄짓는 일에 더 앞장섰다. 고리채놀이는 물론, 돈을 모으기 위해 공석목회제도(Absenteeism)를 도입하였다. 공석목회는 한 명의 목회자가 여러 교회를 맡으면서 그 교회들로부터 사례를 받는 제도로, 온갖 비리의 배경이 되었다. 그 예를 들어 보자. 16세기 중반 프랑스의 남부 랭규독(Languedoc)에는 22명의 사제가 있었으나 5~6명만 교회에 상주하였고, 나머지는 사례비만 받고 나타나지 않았다. 영국에서는 헨리 8세의 주치의였던 린에이커(Linacre)가 4개 교구의 주임신부(rector), 3개 성당의 수사 신부직(canon)만이 아니라 요크 대교구의 선창자(precentor)를 맡아 각 교회에서 월급을 수령하였다. 공석목회의 가장 타락한 모습은 프랑스의 외교관이었던 드 프라(Antoine du Prat)에게서 볼 수 있는데, 그는 상스(Sens)의 대주교로 임명되었지만, 죽어서 장지로 갈 때에야 처음으로 성당에 들어갔다(Chadwick 1985, 15).

성직자의 도덕적 타락

교회의 재정적인 부패는 결국 성직자의 타락으로 이어졌다. 이와 같은 도덕적 타락의 대표적인 예가 여자와 돈의 노예로 살았던 교황 알렉산더 6세(Alexander VI, 1492~1503)이다. 그는 교황이 되기 전에 여러 명의 여자와 관계를 가짐으로 4명의 자녀를 두었다. 돈으로 교황이 된 뒤에도 첩을 두어 아이들을 더 낳았다. 탐욕에 눈이 먼 알렉산더는 7살밖에 안된 아들 케사레 보르기아(Cesare Borgia)를 추기경에 임명하여 치부에 혈안이 되었다.

성직자의 도덕적 부패상은 보편적인 현상이었으므로 평신도들은 성직자의 축첩을 묵인하였다.[14] 성직자들의 부도덕은 당시의 설교와 방문 기록, 벌금형 장부, 첩을 데리고 살던 성직자에 대한 벌금 제도 등에서 잘 나타난다. 16세기 순시 보고서에 의하면, 네덜란드 성직자의 4분의 1, 라인 강 남부 지역에 살던 성직자 가운데 3분의 1이 첩과 동거하였고, 성직자 전용의 창녀촌이 있을 정도였다. 심지어 브란덴부르크의 알브레히트(Albrecht)라는 주교는 할레(Halle)에 고급 창녀들을 위한 집을 마련하여 성적인 욕구를 충족시키곤 하였다.

위에서 살펴본 것과 같이, 성직자의 타락은 주로 재정적인 풍요에서

---

14. 종교개혁 전야의 성직자의 도덕적인 타락은 일반적인 현상이었다. 예를 들어 유명한 인문주의자 에라스무스가 바로 한 수도승의 사생아였다는 것만 보아도 그렇다. 당시에는 순결한 성직자가 있느냐 하는 것이 아니라 누가 덜 타락했는가 하는 것이 중요했다. 일례로, 1518년 12월 스위스의 대표적인 도시인 취리히 그로스뮌스터의 목회자로 2명의 성직자가 응모하였는데, 시의 참사회는 첩과 여러 명의 자녀를 둔 슈바비아 지방의 후보 대신 여성 편력으로 문제가 있었지만 상대적으로 나은 츠빙글리(Ulrich Zwingli)를 그들의 목회자로 선택하였다.

기인한다. 중세의 지각 있는 성도들은 세상에 물들지 않기 위하여 가난과 동거하기를 서원하고 황금을 돌보듯 하려고 노력하였다. 중세의 대표적인 수도사인 프랜시스(Francis of Assisi, 1181~1226)는 수도사들을 위하여 만든 『규칙』 8에서 다음과 같이 말하였다: "수도사들은 어느 곳에 있든지, 혹 어디를 가든지 돈을 취하거나 받아서는 안 된다. 의복과 책을 위해서, 혹은 노동의 대가로나 아픈 형제의 긴급한 필요를 제외하고는 어떠한 이유로든 돈을 추구해서는 안 된다. 우리는 돈을 돌 같이 여겨야한다. 사탄은 돈을 추구하는 자의 눈을 가리려고 찾아다닌다. 그러므로 모든 것을 얻은 후에 그처럼 사소한 일로 인하여 하늘나라를 상실하는 일이 없도록 주의하자. 만일 우리가 어느 곳에서 우연히 돈을 줍게 되었어도 그것을 발로 밟는 먼지 이상으로 여기지 말자. 돈이란 헛되고 헛된 것이다." 물질에 대한 금욕적 자세를 요구한 것은 프랜시스칸 수도원만이 아니었다. 베네딕트 수도원(Benedictine), 도미니칸 수도원(Dominican), 그리고 시토 수도원(Cistercian)에서도 수도사가 제일 먼저 추구할 덕목이 청빈이라고 주장하였다(오덕교 1991, 46~52).

성직자의 무지

수도사들이 누누이 청빈을 강조했음에도 불구하고, 교회 지도자들이 물질로 인하여 타락하게 된 것은 말씀에 대한 무지와 형편없는 교육 수준 때문이다. 중세 말에는 라틴어와 기초적인 교리문답, 미사 드리는데 필요한 예배 의식 정도만 읽을 수 있으면 누구든지 사제로 임직되었다. 인문주의자 에라스무스의 기록에 의하면, 우트레흐트의 주교 데이비드(Bishop of Utrecht David, 1457~1494)가 성직을 받으려 하는 자들을 평가하는 시험을 주관할 때 부집사 후보에게는 쉬운 문제를, 집사와 사제가 되고자 하는 자에게는 조금 어려운 문제를 물었다. 그 결과, 데이비드는 대부분의 응시자가 무자격자임을 알게 되었고, 양심상 300명의 응시자 가운데 겨우 3명만 합격시켰다. 데이비드의 처사에 대해 그의 동료들은 "요즘과 같은 시대에는 성 바울이나 성 제롬(St. Jerome)과 같은 이가 필요하지 않고, 데이비드와 같은 이가 필요하겠군."이라고 하면서 비아냥거렸다고 한다 (Oberman 1981, 7). 당시 교회는 개혁자를 정죄할 정도로 무지하였다.

중세기 말에는 소수의 성직자만이 성당학교나 대학에서 수학했고, 대부분은 라틴어도 읽을 줄 몰랐다. 펠릭스 페이버(Felix Faber)가 쓴 『울름의 연대기』(Chronicle of Ulm)에 보면, 15세기말에 울름에 있던 1,000명의 성직자 가운데 대학촌을 구경한 이가 거의 없고, 학사학위 소지자만 해도 큰 학자로 대접을 받을 정도였다. 결국 성직자의 수준 미달과 교회의 타락이라는 악순환으로 인하여 교회는 암흑 속에 머물고, 부패한 성직자들은 중세인들의 조롱과 공격의 대상이 되었다.

4. 학문적인 배경

로마 제국에 의한 정치, 군사, 문화적인 통일이 이루어지면서 그리스도의 초림이 준비되었던 것과 같이, 중세 말기의 경제적, 정치적, 종교적인 가치관의 변화는 종교개혁을 위한 하나의 준비 과정이었다. 경제적인 구조의 변화로 인하여 정치 체제가 바뀌고, 종교적인 부패는 종교개혁을 재촉하게 되었다. 더구나 아우구스티누스 신학의 부흥과 르네상스 운동으로 중세 신학은 새로운 신학 운동을 향하여 전진하고 있었다.

아우구스티누스 신학의 부흥은 토머스 아퀴나스 신학에 대한 반발로 일어났다. 토머스 아퀴나스는 자연과 은총이라는 이중 구조를 강조하면서 자연을 통하여 우주와 보편을 이해할 수 있다고 주장하였다. 유추(analogy)를 통하여 하나님을 이해할 수 있는데, 즉 하나님의 아름다움은 아름다운 여인의 모습을 통하여, 하나님의 권능은 천둥과 벼락과 같은 초자연적인 힘을 통하여 알 수 있다는 것이다. 이러한 자연 신학은 일반 계시에 기초한 것으로 성례 신학을 중시하게 만들었고, 특별 계시를 경시함으로 은혜를 소홀히 여기게 하였다.

그러나 인간은 하나님의 은혜를 떠나서는 존재할 수 없다. 바울과 아우구스티누스가 주장하던 은총의 신학은 특별 계시를 강조하던 존 위클리프(John Wycliffe, 1329~1384)와 그의 추종자들인 롤러드(Lollard)에 의하여 자연스럽게 일어났고, 후에 루터에게 영향을 주었다. 그래서 종교개혁을 아우구스티누스 신학의 부흥이라고도 한다.

인문주의 운동

신학자들에 의하여 아우구스티누스 신학의 부흥이 일어난 반면, 일반인들을 통해서는 문예부흥운동(Renaissance), 곧 인문주의 운동이 전개되었다. 인문주의 운동은 십자군 전쟁 이후 아랍인들이 고전을 서구에 소개하면서 시작되었다. 이 운동은 초대 교부들의 믿음으로 돌아가자는 '원전으로의 복귀' 운동(ad fontes)에 의해 영향을 받은 결과이기도 하다.

인문주의 운동은 1453년 콘스탄티노플이 모슬렘에 의해 함락되자, 학자들이 헬라어 원전과 헬라 문화를 가지고 이탈리아로 피신하면서 본격화되었다. 15세기 초반 이탈리아의 플로렌스에서 학자들이 헬라어를 가르침으로 콘스탄티노플로부터 오는 학자들의 길을 예비하였으며, 이때부터 수많은 학자들이 히브리어 성경과 헬라어 성경을 연구하기 시작하였다.

문예부흥이 이탈리아에서 먼저 발달할 수 있었던 것은 교회의 최고 지도자들이 이 운동을 열렬히 환영하였기 때문이다. 교황 율리우스 2세(Julius II)는 초대교회에 대한 연구가 고대 문화를 부흥시키는 것이라 믿고 르네상스 운동을 후원하였다. 이 시기의 인문주의 흔적은 성 베드로 성당과 바티칸 궁전에 드러난 브라만테(Bramante)의 천재적인 건축술과 라파엘(Raphael)과 미켈란젤로(Michelangelo)의 화려한 미술에 잘 나타나 있다.

독일에서는 문예부흥이 종교적 부흥으로 나타났다. 이는 중세 말기에 네덜란드에서 시작된 공동생활형제단(The Brethren of Common Life)의 영향으로 볼 수 있다. 형제단은 고전적인 도서들과 초대 교부들의 필사본을 발간하는 일을 하였고, 히브리어와 헬라어의 연구로 성경을 보다 잘 이해할 수 있게 함으로 학문 운동이 일어난 배경을 마련했다. 인문주의자들은 교부 신학과 고전에 대해 탐구하였다. 특히 로이힐린(Johannes Reuchlin, 1455~1522)은 히브리어 연구에 몰두하여 구약의 문법을 정리하였다. 바젤에서 간스포르트의 베셀을 통해 히브리어가 신학 연구의 중요한 도구임을 확인한 그는 1506년 히브리어 문법책을 냄으로 후대의 종교개혁자들이 구약을 연구할 수 있는 초석을 닦았다.

영국에서도 문예부흥이 활발히 전개되었다. 헨리 6세가 케임브리지에 이튼대학(Eaton College)과 킹스 대학(King's College)을 세움으로 문예부흥의 길을 예비하였고, 캔터베리의 대주교 워램(Warham)과 헨리 7세도 문예부흥운동을 후원하였다. 이 시대의 대표적인 인문주의자로는 존 콜렛과 토머스 모어가 있다.

존 콜렛(John Colet, 1466~1519)은 런던 시장의 아들로 태어나, 옥스퍼드에서 수학하고 이탈리아로 유학하여 여행 중이던 에라스무스를 만났고, 그의 영향을 받아 헬라어를 공부한 후 귀국해서는 바울 서신을 강해하였다. 그의 인문주의 운동은 위클리프의 추종자들인 롤러드(Lollard)의 지지를 받았다. 그는 초대교회를 회복하고, 여전히 우세한 스콜라 철학의 영향에서 온 '가시와 찔레'를 깨끗이 제거하려고 하였다.

토머스 모어(Thomas More, 1470~1534)는 변호사인 아버지에게서 태어나 14세에 옥스퍼드대학에 진학하였고, 후에 런던대학에서 법학을 공부하였다. 종교적 성향이 강했던 모어는 수도승이 되려고 하였으나, 에라스무스의 권면으로 인문주의자가 되었고, 『유토피아』(Utopia, 1506)를 저술하여 대중적 경건(Popular Piety)운동을 이끌었다. 그의 작품 『유토피아』는 'No Place'라는 뜻으로 가상의 세계를 그린 소설이다. 이 책에서 그는 기독교에 대해 무지한 한 섬에서 경찰력과 고행으로 훈련된 사람들이 사는 모습을 그렸다. 모든 사람이 평등하고 이성에 의해 통치되는 것을 이상으로 하는 사회, 곧 기독교 없이도 이성에 의하여 다스려지는 완전한 정부와 사회를 그린 것이다. 그는 인간의 원죄를 교만으로 이해하였고, 도둑질한 사람은 사형에 처하여야 하며, 선한 사회는 사유물을 부인하고 돈에 의한 지배로부터 벗어난 곳에 이루어진다고 보았다.

모어는 인문주의자였지만 철저한 로마의 시녀였다. 1517년 루터의 종교개혁이 일어나자, 수상의 지위에 있었던 그는 종교개혁을 반대하고 개혁자들을 무참히 처단하였다. 그는 종교개혁이 내부적으로 이루어질 수 있다고 믿었고, 교황의 권한을 전적으로 인정하였다. 또한 루터가 주장하는 것처럼 종교개혁이 아래서 위로 올라가는 것이 아니라, 왕으로부터 백성에게로 내려가야 한다고 주장하였다. 1528년에는 윌리엄 틴데일(William Tyndale)의 성경 번역을 비판하였는데, 그릇되게 번역함으로 신약성경의 뜻을 좁혔다고 비난하였다. 모어는 이와 같이 개혁운동을 반대하면서 루터의 종교개혁을 이단적이요, 반(反)교회적이라고 비판하였다.

인문주의 운동은 인간에 대한 연구의 길을 열었고, 성경에 대한 연구를 고양시킴으로 종교개혁에 공헌하였다. 인문주의자들은 인간의 감정과 가능성, 그리고 인간 존재의 유일성을 강조하였다. 피렌체의 인문주의자인 마르실리오 피키노(Marsilio Ficino, 1433~1499)는 인간의 최고선이 하나님을 즐거워하는 것으로, 인간이 추구하는 것은 사후의 생활에서라도 성취되어야 한다고 하였다. 그에게 인간은 우주에서 중추적인 역할을 하는 자로 물질계와 영계를 이어주는 존재였다. 이탈리아의 철학자인 피코 델라 미란돌라(Giovanni Pico Della Mirandola, 1463~1493)도 히브리 신비철학을 옹호하면서 인간의 가능성을 고취하였다. 그는 인간이 스스로 자신의 일생을 결정할 자유를 가지고 있다는 인간 중심적 사상을 폈다.

인문주의자들은 인간에 대한 낙관론에 기초하여 보다 더 나은 세상을 건설하고자 하였다. 그들은 교육을 통하여 유토피아를 건설할 뿐만 아니라, 중세의 부패한 교회도 개혁할 수 있다고 믿었다. 중세에 만연한 성지 순례, 면죄부의 판매, 성물과 성자숭배 등에 대한 인문주의자들의 비판은 종교개혁자들에 의해 이어졌다.

에라스무스

르네상스 운동을 통해 종교개혁의 틀을 마련한 대표적인 인문주의자로 에라스무스(Desiderius Erasmus, 1468~1536)를 들 수 있다. 그는 로테르담에서 한 수도승의 사생아로 태어나, 1475년에서 1484년 사이에 공동생활 형제단에 의하여 교육받았다. 파리의 몽테귀대학에서 수학한 후, 1495년부터 일정한 소속 없이 유럽 전역을 여행하다가 영국에서 콜렛을 만났고, 그의 영향을 받아 인문주의에 대한 관심을 성경 연구와 초기 기독교의 부활에 적용하였다. 이탈리아를 방문한 후 영국을 재방문하여 케임브리지 대학교에서 2년간 교편을 잡기도 하였다. 그 후 바젤에 정착하여(1514~1529), 짧은 여행을 제외하곤 거의 상주하였다. 한 때 바젤에서 종교개혁이 급진적으로 진행됨을 느끼고, 프라이부르크로 이사하였으나 1535년 바젤로 돌아와 1536년 세상을 떠났다.

에라스무스는 뛰어난 문체와 학문성, 섬세하고 유머러스하며 때로는 냉소적인 풍자로 교회의 권력 남용을 비판하였다. 그는 무지와 미신, 몽매함을 경멸하였다. 교회의 부패가 무지에 기인한 것으로 생각한 그는 교육을 통하여 교회를 개혁하고자 하였다. 1524년에 쓴 『자유의지론』(De Libero Arbitrio)에서 하나님이 인간에게 주신 자유의지가 있기 때문에 누구라도 교육을 통하여 선한 양심을 소유할 수 있다고 주장하였다. 선한 양심이란 연구하고, 좋은 글을 쓰고, 배우는 기쁨에 대한 열린 마음을 의미하였다(Koenigsberger 1968, 103). 그는 배움을 통하여 믿음을 가질 수 있고, 믿음은 학문 자체를 초월하여 하나님과의 연합을 꾀할 수 있으며, 나아가서 윤리적이며 기독교적인 삶을 실천하게 된다고 하였다. 에라스무스의 이러한 인본주의 사상은 평화애호주의사상과 종교 관용론의 기초를 제공하였으며, 그의 사상을 전수한 제자들은 일반적으로 종교개혁자와 천주교 사이의 중간적인 입장을 고수하였다.

에라스무스는 실천적 경건운동을 통해 타락한 교회를 개혁하고자 하였다. 실천적인 경건이란 성경을 통해 깨닫는 각성을 의미하는 것으로, 이와 같은 사상은 영국의 인문주의자 존 콜렛으로부터 온 것이다. 콜렛은 교회개혁이 사도적인 초대교회로 환원될 때 가능하다고 주장하며, 고위 성직자의 세속화와 사제들의 공석목회를 비판하였다. 1509년 에라스무스가 영국에 도착하자, 콜렛은 그를 자기 집에 초대하여 머물게 하였고, 신약성경을 연구하도록 권하였다. 콜렛의 지도로, 에라스무스는 참된 경건이란 그리스도의 교훈으로 돌아감으로 이루어진다고 생각하게 되었고, 그 후 헬라와 라틴 교부들의 저작을 편집하는 데 온 정열을 기울였으며, 헬라어 사본들을 모아서 1516년 헬라어로 된 신약성경을 출판하였다.

또한 그는 천주교회의 교리와 제도에 대하여 가혹할 만큼 신랄하게 풍자한 글을 써서 종교개혁으로의 길을 열었다. 『그리스도인 병사의 지침서』(Hand Book of a Christian Soldier, 1503)를 통하여 진정한 경건은 이론이 아니라 실천임을 내세워 실천적 경건을 강조하였고, 『우신예찬』(The Praise of Folly, 1509)에서는 수사들과 사제들의 저급한 도덕 수준과 미신적인 의식을 풍자로 비판하고, 신앙의 내면성, 복음적인 교훈의 단순성, 그리고 그리스도의 삶을 본받는 단순한 복음적 신앙의 회복을 주장하였다.

『그리스도인 병사의 지침서』는 에라스무스의 기독교 철학 사상을 보다 명확하게 나타내고 있다. 이 책은 존(John)이라는 성격이 급하고 방탕한 한 그리스도인에게 보내는 편지 형식의 글로 신앙의 개인적 내면화, 종교적 실천의 필요성, 영적인 체험의 중요성을 강조하고 있다. 신앙에서 승리하려면 영적인 대적의 공격에 대항해서 무장하여야 하며, 성경의 영적인 의미를 깨닫기 위해서는 기도하고 그리스도를 닮아가야 한다는 내용으로 되어 있다. 『우신예찬』은 학문적인 저작은 아니었으나 풍자를 통하여 교회를 비판한 책으로 수세기에 걸쳐 600판 이상 출판되는 기록을 세웠다.

에라스무스는 이탈리아 여행을 마치고 영국의 토머스 모어의 집에 머물면서 1509년 『우신예찬』을 집필하였다. 이 책을 통하여 교회의 권세와 세속 권세의 권력 남용을 비판하고, 교황과 성직자의 부도덕한 생활, 수도원 제도, 미신과 헛된 의식을 조소하고, 중세 스콜라 철학의 모호성 등 당대의 패악 등을 꼬집었다. 교황청에 의해 주도되던 면죄부의 해악을 비판하고, 면죄부의 판매가 도덕성의 혼돈을 초래할 수 있음을 주지시켰으며, "아무리 악명 높은 노상강도도, 약탈을 일삼는 군인도, 또 뇌물을 받고 재판하는 불의한 재판관도 그들의 불의한 재물 가운데 일부로 손쉽게 면죄부를 구입할 수 있으며, 또 이를 통해 그들의 엄청난 불신앙이 완전히 사함을 받았다고 생각하게 된다. 아무리 많은 위증, 정욕, 술 취함, 싸움, 피 흘림, 속임, 반역 등도 마치 외상값을 치르고 새롭게 셈을 하는 것처럼 청산될 수 있다"고 지적하였다.

에라스무스는 중세의 수호성자제도를 인위적인 것으로 보고 성자 예배의 어리석음을 비꼬았다. "수도승들은 신자들로 하여금 아침에 성 크리스토퍼(St. Christopher)에게 기도하면 그 날은 모든 위험과 재난을 피할 수 있다고 가르친다. 입대하는 병사가 성 바바라(St. Barbara) 상(像) 앞에서 기도문을 외우면 안전하게 복무를 마치고 돌아올 수 있다고 가르친다. 또 특정 경축일에 에라스무스에게 밀초와 다른 장식들로 의식을 갖춰 기도를 하면 즉시 누구나 많은 재산과 부를 얻게 된다고 가르친다."15 이러한 성인 숭배의 극치는 마리아 숭배에서 나타난다. 그는 다양한 성인의 명단과 함께 마리아 숭배에 대해 다음과 같이 논하였다: "치통 담당 수호성인, 순산하도록 돕는 수호성인, 잃어버린 재물을 찾게 해주는 수호성인, 긴 항해에서 선원을 보호해 주는 수호성인, 농부와 소와 양을 지켜주는 수호성인 등 그 수는 헤아릴 수 없다. 이 모든 경우에 통하는 성인이 있는데, 곧 동정녀 마리아이다. 맹목적인 동정녀 마리아 숭배자들은 예수보다 그 어머니를 앞세우기까지 한다"(Spitz 1990, 31, 33).

에라스무스는 엄격한 격식을 갖추고 신앙생활을 하는 수도승들에 대해 "신발에 달려 있는 단추 숫자, 예복 색깔, 예복의 소재, 허리띠의 넓이와 길이, 두건의 크기와 모양, 두건이 알맞게 깎은 머리 길이와 맞는지의 여부, 수면과 기도 시간 등을 매우 중요하게 여긴다."고 비판하였다(Spitz

---

15. 에라스무스는 여기서 자신의 이름을 성자 반열에 넣음으로 성자숭배의 허구성을 해학적으로 비판하였다.

1990, 35, 36). 술 취하기를 주저하지 않고, 육체의 정욕을 좇으면서도 돈만은 만지려고 하지 않는 외식주의자들이라고 비난하였다. 수도승들에 관한 다음의 글을 살펴보자: "사도들은 사방으로 다니며 사람들에게 세례를 베풀었지만 세례의 형식, 제재, 세례의 유효하고도 궁극적인 근거 등에 대하여 결코 교육한 적이 없다. 세례에 있어 버리거나 버릴 수 없는 어떤 특성이 있다고도 말하지 않았다. 그런데 신학자들은 한술 더 떠서, 마치 지옥에서 몇 년 살다가 나오기라도 한 것처럼, 그 곳의 구석구석을 정확하게 그려낸다. 그들과 가장 가까이 있으면서 행복해 하는 사람은 일반적으로 '경건한 자들' 또는 '수도승'이라고 칭한다. 그렇지만 이는 그 이름의 진정한 의미를 속이는 것이다. 왜냐하면 그들 대부분은 경건과는 가능한 한 거리가 먼 곳에 안주하려 하며, 세상에서 안 가는 곳이 없기 때문이다. 그들의 주된 신념 중의 하나는 무지가 최고의 거룩함이라는 것이어서 글을 읽지 못한다. 일부 수도원에 속한 사람들은 단순히 돈을 만지기만 해도 마치 독약을 대하듯 피하는 척 한다. 그러나 실상은 술이나 여인을 가까이 하는 것은 결코 피하지 아니 한다" (Lane 1990, 252).

에라스무스는 『우신 예찬』을 통하여 천주교회의 부정과 비리를 풍자하거나 비판하면서 교회개혁을 촉구하였다. 교회개혁은 진정한 신앙을 회복함으로 이루어지는데, 진정한 신앙은 고행이나 형식을 따르는 것이 아니라 복음을 삶의 현장에 실천하는 것이라고 하였다. 세상 사람들이 구원을 얻기 위해 금식하며, 말씀만 암송하며, 돈을 멀리하며, 고행하며, 은둔하는 것은 성경의 가르침을 오해한 것이라고 하였다. 하나님의 나라는 "내핍, 기도, 금식으로 갈 수 있는 곳이 아니라, 믿음과 사랑의 실천을 통해서만 갈 수 있는 곳"이기 때문이다

에라스무스는 1517년경에 무명으로 쓴 『천국에서 추방된 율리우스』 (Julius Excluded from Heaven)라는 책에서 악명 높은 교황 율리우스 2세의

사후 세계를 묘사함으로 교황권의 허세를 풍자하였다. 천국 문전에서 추방당하는 율리우스 교황의 모습이 다음과 같이 그려졌다:

> 율리우스 - 문을 빨리 열어라. 그대가 진정으로 그대의 의무를 수행하고 있다면, 하늘의 모든 의식으로 나를 영접하였을 것이네.
> 베드로 - 당신이 내게 명령하는 것 같소. 당신이 누구인지 말하시오.
> 율리우스 - 나를 잘 알 것인데.
> 베드로 - 내가 안다고? 전에 본 적이 없는데. 특별한 사람이군.
> 율리우스 - 분명히 눈이 멀었군! 당신이 율리우스 가(家)의 문장(紋章)인 황금 참나무를 모르지 않는다면 이 은 열쇠를 알아 볼 것이 아니요? 나의 삼층 왕관과 보석으로 된 이 빛나는 옷을 본다면 말이오.
> 베드로 - 내가 은으로 된 열쇠를 보고 있지만, 그것은 교회의 참 목자이신 그리스도께서 내게 맡기셨던 그 열쇠와는 전혀 다르오. 그리고 자네가 쓰고 있는 그 거만한 왕관을 내가 어떻게 알아보겠나?"
> (Chadwick 1979, 17).

이와 같이 에라스무스는 천주교회의 부패상을 풍자와 해학으로 들추어내므로 종교개혁의 기초를 다져 놓았다. 루터가 알을 품어 부화시켰다면, 그 알을 낳은 사람이 바로 에라스무스였다. 종교개혁이 한창 일어나던 1527년 파리대학의 교수들은 에라스무스의 사상이 이단적이라고 비판하였고, 1559년 교황청은 그의 모든 저작물을 금서 목록에 포함시켰다.

한편, 프랑스에서는 르페브르(Jacques Lefèvre d'Étaples)에 의하여 인문주의가 널리 보급되었다. 그는 성경에 박식한 인문주의 학자로, 성경에 근거한 신학을 전개함으로 프랑스 교회를 개혁하고자 하였다. 오직 믿음(sola fide)에 의한 구원을 강조하였고, 천주교회에서 실시하는 금식제도,

성직자의 독신주의, 선행에 의한 공로사상 등을 비판하였다. 프랑스 인들을 위하여 기도서를 출판하였고, 프랑스어로 성경을 번역하기도 하였다.

인문주의자 마키아벨리(Niccolo Machiavelli)는 주기도문으로 이 세상을 다스릴 수 없다고 주장하면서 군주 중심의 통치 체제를 옹호하였다. 이탈리아의 세도가 메디치(Medici)가에 헌정한 『군주론』(On Monarchy)에서 그는, 정치 권세는 덕, 필연, 행운의 세 가지 힘에 의하여 움직이는데, 정치적인 생명은 행운에 대항하는 계속적인 투쟁에 의하여 지속되고, 덕을 갖춘 사람은 최고급의 통치자이며, 이성적인 사회는 모든 시민이 덕으로 연합될 때 이루어진다고 언급하였다. 시민의 군대는 어떠한 초월적인 도덕적인 체계보다도 중요하며, 왕은 가능한 한 모든 권모술수를 동원하여 백성을 다스려야 한다고 주장하기도 하였다. 이러한 정치사상은 후대에 절대 왕조의 기초를 놓는 계기가 되었다.

맺는말

과거나 현재나 현실에 안주하는 사람들은 개혁보다는 수구를 원한다. 로마 교황청은 교회를 그리스도의 왕국과 동일시하여 개혁을 인정하려고 하지 않았다. 오히려 그들은 종교개혁 이전 교회회의를 통하여 교회가 개혁되었고, 트렌트 회의에서 미비한 부분이 보강되었으므로 루터의 개혁운동은 무의미하다고 보았다.[16]

---

16. 일반적으로 천주교회의 역사가들은 루터의 종교개혁이 불필요했다고 주장한다. 그 대표적인 인물은 피에르 자넬(Pierre Janelle)로, 그는 *The Catholic Reformation* (Milwaukee, Wisconcin: The Bruce Publishing Company, 1963)의 제1장에서 루터의 개혁을 교회 안에 생겨난 질병이며, 무질서한 행위로 매도하였다.

그러나 중세 말기 교회회의들은 천주교회의 근본적인 오류를 청산하지 못하고 단지 도덕적인 개혁만을 시도하였다. 콘스탄스 교회회의(1414~1418)와 바젤 교회회의(1431~1439), 라테랑 교회회의(1512~1517) 등은 끝내 교회개혁을 이루지 못하였다. 그들은 항상 행정적인 면과 법률적이고 도덕적인 개혁만을 시도하였고, 교회의 부정과 부패의 원인이 되는 교황정치에 대해 전혀 언급하지 않았다. 그러나 루터의 종교개혁은 교회 안에 남아 있는 비성경적인 모든 것을 제거하고 성경적인 교리, 예배, 그리고 정치사상을 회복하고자 시도한 운동이었다. 이러한 종교개혁에 의하여 중세의 인간적인 모든 전통과 권위는 사라지게 되었고, 성경 중심적인 신앙과 생활이 교회 안에 회복되었다. 계급 구조적인 사회에서 성경이 제시하는 평등과 자유의 시대가 도래하게 된 셈이다.

비록 종교개혁이 하나님의 일이었지만 종교개혁에 대한 역사의 교훈을 가볍게 치부한다면, 우리는 또 다시 과거의 잘못을 범할 수 있다. 종교개혁이 하나님의 사역이었다는 것을 인정한다면, 이 시대에 사는 우리는 교회의 전통보다는 성경의 권위를 강조해야할 것이다. 개혁자들은 성경의 가르침에 따라 성화(聖畵)나 성상을 숭배하고 부적(符籍)처럼 사용하는 것을 금하였다. 그러나 오늘날 교회는 개혁자들이 금한 것들을 추구하고 있다. 개혁자들은 만인제사장주의에 근거하여 사제복 착용을 비판하였으나, 한국 교회 다수의 지도자들은 천주교회의 신부들처럼 목사의 제복 착용을 바람직한 것으로 간주하고 있다. 개혁자들은 교회와 교회 사이의 평등을 주장하였지만, 이 시대의 사람들은 인간의 전통을 따라 한 교회가 다른 교회를 지배하려고 든다. 소위 '디아스포라' 운동을 전개하면서 세계 여러 나라에 지점을 세우기도 하고, 여러 지역에 교회들을 세우는 경우가 있다. 이러한 현상들은 반(反)종교 개혁적이요, 암흑이 왕 노릇하던 중세로 돌아가는 현상이다. 그러므로 우리는 종교개혁 시대의 루터처럼 한국 교회 안에 점차로 일어나는 비성경적이요, 반종교개혁적인 요소들을 과감히 개혁하여야 할 것이다.

제3장

루터의 종교적 각성

중세신학의 골간을 이루던 실재론(Realism)은 당시 최고의 신학자 토머스 아퀴나스(Thomas Aquinas, 1225~1274)의 죽음과 함께 쇠퇴하기 시작하였다. 둔스 스코투스(Duns Scotus, 1266~1308)와 옥캄의 윌리엄(William of Ockham, 1280~1349)이 유명론(Nominalism)을 주장하면서 아퀴나스의 자연신학과 인간 이성에 대한 확신이 점차 영향력을 잃어갔다. 유명론의 확산과 함께 특별 계시가 중시되었고, 이는 중세 신학의 붕괴로 이어져서 현대 기독교 사회로 이끄는 결과를 가져왔다. 스콜라 철학에 대한 비판은 교황청의 아비뇽 유수와 교황청의 대분열에 의해 더욱 강도가 높아졌는데, 주로 아래의 3 가지 그룹이 비판을 주도했다.

1. 종교개혁 이전의 개혁운동

첫째는 후기 스콜라 신학자들로부터 그 비판이 시작되었다. 스코투스와 옥캄과 같은 학자들은 종교 문제에서 이성의 불확실성을 내세우고 오직 믿음에 의한 칭의와 계시된 진리의 수용을 역설하였다. 이러한 사상은 튜빙겐대학교의 가브리엘 비엘(Gabriel Biel, d. 1495)에 의해 전수되었고, 루터에게도 소개되었다.

둘째로 중세 말기의 신비주의자들에 의해 나타났다. 그들은 종교를 사변이 아니라 삶으로 보고 하나님과의 합일을 추구하였다. 사변적인 신학에 의해 인간을 구원하는 것을 기뻐하지 않는 하나님을 알기 위해 하나님과의 연합, 또는 종교적 체험의 우위성을 강조하였다. 특히 14세기와 15세기에 네덜란드와 라인 계곡에서 활동하던 신비주의자들은 스콜라 신학에 대해 비판적이었는데, 그 대표적인 인물이 철학과 신학적인 면에서 명성이 높았던 헤라드 흐루테(Gerard Groote)이었다.

흐루테는 사변에 앞서 경건적 신비를 주장하였다. 지식보다 삶이 우선임을 피력한 흐루테는 "삼위일체의 높고 은밀한 비밀을 논한다고 할지라도 온유함이 없다면, 삼위 하나님을 기쁘시게 해드릴 수 있을까?"라고 물었다. 그의 사상은 제자인 토머스 아 켐피스(Thomas à Kempis)가 그의 글들을 모아 출판한 『그리스도를 본받아』(The Imitation of Christ)에 잘 나타난다. 중세 후반의 신비주의자들은 교회를 제도적으로 개혁하는 대신(흐루테가 사제의 악에 대해 신랄하게 비판했지만), 내적으로 혁신하고자 하였고, 개별적인 성화와 자기 부인을 통하여 하나님의 뜻에 순종하는 등 거룩한 생활을 추구하였다. 이러한 실천적 사상은 얀 후스(Jan Hus)와 에라스무스, 그리고 루터에게 영향을 주었다.

셋째는 교회회의주의자이었다. 그들은 교황청의 제도적, 도덕적 개혁을 외치면서 중세 신학을 비판하였다. 종교개혁의 계명성이라고 불리는 존 위클리프(John Wycliffe, 1329~1384)는 철저한 성경신학적 기초 위에 교황과 교황청을 비판하며 교회개혁을 주장하였다. 달리(d'Ailly)와 존 게르송(John Gerson)과 같은 교회회의주의자들 역시 교회의 도덕·제도적 개혁을 주장함으로 중세 신학은 점차 약화되고, 종교개혁 시대로 접어들게 되었다.

이처럼 종교개혁은 한 개인에 의하여 하루 아침에 갑작스럽게 일어난 사건이 아니라 수많은 선구자들의 신학적인 싸움, 고통과 수고에 의해 이루어졌다. 교황의 권세가 하늘에 닿았던 중세에도 프랑스의 상인 피터 왈도(Peter Waldo)에 의한 개혁운동이 있었고, 영국과 이탈리아, 그리고 유럽 전역에 개혁을 촉구하는 선구자들이 있었다.

루터의 종교개혁이 있기 전에 영국에서는 존 위클리프의 설교 운동이 있었고, 보헤미아에서는 얀 후스와 그의 제자들, 곧 후스파의 개혁운동이 전개되었다. 교황청이 있던 이탈리아에서도 도미니칸 수도회의 설교자 사보나롤라(Girolamo Savonarola, 1452~1498)가 플로렌스에서 복음적인 설교 운동을 일으키면서 교회개혁을 촉구하였다.

교회개혁회의

교회개혁은 천주교회 당국자들에 의해서도 제기되었다. 부정과 부패로 얼룩진 교회를 개선하기 위한 교회회의가 1512년에서 1517년 사이에 라테랑(Lateran)에서 열렸지만 교회회의는 근본적인 치유책을 제시하지 못하였다. 다만 분열과 이단 운동을 억제할 것, 수사보다 주교에게 더 많은 권세를 부여하고 합법적으로 인정받지 않은 자는 설교할 수 없으며, 교황이 죽었을 때 폭도들이 추기경 관저를 약탈해서는 안 되고, 교수는 강의할 때 영혼 불멸에 대해 가르쳐야 하며, 불건전한 책을 인쇄해서는 안 된다는 등의 악습의 금지와 단순하고 행정적인 개혁만이 논의되었다(Chadwick 1985, 12). 곧 교회회의는 성경적 개혁이 아닌 단지 행정적 · 법적인 오류만을 수정하고자 한 데에 그 한계가 있었다.

종교개혁의 선구자들

실질적인 교회개혁이 이루어지지 않자, 학자들의 불만은 점점 더 증폭되었다. 그들은 교회를 머리에서 발끝까지 성경에 기초하여 개혁할 것을 주장하였다. 우선 몇 명의 종교개혁의 선구자들에 대해 살펴보자.

독일에서는 공동생활형제단(Brethren of Common Life)에 의하여 교육받은 요하네스 푸페르(Johannes Pupper, 1400~1475)가 성직자의 이중적인 생활과 독신주의와 교황무오교리를 비판하고, 도덕적인 개혁을 촉구하였다. 그는 이 세상에서 오류가 없는 것은 오직 성경뿐이라고 말하면서 성경의 가르침에 따른 교회개혁을 촉구하였다.

스위스에서는 바젤대학교의 교수로 뛰어난 설교자였던 요하네스 베셀(Johannes Wesel)이 은혜에 의한 구원과 예정론을 주장하였다. 그는 아우구스티누스의 은총 신학과 예정 교리를 지지하다가 교황으로부터 출교처분을 받았지만 하나님의 심판만이 최종적이라고 주장하며 교황의 정죄를 받아들이지 않았다. 그는 교회의 부패가 계급적인 구조로부터 온다고 보고 사제주의를 거부하고, 만인은 그리스도 안에서 평등하다는 원리에 기초하여 만인제사장주의와 평신도 운동을 전개했으며, 면죄부 판매가 성경의 지지를 받지 못함을 주지시켰다.

네덜란드에서는 간스포르트의 베셀(Wesel of Gansfort, 1420~1489)이 성경적인 개혁을 촉구하였다. 그는 공동생활형제단에서 양육 받았고, 그리스어와 히브리어를 독학으로 공부한 후 파리대학과 하이델베르크대학에서 교수하였다. 이탈리아를 방문하여 인문주의자들을 만나게 되면서 인문주의자가 되었으나 성경 연구를 통하여 복음적인 기독교 신앙을 갖게 되었다. 또한 성경 원본 이외의 번역본은 불완전하다는 논리에 근거하여 제롬(Jerome)이 번역한 라틴 벌게이트(Vulgate)역의 영감을 부인하였다. 교황의 무오함을 부정하고, 오류가 없는 것은 성경뿐이라고 말하면서 신앙생활에서 성경의 최종적인 권위를 회복할 것을 역설하였고, 교황이 천국 열쇠를 가지고 있지 않으며, 성지 순례나 고행을 통해 하나님의 은혜를 체험할 수 없다고 주장하여 교황청의 가르침을 공격하였다.

베셀은 교회를 지상에 있는 경험적인 교회와 천상에 있는 사랑의 교회로 나누면서, 지상 교회는 오류를 범할 수 있다고 설명하였다. 교황은 인간이기 때문에 오류를 저지를 수 있지만, 천상에 있는 사랑의 교회는 성도로 구성되어 있어서 무오하며 완전하다는 것이다. 지상 교회의 연약성을 인정한 베셀은 교황의 권세가 아닌 그리스도의 의에 기초하여 교회 연합을 이루어야 한다고 보았다. 이 같은 개혁사상 때문에, 학자들은 베셀을 "종교개혁 이전의 종교개혁자"라고 부른다.

2. 루터의 신학 수업과 준비

종교개혁이 일어나기 전의 독일 사회는 아주 종교적이었다. 레닌의 공산화 혁명 이전에 러시아 인구의 95%가 기독교인이었던 것과 같이, 독일은 유럽에서 가장 '종교적'인 국가였다. 중세 후기에 일어난 소위 '이단적인 소요'들도 성공적으로 봉쇄되었고, 사제주의와 제도적인 교회에 대한 비판이 거의 없었으며, 교황의 권위도 유럽의 다른 주도적인 나라들보다 더 강력하게 유지되었다. 순례와 죽은 자들을 위한 미사가 끊임없이 이어졌으며, 성자숭배, 특히 성모 마리아와 그녀의 어머니 성 안나에 대한 숭배가 성행했다. 성자들의 유골 수집으로 창고가 차고 넘쳤고, 면죄부의 판매가 격증하였다. 새로운 교회, 채플과 부속 예배당들이 방방곡곡에 세워졌다. 시 정부와 경건한 평신도들은 정규 설교를 강화하기 위하여 특별 설교자를 위한 재정을 후원하였고, 시민들이 종교단체에 참여함이 절정에 달하였다(Walker 1993, 475). 죄를 해결하기 위하여 수많은 사람들이 사제를 찾았으며, 사제는 산 자의 죄만이 아니라 죽은 자의 죄를 용서하기 위해서도 기도하곤 하였다.

그러나 교회의 재정적 타락 때문에 백성들의 불만 또한 극심했다. 분에 넘치게 사치하는 바람에 파산 직전에 있었던 교황청은 비용을 충당하기 위해 각종 세금과 요금, 벌금을 고안해 내었고, 백성들은 막중한 세금 부담을 떠맡아야했다. '로마는 돈을 밝히고 교황은 탐욕스럽다' 고 하는 소문이 널리 퍼졌고, 특히 독일에서는 로마교황청과 교황이 백성들의 조롱거리가 되었다.

교회의 재정적 부패는 성직 매매, 친족 등용, 성직 겸직, 공석 목회, 축첩 등을 낳았다. 특히 무지로 도덕적인 수준이 낮았던 성직자들은 세인에게 조롱거리의 대상이었다. 사제들의 축첩이 일반화 되자, 교육의 혜택을 입어 종교적 각성을 하게 된 평신도들이 그들의 도덕성에 대해 비판하고 개혁을 촉구하였다.

평신도들은 교회가 성경적인 초대교회로 환원할 것을 주장하였다. 이러한 움직임은 중세 말기의 인문주의자들로부터 시작되었는데, 그들은 기독교의 도덕적·영적 혁신이 기독교의 '원천으로' (ad fontes) 돌아갈 때 가능하다고 보았다. '원천으로' 돌아가는 운동은 교육받은 계층의 관심을 끌었고, 곧 대중적 운동으로 발전하였다.

대중적인 경건은 새로운 종교적 헌신을 요구하였고, 그와 함께 말세에 대한 점층적인 공포감이 나타났다. 죽음과 연옥의 고통, 최후의 심판에 대한 두려움은 중세인들로 하여금 개인 구원에 대한 병적인 관심을 불러 일으키게 만들었다. 교회는 개인의 운명이 교회가 제공하는 성례의 사용 여부에 의존하고 있다고 가르쳤으므로, 평신도들은 성례에 대한 남다른 관심을 드러냈다. 그러나 성례에 대한 의존은 각 개인의 양심을 더욱 괴롭혔다. 교회에서 제공하는 은혜의 수단들이 돈과 무관하지 않았기 때문이다. 이러한 상황에서 사제가 됨으로 구원을 체험하고자 하는 이들이 많아졌다.

중세 시대의 사제는 하나님과 사람 사이를 잇는 중보자였으므로 사람들은 사죄 받는 최선의 길이 수도승이 되는 것이라고 믿었다. 보통 신자로 이 땅에서 예수의 명령을 완전히 지킬 수는 없지만, 수도 생활을 통해서는 구원에 이를 수 있다고 여겼기 때문이다. "수도 서원은 세례를 받은 후 일체의 부수적인 죄악을 깨끗하게 제거하는 제2의 세례로 간주되었고, … 수도복의 효력은 대단해서 생전에 그것을 입어 보지 못한 사람은 임종시라도 입어 보길 원할 정도였다"(Bainton 1993, 32). 이와 같이 무지와 미신이 왕 노릇하던 시기에 종교개혁의 횃불을 높이 든 사람이 바로 마틴 루터이다.

루터의 소년 시절

루터(Martin Luther, 1483~1546)는 1483년 11월 10일 독일의 아이슬레벤(Eisleben)에서 한스 루터(Hans Luther)와 마가레트 루터(Margaret Luther)의 여덟 자녀 가운데 둘째 아들로 태어났다. 아버지 한스는 아이슬레벤에 있는 구리 광산에서 광부로 일하다가 마틴이 태어난 몇 달 후에 가족을 데리고 만스펠트(Mansfeld)로 이사하였다. 그는 사업에 성공하여 2개의 주물공장을 경영하였다. 루터는 1492년 만스펠트에 있는 학교에서 수학하여 십계명과 요리문답, 주기도문, 문법과 찬송과 같은 기독교의 기본적인 지식을 배웠다(Hillerbrand 1981, 22). 1497년, 루터는 공동생활형제단이 운영하던 마그데부르크(Magdeburg) 라틴학교에 입학하여 많은 신앙적 영향을 받았다.

대학 입학 준비를 위해 1498년 아이제나흐(Eisenach)에 있는 학교로 옮겨 3년 이상을 공부하면서 라틴 학자로서의 자질을 갖추어 갔다.

루터는 1501년 4월 에르푸르트(Erfurt)대학에 진학하였다. 그 대학은 매일 아침기도와 미사로 하루를 시작하는 금욕적인 학교였다. 그는 금욕 훈련을 통하여 "열심히 기도하는 것은 반쯤 공부한 것과 같다"는 진리를 터득하였다. 또한 헬라어와 히브리어 같은 고대 언어를 연구하고, 성경과 교부들의 글을 읽었으며, 음악을 배웠다. 루터의 전기 작가 마테시우스(Johannes Mathesius)에 의하면, 루터는 대학생활 동안 결코 늦잠을 자거나 강의에 빠진 적이 없는 성실한 학생으로, 자신에게 주어진 업무를 차질 없이 수행했다(Hillerbrand 1981, 23).

루터는 대학에서 처음으로 라틴어로 된 성경을 보았고, 이전에 듣던 것보다도 많은 복음서와 서신들이 있는 것을 보고 놀랐다. 2년의 수업을 받은 뒤, 1502년 9월, 42명의 학생 가운데 30등으로 졸업하였다. 대학원에 진학한 루터는 옥캄의 윌리엄과 가브리엘 비엘의 유명론에 대해 들었다. 그의 스승들은 토머스 아퀴나스의 실재론과 아리스토텔레스의 철학을 날카롭게 비판하였고, 자신의 입장을 옹호하기 위해 고대 저자들의 글을 인용하거나 소개하기도 하였다. 결국 루터는 스콜라 철학의 미몽에서 깨어날 수 있었고, 1505년 1월 문학 석사학위를 받았다. 이때는 17명의 졸업생 가운데 2등으로 졸업하였다.

수도원 생활

루터는 1505년 5월 아버지의 뜻에 따라 에르푸르트대학 법과에 진학했다. 어느날 잠시 시간을 내어 집에 다녀오는 도중에 갑작스럽게 천둥과 벼락을 만나게 되었는데, 그는 죽음에 대한 두려움으로 떨면서, "성 안나여! 살려주소서! 살려주면 수도승이 되겠습니다."라고 서원하였다. 안나가 광산업을 하는 사람들의 수호성인이었으므로 안나를 부른 것이다. 루터는 진노하시는 하나님의 손으로부터 벗어나 자신의 영혼을 구원하기 위해 그 해 7월 17일 수도원으로 들어갔다. 에르푸르트에 있던 22개의 수도원 중 아우구스티누스파 수도원을 택했다.

이 수도원은 아우구스티누스의 가르침을 따라 살려는 은둔자들이 세운 곳으로, 교황 알렉산더 4세(Alexander IV)의 승인을 받은 후에 크게 발전하였다. 이 수도원이 배출한 인물로는 14세기의 위대한 신학자인 리미니의 그레고리(Gregory of Rimini)가 있다(루터는 그레고리를 펠라기우스주의에 오염되지 않은 유일한 스콜라 신학자라고 평하였다). 아우구스티누스 수도원은 15세기 말경 안드레아스 프로레스(Andreas Proles, 1429~1503)에 의해 개혁되었고, 이때부터 이 수도원의 수사들은 일반인들로부터 존경을 받기 시작했다. 수도원장 요한 슈타우피츠(Johann von Staupitz, 1460~1524)는 설교, 성경 연구, 그리고 고행주의로 명성이 있었다.

루터가 수도원에 들어가자, 그를 법률가로 키우려고 했던 루터 아버지의 실망은 대단하였다. 아버지는 수단과 방법을 가리지 않고 루터를 수도원에서 빼내려고 하였다. 심지어 루터에게 "너는 네 부모를 공경하라는 계명을 읽지 못하였느냐?"고 야단치며 귀가를 종용하였다. 그러나 루터가 "수도 서약을 지키는 것밖에 다른 길이 없다"고 거절하자, 아버지는 루터에게 일어난 일들이 귀신이 행한 일이 아니었기를 빈다는 말을 남기고 수도원을 떠났다(Hillerbrand 1981, 24).

루터는 수도원에서 구원의 확신을 얻고자 힘썼다. 루터의 하나님은 공포와 두려움의 대상이었으므로, 그의 유일한 관심은 진노하시는 하나님으로부터 구원을 받을 수 있는 방법을 모색하는 것이었다. 그는 구원에 대한 확신을 얻기 위해 철야기도는 물론, 금식과 기도와 선행을 게을리하지 않았다. 예의상 허용되는 범위 내에서 몸을 가릴 정도의 옷만 입었고, 엄격한 수련생활로 건강을 잃을 정도였다. 하지만 하나님을 발견하지도 못했고, 구원의 확신도 얻지 못했다. 교회가 양심의 가책을 해소하려고 제정한 모든 수단들을 이용하였지만 헛수고였다. 기억할 수 있는 모든 죄를 시간마다 고백했으나 사죄의 확신을 얻을 수 없었다. 그는 이렇게 말했다: "나는 규율을 지키려고 할 수 있는 한 열심을 다했다. 규칙적으로 죄를 뉘우쳤고, 죄의 목록을 만들어 반복해서 고백했다. 나에게 주어진 참회를 성실히 이행했으나, 나의 양심은 계속적으로 불평하면서 속삭였다. '너는 모자란다.' '너는 충분히 뉘우치지 않았다.' '너는 여전히 그 죄를 남겨두었다.' 나는 인간적인 치료 방법으로 양심의 의심과 가책을 치료하려고 했다. 내가 이렇게 하면 할수록, 내 양심은 괴로워했고 불편해 했다."

이렇게 번민하는 루터를 영적으로 지도해 준 사람이 바로 수도원장 요한 슈타우피츠였다. 그는 루터가 구원 문제로 크게 흔들리자, 하나님의 은혜와 용서하시는 사랑에 맡기라고 권면하였다. 참된 회개는 심판하시는 하나님에 대한 두려움이 아니라 그에 대한 사랑으로 시작하되, 이를 얻기 위해서 인간적인 노력을 포기하고 전적으로 하나님과 그의 사랑에 빠져 들어가는 방법을 택하라고 하였다. 이와 같은 신비적인 방법은 "피조물이 창조주에게, 물방울이 바다에, 촛불이 이글거리는 태양에 말려들어 가는 것" 과 같았지만(Bainton 1978, 58), 루터에게는 큰 도움이 되지 못하였다.

신비주의적인 방법을 통해 약간의 내적인 평안을 얻기는 했지만 루터가 근본적인 신앙의 문제를 해결한 것은 아니었다. 그는 영적 갈등을 해결하지 못한 채 1506년 사제 수업을 시작하였고, 1507년 4월에 사제 서품을 받았으며, 5월에는 생애 처음으로 미사를 집전하였다. 그 후 더욱 금욕과 고해성사에 매달리며 구원의 확신을 추구하였지만 아무 것도 얻어진 것은 없었다.

이와 같은 절망적인 시기에 루터는 후기 스콜라 철학사상인 옥캄, 달리, 게르송, 그리고 비엘 등 유명론자의 사상을 연구하며 지적인 갈증을 해소하였다. 중세 신학은 아리스토텔레스 철학에 기초하며, 특별 계시의 한계를 넘어선 사변 신학이라는 것을 배우게 되었고, 구원의 유일한 토대가 하나님의 의지라는 것을 확인할 수 있었다.

1508년 루터는 비텐베르크(Wittenberg)대학의 도덕철학 강사로 임명받았다. 비텐베르크대학은 프리드리히 선제후(Frederick the Wise)가 인재 양성을 위해 1502년에 세운 곳으로, 루터는 아리스토텔레스의『윤리학』을 강의하였다. 틈틈이 시간을 내어 신학을 연구하여 1509년 신학사 학위를 취득하였으며, 피터 롬바르드(Peter Lombard)의『문장론』(Sentences)을 주석할 수 있는 자격을 얻기 위해 공부를 계속하였다. 1509년 10월 에르푸르트대학에 가서 1511년까지 롬바르드의『문장론』을 강의하였다.

루터가 에르푸르트에 있을 때에 로마 교황청은 유럽의 모든 수도원을 교황청의 관할 아래 두려고 하였다. 이에 대한 수도원장들의 반발은 당연한 것으로, 슈타우피츠 수도원장은 루터를 로마로 보내 아우구스티누스 수도원의 입장을 설명하도록 하였다. 그러나 루터의 관심은 수도원 문제의 해결보다는 성지 순례를 통해 얻게 될 유익에 있었다. 로마 순례는 수도승이라면 평생의 소원으로 여기던 특권이었기 때문이다.

당시 사람들에게 로마는 순교자의 무덤과 성물(聖物) 등 수많은 보화가 보존되어 있는 성지였다. 칼릭스투스(Calixtus) 성당 지하실에는 40여 명의 교황들의 유해와 7만 6천여 명의 순교자들이 묻혀 있었다. 다른 성당에는 모세가 보았다고 하는 가시떨기나무, 헤롯에 의하여 죽임 당한 아이들의 뼈가 300개나 있었으며, 바울의 쇠고랑, 로마 황제 도미티안(Domitian)이 사도 요한의 목을 잘랐다는 가위, 가룟 유다가 예수를 배반하고 받았다는 동전 하나가 전시되고 있었다. 교황청에서 성자의 유해를 숭배함으로 큰 은덕을 입는다고 가르쳤으므로, 로마 순례는 하나의 큰 축복이었다. 교황 레오 10세는 유골 하나하나에는 4,000년의 연옥 형기를 감해 주는 효과가 있고, 심지어 가룟 유다가 제사장으로부터 받은 동전 하나를 소유하면 1,400년의 면죄 효과가 있다고 선언하였다.

루터는 1510년 11월 은혜를 기대하면서 로마로 향하였다. 로마에 도착하자마자, 루터는 순례의 걸음을 내딛었다. 빌라도의 계단, 또는 '거룩한 계단'이라고 불리는 라테랑 성당의 28개 계단을 무릎으로 기어올랐다. 당시의 관례를 따라, 하나의 계단을 기어오를 때마다 주기도문을 한번씩 외우고 계단에 입을 맞추며 마지막 계단까지 고행의 순례를 하였지만, 마음에 사죄의 평안을 전혀 느낄 수 없었다. 결국 루터는 고행이나 순례가 은혜의 수단이 될 수 없고, 구원의 확신을 줄 수 없음을 깨닫게 되었다. 더구나, 로마의 재정적 도덕적 부패상을 보고는 크게 낙망하며 돌아왔다.

탑 속의 체험

1511년 4월 로마에서 돌아 온 루터의 마음은 더욱 공허해졌고, 교회의 가르침에 대한 회의가 증폭되었다. 수도원장 슈타우피츠는 루터에게 신학박사 학위 논문을 마치고, 대학에서 설교도 하고 성경을 강의하라고 권하였다. 이미 1509년부터 박사학위 과정을 이수 중이던 루터는 프랑스의 인문주의자 르페브르, 로이힐린과 에라스무스의 인문주의와 중세의 주석적, 신비적 스콜라 철학에 익숙해 있었다. 1511년 가을 비텐베르크에 있는 아우구스티누스 수도원으로 옮긴 후, 소위 탑이라고 불리는 숙사에서 학문 연구에 전념하였다. 그는 아리스토텔레스와 스콜라 철학자들을 멀리하고, 아우구스티누스와 타울러(Tauler)와 같은 중세 신비주의자들의 글을 가까이 하였다. 1512년 10월 그는 비텐베르크대학에서 칼슈타트(Andreas Bodenstein of Kalstadt, 1480~1541)로부터 신학박사 학위를 받고, 슈타우피츠의 추천으로 10월 22일 비텐베르크대학의 종신직 성경 교수로 부임했다.

비텐베르크는 대학 도시로, 당시 2,000명에서 2,500명 정도의 사람이 살고 있었다. 비텐베르크대학에서 루터의 첫 강좌 제목은 시편 강해였다. 시편 강의는 1513년 8월 1일 시작하여 1515년까지 하였다. 1515년 11월부터 1516년 사이에는 로마서, 1516년과 1517년에는 갈라디아서, 1517년 부활절에는 히브리서 강의를 하였다. 루터는 많은 시간을 할애해 성경 강해를 준비하였는데, 이는 루터로 하여금 그리스도를 만나 회심케 되는 결정적인 계기를 제공하였다.

루터는 1515년 아우구스티누스 수도원의 학문 연구책임자가 되었고, 동시에 아우구스티누스파에 속해 있는 11개의 수도원을 관리하는 교구 주교대리로 임명받았다. 이는 루터가 학문만이 아니라 행정적인 면에서도 능력을 인정받고 있고, 뛰어난 인물로 평가되고 있음을 보여주는 것이다.

성경 연구를 통하여 루터는 복음에 대한 각성을 하였다. 특히 그는 시편 22편을 연구하는 가운데 복음의 본질을 이해하였다. "내 하나님이여! 내 하나님이여! 어찌 나를 버리셨나이까? 어찌 나를 멀리하여 돕지 아니하시며, 내 신음하는 소리를 듣지 아니하시나이까?"(시 22:1)라는 시편 기자의 부르짖음을 통하여, 루터는 복음 교리의 핵심을 깨닫게 되었다. 루터는 시편 22편이 그리스도의 고난을 보여주는 다윗의 예언이라는 것을 알았지만, 하나님의 아들이 고난을 당하여야만 하는 이유를 이해할 수 없었다. 깊은 사색과 연구 끝에, 이 시편은 하나님으로부터 영원히 끊어져야 할 자신을 대신하여 그리스도께서 죽으실 것을 예언한 말씀이라는 것을 깨달았다. 이러한 각성을 통하여, 루터는 복음에 대한 근본적 자각과 통찰력을 얻었다. 즉 모든 것을 용서하시는 하나님의 은혜와 충분하고도 완전한 예수 그리스도의 공로에 대하여 이해할 수 있었다. 지금까지 하나님을 두려운 분으로만 생각하였던 루터가 시편 연구를 통하여 하나님이 온통 자비로우시며 은혜가 충만하신 분이라는 것을 확인하게 된 것이다.

루터는 로마서를 읽는 가운데 "복음에는 하나님의 의가 나타났다"(롬 1:17)는 말씀 때문에 고민에 빠지게 되었다. 스콜라 철학자들의 해석을 따라 "하나님의 의"라는 말을 철학적으로만 이해하였기 때문이다. 마침내 말씀의 의미를 깨닫고 나자, 그는 다음과 같이 진술하였다: "나는 수도승으로 한 점 부끄러울 것이 없는 생활을 하였다. 그럼에도 불구하고, 하나님 앞에 죄인이라고 생각했기 때문에 마음이 괴로웠고, 도무지 나의 공로를 가지고는 그 분을 누그러뜨릴 자신이 없었다. 나는 공의롭고 성난 하나님을 사랑하지 않을 뿐만 아니라 오히려 증오하였고, 그 분을 향해 투덜댔다. 그러면서도 여전히 바울을 붙잡고 늘어지면서 그의 말에 무슨 뜻이 담겨 있을까 계속 캐어물었다. 밤낮을 가리지 않고 곰곰이 생각하던 어느 날, '하나님의 의'와 '의인은 믿음으로 산다.'는 말 사이에 어떤 관련이 있다는 것을 깨닫게 되었다. '하나님의 의'란 하나님께서 은혜와 자비를 나타내사 우리의 믿음을 보시고 우리에게 죄가 없다는 것을 취급하시는 그 분 자신의 의라는 것을 알게 되었다. 그 순간 새로 태어나게 되었고, 활짝 열린 문을 통해 낙원에 이른 기분이었다. 성경 전체가 새로운 의미를 지녔음을 깨닫게 되었다. 전에는 하나님의 공의 때문에 내 마음속은 증오로 가득 차 있었지만, 이제는 성경이 말할 수 없이 소중하게 느껴지고, 더 큰 사랑을 내 속에 불러 일으켰다. 곧 바울 서신의 이 대목은 나에게 있어서 하늘로 통하는 하나의 문이 되었다"(Bainton 1982, 68). 결국 루터는 성경 연구를 통해 하나님과 인간을 바로 알게 되었고, 이러한 지식은 루터에게 있어 지구를 움직일 수 있는 지렛대가 되었다.

3. 종교개혁의 봉화

　루터는 로마서를 통해 구원이 공로를 통해 성취되지 않고, 그리스도를 통한 하나님의 죄 용서와 사랑에 근거한다는 것을 깨달았다. 율법은 구원의 수단으로 주신 것이 아니라 죄인들로 하여금 죄를 깨닫게 하고, 자신의 의를 부정하기 위한 것이며, 구원은 전적으로 자기를 낮추고 고발하는 죄인들에 대한 하나님의 선물임을 확인하였다. 루터는 구원을 성례전에 의해 '만들어진 은총'으로 이해하지 않고, 하나님 자신과의 올바른 인격적인 관계를 통해 이루어지는 것으로 보았다. 그리스도의 의가 죄인인 우리에게 전가되고, 우리가 신앙 안에서 그와의 살아있는 연합으로 들어가는 것이 구원이라는 것이다.

　복음적인 각성을 한 루터는 1517년 9월 초에 97개 조항으로 된 『스콜라 신학에 대한 논박』(*Disputation Against Scholastic Theology*)을 저술하였다. 이 책은 중세 신학을 비판하고, 토머스 아퀴나스, 둔스 스코투스, 옥캄, 그리고 비엘 등 스콜라 신학자들을 공격하기 위해 쓴 것이다. 그는 본성 상태에서 자신의 힘으로 온갖 선을 행하는 사람들에게 하나님이 은총을 베푼다(facere quod in se est)는 유명론자들의 주장을 비판했으며, 의로워진 죄인이 은총의 상태에서 공로를 쌓는 행위를 수행함으로써 그들의 구원에 협력한다는 초기 스콜라 신학자들의 가르침도 정죄했다. 칭의 문제에서 인간의 공로를 주장하는 것은 가증스러운 것이며, 오직 믿음으로만 의롭게 된다고 주장하였다. 루터가 이와 같이 스콜라 신학을 비판하자, 비텐베르크대학의 교수들도 전적으로 이에 동참하였다. 안드레아스 칼슈타트와 니콜라우스 암스돌프(Nikholaus Armsdorf, 1483~1565) 등이 루터의 지지자가 되었고, 비텐베르크대학은 루터의 종교개혁의 요람이 되었다.

루터와 면죄부

루터는 교황청의 부정, 곧 면죄부 판매에 대한 자신의 입장을 밝혔다. 1516년에는 면죄부의 위험성을 지적하였고, 1517년 2월에는 신학적·목회적 이유를 들어 면죄부가 죄를 짓게 하며 하나님을 알지 못하도록 만듦을 설명하였다. 루터의 입장은 결국 천주교회 측과 대립할 수밖에 없었다. 1517년 4월 요하네스 테첼(Johannes Tetzel, 1470~1519)이 프리드리히 선제후의 영지인 작센 근교에서 면죄부를 판매하자, 루터가 면죄부의 해악을 지적하면서 교황청과의 대립이 시작되었다.

테첼은 마인츠(Mainz) 대주교 알브레흐트(Albrecht 1490~1545)의 면죄부 판매책임자였다. 알브레흐트는 주교직을 수행할 만한 연령이 되지 못하였지만, 그의 형 브란덴부르크 선제후의 후원으로 1515년 레오 10세에게 돈을 주고 마인츠와 마그데부르크 대주교직, 그리고 할베르슈타트 주교직 등 3개의 성직을 샀다. 독일에서 이 교회들이 널리 알려져 있고, 돈벌이가 가장 잘 되는 곳이었기 때문이었다.

베드로 성당을 짓기 위해 기금이 필요하였던 레오 10세는 알브레흐트에게 거금을 요구하였다. 메디치 집안사람[17] 으로, 게으르며 도박을 좋아하였던 레오는 공석목회를 금지하는 교회 규정을 면제해 주겠다는 조건으로 알브레흐트에게 헌금을 요청했다. 교황이 사도의 수가 12명이니

---

17. 피렌체의 유력한 은행가 가문이었던 메디치 가문은 정치와 문화 영역에서 절대주의와 탈(脫)신앙 운동을 전개하였는데, 그 자손들 가운데는 교황 레오 10세와

12,000 두카트(Ducat)를 내라고 하자, 알브레흐트는 성례의 수가 7개니 7,000 두카트를 주겠다고 응수하였다. 흥정 끝에 알브레흐트는 아우구스부르크의 은행가인 푸거(Fugger)로부터 10,000 두카트를 빌려서 대주교직을 샀고, 빚진 돈을 갚기 위하여 8년간 면죄부를 판매할 수 있는 권리를 얻었다(Bainton 1993, 41~42). 교황은 수익금의 절반은 알브레흐트가 가지고 나머지는 베드로 성당의 건축 기금으로 로마에 보낼 것을 명하였다.

면죄부 판매책인 테첼은 웅변에 능한 자였다. 그는 베드로, 바울, 그리고 성자들의 유골이 처한 비참한 상황을 설명하고, 적당한 건물을 지어 보존해야 한다고 하였다. 비와 이슬을 피할 수 없는 처지에 놓인 베드로의 유골을 위한 성당을 건축해야 하며, 성당 건축을 위하여 헌금하는 자에게 그 공로가 즉시로 나타날 것이라고 설교하였다. 만약 연옥에 있는 사람을 위하여 헌금하면 동전이 헌금함에 땡그랑하고 떨어지는 그 순간에 연옥에 있는 영혼이 천국으로 올라가게 된다고 하였다.

면죄부 교리는 중세 신학의 산물이다. 중세 초기만 해도 면죄 사상은 없었고, 중한 죄를 범한 자는 반드시 공개적 참회를 통해서만 죄를 용서받을 수 있었다. 그러나 사제주의(Clericalism)가 일어나면서 면죄의 수단으로 고해성사가 요구되었다. 고해성사를 통해 그리스도, 마리아, 순교자 또는 성자가 남겨 놓은 잉여공로의 혜택을 입게 된다는 설이 나타난 것이다. 교황청은 성자들의 잉여공로가 하나님의 보물 창고에 저장되어 있으며, 그것을 자유롭게 활용할 수 있는 유일한 사람이 교황이라고 가

프랑스의 왕 앙리 2세(Henry II)의 부인이며 후에 섭정이 된 캐더린 드 메디치(Catherine de Medici, 1519~1589)가 있다. 이들은 절대 권력의 획득과 유지를 위해 하나님의 말씀을 무시하는 것이 예사였고, 신앙을 권력을 위해 이용하기도 하였다.

르쳤다.

잉여 공로 사상은 십자군 전쟁과 함께 면죄부 사상으로 발전하였다. 교황 우르반(Urbanus)은 십자군 원정에 참여한 자, 로마를 비롯한 성지를 순례하는 자, 그리고 교회에 재산을 기증한 자들에게 잉여공로에 의한 면죄를 약속했다. 교황 칼릭스투스(Calixtus)는 1457년 연옥에서 고통 받는 영혼들도 면죄부에 의하여 구원이 가능하다고 선언하였고, 1476년 공포된 교황의 교서 『우리의 구원』(Salvator Noster)에서는 연옥에서 당할 고통의 해제 대상을 살아있는 자와 죽은 자로 확대하며, 죽은 자라도 후손이나 친척이 면죄부를 사면 연옥의 고통을 덜게 된다고 하였다.

테첼은 미신적인 교리에 근거하여 면죄부를 판매하고, 돈을 모으는 데 수단과 방법을 가리지 않았다. 신분에 따라 면죄의 액수를 책정하여 면죄부를 판매하였다. 왕이나 왕비, 왕의 자녀들, 대주교와 같이 높은 지위에 있는 이는 25라인란트 길더(Rheinish guilders), 수도원장, 성당의 책임자, 백작, 공작, 귀족과 그들의 아내는 금으로 된 10길더, 그리고 하층에 속하던 시민과 상인은 3플로린(florins), 농부는 1길더를 내도록 책정하였다(Hillerbrand 1981, 39).

면죄부는 사람들의 고민을 해결해 주는 묘약이 되었다. 사후 지옥의 고통을 면하는 것에 사람들의 관심이 높아지면서 『어떻게 지옥을 피할 수 있나』(How to Avoid Hell)라는 책이 베스트셀러가 될 정도였다. 이와 같은 민중의 심리를 파악한 교황청은 한편으로는 지옥에 대한 공포심을 조장하고, 다른 면으로는 면죄부를 통한 구원의 소망을 제공하면서 신자들을 길들였다. 테첼은 설교를 통하여 절망적인 지옥의 모습을 그린 후, 이를 완화하는 수단으로 연옥의 모습을 묘사하고, 연옥의 고통으로부터 벗어날 수 있는 것이 바로 면죄부라고 가르쳤다.

95개조 항의문

루터는 면죄부가 거짓 확신을 조성하고, 그리스도의 고난을 전하는 참된 기독교를 파괴한다고 확신하였다. 루터는 1517년 2월 24일 마태복음 11장 25절 이하의 말씀을 본문으로 설교하면서 처음으로 면죄부의 해악을 지적하였지만 아무도 그에게 귀를 기울이지 않았다. 다음 단계로 마이센(Meissen), 프랑크푸르트(Frankfurt), 짜이츠(Zeits)의 주교, 브란덴부르크의 주교 제롬과 마인츠의 대주교 알브레흐트에게 면죄부의 부당성을 알리는 편지를 보냈지만 어느 누구도 루터의 편지에 답하지 않았다. 오히려 알브레흐트는 루터를 비웃었고, 그의 하수인 테첼은 루터를 이단으로 정죄하기까지 이르렀다. 그는 자신이 모든 이단을 태워 버리라는 교황의 명령을 받은 교황의 대사라고 주장하면서 루터를 협박했다.

설교나 편지로 개혁이 불가능하다는 것을 깨달은 루터는 비텐베르크 대학의 교수들에게 면죄부의 성격과 효과, 그것이 교회에 미치는 심각성에 대하여 설명하였다. 그는 교수들에게 자리를 함께하여 면죄부 문제에 대하여 토론할 것을 요청하였으나 교수들마저 교황청을 두려워하여 아무도 나서지 않았다. 교회의 무반응에 지친 루터는 공격적인 성품이 아니었지만[18] 보다 과격한 방법을 택하기로 결심하였다. 그것이 바로 천주교회의 잘못을 지적한 『95개조 항의문』을 비텐베르크 성문밖에 게시하는 것이었다.[19]

---

18. 멜랑히톤은 루터의 장례식 때 조사(弔辭)를 통하여 다음과 같이 말했다: "루터가 친구들 사이에서 얼마나 친절하고 붙임성 있는 성품의 소유자이며, 논쟁을 좋아하거나 싸움을 즐기는 사람이 아니었음을 모르는 사람은 아무도 없다. 또 그는 그러한 위치에 있는 사람이 갖추어야 할 상당한 위엄을 보여주었다. 그는 '곧은 성품과 우아한 언변'을 갖추고 있었다." (Spitz 1990, 118~119)

루터는 『95개조 항의문』을 라틴어로 썼다. 항의문은 곧 독일어로 번역되어 인쇄되었다. 먼저 루터는 사본 가운데 하나를 마인츠의 대주교 알브레흐트에게 보내면서 면죄부의 해독을 지적하고 회개를 촉구하였다. 그는 다음과 같이 주장했다: "면죄부는 영혼의 구원과 성화에 공헌하지 못하고, 다만 교회법에 부과된 일시적인 형벌을 사면할 뿐이다. … 그리스도는 어디에도 면죄부를 팔라고 하지 않았고, 복음을 전하라고 말씀하셨다. 주교들이 복음보다 면죄를 더 중히 여기며, 복음을 전하지 못하게 하고 면죄만 뻔뻔스럽게 선포하도록 권하는 것은 얼마나 위험하고 부끄러운 일인가?"(Hillerbrand 1981, 49~50).

알브레흐트에게서 아무런 응답이 없자, 루터는 1517년 10월 31일 만성절(All Saint's Day)에 라틴어로 쓴 『95개조 항의문』을 비텐베르크 성곽 교회 앞에 게시하였다. 그리고 자신이 제기한 문제에 대해 토론하기를 원하는 이는 누구든지 나오라고 덧붙였다. 그는 선동보다는 토론을 통하여 그릇된 관행을 고치려고 하였던 것이다. 루터의 항거는 교황청에 대한 선전포고가 되었고, 종교개혁의 봉화를 드는 계기가 되었다. 루터는 이 항의문에서 주로 다음의 세 가지 주제를 다루었다.

첫째로, 베드로 성당 건축에 대한 문제를 제기하였다. 루터는 성도들이 세워야 할 일차적 건물은 마음의 성전이요, 그 다음에는 그가 살고 있는 지역에 있는 교회당이며, 마지막으로는 로마의 베드로 성당이라고 하였다. 그는 독일과 로마가 무관할 뿐만 아니라, 독일인이 로마에 가서 예배할 수도 없으므로 로마에 짓는 성당 건축을 위해 헌금하는 것은 의미 없는 일임을 주지시켰다. "오늘날 최고의 부자인 크라수스(Crassus)보다

---

19. 루터가 『95개 조항』을 대학의 광고판으로 사용하던 비텐베르크 성 교회의 정문에 붙였는지는, 가능성은 많지만, 역사가들 사이에 논쟁거리다.

도 더 많은 재물을 가진 교황은 가난한 신자의 돈이 아닌 자신의 돈으로 성 베드로 사원을 지을 수 있으므로" 독일 교회가 이 일에 참여하지 말 것을 설득하였다(86항).

둘째로, 교황의 내세권에 대한 문제를 제기하였다. 교황은 내세 문제에 대하여 간여할 권세가 없고, 죄를 용서할 권세도 없다는 것이다. 내세에 대한 권세는 오직 하나님에게 속한 것이며, 죄를 사할 수 있는 권세도 하나님의 고유 권한이기 때문이다. 그러므로 교황에게 사죄와 연옥을 다스리는 권세가 있다고 하는 천주교회의 주장은 어불성설이라고 비난하였다.

마지막으로, 면죄부 제도의 해악을 지적하였다. 그리스도께서는 회개하여 죄를 용서받으라고 교훈하셨지만, 교황청에서 발부하는 면죄부는 회개의 필요성을 약화시키며, 거짓 확신을 준다고 하였다. 루터는 면죄 설교자들의 잘못을 지적하면서, "우리 주 예수 그리스도께서 '회개하라'고 하셨을 때(마 4:17), 이는 신자의 전 생애가 회개하는 생활이 되어야함을 말씀하신 것"이라고 하였다(1항). 교황도 죄의 영향아래 있는 인간이므로 어떤 형벌을 사면하거나 사면하도록 기원할 수 없다. 그러므로 교황에게 사면권이 있다고 주장하는 것은 예수 그리스도의 가르침에도 위배되고, 이론상으로도 그릇된 것이며, "꾸고자 하는 자에게 꾸어주고, 필요한 자에게 빌려주는 것이 면죄를 사는 것보다 선한 일"이라고 하였다(43항). 회개는 일회적인 고해성사의 행위가 아니라 평생에 걸친 마음과 지성의 변화이며, 교회의 보화는 잉여 공로가 아니라 회개한 죄인들에게 값없이 주어지는 "가장 거룩한 영광의 복음과 하나님의 은총"이라고 설명하였다(62항).

이제 종교개혁은 돌이킬 수 없는 사건이 되었다. 대학교수들로부터 무지한 농노에 이르기까지 종교개혁에 관심을 표하기 시작하면서 온 유럽은 종교개혁의 시대를 맞이하게 되었다.

제4장

루터의 종교개혁

루터의 『95개조 항의문』은 독일어로 번역되어 신성로마제국의 모든 지역으로 퍼져 나아갔다. 독일의 인문주의자들은 항의문이 나오자마자 인쇄하여 온 독일에 배포하였다. 루터의 개혁사상은 한 달도 안 되어 독일과 유럽의 지성인들에게 신속하게 전달되었다.

1. 신학 논쟁

루터의 항의문이 소개되면서 교회개혁을 촉구하는 운동이 확산되었지만, 한편으로는 강력한 적대자들도 나타났다. 그 대표적인 인물이 잉골슈타트(Ingolstadt)대학의 교수요, 한 때 루터의 친구였던 요하네스 에크(Johannes Maier of Eck, 1486~1543)였다. 그는 루터의 개혁 요구가 나오자마자, 『단검표』(*Obelisci*, 短劍標)라는 논문을 써서 루터를 이단으로 기소하였다.

교황주의자였던 에크는 교회의 모든 관습을 교황의 권위와 동일시하였고, 이러한 관습에 대항하여 질의하는 것이 바로 이단 사상이라고 정죄하였다.

하이델베르크(1518년 4월)

루터는 1518년 초 마인츠의 대주교 알브레흐트와 도미니칸 수도회에 의해 로마 교황청에 고소당하였다. 교황청은 새로 선출된 아우구스티누스 수도원장 가브리엘 델라 볼타(Gabriel della Volta)에게 루터의 주장을 철회하라는 명령을 내렸다. 루터는 1518년 4월 하이델베르크에 모인 아우구스티누스파 종단 총회 앞으로 소환되었다. 소환일이 다가오자 루터의 동료들은 종단 총회에 출석하지 말 것을 권고했다. 테첼은 총회가 열린다면 루터가 화형에 처해질 것이라고 공언하였지만, 이러한 불길한 경고에도 물러서지 않고 루터는 회의에 참석하였다.

4월 27일부터 5월 15일까지 열린 아우구스티누스파 종단 회의에서 루터는 40개항의 논문을 발표하면서 다음과 같은 내용을 주장하였다. 율법의 행위로는 구원을 얻을 수 없고 저주뿐이며, 사람의 의지는 죄에 속박되어 있어 자유롭지 않다. 사람은 아무도 선을 행할 수 없으므로 선행은 무익하다. 인간에게는 자유의지가 없고 노예 의지만 있다(14, 15항). 그는 중세의 신학을 영광의 신학이라고 비판하고, 그리스도인은 십자가의 신학을 추구해야 한다고 하였다. 그는 이렇게 말했다: "이것은 분명하다. 그리스도를 모르는 사람은 고난 가운데 숨겨진 하나님을 알지 못한다. 그러므로 고난보다 행위를, 십자가보다 영광, 약한 것보다 강한 것을, 어리석음보다 지혜를 선호하지만 일반적으로는 악보다도 선을 선호해야 한다. 이런 사람들을 '그리스도의 원수들' (빌 3:18)이라고 부르는데, 그 이유는 그들이 십자가와 고통을 증오하고 행위를 사랑하고 행위의 영광을 사랑하기 때문이다"(21항). 또한 중세 신학이 인간의 자유의지와 아리스토텔레스의 철학의 지배를 받고 있다고 비판하고, 바울과 아우구스티누스의 은총 신학을 옹호하였다. 아우구스티누스 안에서 바울과 성경적인 신앙을 보았지만, 아퀴나스 안에서 아리스토텔레스의 망령을 보았던 것이다.

루터는 성경에 대한 신뢰, 질문자에 대한 정중한 태도, 용기를 겸비하면서도 자신의 입장을 두려움 없이 개진함으로 총회에 참석한 많은 사람들에게 감동을 주었다. 특히 그의 설득력 있는 주장은 도미니칸 수도회의 수도사 마틴 부쳐(Martin Bucer, 1491~1551)와 뷔르템베르크의 개혁자가 된 요하네스 브란즈(Johannes Brenz, 1499~1570)를 종교개혁자로 만들었다.

카제탄과 루터(1518년 10월)

루터가 회개를 거부하자, 도미니칸 수도사들은 교황에게 루터를 징계할 것을 요구하였다. 1518년 6월 레오 10세는 도미니칸 수도원의 프리에리아스 박사(Sylvester Prierias)에게 루터의 글을 연구해서 보고할 것을 명하였다. 교황에게 보낸 이 보고서에서 그는 교회의 최종적인 권위가 교황에게 있고 면죄부를 반대하는 자는 이단이라고 말하면서 루터를 로마로 소환할 것을 요청하였다. 교황은 루터에게 60일 안에 로마로 출두하라고 명령하였다.

루터가 로마로 가게 되면 정죄 받을 것은 확실하였다. 이때 루터를 돕기 위해 나선 인물이 바로 프리드리히 선제후였다. 그는 루터를 보호하기 위해 청문회 장소를 로마에서 그의 영지인 아우구스부르크로 바꾸도록 힘을 썼다. 아우구스부르크에서 회의를 개최하므로 종교개혁자와 로마 천주교회 사이를 중재하려고 했던 것이다.

아우구스부르크 회의는 도미니칸 수도사요, 교황청 대사인 추기경 카제탄(Cardinal Cajetan, 1469~1534)[20] 이 주재하였다. 그는 루터가 성경의 권위에 근거하여 교회개혁을 주장하자 교회의 권위에 근거하여 루터에게 항복을 명하였다. 루터는 성경적 가르침에 배치되는 면죄부를 폐지하고 교회를 개혁하라고 응수하였고, 카제탄은 교황에게 면죄권이 있다고 주장함으로, 논쟁은 평행선을 그었다. 루터가 자신의 잘못을 지적해 달라고 하자, 카제탄은 1343년 클레멘트 6세가 교서 『유일서』(Unigenitus)에서 밝힌 바 있는 공로 사상을 부인한 것이라고 대답하였다. 이에 대해 루터는 교황이라도 실수할 수 있고 실수하고 있으며, 종교회의의 권위가 교황보다 우위에 있고, 성찬 수령자가 믿음 없이 받는 성례는 아무런 은혜를 전달하지 못하고, 믿음으로만 의롭게 된다는 교리는 성경의 확실한 지지를 받고 있다고 주장했다.

세 차례에 걸친 지루한 논쟁이 이어지자, 대노한 추기경은 루터를 힘으로 누르고자 하였다. 카제탄이 루터를 체포할 것이고, 재판을 위해 로마로 호송할 것이라는 소문이 퍼져갔다. 프리드리히는 루터가 로마로 호송될 것을 염려하여, 그의 경호병들에게 황제 막시밀리안(Maximilian)이 루터를 안전하게 호송할 때까지 루터 주위를 지킬 것을 명령하였다.

루터를 지지하는 세력은 도처에 많이 있었다. 루터가 위기에 처하자, 카제탄의 음모를 알아차린 성당교회법 학자인 랑겐만텔(Langenmantel)이 시종을 루터에게 보내어 아우구스부르크에서 빠져나가도록 조처를 취하였다. 루터는 심야에 말을 타고 도망하여 10월 31일에 비텐베르크에 도착하였다. 비텐베르크로 오는 도중에 뉘른베르크에서 잠시 머물면서 루

---

20. 카제탄의 원명은 토머스 드 비오(Thomas de Vio)이다. 그는 박식한 아퀴나스의 주석가요, 유럽의 저명한 신학자로 교황의 사절로 아우구스부르크 회의에 참석하였다.

터는 카제탄이 체포령을 내렸다는 것을 들었다.

라이프치히 논쟁(1519년 7월)

종교개혁이 확산되자, 레오 10세는 시종 밀티츠(Karl von Miltitz)를 프리드리히에게 보내어 타협안을 제시하였다. 밀티츠는 면죄부 판매 일을 그만 두고 수도원에 들어가 있던 테첼을 만나 위로하였으며, 루터가 교황청에 협조한다면 루터를 추기경에 봉할 것이라고 제안했다. 그러나 프리드리히는 물론 루터도 교황의 제안을 수용하지 않았다. 천주교회에 대한 비판을 중지하면 교황청도 침묵하겠다고 약속하였지만, 이러한 합의는 불발로 끝났다. 1518년 루터의 동료요 비텐베르크대학 교수인 칼슈타트가 성경의 권위가 교회보다 우선한다고 주장하자, 루터의 적수였던 에크가 공개토론을 요청하였기 때문이다.

공개토론은 1519년 7월 4일에서 14일까지 라이프치히에서 개최되었다. 교황청 측에서는 에크를 비롯한 잉골슈타트대학의 교수들이 참석하였고, 루터 측에서는 루터, 칼슈타트, 멜랑히톤 등의 비텐베르크대학 교수들이 나섰다. 초기 논쟁은 에크와 칼슈타트가 이끌었고, 후반은 루터가 주도하였다. 에크와 칼슈타트는 하나님의 은혜와 자유의지에 대해 논쟁을 벌였으며, 루터와 에크의 논쟁은 다음의 네 가지로 모아졌다.

첫째는 교황의 기원과 권위에 관한 것이었다. 에크는 교황권이 하나님으로부터 나온 것이므로 교황에 대한 순종이 바로 하나님에 대한 순종이라고 하였다. 그러나 루터는 교황의 권세는 위조문서인 『이시도리안 교령집』(Isidorian Decretals)에 기초하여 세워졌으므로 허위라고 반박하였다. 학자들의 역사 · 비평적인 분석에 의해 교령집이 허위로 밝혀졌으니 로마의 주장도 허위라는 것이다. 따라서 교황의 권위는 인간들이 만든 것이며, 많은 오류를 가진 교황이 그리스도의 대리자일 수는 없다고 하였다. 이에 대해 에크는 "로마교회가 실베스터(Sylvester) 이전의 다른 교회들보다 열등하였다는 것을 인정할 수 없고, 성 베드로의 지위와 신앙을 소유한 사람은 항상 베드로의 후계자이며, 그리스도의 위대한 대리자로 대접받았다"고 로마교황청을 옹호하였다.

둘째는 성경의 권위에 대한 것이었다. 루터는 오직 성경만(Sola Scriptura)이 신앙의 도리와 생활의 규범이 되므로 성경의 가르침에 따라 교회를 개혁하자고 외쳤다. 반면 에크는 '오직 성경' 사상은 중세 말 현대주의 사조(via moderna)를 따르는 이단들의 주장이라고 지적하면서 루터를 이단으로 몰아세웠다. 루터의 사상은 콘스탄스(Constance) 교회회의에서 이단으로 정죄된 위클리프와 보헤미아의 개혁자 후스의 사상과 일맥상통한다는 것이다. 이에 대하여, 루터는 위클리프나 후스가 이단적인 사상을 가진 것이 아니라, 개혁자들을 정죄한 교회회의가 잘못을 범한 것이라고 비판하였다. 그는 이렇게 외쳤다: "박사께서 물거미가 물을 꿰뚫어보듯이 성경을 보며, 악마가 십자가로부터 도주했듯이 성경을 피하는 것을 보고 통탄을 금할 수 없습니다. 모든 교부들의 이름을 걸고 말합니다. 나는 미래의 심판자들에게 맡겨주신 성경의 권위를 더 존중합니다." 루터의 주장은 중세의 모든 권위 체제와의 단절을 의미한 것이었다.

셋째로, 연옥에 관한 것이었다. 에크는 연옥 사상이 마카비 2서(Macabee II) 12장 45절에 나오므로 성경적인 것이라고 주장하였으나, 루터는 마카비서가 성경이 아니라 외경(外經)에 불과하다고 하므로 신적인 권위가 없고, 따라서 연옥 교리는 잘못된 것이라고 지적하였다.

넷째로, 면죄부와 고해성사를 다루었다. 에크는 면죄부와 고해성사가 교회 전통에 근거한 것이므로 교회가 따라야 한다고 주장하였다. 루터는 교회의 전통이 인간에게서 비롯된 것이므로 잘못될 수 있고, 오직 성경만이 오류가 없으며, 면죄부와 고해성사는 성경의 교훈에 배치되는 것이라고 반박하였다. 이와 같이 루터는 라이프치히 논쟁을 통하여 '오직 성경' 사상으로 에크의 교회 전통 사상을 비판함으로 반로마교황주의자로 알려지게 되었고, 이로 인해 그는 독일의 국가적 영웅이 되었다.

루터의 종교개혁이 힘을 얻을 수 있었던 것은 당시의 정치적인 혼돈과도 연관이 있다. 루터가 종교개혁을 일으켰을 때, 교회 지도자들은 권력 투쟁에 눈이 멀어 대수롭지 않게 여겼다. 1519년 1월 신성로마제국의 황제 막시밀리안이 사망하자, 교황을 비롯한 정치지도자들은 루터보다는 후임 황제의 선택에 더 신경을 썼다. 프랑스의 프랑수아 1세(Francis I)와 스페인의 카알 5세가 황제 후보로 나섰을 때, 독일인이 황제가 되는 것을 원하였던 교황은 작센의 선제후 프리드리히를 공개적으로 지원하였다. 그러나 교황의 뜻과는 달리 1519년 6월 18일 카알 5세(Karl V, 1500~1558)가 신성로마제국의 황제가 되는 바람에 교황과 황제의 사이가 서먹하게 되었다.

카알 5세는 스페인과 네덜란드, 오스트리아, 이탈리아의 일부와 신대륙의 일부를 상속하였다. 샤를마뉴 대제(Charlemagne, 742~814) 이래 유럽의 어떤 황제보다도 넓은 영토를 가지게 되자, 카알은 자신을 통해서 중세의 교황청이 누렸던 정치 및 종교적인 영광을 회복하고자 하였다. 그러나 유럽 여러 곳에 흩어져 있었던 영토를 효율적으로 통치할 수 없었으므로 그의 정치적인 역량은 제한적일 수밖에 없었다. 더구나 그는 독일어는 물론 독일에 대해 무지하였고, 종교적인 문제에 대해서는 더욱 무관심하였으므로 루터에게 별다른 관심을 기울이지 않았다. 이러한 정치적인 상황은 결과적으로 종교개혁의 확산을 돕는 역할을 하였다.

루터의 성경적 종교개혁이 번져가자, 에크는 종교개혁의 확산을 두려워하여 교황에게 루터를 속히 파문할 것을 요청하였다. 레오 10세는 카제탄, 프리에리아스, 에크의 자문을 얻어 1520년 6월 15일 『주여 다시 일어나소서』(Exsurge domine)라는 교서를 발표하였다. 레오는 이 교서를 통하여 루터의 논제에 41가지의 이단적인 오류가 있다고 지적하고, 루터의 책을 불에 태우도록 명령함으로 종교개혁의 불을 끄려고 시도하였다.

2. 문서 활동

라이프치히 논쟁 후 6개월 동안 루터는 무려 400쪽에 이르는 16개의 소논문을 썼다. 이제 그의 종교개혁 사상은 완성되었고, 신학적 논지는 투쟁 가운데서 점차 다듬어졌다. 특히 1520년 쓴 종교개혁 3개의 소논문들은 그의 발전을 보여주는 최고 수준의 것들이었다. 이 논문들을 통하여 루터는 미신적이며 비성경적인 로마천주교회의 공로 사상과 성찬관을 비판하고, 복음적인 정부관, 교회관, 그리고 성례관을 제시했다.

『선행론』

5월에 저술한 『선행론』(A Treatise on Good Works)에서, 루터는 믿음과 선행, 믿음과 율법의 관계를 들어 천주교회와 성경적인 기독교의 차이점을 설명하였다. 하나님 앞에서 인간의 최고의 선행은, 단순히 선한 일을 하는 것이 아니라 "하나님이 보내신 자를 믿는 것"이라는 요한복음 6장 29절의 말씀대로, 예수 그리스도에 대한 믿음을 가지는 것이라고 하였다. 곧 그리스도에 대한 믿음만이 하나님을 기쁘게 해 드리며 의롭다함을 받을 수 있는 기초가 된다는 것이다. 천주교회에서 주장하는 인간의 공로 사상은 비성경적이요, 불신적이라고 비판하고, 구원을 얻기 위해서는 그리스도에 대한 단순한 신앙을 가질 것을 주장하였다.

그리스도에 대한 믿음은 "모든 선행 가운데 최초이며, 최고이며, 가장 중요한 선행"이라고 주장하고, "선행을 오직 교회 안에서 기도하거나 금식과 자선을 하는 것으로 한정"하지 않고, 세상에서 일상적으로 행하는 일들, 즉 장사 등을 포함한 모든 직업이 본질적으로 선하고 거룩하다고 논하였다. 세상으로부터 도피하여 수도원에서 은둔 생활을 하는 것이 거룩한 것이 아니라 세상 가운데 일상적으로 살면서 하나님을 섬기는 것이 하나님을 기쁘게 해 드리는 선행이라고 본 것이다. 루터의 이러한 사상에서 모든 직업을 신성하게 보는 기독교적 전통이 시작되었고, 소명 사상이 발전하게 되었다.

『독일 기독교 귀족에게 고함』

루터는 같은 해 8월 18일 『독일 기독교 귀족에게 고함』(The Address to the Christian Nobility of German Nation)을 써서 니콜라우스 암스돌프에게 보냈다. 이 책에서 그는 교황청의 독일 착취에 대한 분노를 드러내면서, "첫째, 교황청은 세속권의 공격을 받을 때 법령을 만들어서 그들이 세속권을 지배할 권세를 갖고 있다, 곧 영적 세력이 세속권을 관할한다고 말한다. 둘째, 성경으로부터 비판을 받을 때 그들은 성경 해석권이 교황에게만 있다고 한다. 셋째로, 종교회의에 의해 위협을 받을 때 그들은 교황 이외에는 종교회의를 소집할 수 없다는 우화를 말한다."고 비난하였다. 그는 교황청의 보루 역할을 하는 이 세 가지의 성벽을 붕괴하자고 주장하였다. 교황청은 상기의 세 가지를 통하여 스스로를 보호하고 온갖 악행과 사술을 일삼아 왔음으로, 그것들이 허물어질 때 진정한 교회개혁이 가능하다고 본 것이다.

루터는 먼저 영적인 권세가 세속적인 것보다 우위에 있다는 천주교회의 교권우위사상을 비판하였다. 그는 교권우위사상의 기초가 되는 사제주의사상을 비판하고, 만인제사장주의를 주장함으로 논지를 전개했다. 루터는 다음과 같이 말하였다: "교황, 주교, 사제, 수도사, 그리고 수녀들을 종교적 계급이라 칭하고, 영주, 군주, 장인(匠人), 그리고 농부들을 세속적인 계급이라 칭하는 것은 몇몇 기회주의자들이 지어낸 허울 좋은 말에 불과하다. 내가 이런 주장을 하는 데는 근거가 있으니 놀랄 것이 아니다. 모든 그리스도인은 실제로 진정한 종교 계층에 속하고, 각각 다른 일에 종사하고 있다는 것을 제외하고는 아무런 신분적인 차이가 없기 때문이다. 이는 사도 바울이 고린도전서 12장 12절 이하에서 "몸은 하나인데 많은 지체가 있고, 몸의 지체가 많으나 한 몸임과 같이 그리스도도 그러하니라."라고 한 말씀이 뜻하는 바이다. 우리는 하나의 세례, 하나의 복음, 하나의 믿음을 가지고 있으며, 똑같은 그리스도인이므로, 이는 우리 모두에게 적용되는 것이다. 왜냐하면 세례, 복음, 믿음만이 인간으로 하여금 신앙을 가지게 하며, 그리스도인이게 하기 때문이다. … 우리가 받는 세례는 우리 모두를 예외 없이 거룩하게 하며 제사장으로 만든다(벧전 2:6; 계 5:9~10)" (Spitz 1990, 88).[21]

루터는 세속의 통치자도 복음적 의미에서 사제이며 주교라고 하였다. 신령한 사람과 세속적인 사람 사이에는 직무의 차이만 있을 뿐, 지위나 신분의 차이가 없기 때문이다. 사제의 직위는 그에게 주어진 직무를 담당하는 것이므로, 세속 통치자는 세상의 일만이 아니라 사제처럼 교회개혁

---

21. 루터가 만인제사장주의를 주장하면서 평등사상을 주장한다고 해서 무정부주의를 표방하는 것은 아니다. 그의 평등사상은 신분의 동등을 말하는 것이지, 결코 직분상의 동등을 주장한 것이 아니기 때문이다.

에도 앞장서야 한다. 곧 교회개혁의 일차적인 책임이 성직자에게 있지만 그들이 그 의무를 다하지 않는다면, 황제와 영주는 그리스도인의 한 사람으로 교회개혁을 위해 일어나야 하는 것이다. 그는 다음과 같이 말하였다: "세속권을 가진 자들도 우리와 마찬가지로 세례를 받았고, 같은 믿음과 복음을 가지고 있으므로, 사제이며, 주교임을 인정해야 한다. 그들은 그리스도인 공동체의 관리인으로, 공동체를 위해 자신의 직무를 수행하고 있다. 세례를 받은 자는 자신이 이미 사제로, 주교로 또는 교황으로 봉헌되었음을 주장할 수 있다. 비록 특정 개인이 자의적으로 그 직무를 수행할 수는 없지만 원칙은 그렇다." 이와 같이 루터는 만인제사장직에 근거하여 교황이 황제보다 우위에 있는 교권우위사상을 부인하면서, 성직자는 특별한 지위가 아니라, "단지 직무 담당자"에 불과하므로 교회를 한 개인의 권한에 맡긴다는 것은 저주받을 이단적인 행위라고 하였다.

루터는 둘째 벽으로 교황만이 성경을 해석할 수 있다는 사상을 부인하고, 그리스도를 주로 고백하는 모든 그리스도인은 성경을 해석할 수 있어야 한다고 주장하였다. 성경은 인간들에게 주신 하나님의 자기 계시로, 모든 사람이 읽고 묵상하며, 교리와 생활의 원리로 삼아야할 교재이기 때문이다. 성경은 일부 계층이 아닌 일반적인 그리스도인을 위하여 쓰여 졌고, 내용이 명확하므로 모든 사람은 성경을 읽고 해석할 수 있다. 만일 성경 해석권이 교황에게만 있다면, 성경은 한 개인을 위하여 기록된 것이 되므로, 더 이상 개인이나 교회가 읽거나 연구할 필요가 없어진다. 그러나 그리스도께서는 요한복음 6장 45절에서 "저희가 다 하나님의 가르침을 받으리라"고 하였고, 고린도전서 14장 30절에서는 모든 사람은 성경을 읽고 풀 수 있는 권리가 있다고 가르쳤다. 그러므로 교황만이 성경을 해석할 수 있다는 주장은 "사특하고 간악한 것"이라고 하였다.

마지막으로, 루터는 교황만이 교회회의를 소집할 수 있다는 세 번째 벽을 허물고자 하였다. 그는 이 내용이 전혀 성경의 지지를 받지 못한다고 지적하였다. 사도행전 15장 6절에서 나오는 예루살렘 총회를 소집한 사람은 천주교회 측이 말하는 첫 번째 교황이라고 불리는 베드로가 아니라, 사도와 장로들로, 곧 교회회의는 한 사람이 아닌 여러 사람들의 발의에 의하여 소집되었다고 보았다. 초대교회사를 살펴보면, 콘스탄틴 대제(Constantine the Great)와 같은 평신도도 교회회의를 소집한 일이 있으므로 교황이 기독교에 대하여 반역할 때 세속권이 교회회의를 열어 교회를 개혁하는 것은 성경적이며 하나님의 뜻을 이루는 것이라고 진술하였다.

루터는 천주교회의 세 가지 벽을 허물고, 천주교회에서 시행되고 있는 오류들을 비판하면서 다음과 같이 교회개혁안을 제시하였다. 그의 제안은 신학적인 것이 아니라 실천적인 것이라는 데 특징이 있다. 교황의 학정, 사제의 임명, 과세의 억제와 교황청의 사치 일소, 교황은 세속 통치를 포기하고 종교적인 일에만 관심을 가질 것, 교황청에 세금을 내는 것은 밑 빠진 독에 물 붓기와 같으므로 통치자들은 교황청에 세금을 내지 말 것을 제안하였다. 독일 교회의 일은 독일 대주교의 관할아래 일임하고, 성직자의 결혼 허용, 교회 지도자나 평신도들이 종교적인 문제로 로마에 소송을 내지 말 것, 로마를 비롯한 성지 순례의 금지, 죽은 자를 위한 미사의 폐지, 산업 발전과 절제를 위해 주일을 제외한 모든 축제일을 축소하고, 탁발 수도사를 포함한 모든 수도사의 걸식 금지, 창녀촌의 폐지, 대학에서의 신학 교육 개혁을 주장했다.

『교회의 바벨론 포로 시대』

2개월 후, 루터는 『교회의 바벨론 포로 시대』(The Babylonian Captivity of Church)를 저술하였다. 이 책에서, 그는 교황청이 아비뇽으로 이사한 후

플로렌스 교회회의에서 결정한 천주교회의 7성례에 대해 맹렬히 비판하고, 그리스도께서 세우신 참된 성례는 성찬, 세례, 그리고 참회(고해성사)라고 논하였다. 여기서 특이한 점은 그가 참회를 성례로 인정하고 있는 것이다. 고해성사는 성례의 외적인 표징이 결여되어 있지만, 매일 세례를 받을 때의 상태로 돌아가는 것이며 억눌린 양심을 치료할 수 있기 때문에 성례의 가치가 있다고 본 것이다. 성례의 핵심은 표징보다는 믿음에 의해 받아들이는 하나님의 용서하시는 말씀에 기초하므로 수도원 서약, 순례, 공로 행위 등을 인간이 만든 것들로 간주하였다.

한 걸음 더 나아가, 루터는 교황청이 아비뇽으로 이전된 후 시행하고 있는 교황청의 오류에 대해 지적했다. 곧 교인에게 포도주 잔을 주지 않는 것, 제4차 라테랑 교회회의가 채택한 화체설, 미사 때마다 그리스도가 희생을 반복한다는 사상 등이며, 견신성사, 혼인성사, 성품성사, 종유성사와 같은 천주교회의 4성례는 성경에 근거하지 않은 것임을 밝혔다. 특히 화체설을 부인하고, 성찬 때에 그리스도께서 떡 위에, 떡 안에, 떡 옆에 육체적으로 임재 하신다는 공재설(共在說, Consubstantiation)을 주장했으며, 평신도들에게도 떡과 함께 포도주를 주어 성경적인 성찬을 회복하고자 하였다. 성직자와 평신도의 구별을 깨뜨리고 만인제사장주의를 주장하였고, 교회가 신앙을 고백하는 신도들의 모임이라고 규정하였다. 결국 에라스무스가 지적한 것처럼, 루터는 "천주교회와의 돌이킬 수 없는 단절을 선언하였다."

루터는 11월초에 칼 폰 밀리츠의 요청으로 『그리스도인의 자유』(Treatise on Christian Liberty)를 저술했다. 추기경 카제탄의 보조자였던 밀리츠는 독일인으로, 루터를 교황청과 화해시키기 위해 책을 내도록 권하였다. 이 책에서 루터는 그리스도 안에서 믿음으로 얻는 자유에 대하여 설명하였고, 참된 신앙은 성도들을 영적 노예 상태로부터 해방시키며, 하나님과 이웃에 대한 사랑, 봉사의 삶을 통해 나타난다고 하였다. 그는 고린도전서 9장 19절, 로마서 13장 8절, 갈라디아서 4장 4절, 빌립보서 2장 6~7절과 같은 바울서신을 인용하면서, 참된 그리스도인은 믿음을 통해 진정한 영적인 자유를 얻은 자들, 곧 "그리스도인은 아무 것에도 종속되지 않는 완전히 자유로운 만물의 영장이며, 모두에게 예속되어 있는, 다른 말로 하면 모두에게 온전하고 충실하게 예속되어 있는 종"이라고 정의하였다.

그리스도인들은 믿음으로만 의롭게 되기 때문에 더 이상 행위의 율법 아래 있지 아니하며, 그리스도와의 새로운 인격적 관계 안에 있는 자유인이다. 그는 이렇게 말했다: "그리스도 안에 있는 믿음은 행함에서 우리를 해방시키는 것이 아니라 행함과 관련된 어리석은 견해들로부터 해방시킨다. 즉, 행함으로 얻어지는 것에서 우리를 해방시킨다. 믿음은 우리의 양심을 구속하고 바르게 하고 보존하기 때문에 행함이 필요하지 않으며 필요해서도 안 되지만, 의가 행함에 있지 않다는 것을 우리는 알고 있다. 음식을 먹고 마시는 것, 죽을 수밖에 없는 육체에 모든 행함이 없어서는 안 되는 것처럼, 우리의 의는 행함에 있는 것이 아니라 믿음에 있다; 하지만 육체의 행함은 그런 이유 때문에 무시되어서도 안 된다. 이 세상에서 우리는 육체적 생활의 필요에 묶여 살아가지만 그것들 때문에 의로운 것은 아니다"(Estep 2000, 271).

루터는 이와 같이 이신득의에 대해 설명한 후, 진정한 그리스도인의 자유는 무엇이든 마음대로 행할 수 있는 방종이 아니라, 다른 사람을 위해 자신을 희생하는 자유, 곧 '무엇으로부터의 자유'가 아니라, '무엇에게로의 자유'를 의미한다고 하였다. 또한 "그리스도인은 자신 안에 살고 있는 것이 아니라 그리스도 안과 이웃 안에서 살고 있다. 그렇지 않으면 그는 그리스도인이 아니다. 그는 믿음으로 말미암아 그리스도 안에 살며,

사랑으로 말미암아 이웃 안에 살고 있다. 믿음으로 그리스도인은 자신을 뛰어 넘어 하나님에게로 나아간다. 사랑으로 그는 자신을 낮추어 이웃에게로 나아간다. 하지만 언제나 그는 하나님과 그의 사랑 안에 거한다."고 썼다(Estep 2000, 275).

루터는 믿음으로 구원을 받은 모든 그리스도인에게 사제와 같은 권세가 주어졌음을 내세웠다. 구속받은 그리스도인은 자유로운 왕일뿐만 아니라, 영원한 사제라는 것이다. 어떠한 왕이라도 그리스도인보다 뛰어나지 못한 이유는 "사제로서 그리스도인은 다른 이를 위해 기도하기 위해, 또 상호간 신성한 것을 가르치기 위해 하나님 앞에 설 수 있는 자들이기 때문이다. 이는 불신자들에게는 허락되지 않는 역할이므로, 그리스도께서는 우리가 그를 믿기만 하면 그의 형제, 공동 상속인, 동료, 왕일뿐만 아니라 그와 동역 하는 사제로 인정한다."고 하였다(Spitz 1990, 105).

한 걸음 더 나아가, 루터는 만인제사장주의를 주장하였다. 그는 사제, 성직자, 교직자라는 단어들이 모든 그리스도인을 지칭하지만, 교권주의자들이 소수의 교역자(Ecclesiastics)를 지칭하는 말로 사용되고 있다고 비판하였다. "성경에서 '성직자,' '종,' '청지기'라는 어휘가 교황, 주교, 사제로 불리는 이들과 말씀 사역으로 봉사하고 그리스도에 대한 신앙과 신자의 자유를 전하는 이들을 지칭하고 있기는 하지만, 성경은 성직자와 평신도를 구별하지 않는다." 그러므로 평신도와 성직자를 구별하는 것은 잘못이며, 바울이 고린도전서 4장 1절에서 "사람이 마땅히 우리를 그리스도의 일꾼이요, 하나님의 비밀을 맡은 자로 여길지어다."라고 말한 것처럼, 모든 그리스도인은 그리스도의 일꾼이요, 성직자로 간주되어야 한다고 하였다(Spitz 1990, 106).

3. 중단 없는 개혁

교황 레오 10세는 1520년 10월 10일에 루터에게 60일 이내에 모든 주장을 철회하라는 교서와 로마에 오라는 소환장을 보냈다. 처음에 루터는 이를 뜬소문으로 생각하였으나 그것이 사실로 밝혀지자, 12월 10일 천주교회의 교회법과 중세의 교서들을 불사르므로 교황의 명령을 무시해 버렸다. 루터는 1521년 1월 21일 교황청으로부터 이단으로 정죄 당하고 파문에 처하여졌다. 이는 정부로부터 신변 보호를 받을 수 있는 공민권의 박탈을 의미하였다. 천주교회 측의 루터에 대한 공격은 점차로 거세어갔고, 루터의 글들은 네덜란드의 루방, 리에주, 앤트워프와 독일의 쾰른에서 불에 태워졌다.

보름스 의회(1521년 4월)

그러나 루터는 독일 국민의 영웅이 되어가고 있었다. 독일인들은 루터의 개혁 사상과 민족주의를 지지하였고, 로마 교황청에 대한 적대감을 노골적으로 드러내곤 하였다. 비텐베르크 근교에 살던 농민들은 길에서 여행자를 만나면 "당신은 마르틴 편입니까?"라고 묻고, 만일 그가 아니라고 하면 구타할 정도였다. 루터의 영향력이 확산되자, 교황청과 천주교권의 결속도 강화되어 종교개혁자와 천주교회 측의 대결은 점차 심화되었다.

교황의 사절 알레안더(Aleander)는 카알 5세에게 사람을 보내 종교개혁을 억제할 것을 요청하였다. 카알 5세는 1521년 3월 보름스(Worms)에 의회를 소집하고 루터를 소환하였다. 이는 독일 내부에서 일어나던 종교적인 문제들을 조정하고, 부분적으로는 이탈리아에서 벌어질 프랑스와 스페인의 세력 쟁탈전에 대비하기 위함이었다. 카알 5세는 황제 선거 때에 그를 도와 준 프리드리히에게 루터의 통행을 보호하겠다는 약속을 하였지만, 루터의 친구들은 루터에게 의회에 불참할 것을 권하였다. 특히 프리드리히는 비서 스팔라틴(Spalatin)을 보내어 1415년 콘스탄스 회의에서 순교한 얀 후스의 예를 상기시키면서 루터에게 보름스에 가지 말 것을 권하였다.

그러나 루터는 살기 위해 비굴하게 숨는 것보다는 죽더라도 자신의 입장을 밝히고자 하였다. 루터는 "만약 보름스 지붕의 기왓장들만큼이나 마귀들이 자리 잡고 있다 해도, 나는 그 곳에 가겠다."고 말하고, 4월 2일 비텐베르크를 떠나 4월 16일 보름스에 도착하였다. 루터는 비텐베르크에서 보름스로 가는 동안 대중들의 열렬한 환영을 받았으며, 도착 시간이 저녁이었지만 20,000여 명이 넘는 인파가 맞이하기 위해 운집했다.

보름스 의회에는 신성로마제국의 황제 카알 5세와 독일의 영주들, 그리고 여러 명의 추기경 등이 참석하였다. 의회는 4월 18일에서 22일까지 개최되어 루터를 심문하였다. 참석자들은 극단적인 교황주의자, 공정한 심리를 촉구하던 루터의 지지자들, 그리고 절충을 통해 문제 해결을 시도하고자 하였던 에라스무스 지지자들이 있었다. 에라스무스 지지자들은 루터가 공재설을 포기하고 화체설을 묵인하여 천주교회와 협상할 것을 권하였다. 그러나 루터는 절충안을 받아들이지 않았고, 의회는 루터의 신학적 입장을 밝히는 방향으로 나아갔다.

의회는 루터에게 그의 저작들의 소각과 주장의 철회를 명하였다. 루터는 정중하게 기도하면서 심사숙고할 수 있는 시간의 여유를 달라고 요청하였다. 의회의 허락을 받은 루터는 이틀 동안 기도하면서 곰곰이 생각하였다. 자신의 주장을 기독교적인 경건과 관련된 부분, 독일인의 불만을 다룬 부분, 사적인 비판으로 나누어 철회할 수 있는 부분으로 나누어 고심하였다. 기독교인의 경건과 관련된 부분에 대해 포기하게 되면 기독교

자체를 부인하는 것이 될 것이고, 독일인의 불만을 다룬 부분을 배제한다면 참석자 가운데 누구도 동의하지 않을 것이며, 사적인 비판을 제외한다면 원수들이 기뻐할 것이라는 결론을 얻었다. 결국 루터는 의회 앞에서 "성경의 증거와 평범한 이성에 어긋나지 않는 한, 저는 아무 것도 철회하지 않을 것이며, 철회할 수도 없습니다. 왜냐하면 양심에 거스르게 행동하는 것은 안전한 것도 옳은 일도 아니기 때문입니다. 저는 어떤 다른 방도를 취할 길이 없습니다. 제가 여기 섰으니, 하나님 도우소서! 아멘" 이라고 외친 후, 그 자리에 꿇어앉았다.

루터가 보름스 의회를 떠날 때, 약속대로 독일군이 그를 호위하였다. 그 때 루터는 흐트러진 자세를 보이지 않았고, 오히려 주변에 둘러선 독일인들을 격려하면서 행진하였다. 루터의 영웅적인 행동에 대하여 많은 백성이 찬양하였지만 그의 적대 세력인 카알 5세와 천주교회 당국은 그를 살해하고자 하였다. 살해 음모를 파악한 프리드리히는 4월 24일 병사들을 보내 루터를 납치하고, 은밀하게 아이제나흐 근처의 발트부르크(Wartburg) 성에 피신시켰다.

신변 보호를 약속하였던 카알 5세는 루터의 단호한 입장에 충격을 받았다. 철두철미한 천주교도였던 황제는 루터의 결단을 "사사로운 판단으로, 길을 잘못 들어선 한 명의 수사가 1,000년 이상 모든 그리스도인들이 지켜온 신앙을 반대하고, 지금까지의 모든 그리스도인이 잘못되었다는 결론을 내렸다"고 논평하였다. 그는 황제 선거 이후 오랫동안 불편한 관계에 있던 교황과 화해하기 위해 루터의 종교개혁을 억제하고자 하였다. 그는 5월 26일 소위 '보름스 칙서'를 발표하면서 루터를 정죄하고, 루터의 모든 책을 불사르도록 명하였다. 그렇지만 당시의 행정 체제가 중앙집권적 통치체제가 아니었으므로 루터를 체포할 수는 없었다. 신성로마제국 황제의 칙령이라도 영주의 뜻을 어길 수 없었기 때문이다.

성경번역 작업

천주교회의 루터에 대한 대대적인 공세가 시작되자, 루터는 발트부르크에 은거하면서 성경 번역에 전념하였다. 루터는 박해로 인한 긴장으로 변비와 불면증으로 고생하였지만, 그곳에서 10개월 정도 머물면서 번역 작업을 추진해 나갔다.

루터의 성경번역은 최초의 독일어 번역은 아니지만 최초로 헬라어 성경을 독일어로 직접 번역하였다는 데 의의가 있다. 다른 역본들은 라틴어 성경에서 번역되었고 부정확하였기 때문이다. 루터는 에라스무스의 헬라어 성경 제2판을 기본으로 하여 라틴어 성경, 제네(Zener)의 독일어 성경(1475), 1483년 나온 로베르겔(Loberger)의 성경을 참고하여 번역하였다.

1년여의 번역 작업이 끝난 후, 1522년 9월에 독일어로 된 신약성경 초판이 나왔고, 1534년에는 신구약성경이 출판되어 모든 독일인들이 자국어로 하나님의 말씀을 읽고 연구할 수 있게 되었다. 루터는 구약성경 번역 작업에 필립 멜랑히톤과 같은 학자들의 도움을 받았다. 루터의 성경은 루터가 사용하던 지방 언어를 표준으로 썼고, 이를 통해 독일어의 통일이 이루어졌다. 한 민족의 종교 생활에 지대한 공헌을 한 셈이다.

종교개혁이 확산되자, 수도원들이 루터의 지지파와 반대파로 나뉘었다. 아우구스티누스 수도원과 프랜시스칸 수도원은 지지를 표명한 반면, 도미니칸 수도원과 교구의 교직자들은 반대 입장을 분명히 했다. 그러나 점차 다수의 수도승들과 수녀들이 루터의 종교개혁에 가담하면서 루터의 지지자들이 늘어났다. 그들은 '루터파'(Lutheran)[22] 라 불려지게 되었는데,

---

22. 루터는 '루터파' 라는 말을 좋아하지 않았다. 그는 이렇게 말했다: "내가 첫째로 요구하는 것은 사람들이 내 이름을 사용하여 루터파라고 스스로 칭해서는 안 되고

그 가운데 하나가 캐더린 폰 보라(Catherine von Bora, 1499~1552)이다.

캐더린은 루터의 개혁사상에 감화를 받아 수도원을 나온 후 루터의 지지자가 되었고, 1525년 6월 13일 루터와 결혼하였다. 루터는 결혼의 변(辯)을 3가지로 논하였다. 곧 부친을 기쁘게 하고 싶었고, 교황에게 이 사실을 알리고 싶었고, 죽기 전에 캐더린에게 자신의 이름을 붙여주고 싶었기 때문에 결혼하게 되었다고 하였다. 루터는 42세의 노총각이었고, 캐더린은 26세의 젊은 규수였다.

루터가 결혼하자, 천주교회는 하나님의 벌이 독신서약을 깬 루터에게 임할 것이라고 생각했다. 독신주의자였던 에라스무스는 비극적으로 시작된 종교개혁이 루터의 결혼과 함께 희극으로 마치게 되었다고 조롱하였다. 그러나 루터는 하나님의 저주대신 건강한 6명의 자녀를 얻었다. 1526년 6월 첫째 아들 한스(Hans, 1526)가 태어난 이후로 엘리자베스(Elizabeth, 1528), 막달렌(Magdalene, 1529), 폴(Paul, 1533), 마가레트(Margaret, 1534)와 이름이 알려지지 않은 한 아이가 태어나 행복한 가정을 이루었다.

예배 개혁

루터는 1523년경부터 교회개혁에 박차를 가했다. 양심 문제에서 사람보다 하나님을 더 두려워하던 루터는 예배개혁을 먼저 추진하였다. 그는 참된 예배란 의식을 따르기보다 신령과 진정으로 예배하는 것이라고 믿었고, 예배를 하나님과 성도의 영적 교제에 두도록 하였다. 1523년 발간

그리스도인이라고 불러야 한다. 루터가 무엇인가? 그 교훈은 나의 것이 아니다. 나는 누구를 위해 십자가에 달린 적이 없다." 이처럼 자신의 이름을 따서 루타파라고 부르는 것을 반대했다(George 1987. 53).

한 『공중예배의식』(Order of Public Worship)에서 루터는 설교를 예배의 중심에 놓았고, 찬송을 성가대에서 회중 중심으로 바꾸었으며, 회중이 쉽게 찬송할 수 있게 찬송가를 출판하였다.

루터는 류트를 연주하며 테너 음성을 지닌 음악인이었다. 이런 자질을 갖추었던 루터는 찬송가 가운데 23곡을 직접 작사하였고, 당시의 노래들과 곡조를 사용하여 개작하거나 직접 곡을 붙이고, 나머지는 숙련된 작곡가와 상의하여 곡을 만들었다. 루터가 작사 작곡한 찬송으로 지금까지 불려지는 것이 "내 주는 강한 성이요"(통일찬송가 384장)이다. 루터의 노력으로 교회의 찬송이 성가대 중심에서 회중 중심으로 옮겨졌다.

천주교도들은 미사 때마다 그리스도께서 십자가에서 희생을 반복한다고 믿는 가운데 예배를 미신적으로 만들었다. 그러나 루터는 그리스도의 희생이 미사 때마다 반복되지 않고 십자가에 죽으심으로 단번에 속죄 사역을 이루셨으므로 희생으로서의 제사가 필요 없다고 믿었다. 이러한 신념에 근거하여, 루터는 1526년 죽은 자를 위한 미사와 개인적인 미사를 폐지하는 등 예배 개혁을 단행하였다.23 매일 드리던 미사를 미신으로 간주하여 폐지하였고, 촛불을 켜고 복음서의 본문으로 설교하는 미사는 주일 아침 예배 때에 드렸다. 예배드릴 때 회중이 이해하지 못하던 라틴어 대신 독일어를 사용하였고, 예배의 중심은 성경 봉독과 성경 강해가 되게 하였다.

루터는 1536년 『독일 예배 순서』(German Order of Worship)를 마련하였다. 루터에 의하여 개혁된 예배는 구어체 설교가 예배의 핵심을 이루었고, 설교 후 성찬식이 이어졌다. 설교가 예배의 중심이 되면서 제단 중심

---

23. 시적인 미사와 죽은 자를 위한 미사가 폐지되면서 교회 수입이 줄어들어 목사의 생계가 위협 당하자, 루터는 시의 공공기금으로부터 봉급을 주도록 하였다.

적인 미사에서 설교를 중시하는 강단 중심으로 바뀌었다. 루터는 1415년 이후 평신도에게 포도주를 금한 천주교회의 성찬 분배 사상이 잘못된 것이라고 비판하고, 성찬의 두 요소인 떡과 포도주를 평신도에게 나누어주므로 성경적 성찬을 회복하였다. 성찬을 거행할 때나 세례를 베풀 때에 라틴어 대신 독일어를 사용하고, 교회의 모든 의식을 단순화하였다.

그러나 예배 문제에서 루터는 수구적이었다. 성경에서 문자적으로 금하지 않았다면 교회가 배척할 필요가 없다고 보았다. 이러한 루터의 입장은 개혁주의자들의 비판을 받았다. 개혁주의자들은 성경이 명하지 않은 것은 예배에 포함시킬 수 없다는 입장을 취하였다.

루터가 천주교회의 잔재에 대해 허용적인 입장을 취한 것은 연약한 성도들이 급진적인 개혁으로 인해 실족하지 않도록 하고자 하는 배려 때문이었다. 그가 수용한 대표적인 전통적 의식으로는 성찬을 받기 전 자신의 죄를 참회하는 순서, 제단의 사용, 십자가 표시, 성직자의 복장 착용, 성화, 양초의 사용 등이다.

교육 및 사회 개혁

중세 말기의 천주교회는 사제들이 평신도 교육을 담당하였다. 그들은 고해성사 실에서 요리문답을 가르침으로 신자들을 천주교인으로 만들었다. 르네상스 시대에 와서 평신도 교육은 에라스무스에 의해 새로운 국면으로 발전하였다. 에라스무스는 중세교회의 부패 원인이 성경에 대한 무지에서 기인한다고 보고, 성경을 가르침으로 교인들을 계몽하고자 하였다. 전에는 교회가 필요한 것을 가르쳤지만, 이제는 성경이 요구하는 것을 가르침으로 교육 내용이 바뀌었다. 이러한 인본주의적 교육 사상은 루터에게도 전수되었다.

루터는 1525년 어린이의 신앙 교육을 위하여 요리문답을 작성하였다. 1529년에는 그의 조수들로 하여금 5권의 신앙 소책자를 출판하게 하여 교회와 학교에서 사용할 수 있게 하였다. 이어서 성인들을 위한『대요리문답서』와 어린이를 위한『소요리문답서』를 출판하여 교육에 전념하게 하였다. 루터는 요리문답을 통해 단순하고 명쾌하게 신앙을 진술하였다. 전체 구조는 십계명, 사도신경, 주기도, 세례, 성찬의 5개 부분으로 구성되었고, 성경 삽화를 본문 중에 넣어 교인들이 쉽게 이해할 수 있도록 하였다. 그는 요리문답서를 쓰게 된 배경을 다음과 같이 설명했다: "내가 지금 직면하고 있는 형편없는 상황은 나로 하여금 이 작은 소책자, 즉 기독교 교훈에 대해 쓰지 않으면 안 되게 만들었다. 선하신 하나님께서는 내가 얼마나 이 초라한 상황에 직면하고 있는지를 아실 것이다. 시골에 살고 있는 평범한 백성들은 기독교의 가르침이 무엇인지도 모른 채 살아가고 있으며, 수많은 목회자들마저도 올바로 가르치지 못하고 있는 형편이다. 자신이 기독교인이며 세례 받고 성찬을 받는다고 하지만, 주기도문이 무엇이며 신조가 무엇이며, 심지어 십계명이 무엇인지도 모르고 있고, 돼지나 비이성적인 동물처럼 살아가고 있다. 복음 안에서 자유를 누리는 방법을 회복시켜야만 한다."

루터는 학교 교육의 개혁에도 앞장섰다. 종교개혁 당시 여러 대학들이 세워져 고전 연구가 활발해지면서 학문 운동이 일어났고,[24] 더 나은 직장을 얻고자 많은 사람이 대학에 진학하였다. 대학을 통하여 개종자가 늘어나자, 루터는 교육에 큰 관심을 기울였고, 목사 후보생들을 훈련시키기 위해 고등교육기관의 설립을 제안하였다. 그 후 공립과 사립 고등

---

24. 종교개혁과 함께 마르부르크(1527), 쾨니스베르크(1544), 예나(1558), 헬름슈타트(1576), 기센(1607) 등에 대학이 세워졌다.

학교들이 독일 전역에 세워졌으며 어린이 교육을 위하여 이솝 우화가 독일어로 번역되었고, 다량의 책들이 출판되어 기독교 교육이 활발하게 전개되었다.

루터는 직접 흩어진 교인을 방문하고 신앙적으로 지도하였다. 교인 방문은 주교의 고유한 업무였지만, 그는 주교의 승인 없이 조수와 함께 회중을 방문하여 신앙적인 상담과 격려를 아끼지 않았다. 사회적인 변화와 함께 쉽게 이혼하는 풍조가 일어나자, 이를 막기 위해서도 힘을 기울였다. 특히 다수의 부부가 천주교회에 이혼 소송을 냈을 때 교황청을 대신하여 정부로 이혼 문제를 관장하도록 하여 백성들이 로마에 소송을 내지 못하게 하였다.

루터는 가난한 자에게 관심을 표하고 구제에 앞장섰다. 그는 가난한 자를 구제할 책임이 일차적으로 정부에게 있다고 보고, 정부가 가난한 자, 병든 자와 정신이상자를 돌볼 것을 제안하였다. 또한 교회의 책임을 물어 교회가 그들을 수용할 것을 주장하였다. 이러한 루터의 노력으로 독일의 많은 수도원들은 가난한 자와 병든 자와 정신병자의 안식처가 되었다.

지금까지 우리는 루터의 종교개혁에 대해 알아보았다. 그러면 루터의 신학 사상을 살펴보도록 하자.

4. 루터의 신학

루터의 신학은 칭의의 신학이요, 동시에 말씀의 신학이다. 수도사로서 루터는 "죄인이 어떻게 구원을 받을 수 있을까?" 고민하였고, 비텐베르크 대학에서 경험한 탑 속의 체험을 통해서 그 해답을 발견한 후로는 칭의의 신학을 전파하는데 생명을 바쳤다. 그는 모든 신학적 문제의 해답을 성경에서 구했으므로, 언제나 성경에 근거한 신학 활동을 전개하고자 하였다. 하나님의 존재에 대한 형이상학적 이해를 피하고, 성경에 근거하여 하나님의 속성을 연구하였으며, 역사 가운데 일하시는 하나님의 사역에 초점을 맞추어 하나님을 알려고 하였다.

또한 루터는 사변적인 중세의 스콜라 신학에 반대하여 목회적인 신학을 강조하였다. 스콜라 신학은 연역적 방법을 활용하여 교회가 가르쳐 온 것을 합리화하는 데만 힘써왔기 때문이다. 예를 들면, 스콜라 철학자들은 "얼마나 많은 천사가 바늘 끝에 앉을 수 있을까?" 하는 문제로 토론하며 시간을 보내곤 하였다. 루터는 사변적인 신학이 교회에 아무런 도움을 주지 못한다고 보고, 교회 생활에 필요한 것을 다루는 실천적인 신학이 확립되어야 한다고 주장하였다. 언제나 기독교의 진리를 실천적으로 이해하여야 한다고 본 것이다.

루터에게 하나님은 계시 속에 숨어 계시는 분이었다. 인간이 하나님을 알기 위해서는 반드시 하나님이 계시 안에 그 자신을 나타내야만 한다. 하나님이 계시된 말씀 속에 자신을 숨기시므로 계시로는 하나님의 신성을 완전히 드러낼 수 없다. 그럼에도 불구하고, 성령은 인간들에게 가려진 말씀을 통하여 하나님의 뜻을 드러내며 일하신다고 하였다.

신관

초대교회의 이단이었던 마르시온(Marcion)은 영혼을 창조한 선한 신과 육체를 만드신 악한 신이 존재한다는 이원론에 빠졌다. 그러나 루터에게 있어 하나님은 인간의 영혼만이 아니라 육체도 만드신 분이요, 더구나 사람의 모양으로 성육(成肉)하신 분이셨다. 이러한 면에서, 그는 창조주 하나님이 피조물인 인간이 되신 것을 인간 편에서 보면 역설(paradox)이라고 하였다.

　루터는 복음적인 신학이 언제나 역설적으로 이해된다고 하였다. 하나님은 거룩하시지만 '그럼에도 불구하고' 죄인인 인간을 사랑하시고, 하나님은 인간들에게 숨겨져 있지만 역설적으로 자신을 계시하고 계시기 때문이다. 그래서 루터의 신학은 "그럼에도 불구하고" 또는 "무엇보다는 차라리," "그러므로"의 신학이라고 불린다. 루터는 이와 같이 서로 화해될 수 없는 역설적인 교훈을 연구하는 것이 바로 신학이라고 하였다.

　루터에게 하나님은 감추어진 하나님(Deus absconditus)이나, 스스로 자신을 계시하는 계시적인 존재였다. 하나님은 역사를 통하여 성육하신 그리스도, 성경, 성찬의 떡과 포도주를 통하여 자신을 나타내신다. 그 가운데 성령과 계시된 말씀을 통하여 하나님을 나타내시므로, 루터에게 성령의 계시는 바로 하나님의 말씀이요 하나님의 말씀은 성경이었다. 그렇다고 루터가 두 개의 말씀을 인정한 것은 아니다. 하나님의 말씀은 성육하신 그리스도이시며, 성경은 그 하나님의 말씀이었기 때문이다.

　한스 뎅크(Hans Denck)와 조리스(David Joris) 같은 신령주의자들은 하나의 말씀 대신 두 개의 말씀이 있다고 주장하였다. 곧 인간 내면에서 들려오는 성령의 음성과 기록된 하나님의 말씀 두 가지이다. 그러나 루터는 성령이 우리 안에서 말씀한다고 하더라도, 하나님은 하나님의 말씀 가운데서 말씀하시기 때문에 말씀은 하나라고 주장하였다. 따라서 인간의 마음속에 주어지는 모든 내적인 말씀은 언제나 기록된 하나님의 말씀에 기초하여 비판받고 정정되어야 한다. 즉 성령의 내적인 조명이 있다고 하더라도 모든 조명은 언제나 성경의 빛 안에서 판단하고 비판을 받아야 한다는 것이다. 이와 같이 루터는 신학의 기초를 주관적인 체험보다는 객관적인 하나님의 말씀에서 찾음으로 바른 신학을 세우고자 하였다.

성경관

루터는 하나님의 말씀과 성경은 동의어이며, 모든 성경의 역할은 그리스도를 증거하는 것이라고 믿었다. 이러한 맥락에서 그는 요한복음이 그리스도를 가장 잘 나타내므로 최고의 권위를 가진다고 주장하였으며, 요한복음 다음으로 바울 서신과 베드로전서를 꼽았고, 공관복음, 히브리서, 유다서, 요한계시록 순으로 성경의 우위를 정하였다. 반면에 그리스도에 대하여 언급하지 않거나, 적게 말하는 것은 하나님의 말씀으로서의 권위가 절하된다고 판단하여, 한 때 야고보서를 지푸라기 서신으로 간주하기도 하였다. 더구나 야고보서가 선행을 강조하고 있기 때문에 싫어하였고, 요한계시록도 상징적인 내용이 많아서 "계시적이 아니다"라고 평하기도 하였다. 구약 가운데 창세기, 시편, 요나서는 높이 평가하였지만, 에스더서는 유대인의 복수심을 드러내므로 저급하다고 비판도 하였다(Bainton 1993, 48). 그러나 루터는 나중에 자신의 편견을 회개하고, 야고보서를 비롯한 모든 성경이 성령으로 감동된 하나님의 말씀이라고 인정하였다.

루터는 자연인의 시각에서는 하나님의 말씀이 어리석게 보이기 때문에 자연인이 성경을 쉽게 이해할 수 없다고 보았다. 인간 편에서 하나님의 말씀을 보면 어리석게 보이기도 하지만, 진정한 어리석음은 말씀을 경청하지 않는 것으로, 오만한 자는 말씀을 들으려고 하지 않지만, 겸손한 이는 말씀을 듣기 좋아하고 받아들인다고 언급하였다. 하나님의 말씀은 육신에 속한 자들에게는 이해될 수 없기 때문에 많은 사람에게 닫혀졌지만, "말씀이 성취되는 사람들에게는 넘쳐서 흐른다."고 했다(Luther 1957, 208, 400).

루터는 "말씀 자체보다는 사건을 더 중요시하거나 사건에 의하여 말씀을 판단하는 것"을 세상 사람들의 어리석음이라고 지적하였다. 그러나 영적인 지혜는 사역의 중요도에 따라 판단하는 것이 아니라, 말씀을 바라보며 말씀을 사역의 기준으로 삼는다. 예를 들어, 하와는 자신에게 주어진 말씀을 사소한 것으로 여겨 무시하였고, 그 결과 하나님에게 불순종하게 되었다. 그러므로 진실한 그리스도인은 하나님의 말씀이 "어리석게 보이거나, 사소하게 보인다 할지라도 행하라는 명령을 받을 때 항상 유의해서 따라야 한다. 왜냐하면, 모든 일은 말씀에 의하여 좌우되기 때문"이다(Luther 1957, 407~408). 복을 누리려면 어떤 경우에도 하나님의 말씀에 절대 순종해야 한다고 주장하였다.

루터는 말씀이 성도들에게는 위로와 소망을 주지만, 죄인들에게는 파괴적인 힘으로 엄습한다고 보았다. 말씀을 대할 때 자신의 부족을 인식하는 것은 말씀을 소유하고 있다는 증거이며, 자만은 말씀이 그 안에 존재하지 않는다는 표시라고 하였다. 사람에 따라 말씀이 선하기도 하고 악하기도 한 데, 이는 말씀 자체가 아닌 말씀을 받는 자에 달린 것이라고 하였다. 말씀은 항상 선하지만, 받는 사람이 상이한 방식으로 말씀을 다루기 때문에 선한 사람에게는 그 말씀이 선하며, 악한 사람에게는 같은 말씀이라도 악하게 보인다는 것이다. 그러므로 그리스도인은 언제나 하나님의 말씀에 자신의 판단과 주관을 복종시키므로 하나님의 뜻을 이루어가야 한다고 강조하였다.

기독론

개혁주의자들은 예수 그리스도를 3직에 근거하여 설명한다. 곧 예수는 선지자요, 제사장이요, 왕이라고 고백한다. 그렇지만 루터에게 있어 그리스도는 다만 하나님과 인간의 화해자요 죄인의 구원자일 뿐이었다. 예수 그리스도는 구원자로서 십자가에 달리셨으며, 십자가에서의 고난은 죄인이 하나님께 갚아야할 만족을 드린 사건이다. 그리스도는 십자가에서 고난을 당하시고 마귀와 싸워 이기심으로 택한 자를 구원하셨다. 이와 같이, 루터는 그리스도의 대속적인 죽음, 십자가상의 그리스도 등을 기독론의 중심으로 세우고 있다.

루터의 신학은 '십자가의 신학'(theologia crucis)이다. 루터는 "무릇 징계가 당시에는 즐거워 보이지 않고, 슬퍼 보이나, 후에 그로 말미암아 연단한 자에게는 의의 평강의 열매를 맺는다."고 한 히브리서 12장 8절, "연단은 소망을 이루고, 소망이 부끄럽지 않다."고 한 로마서 5장 4절, 그리고 십자가의 도가 "유대인에게는 거리끼는 것이요, 이방인에게는 미련한 것"이라고 한 고린도전서 1장 23절의 말씀을 특히 좋아하였다. 이러한 말씀은 십자가 뒤의 영광을 보여주므로, 고난 속에 감추어진 하나님의 뜻을 알지 못하고 '영광의 신학'(theologia gloriae)만을 추구하는 자는 십자가의 원수가 된다고 하였다. 그는 1518년 4월 하이델베르크에서 열린 논쟁에서 다음과 같이 말하였다: "그리스도를 알지 못하는 영광의 신학자는 고통 속에 감추어진 하나님을 알지 못하므로 고통보다는 업적을, 그리스도보다는 영광을, 약함보다는 강함을, 어리석음보다는 지혜를, 힘든 것보다는 편한 것을 더 좋아한다. 사도가 "그리스도의 원수"라고 부른 자들이 바로 이런 자들이다(빌 3:18). 왜냐하면, 이들은 십자가와 고통을 싫어하고, 업적과 공적이 가져오는 영광만 사모하기 때문이다. 따라서 그들은 십자가의 선을 악이라 부르고, 행위의 악을 선이라고 부른다"(Luther 1957, 53). 루터는 이처럼 그리스도인의 삶은 영광을 추구하는 삶이 아니라 십자가를 사랑하는, 십자가의 삶이 되어야 한다고 주장하였다.

율법과 인간론

루터는 율법은 하나님 앞에서 인간들이 할 일을 명하지만, 복음은 인간에게 구원과 의인의 길을 보여준다고 보았다. "율법은 우리에게 사랑과 예수를 택하라고 하지만, 복음은 우리에게 양자를 제시하고, 나타낸다." "율법은 자기의 의를 자랑하는 교만한 자들에게 '당신은 그리스도와 그의 영을 소유하여야 한다.'고 하지만, 복음은 그들의 영적인 빈곤함을 겸손하게 인정하는 자들에게 '보라! 여기에 그리스도와 성령이 있다.'고 말한다." 또한 "율법은 오만한 자들을 멸하지만, 복음은 겸손한 자를 위로한다."고 율법과 복음을 비교하였다(Luther 1957, 326~327).

루터는 예수 그리스도의 십자가 사건 안에서 율법이 폐지되었다는 율법폐지론(Antinomianism)의 입장을 취하였다. 이러한 입장은 성경보다는 그의 경험에 근거한다. 루터는 칭의를 얻기 위하여 수도승으로서 고행하며 기도하며 금식하였지만 영원한 죽음만을 맛보았다. 율법의 행위로는 의로워지거나 성화될 수 없다는 것을 철저히 깨달은 것이다. 그러나 율법은 인간으로 하여금 그 자신이 죄인이라는 것을 깨닫게 해주고, 동시에 구원으로 인도하는 이정표가 된다. 곧 신자에게는 하나님께로 인도하는 하나님의 사랑 표현이나, 불신자에게는 심판의 척도가 된다. 루터는 이와 같은 일반적인 율법관에 기초하여 율법과 복음이 서로 대치되는 것으로 보았다. 율법이 요구하는 것은 정결한 마음과 완전한 순종이나, 복음은 죄인들이 그리스도 때문에 용서받았다고 선언하므로, 복음은 율법의 권세를 폐지한다고 생각한 것이다. 이러한 루터의 사상은 믿음에 의한 구원만을 강조하고 구원 받은 후의 성화 생활을 등한시하는 율법폐지론의 기초가 되었다.

루터는 인간을 내적인 사람과 외적인 사람으로 이해하였다. 내적인 사람을 하나님 앞에 서있는 이로서의 인간(coram deo)이라고 한다면, 외적인 사람이란 인간 앞에 서있는 인간을 의미한다. 내적인 인간은 완전히 자유로워서 하늘의 보좌까지 올라 갈 수 있으나, 외적인 인간은 늘 실패와 좌절을 거듭한다. 이와 같은 양면성을 가지고 있는 인간은 하나님의 은혜 없이 살아갈 수 없다. 다른 말로 하면, 인간은 하나님의 용서하시는 은혜 없이는 외적인 사람의 지배, 곧 죄성의 지배를 받아 죄 아래서 살 수 밖에 없다. 인간은 하나님(내적인 인간)과 사탄(외적인 인간) 사이에 존재하는 자이며, 하나님의 진노의 대상이다. 그러므로 자연인에게는 그리스도의 대속을 통한 구원이 절대적으로 요청된다고 하였다.

선택 교리

에라스무스가 『자유의지론』(Diatribe de libero Arbitrio)을 통해 예정론을 비판하자, 루터는 『노예의지론』(The Bondage of the Will)을 써서 예정 교리를 옹호하면서 진정한 교회는 예정된 자로 구성된다고 주장하였다. 예정된 자는 개연적이나마 그의 행위로 알 수 있으나, 선택받은 성도로 구성된 참 교회는 사람들에게 멸시와 거부를 당하며 박해를 받으며 은폐될 수밖에 없다. 왜냐하면 예정 교리란 이해하기 힘들어서 인간의 지혜로는 거부할 수밖에 없기 때문이다(Luther 1957, 389). 그는 로마서 8장 28절에 구원과 예정에 대한 언급이 있다고 밝히고, 하나님은 "우리 자신의 공로가 아니라, 하나님 자신의 선택과 불변하는 의지로 구원받았다는 것을 보여주기 위하여 선택자를 원수들에게 노출시키시며," 그렇게 하여, 구원이 "그 자체로 역사하는 어떤 것에 의해서가 아니라 오직 하나님에게서 임한다는 것"을 알려준다(Luther 1957, 371, 376~377)고 말하였다.

루터는 성경에서 선택 교리를 발견할 수 있다고 주장하였다. 곧 로마서 8장 28절, 로마서 9장에 나오는 이스마엘과 야곱의 이야기, 로마서 9장 15절과 17~18절의 토기장이의 비유, 요한복음 10장 29절, 13장 18절과 6장 44절, 시편 115편 3절과 디모데후서 2장 19절 등으로, 이러한 성경들은 선택 교리를 확실하게 가르치고 있다고 하였다(Ibid., 373~375). 로마서 9장에 기록된 하나님의 행위, 하나님이 성도들을 악에서 구원하는 것, 선하고 유식한 자들을 버리고 사악한 자들을 회개하게 하심은 하나님의 선택을 증명한다(Ibid., 374~375). 그럼에도 불구하고 육적인 사람들은 예정 교리를 배척하는데, 그들이 주장하는 반론을 다음과 같다고 정리하였다.

(1) 하나님이 사람에게 자유의지를 주셨기 때문에 예정 교리는 성립되지 않는다. 이에 대하여, 루터는 구원을 베푸는 하나님의 자유로운 은혜 없이는 의지가 의를 행할 수 있는 능력을 가지지 못하고, "의지는 죄에 사로잡혀 있어서" 하나님 앞에서 선을 택할 수 없기 때문에 인간의 힘으로 구원을 찾아 나설 수 없다(Ibid., 375)고 하였다. 따라서 인간의 자유의지를 주장하면서 예정 교리를 반대하는 것은 어불성설이라고 하였다.

(2) 하나님의 의지는 모든 사람을 구원하고자 하는 데 있기 때문에 예정 교리는 성립되지 않는다. 즉 하나님은 이를 위하여 그 아들을 십자가에 죽게 하셨으므로 예정 교리는 옳지 않다는 것이다. 이에 대하여, 루터는 성경에서 언급하는 모든 사람은 모든 선택된 사람을 의미한다. 절대적인 의미에서 그리스도는 모든 사람을 위해서가 아니라 "당신을 위하여," 그리고 "많은 사람을 위하여" 죽으셨다고 말하면서 제한 속죄를 주장하였다(Ibid., 375~376).

(3) 예정론은 하나님이 마치 죄를 원하고 죄인을 강퍅하게 하는 것처럼 말함으로 하나님을 죄의 창시자로 만들기 때문에 잘못이다. 그러나 루터는 하나님이 자신의 공의와 자비를 보여주기 위하여 죄를 원하신다고 하였다. 예정론이 하나님을 죄의 창시자로 만든다는 궤변은 죄인이 하나

님을 중심으로 생각한 것이 아니라 자신에게 중심을 두고 생각하므로 나오게 된다고 하였다(Ibid., 376).

결론적으로, 루터는 선택에 대한 성도들의 자세를 3가지로 나누었다. (1) 자신을 선택한 하나님의 뜻에 만족하는 자들이 있고, (2) 하나님이 자신을 유기된 자로 간주하기를 원한다고 하더라도 하나님의 뜻을 수용하는 자들이 있고, (3) 하나님이 원한다면 지옥이라도 가겠다고 자신을 포기하는 선택받은 자들이 있다(Ibid., 376~378). 그러므로 예정 교리는 인간이 싫어할지라도 성경의 가르침이기 때문에 수용해야만 하는 교리라고 언급하였다.

소명과 만인제사장주의

중세 시대에 소명이라는 말은 성직자에게만 적용되었다. 수도승과 사제와 같은 성직으로의 부르심을 받을 때에 성소(聖召)를 받았다고 하였다. 그러나 루터는 이러한 소명 사상을 보편화하여, 모든 사람은 하나님을 섬기도록 부르심을 받았다고 주장함으로 성(聖)과 속(俗)의 개념을 깨버렸다. 그는 사제의 소명이 결코 다른 직업으로의 소명보다 더 신성한 것이 아니라고 주장하면서 모든 직업이 하나님을 섬기는 것이며 신성하다고 말하였다.

루터가 이와 같이 소명 사상을 보편화한 것은 소명을 수평적으로 이해한 데서 기인한다. 그는 수평적인 인간관계를 통하여 수직적인 하나님과의 관계를 이룬다고 믿었다. 그는 소명의 목적이 하나님을 섬기는 것이라고 말하면서 직업을 통하여 이웃을 섬기는 것이 바로 하나님을 섬기는 것이라고 가르쳤다. 이러한 루터의 직업 사상은 수도원적인 신학을 붕괴하는 계기를 제공하였고, 노동 윤리관을 바꾸는 전기를 마련했다.

루터의 만인제사장직은 소명 사상만이 아니라, 성경 번역의 동기를 제공하였다. 그는 만인제사장설에 근거하여, 모든 신자들은 천주교인과 논쟁할 수 있도록 성경을 읽고 연구하여야 하며, 이를 위해서는 성경이 자국어로 번역되어야 한다고 하였다. 중세 시대에는 신부들이 사제의 권위로 신자들의 죄를 용서하곤 하였지만, 루터는 모든 신자가 하나님 앞에 제사장이므로 사제가 필요 없고 스스로 기도할 수 있다고 가르쳤다. 가정에서의 가장(家長)은 그 가정의 제사장이므로, 루터는 가정마다 성경을 가지고 아이들을 가르치게 하였고, 가정 예배를 위한 요리문답서를 작성하였다.

루터는 천주교회의 사제주의를 배척하고 회중의 권위를 높이므로 교회 정치를 개혁하고자 하였다. 목사의 권위는 그를 부른 회중들로부터 나오므로 교리 문제, 목사와 교사의 시취 문제, 재정의 관리와 구제 문제, 권징과 파문의 문제를 다룰 수 있는 권세가 회중에게 있어야 한다고 역설하였다. 루터의 모든 제안은 영주들과 정부의 반대로 인하여 즉각적으로 실천되지는 못하였지만, 점차 실현되었다. 정부는 백성으로부터 받은 세금으로 목사와 교사의 월급을 지불하고, 학교를 유지하며, 가난한 자와 병든 자를 구제하였다.

루터는 교회와 세속 영역을 구분하였다. 교회는 복음 전도의 영역으로 무력이 사용될 수 없는 곳이고, 세속권은 질서 유지를 위해 하나님이 세운 영역으로 물리력이 사용되고, 모든 그리스도인은 세속권에 복종해야 한다는 것이다. 이상적인 사회는 정부가 백성 개개인이 자신의 소명을 이루도록 모든 계층을 보호하고, 복음 전파를 보장해 주는 사회라고 하였고, 경찰만이 무력을 사용할 수 있고, 평민은 어떤 경우에도 직접 무력을 사용해서는 안 된다고 하였다. "만일 교회가 공격을 받는다면 교회는 하나님이 직접 복수해 주실 때까지 감내해야 한다."는 의견 등으로 교회의 정치 참여를 반대했다. 그는 츠빙글리가 전쟁에서 죽임 당했을 때 복음을 위해 무력을 사용한 데 대한 하나님의 심판이라고 지적하였다. 다만 정부가 신앙에 어긋나는 것을 명령할 때나 부당한 전쟁을 수행할 경우에는 백성들이 불복종할 수 있다고 가르쳤다.

이와 같이 루터는 정치 영역에서의 그리스도인의 참여에 소극적이었지만, 성경만을 개혁의 기준으로 삼고자 한 점에서 높이 평가되어야 한다. 그는 교회회의의 결정이나 교황의 교서를 신앙의 기본으로 보지 않고 오직 성경에 근거한 것만을 교리의 기초로 삼고자 하였으며, 기독교 신앙의 기초와 예배의 원리를 성경에서 찾고자 하였다. 그러나 성경이 금하지 않으면 무엇이든지 포용한다는 입장을 취하여 칼빈이나 부처보다는 폭넓은 신학의 길을 열어 놓았다.

제5장

분열과 분리

　종교개혁은 중세 역사에서 출발했지만 그 방향과 구조는 정반대로 나타났다. 곧 중세 교회가 성경보다는 교회의 전통에 근거한 신앙과 생활을 요구하였다면, 종교개혁은 모든 전통과 인간적인 권위를 부정하고 오직 성경의 권위에 근거한 신앙과 생활을 실천할 것을 주장하였다.

　중세와 종교개혁의 차이는 사회 구조적인 면에서도 존재하였다. 중세 시대가 하나님 밑에 천사가 있고, 그 밑에 통치자, 귀족, 농민으로 이어지는 계급의 사슬로 이루어진 사회였다면, 종교개혁 시대는 계급 구조를 부인하고 평등과 자유에 의하여 통치되는 사회를 이상으로 삼았다. 중세 시대에는 세상의 질서는 고정되어 있었다. 하나님의 법에 의하여 모든 것이 영원 전부터 고정되어 있다고 보았고, 모든 신분은 변할 수 없는 것으로 간주되었다. 그러나 종교개혁자들은 세상의 질서를 성경에 비추어 개혁해야 할 대상으로 여겼고, 인간적인 중보를 배척하고 오직 그리스도만을 죄인인 인간과 하나님 사이의 중보자로 보았다. 또한 그들은 만인제사장주의에 근거하여 모든 인류의 평등을 주장하고, 성도가 하나님 앞에 직접 나아갈 수 있다는 주장을 폈다. 이러한 개혁자들의 자유와 평등사상은 16세기 이후 서구 역사를 바꿀 수 있었던 사회 개혁의 불씨를 제공하였다.

1. 비텐베르크 개혁자들

루터가 발트부르크 성에 피신하여 성경을 독일어로 번역하고 있을 때, 비텐베르크에는 그의 동역자인 안드레아스 칼슈타트(Andreas Bodenstein of Kalstadt, 1480~1541), 니콜라우스 암스돌프(Nikholaus Armsdorf, 1483~1565), 필립 멜랑히톤(Philipp Melanchthon, 1497~1560), 부겐하겐(Johannes Bugenhagen, 1485~1558), 유스투스 요나스(Justus Jonas, 1493~1555)와 가브리엘 츠빌링(Gabriel Zwilling, 1487~1558)과 같은 개혁자들이 있었다. 이 가운데서 비텐베르크의 새로운 지도자로 나선 이는 성급하고 충동적인 칼슈타트였다. 그는 루터의 비텐베르크대학교 동료이면서 루터에게 신학박사학위를 수여한 선배 교수였다.

급진적 개혁운동

칼슈타트는 비록 루터의 종교개혁에 동참하였지만, 사회적 평등주의를 주장한 점에서는 루터와 달랐다. 그는 계급주의적인 교회 제도를 배척하고, 사회적인 평등주의를 내세워 평신도와 성직자를 구별하는 성직자의 복장 착용을 반대하였다. 자신이 '박사'라고 불리는 것보다는 '안드레아스 형제'라고 불려지는 것을 좋아하였고, 교회를 계급적으로 보거나 교회의 전통을 율법적으로 고수하고자 하는 자들을 바리새주의자로 정죄하였다.

　칼슈타트는 극단적인 이원론을 주장한 점에서도 루터와는 상이했다. 그는 물질이 영적 도움을 주기보다는 방해가 된다고 생각하여 물질로 표현되는 모든 것을 신앙의 영역에서 제외하고자 하였다. 예배 때에 교회 음악은 물론 성찬까지도 할 수 있으면 없애려고 하였다. 음악은 귀로 듣는 것이므로 고상하지 못하며, 성찬은 물질로 표현되므로 영적이지 못하다고 보았다. 이러한 이원론 탓에 성찬식을 행할 때에 떡과 포도주에 그리스도께서 육체적으로 임한다는 루터의 공재설은 비성경적이라고 비판하였다(Bainton 1993, 65).

　칼슈타트의 개혁운동은 급진적이었다. 교회의 독소라고 생각한 수도 서약, 성직자의 독신주의, 미사 제도, 예배 의식에 대해서는 비판을 멈추지 않았다. 그는 하나님과 직접 대화할 수 있으며, 장래를 예견하는 은사가 있다는 주장으로 자신의 입장을 강화하였다. 성령의 지시를 받았다고 말하면서 자신의 확신을 성경보다 더 권위 있는 것으로 간주하기도 하였다. 그는 목사가 교회로부터 월급 받는 것을 반대하였고, 자급할 것을 주장하면서 스스로 농장에서 일하였다. 1521년 크리스마스 때에 사제복 대신 농부들이 입던 회색 옷을 입고서 2,000여명에게 성찬 예식을 베풀었고, 신자들에게 빵과 함께 포도주를 나누어주었다. 비밀 참회와 금식을 폐기하였으며, 천주교회의 제단, 성상, 화상 등이 제2계명에 금지된 것들임을 들어 파괴하였다. 이러한 칼슈타트의 급진적인 행동들은 당시의 성찬 제도와 교회 규범에 대한 정면적인 도전이었다.[25]

---

25. 이 때, 루터의 동역자 멜랑히톤도 칼슈타트의 해박한 성경 지식, 직접 계시 사상에 매료되기도 하였다. 그러나 칼슈타트가 유아세례를 부인하자, 더 이상 그의 입장을 지지하지 않았다.

성직자의 결혼을 찬성하던 칼슈타트는 1522년 1월 솔선하여 결혼하였다. 같은 달, 그는 교회 수입을 평신도 위원회 수중에 맡겨 가난한 자들을 위한 구제금과 가난한 처녀들을 위한 결혼 지참금으로 분배하게 하였다. 공중 예배 때 성화는 물론 오르간, 그레고리 성가의 사용을 금하였으며 수도원을 해체하고, 교회 내의 성화들과 부속 제단을 제거하였다. 독일어로 예배를 드렸고, 시 정부가 빈민 구제를 하도록 권하였으며, 매음굴과 구걸 행위를 금하였다.

비텐베르크의 급진적인 개혁은 1521년 12월 27일 츠비카우(Zwickau)로부터 과격한 설교자들이 도착하면서 가속화되었다. 츠비카우에서 온 설교자들은 하나님으로부터 계시를 받았다고 주장하면서 유아세례를 반대하였고, 임박한 종말을 설교함으로 교인들을 긴장감 가운데 몰아넣었다. 이러한 급진적인 운동을 이끈 인물이 바로 가브리엘 츠빌링이다.

츠빌링은 1521년 10월 아우구스티누스 수도회 개혁을 주도하면서 미사를 배척할 것을 설교하고, 평신도에게도 떡과 포도주를 나누어주므로 성경적인 성찬을 회복하였다. 그는 은둔 생활만 추구하는 수도승과 수녀들은 공개적으로 비판받아야 마땅하다고 설교하면서 수도원의 해체를 외쳤다. 그러나 츠빌링의 설교는 개혁이 아니라 혁명적이었다. 수많은 사람들이 그의 설교에 고무되어 수도사의 직분을 버렸고, 급진적인 개혁을 요구하는 폭동을 일으켰다. 1522년 1월 11일 츠빌링은 동료들과 함께 비텐베르크의 아우구스티누스 수도원을 습격하여 접수하였다. 그는 수도사들을 인솔하여 수도원의 채플 안에 있던 제단을 부수고, 성자들의 화상을 불태웠다.

칼슈타트와 츠빌링의 급진적인 개혁운동은 비텐베르크 전역으로 확산되었다. 시의회는 주민들의 요구에 따라 복음적 교리와 일치하는 종교 공동체를 만들고, 1522년 1월 24일 다음과 같은 새로운 법안을 통과시켰다.

(1) 그리스도께서 제정하시고 칼슈타트에 의하여 교회에 다시 소개된 것처럼 성만찬을 행한다. (2) 교회 제단의 숫자는 세 개로 축소한다. (3) 가난한 자를 위해 공공 기부금을 마련한다. (4) 종교적 또는 사회적 공제조합을 폐지하고, 그 자산을 공동 기부금으로 운용한다. (5) 구걸과 매춘을 폐지한다(Grimm 1973, 122).

그러나 비텐베르크를 지배하던 프리드리히 선제후는 급진적인 개혁운동에 불편한 심기를 표하였다. 비록 시의회의 결정에 대해 원칙적으로 동의하였지만, 시의회가 지나치게 서두른다고 불평하였다. 신중하고, 외교적이었던 선제후는 급진적인 운동으로 교회가 어려움을 겪을 것을 두려워했던 것이다. 그러나 칼슈타트와 츠빌링은 성상파괴운동을 계속하였고, 소요와 혼동으로 기존 질서를 파괴하였다. 이에 충격을 받은 선제후는 시의회에 전 독일인이 교회개혁에 참여할 때까지 종전의 상태로 환원할 것을 명하였다.

급진적 운동에 대한 루터의 자세

사태 수습을 위해 비텐베르크 시는 루터에게 귀환을 요청하였지만, 선제후는 그가 돌아옴으로 야기될 더 큰 혼란을 두려워하였다. 1522년 3월 6일 비밀리에 비텐베르크에 도착한 루터는 8일 간의 설교를 통해 죄에 대한 각성, 그리스도를 통해서 얻는 죄 사함의 용서, 이웃 사랑을 강조하였다. 곧 그는 비텐베르크의 개혁자들이 가지고 있던 성경 지식은 남다른 것이지만, 급진적인 개혁으로 믿음이 약한 이들이 상처를 받게 하여 기독교적인 사랑을 실천하지 못하였다고 비난하였다. 또한 그는 종교적인 문제는 힘이 아닌 설득으로 해결하는 것이며, 말씀만이 사람의 마음을 변화시키고 기적을 만들어 낼 수 있다고 설교하였다. 개혁은 질서 있게,

과정을 중요시하는 가운데 이루어져야 하며, 이를 위해서는 하나님이 세우신 정부의 도움이 무엇보다도 필요하다고 강조하였다. 모든 것이 가하나 모든 것이 덕을 세우지 못하므로, 무엇을 하든지 하나님의 영광을 위해서 해야 한다는 것이다.

루터는 급진적인 개혁이 사회 혼란을 초래하고, 적그리스도가 좋아할 만한 빌미를 제공한다고 보았다. 성경적인 개혁은 혁명이 아니라 점진적인 것이기 때문이다. 루터의 설득과 권면으로 비텐베르크는 원상을 회복하였고, 영향력을 잃은 칼슈타트는 비텐베르크를 떠나야했다. 교회를 혼란 가운데 몰아넣었던 급진적인 개혁들이 취소되고, 예배 의식은 원래대로 회복되었다. 곧 루터는 천주교회의 희생 교리를 제외하고는 거의 대부분을 원상대로 회복시켰다. 미사 제도가 복원되었고, 고해성사가 다시 시작되었으며, 성화와 성상들이 예배 장소에 다시 세워졌다.

이와 같은 루터의 정책에 대부분의 개혁자들은 지지를 표하였지만, 칼슈타트를 비롯한 과격파들은 루터가 지나치게 타협한다고 말하면서 그와 화해하기를 거부하였다. 이로 말미암아 개혁세력 내에 분리 운동이 시작되었다. 루터가 질서와 자유에 기초를 둔 사회적인 기강을 강조하자, 급진주의자들은 그들의 취향에 맞는 곳으로 떠나 루터와 다른 길을 걸었다. 이때부터 루터의 종교개혁을 혁명적이라 비난하는 사람들이 나타나기 시작하였다.

인문주의자의 분열

독일 교회가 이와 같은 혼란 가운데 있을 때, 카알 5세는 독일을 떠나 있었다. 그는 1521년부터 1530년 사이에 스페인에 머물면서 이탈리아의 지배권을 놓고 프랑스와 전쟁 중이었다. 카알 5세의 스페인 정착은 종교개혁을 방해하는 하나의 세력이 사라진 셈이다. 교황 레오가 1521년 죽고, 카알 5세의 가정교사였던 아드리안 6세(Adrian VI)가 교황이 되었다. 교회의 도덕·행정적 개혁의 필요성을 인식한 교황은 1522년 11월 뉘른베르크 제국의회 앞으로 편지를 보내 루터에 대한 보름스 칙령의 집행을 요청하였다. 의회는 칙령 집행이 불가능하다고 답하고, 1년 이내에 개혁회의를 열 것을 결의하였다. 의회의 루터에 대한 지지로, 종교개혁은 점차 굳건해졌다.

그러나 호사다마라고, 종교개혁자 사이에서 1524년과 1525년에 걸쳐 제2차 교회분열이 일어났다. 이 분열 운동을 이끈 것은 인문주의자 에라스무스였다. 에라스무스는 루터가 교황청의 비리를 지적하자 전폭적으로 지지하였고, 많은 부분에서 루터의 개혁사상에 동의를 표하였다. 즉 신약성경에서 가르치는 단순한 신앙으로 돌아가자는 주장, 스콜라 철학의 사변적인 사상에 대한 경멸, 면죄부와 성물 숭배 및 성자숭배에 대한 공격 등에서 동일한 입장을 표하였다.

그러나 1520년 루터가 『교회의 바벨론 포로』를 발표하면서 성찬의 공재설을 주장하자, 에라스무스는 "분열은 돌이킬 수 없게 되었다"고 외쳤다. 그 후 루터가 인간 본성의 전적 타락과 하나님의 은혜에 대한 전적인 의존을 강조하자, 에라스무스는 인간의 선함과 존엄성을 주장하였다. 또한 루터가 보통 시민에게 독일어를 사용할 것을 권면할 때, 에라스무스를 비롯한 인문주의자들은 라틴어 사용을 권하였다. 의견이 점점 갈라지면서 에라스무스는 루터의 종교개혁이 너무 급진적이며 과격하며, 이신칭의 교리와 예정 교리가 그릇되었다고 비난하기 시작하였다.

그는 『자유의지론』(*Diatribe de libero arbitrio*, 1524)을 저술하여 루터의 예정 사상을 비판하였다. 종교에 대한 교리적 해석보다는 윤리적 해석을 추구하였고, 인간의 자유의지와 하나님의 은혜가 동시에 있어야한다는 후기 중세 사상을 루터의 극단적인 예정론보다 우위에 있는 것으로 평가했다. 이에 루터는 『노예의지론』(De Servo arbitrio, 1525)을 통해, 모든 것을 다스리시는 하나님에 대한 인류의 절대적 의존, 그와 함께 대가없이 주어지는 하나님의 은혜를 주장했다.

사실상, 에라스무스의 신학 사상은 루터와는 여러 면에서 달랐고, 오히려 급진파의 입장과 유사했다. 에라스무스와 급진파는, 루터가 생각하듯 이신득의가 아니라, 산상복음과 같은 신약 윤리를 회복함으로 원시 기독교를 회복하고자 하였다. 다시 말해 그들은 성경을 문자적으로 해석하고, 그러한 교훈을 따름으로 개혁이 이루어질 것이라고 보았다. 행위가 신조보다 중요하다는 전제 아래 교리에 대한 혐오를 표현하기도 했다.

이러한 에라스무스의 사상이 과격파에 의해 채택되었고, 그들은 로마 천주교회와 루터파의 교리를 거부하였다. 에라스무스와 급진파는 내면성을 강조했다는 점에서 그 유사성을 드러냈다. 무엇보다도 에라스무스는 육체와 문자에 반대되는 개념으로서 영을 강조하였는데, 이로부터 칼슈타트의 이원론적인 사상이 나오게 되었다.

루터와 에라스무스의 신학적인 갈등은 결국 두 사람 사이를 벌려 놓았다. 1525년 루터의 결혼은 에라스무스를 비롯한 인문주의자들이 루터를 떠나는 계기가 되었고, 이로써 개혁자 그룹에서 제2의 분열이 있게 되었다.

2. 농민 전쟁

루터의 정치 · 경제 · 사회 문제에 대한 보수적인 입장은 사회 혁명을 부추기던 과격파들의 불만을 더욱 가중시켰다. 특히 1524년부터 1525년 사이에 일어났던 농민 전쟁에서 루터가 보인 농민 운동에 대한 입장과 갈등은 루터와 과격파의 골을 더욱 깊게 하였다.

독일에서의 사회적 갈등은 이미 농민 전쟁이 일어나기 50여년 이전부터 존재했다. 영주와 왕들이 관례로 내려온 법을 무시하고 토지 소유권을 확대하자, 15세기 중엽부터 농민들은 불만을 토로하고 있었다. 특히 토지법이 영주들에게 유리하게 개정되었을 때, 농민들의 불평은 정점에 이르렀다. 따라서 농민들은 그들의 입장에 서서 토지 개혁운동을 이끌어 줄 구세주를 그 어느 때보다 기다리고 있었다.

농민 운동의 배경

이러한 시대적인 요구를 감지한 여러 군주들은 농민들의 지지를 얻기 위해 토지개혁을 약속하곤 하였지만 빈번한 영주들의 반대는 이 약속을 무의미하게 만들었다. 15세기 말엽 신성로마제국의 황제였던 지기스문트(Sigismund)가 개혁안을 내놓았을 때만 해도 농민들은 기대로 부풀었지만, 결국 아무 성과 없이 무산되자 크게 실망하였다. 1523년 프리드리히 3세(Frederick III)의 개혁안이 발표되었을 때, 이 개혁안에는 성직의 개혁, 교회 재산의 몰수, 영주들에 바치는 십일조 제도의 폐지, 여러 가지 잡다한 세금의 폐지, 신성로마제국 헌법의 무효화, 상인의 수입 제한과 같은 규정이 내포되어 있었다(Grimm 1973, 139). 그러나 이 약속 역시 공수표로 끝나 농민의 실망만 가중시키는 결과를 낳았다.

이런 토지개혁의 실패는 농민들의 결집을 일으켜 농민 조직을 결성케 하였다. 1493년 농민 조직이 만들어지자, 농민들은 이를 통해 자신들의 권리를 옹호하고자 하였다. 농민 운동은 도시민과 하층 성직자들이 참여하면서 점차 확산되었고, 기독교 평등주의와 사회주의를 주장하던 후스파 목회자 한스 뵈힘(Hans Böhm)의 종교 사상과 연합되면서 급기야 폭발적인 세력으로 나타났다.

더구나 루터가 인간은 누구나 하나님 앞에 평등하며 사제나 성직자의 중보가 필요 없다는 만인제사장주의를 주장하고 만민에게 주어지는 기독교인의 자유를 선언하자, 농민들은 이를 정치적, 경제적, 사회적 의미로 해석하고, 루터를 그들의 지도자로 추앙하면서 농민운동을 이끌었다. 루터가 농민의 요구를 무시하던 영주들과 매점매석하며 고리대금을 즐기던 상인들을 비판하자, 농민들은 적극적인 지지를 표하였다. 그러나 문제는 그들이 루터의 사상을 오해한 데 있었다.[26] 왜냐하면, 루터는 이 모든 변화를 폭력이 아닌 설교를 통해 이루고자 하였기 때문이다.

농민들의 폭동은 1524년 6월 독일 남부 블랙 포리스트(Black Forest)에서 사소한 일로 촉발되었다. 뤼펜(Lüphen) 백작의 부인이 연회를 열면서 농부들에게 딸기와 달팽이 껍데기를 모아 올 것을 요구하자, 농민들이 거부하면서 폭동이 시작되었다. 과도한 세금과 노동에 지쳐있던 농민들이 지배 계층인 영주와 귀족들에 대항하면서 농민 전쟁으로 이어진 것이다. 반란을 주도한 사람은 정치적인 야심가가 아니라 한스 뮐러(Hans Müller)라는 평범한 농민이었다. 농민 반란은 시간이 흐르면서 발트슈트

---

26. 농민 운동을 이끈 대표적인 인물이 기사 출신으로 인문주의자였던 울리히 훗텐(Ulrich von Hutten, 1488~1523)이다. 훗텐은 천주교회의 지배에서 벗어나 독일 교회를 개혁하고, 사제들의 횡포에 대하여 투쟁하자고 카알 황제에게 제안하였다. 국가주의자로 루터의 심문과 재판을 맡았던 카제탄 추기경을 비난하였고, 레오 10세를 적그리스도로 간주하면서 반로마천주교회 투쟁의 선봉에 섰다. 목적을 이루기 위해서는 어떤 수단도 정당화할 수 있다고 생각하여 복음 수호를 위한 칼의 사용을 주장하였고, 로마 교황청과 싸우기 위한 군사 동맹체의 결성을 제창하여 슈바비아 연맹체(Swabian League)를 만들었다. 그러나 루터는 폭력이 폭력을 낳는다고 말하면서 훗텐과 단교하였다.

(Waldshut), 뷔르템부르크(Württemburg), 레이크 콘스탄스(Lake Constance)와 슈바비아(Swabia) 지역으로 확산되었다. 1524년 말경에 가서는 독일의 3분의 1이 농민의 수중에 들어갔다.

농민들은 1525년 초반만 해도 폭력을 사용하지 않고 사회 개혁을 요구하였다. 그들은 영주들과 화해하려고 노력하였고, 뜻을 이루기 위해 폭력에 호소하지 않았다. 농민들의 요구는 무리한 것이 아닌 다만 사회적인 개혁을 요청한 것뿐이었다. 1525년 2월에 작성된 다음의 12개 조항 가운데 그들의 요구가 잘 나타나 있다.

(1) 목사는 회중에 의해 선택되어야 한다.

(2) 곡물의 십일조는 정부에 낼 수 있지만, 가축의 십일조 제도는 폐지되어야 한다. 곡물의 십일조는 목사와 다른 공동체를 위해 사용되어야 한다.

(3) 복음 정신과 기독교인의 자유사상에 배치되는 농노제도는 폐지되어야 한다. 그들은 다음과 같이 말했다: "그리스도는 자신의 정결한 보혈을 흘려 높은 자나 낮은 자나 할 것 없이 모든 자들을 구원하셨다. 따라서 성경은 우리가 자유하며, 자유 하여야 한다고 계속하여 언급하지만, 성경이 말하는 자유는 권위를 무시하는 절대적 자유를 의미하지는 않는다. 육체적 욕심을 따라 무질서한 삶을 살지 말고 우리 주 하나님과 우리 이웃을 사랑해야 한다."

(4) 농노는 그리스도에 의하여 구속된 자유인들이므로, 더 이상 소유물처럼 취급되어서는 안 된다.

(5) 귀족들이 약탈해 간 수렵권, 어획권, 벌목권을 농민들에게 되돌리도록 법이 개정되어야 한다.

(6) 봉건제도 아래서 매겼던 과도한 세금제도는 폐지되어야 한다.

(7) 봉건제도 아래서 농노에게 부과되었던 강제 노역은 폐지되어야 하고, 정당하게 보수로 지불되어야 한다.

(8) 과도한 소작료는 폐지되어야 한다.

(9) 귀족들에 의한 새로운 법 제정을 반대하며, 공정한 법의 집행과 성문화된 독일의 법으로 환원되어야 한다.

(10) 영주들이 돈을 지불하지 않고 소유한 모든 공유지는 영주와 농민이 공동으로 소유해야 한다.

(11) 과부와 고아를 불의하게 억압하는 상속세와 사망세는 폐지되어야 한다.

(12) 위의 요구 가운데 하나님의 말씀에 저촉되는 것은 무엇이든지 철회되어야 한다.

농민들은 이러한 제안이 루터의 복음과 일치한다고 보고, 화해를 통한 문제 해결을 기대하였다. 폭력은 그리스도인이 사용할 최종적인 수단이 될 수도 있다는 입장을 취하였지만, 시간이 흐르면서 농민운동은 폭력적인 운동으로 변질되었다. 프랑코니아(Franconia)에서는 귀족들이 농민 운동을 지지하였지만, 오스트리아에서는 가이스마이어(Michael Gaismaier) 같은 혁명가에 의해 수많은 귀족이 화형에 처하여졌다. 가이스마이어는 교회 재산의 몰수와 공동 소유, 무역과 산업과 광산의 국유화, 성경에 정통한 사람들에 의한 통치, 무신론자의 처단을 설교하면서 폭력에 의한 새로운 시대를 약속하였다. 알자스(Alsace)와 로레인(Lorraine)에서는 농민들이 토지 주인의 승인 없이 토지를 공동 분배하는 등 사회적 혼란이 야기되었다.

뮌쳐와 폭력에의 호소

농민 폭동은 작센(Saxony)과 투링기아(Thuringia)에서 과격한 혁명가 토머스 뮌쳐의 지도 아래 한층 더 확산되었다. 뮌쳐(Thomas Müntzer, 1490~

1525)는 1506년경에 라이프치히대학에 입학하여 수학하다가 프랑크푸르트대학과 마인츠대학으로 옮겨서 공부를 계속하였다. 그는 학위가 없었지만 성경과 교부들, 독일 신비주의자들의 글을 광범위하게 연구한 까닭에 천주교회의 사제로 서품 받았다. 1519년 라이프치히 논쟁에 참석하여 종교개혁의 성경적 기초를 주장하던 루터의 영향을 받아 루터의 제자가 되었고, 루터의 추천으로 작센 동부 츠비카우의 목사로 부임하여 개혁운동을 주도했다.

그러나 뮌쳐는 1521년 12월부터 개인적인 계시를 내세우며 성례 제도를 반대하였고, 유아세례를 배격하고 성인 세례만 주장하는 등 기성 교회의 모든 권위를 부정하고 과격한 입장을 취함으로 루터로부터 점차 떠나갔다. 그는 성령의 은혜가 자기 절망의 고통을 체험하고, 거듭나서 스스로 그리스도의 십자가를 지는 자에게만 주어진다고 하였고, 성령의 내적인 세례만 진정한 세례이므로 물세례는 필요 없다고 주장하였다. 한 걸음 더 나아가, 루터와 천주교회가 서기관처럼 맹목적으로 성경 문자에 의존하여 '내적인 말씀'을 억누르고 있다고 비난하고, 교회는 성령이 중심이 되어야 하므로 루터의 성경 중심적 개혁운동은 잘못이라고 비난했다.

뮌쳐의 급진적인 사상은 보헤미아를 중심으로 더욱 확산되었다. 그는 1522년 보헤미아에서 신학자와 사제들의 배신으로 인하여 교회의 순수성이 상실되었다고 설교하고, 자신과 교인들에게 주어진 사명은 새로운 사도적인 교회를 세우는 것이라고 역설하였다. 1523년 튜링기아에 정착한 후 전직 수녀와 결혼하였고, 1524년에는 『독일 교회 예식서』를 써서 예배 때에 라틴어 대신 독일어를 사용하게 하였다.

뮌쳐는 신령주의에 빠져 말씀 중심의 루터로부터 아주 멀리 떠나갔다. 그는 성령의 계시가 지금도 나타나며, 자신은 직접 하나님의 계시를 받는다고 말하였다. 하나님의 계시는 신비한 환상과 꿈같은 내적인 빛(inner light)을 통해 주어지며, 이러한 계시에 의하면 천년왕국이 멀지 않은 장래에 투링기아에서 이루어질 것이고, 이를 위해 선택받은 성도들은 적그리스도에 의하여 지배받고 있는 이 세상을 정복하는 일에 앞장서야 한다고 주장하였다.[27]

이러한 확신 가운데 뮌쳐는 1523년에서 1524년 여름까지 아이슬레벤 근처 알스테트에서 폭력에 의한 천년왕국의 건설을 설교하였다. 그는, 선택받은 자들은 하나님으로부터 수시로 계시를 받는 자유자이므로 아무도 그들을 구속할 수 없고, 오히려 그들이 세상을 지배할 것이라고 역설하였다. 성도는 거듭남의 체험을 통하여 성령 안에서 구원받은 자와 구원받지 못한 자를 구별할 수 있으므로,[28] 농노들은 사제, 영주, 있는 자와 배운 자들과 싸워서 농노의 왕국을 세워야 한다고 주장하였다. 천년왕국이 오면 모든 인간은 평등한 대접을 받게 되고, 모든 재산은 공동 소유가

---

27. 뮌쳐의 종말 사상은 그리스도께서 속히 재림하여 적그리스도의 세력을 멸하실 것이라고 믿었던 중세 후기 나타난 분파주의자들의 종말론에 기초한 것이다. 그들에게 적그리스도는 교황들이었다. 이러한 사상은 루터에게서도 발견되는데, 루터는 모든 교황을 적그리스도로 보면서 그리스도의 재림과 함께 적그리스도가 멸망할 것이라고 하였다. 루터는 그리스도와 적그리스도를 다음과 같이 비교하였다. "그리스도는 누추한 말구유에서 태어났지만, 적그리스도는 교황 선출회의에서 태어난다. 그리스도는 가난해서 물고기의 입에서 겨우 한 세겔을 얻는 것을 세금으로 냈지만, 적그리스도는 세금을 갈퀴로 긁어모은다. 그리스도는 맨발로 걸어 다니셨으나 적그리스도는 드높은 가마를 타고 다니며, 그리스도는 성전에서 환전상을 쫓아내셨으나, 적그리스도는 면죄부를 팔아 돈을 모아들인다. 그리스도는 가시 면류관을 쓰셨지만 적그리스도는 삼중으로 된 왕관을 쓰고, 그리스도는 하늘로 승천하셨지만, 적그리스도는 마지막 때에 지옥으로 던져질 것"이라고 하였다 (Bainton 1993, 46).
28. 루터는 뮌쳐의 사상에 반대하면서 누가 성도인지 구별할 수 없다고 하였다. 선택받은 하나님의 백성은 박해를 당하나 박해를 당하는 이가 다 하나님의 자녀가 아니며, 하나님만이 그들을 아신다고 하였다(Bainton 1993, 66).

될 것이요, 농노에 의한 의회가 구성될 것이라고 주장하는 등 폭력에 의한 폭력을 통한 천년왕국 건설을 선동하였다.

뮌처는 바이마르에서도 선동을 멈추지 않았다. 그는 프리드리히 선제후와 그의 동생 요하네스 공작 앞에서 과격한 혁명을 일으킬 것을 부추겼으며, 루터가 노예적인 복종을 강요한다고 비판하고, 폭력에 의한 하나님의 왕국 건설을 촉구하였다. 그는 다음과 같이 말하였다: "하나님께서는 과거에 족장들, 예언자들, 사도들의 꿈에 나타나셨듯이 오늘날도 꿈으로 오십니다. 특별히 그는 고통을 통하여 오십니다. 그러므로 안락의자에 앉아 평화를 추구하고 있는 자는 하나님을 저버리고 있습니다. … 여러분의 칼이 칼집에서 녹스는데 하나님의 능력이 나타날 것으로 생각하지 마십시오. 그리스도께서는 평화를 주러 오신 것이 아니라, 칼을 주러 오셨다고 말씀하셨습니다. … 칼이 여러분의 손에 쥐어진 것은 불신자들을 말끔히 씻어 버리기 위해서입니다. 여러분이 그 일을 사양한다면, 그 칼은 여러분에게서 옮겨질 것입니다. 엘리야가 바알의 제사장들을 쳐 죽였듯이, 이에 항의하는 자들은 무자비하게 죽임을 당하여야합니다. 복음을 조롱하는 신부들과 수도사들은 죽어 마땅합니다"(Bainton 1993, 292~293).

뮌처는 이처럼 폭력 혁명을 주동하다가 당국에 소환되자, 농민혁명이 한창 일어나고 있던 뮐하우젠(Mühlhausen)으로 피신하였다. 그 후 치안이 허술해진 틈을 타서 몰래 바이마르에 돌아와 농민들을 다시 선동하였다. 그는 농민들에게 "무신론자의 외침에 마음을 쓰지 마시오. 불이 훨훨 타오르게 하시오. 피가 여러분의 검 위에서 식어가지 않게 하시오." "가나안 사람(귀족들)을 살해하시오"라고 외치면서 폭력에 의한 농민 왕국 건설을 주장하였다. 이러한 그의 설교에 힘입어 농민들은 방화와 약탈을 일삼고, 살인도 불사하는 농민전쟁을 일으켰다.

폭력에 대한 루터의 자세

루터는 뮌쳐를 칼슈타트와 같은 열광주의자로 간주하고, 폭력에 의한 개혁을 반대하였다. 과격자의 출현은 개혁 세력 내부를 크게 균열시킬 수 있기 때문이었다. 루터는 먼저 귀족들과 농노들을 화해시키고자 하였다. 그는 1525년 4월 『슈바비아 농노들의 12개 조문에 대한 답변인 평화의 권고』(An Exhortation to Peace in Reply to the Twelve Articles of the Swabian Peasants)라는 팸플릿을 작성하여 농민들의 주장이 공평하고 정당한 반면, 영주와 지주들은 "야만적이고 독재적인 전제 군주와 같다"고 비난하였다. 한편으로는 농노들의 난동과 무정부주의를 지적하였다. 평화주의자였던 루터는, 농민들에게 "칼로 쓰는 자는 칼로 망하리라"고 경고하면서, 어떤 경우든 폭력을 사용해서는 안 된다고 하였다. 정치적 혁명을 하나님에 대한 반역이라고 보았기 때문이다. 그리고 농민들이 성경과 하나님의 법이라는 명제 아래 사회적·경제적 혁명을 추구한 것은 복음을 물질적으로 오해한 것이라고 지적하였다.

5월이 되자, 농민들은 뮌쳐의 선동에 빠져 폭도로 변했다. 약탈과 방화가 독일 전역에서 일어났고, 많은 귀족이 농노들에게 살해당했다. 농민들의 학살 방법은 매우 잔인하였다. 바인스베르크에서 어떤 여인은 자녀들이 보는 가운데 가슴이 잘렸고, 헬펜슈타인(Helfenstein)의 백작은 아내와 어린 아들의 면전에서 창에 찔려 죽임을 당하였다. 이러한 살인적 폭동에 충격 받은 루터는 영주와 농민을 중재하는 것이 불가능함을 깨달았다. 폭력이나 살인으로 복음을 위한 투쟁을 벌이고 싶지 않았던 그는 무장한 폭도들이 아닌 영주들의 입장을 두둔하면서 『강도질하는 살인적인 농민 폭도에 대하여』(Against Robbing and Murderous Peasants Bands)라는 글을 써서 반란자들을 진압할 것을 주장하였다.

루터의 지지를 얻은 영주들은 농민 폭동 진압에 앞장섰다. 더구나 신성로마제국의 군대가 1525년 파비아 근처에서 프랑스의 군대를 격퇴한 뒤였기 때문에 정부 당국과 영주들은 농민 진압에 전념할 수 있었다. 작센의 공작 게오르크와 헤세의 영주 필립은 농민들에게 '거짓 선지자 토머스 뮌처'를 양도하면 그들의 목숨만은 살려주겠다고 하였다. 그러나 농민들은 제의를 받아들이지 않았다. 1525년 5월 15일 프랑켈하우젠(Frankelhausen) 전투에서 5,000여 명의 농민이 죽임을 당하였고, 뮌처는 생포되어 처형되었고, 그의 시체는 네 토막으로 나뉘어졌다.

농민 폭동이 진압되면서 천년왕국 건설을 꿈꾸던 농노들의 환상은 무산되었다. 농민운동은 사회 혁명 세력과 루터 사이에 노골적인 갈등 관계로 이끌어 갔고, 이후 농민들은 세속 당국의 철저한 감시를 받게 되었다. 반면 루터도 대중적 지도자로서의 명성을 잃었다. 이와 같은 큰 홍역을 치르는 가운데 독일의 종교개혁은 원래 추구하던 본 궤도에 접어들게 되었다. 폭력이 아니라 설교 중심의 개혁이 점차 이루어져 갔다.

제6장

루터파 교회의 확산

농민 전쟁이 한창 진행 중이던 1525년 5월 '현자' 프리드리히(Frederick the Wise)가 죽고, 그의 동생 요하네스(Johannes, 1525~1532)가 선제후 직을 계승하였다. 확고부동한 루터의 지지자였던 요하네스는 종교개혁을 적극적으로 지원하였고, 이는 독일 종교개혁을 유리한 국면으로 이끌었다.

1. 독일에서 루터파의 확산

농민 전쟁 이후 영주들은 독일의 실질적인 통치 세력이 되었다. 그들은 정치적 연합을 만들어 세력을 확장해 나갔는데, 그 연합은 종교개혁에 대한 입장에 따라 각기 다르게 나타났다. 천주교도들은 1525년 6월 작센의 게오르크(Georg) 공을 중심으로 독일 남부 레겐스부르크, 북부의 데싸우에서 천주교 연맹체를 결성하였다. 프로테스탄트들은 헤세의 필립(Philipp of Hesse)과 작센의 요하네스(Johannes of Saxony)를 중심으로 토르가우에서 루터파 연맹을 결성하였다. 이러한 대결 국면에 있던 1526년, 프랑스의 프랑수아 1세와 독일의 카알 5세가 종교개혁을 금지하기로 결의하면서 종교개혁자들의 전도는 암담하게 되었다.

카알 5세와 독일교회

그렇지만 이러한 위협적인 상황은 오래 가지 못했다. 이탈리아에서 신성로마제국의 세력이 강화되는 것을 두려워한 교황이 이탈리아 연맹을 만들어 카알 5세에 대항하자, 카알 5세도 반격하느라고 독일의 종교문제에 개입할 여유가 없었다. 엎친 데 덮친 격으로, 8월 말에는 터키 군대가 헝가리의 루이스 2세를 대파하는 바람에 카알 5세는 군사적인 통일을 이루기 위해 지방정부에게 행정적 자치권을 주어야했다. 자치정부의 세력이 강화되자, 신성로마제국 안에서의 종교적 통일은 불가능하게 되었다.

이러한 기회를 이용하여 루터파 영주들은 교회법을 개정하고, 교회 확장을 시도하였다. 그들은, 1525년 브란덴부르크의 알브레흐트가 자신의 지배 지역을 세습 공국으로 개편하고 루터교회를 수용한 예를 따라, 그들의 영지에 교회를 조직하였다. 이때 작센의 요하네스는 천주교회 세력을 억제하면서 종교개혁을 장려함으로 독일의 종교개혁을 지원하였다.

농민전쟁으로 사회적 혼란이 일어나자, 카알 5세는 1526년 제1차 슈파이에르 제국의회(Diet of Speyer)를 열어 종교개혁을 억제하고자 했다. 그러나 그의 소집 의도와는 달리 프로테스탄트 귀족들이 많이 참석했고, 의회는 루터의 종교개혁을 인정하는 결정을 내렸다. 곧 1521년 루터를 이단으로 정죄한 보름스 의회의 결정을 비판하고 루터에 대한 지지를 표명하였다. 성직자의 결혼이 합법이라고 선언하였으며, 성찬 때에 떡과 포도주를 동시에 평신도에게 분배하도록 결의하여 성경적인 성찬을 회복하게 하였다.

이에 힘입어 루터는 1526년 『독일 미사와 예배 순서』(German Mass and Order of Divinity Service)를 제국의회 앞에 발표하였다. 1527년 선제후 요하네스는 목회자의 교리와 행위를 심사하기 위한 관료들을 임명하였고, 주교의 관할권을 폐지하였다. 이때부터 독일에서 통일된 예배가 드려졌고, 무자격자나 영주에게 불순종하는 목회자들이 추방되고, 수도원 재산, 제단 장식과 제단들이 당국에 몰수되어 부분적으로는 교회와 학교를 위해 사용되었다. 이러한 과정을 거쳐서 루터 교회는 독일의 국교가 되어갔다.

카알 5세는 1527년 이탈리아에 대한 지배권을 강화하기 위해 로마를 공략하였다. 그는 프랑스의 프랑수아와 다시 전쟁을 벌여 1529년 6월 교황과 바르셀로나에서 강화조약을 체결하고, 8월에는 깡브레 강화조약을 맺음으로 전쟁을 종결하였다. 카알 5세는 이러한 여세를 몰아 제2차 제국의회를 슈파이에르에서 개최했다. 그는 제1차 슈파이에르 의회의 결정을 무효화하기 위해 요하네스 에크에게 개혁자들의 이단성을 의회에 제출하라고 명령하였다. 천주교 세력이 다수였던 제2차 제국의회는 천주교회의 예배가 어디서나 허용될 것과 천주교회에 속했던 모든 재산과 수입을 예전의 상태로 회복할 것 등 종교개혁을 억제할 것을 결의했다.

카알 5세의 반동종교개혁정책으로 천주교회와의 대결이 불가피하게 되자, 종교개혁자 진영은 전열을 정비하였다. 그들은 1529년 카알 5세의 종교정책에 공식적으로 항의하는 문서를 의회에 제출하고, 성경에 근거하지 않은 권위에 복종할 수 없음을 선언하였다. 이때부터 그들에게 '항거자'(Protestant)라는 별명이 붙여지게 되었다. 항거에 참여한 지역과 인물로는 작센의 요하네스, 헤세의 필립, 뤼네브르크의 에른스트, 브란덴부르크-안스바하의 게오르크, 안할트의 볼프강 등이었고, 나중에 스트라스부르, 울름, 콘스탄스, 뉘른베르크, 린다우, 켐프텐, 멤밍겐, 뇌르들링엔, 아일브론, 이스니, 생 갈렌, 로이틀링엔, 바이센부르크, 빈츠하임 등의 도시들이 가세하였다.

천주교회의 반격이 시작되자, 헤세의 필립은 독일과 스위스가 연합하게 함으로 천주교에 대한 방어 동맹을 구축하려고 하였다. 이를 위해 그는 루터와 츠빙글리를 1529년 10월 마르부르크(Marburg)에 초청하여 마르부르크 회의를 개최하였다. 회의에서 개혁자들은 신앙과 생활의 유일한 권위가 교회의 전통이 아니라 성경이며, 오직 믿음으로만 의롭게 되며, 구원은 공로가 아니라 하나님의 은혜로 받는다는 것을 확인하고 손을 굳게 잡았다. 그러나 성찬에 대한 미묘한 입장의 차이는 다시 그들을 갈라서게 함으로(이 부분에 대해서는 7장에서 다룰 것이다) 필립이 꿈꾸던 기독교 연맹이 불가능하게 되었다.

아우구스부르크 의회

프로테스탄트 연합이 깨어지자, 1530년 1월 카알 5세는 독일 안에서의 종교적 화해를 위해 아우구스부르크 제국의회를 소집했다. 1530년 6월 25일 종교개혁자들은 카알 5세와 영주들 앞에서 그들의 신학적 입장을 밝힌 『아우구스부르크 신앙고백서』(Augusburg Confession)를 낭독하고, 기독교 영주들이 이를 지지·서명하였다. 이 신앙고백서는 1529년 여름 독일 신학자들이 슈바비아(Swabia)에서 초안한 것에 기초하여 작성한 것을, 카알 5세의 정죄 아래 있던 루터가 회의에 참석하지 못하자, 멜랑히톤(Philipp Melanchthon, 1497~1560)이 여러 번 수정한 후 의회에 제출한 것이다.

멜랑히톤은 이 신조에서 많은 부분을 천주교회에 양보하였지만 루터교회의 입장을 포기한 것은 아니었다. 그는 루터교가 새로운 교리를 도입하지 않았으며, 보편적인 가톨릭교회로부터 떠나지 않았음을 밝히고자 하였다. 신조의 전반부에서 루터파의 확신을 진술하는 21개의 조항을 논하면서 하나님, 원죄, 세례에 대해서는 천주교회와 같은 입장을 취했으나 칭의, 성찬, 선행과 같은 부분에서는 다른 의견을 내었다. 초대교회의 이단들을 조심스럽게 비판하고, 츠빙글리와 재세례파의 입장을 비난하였다. 성경의 권위에 대해 언급하지 않았고, 교황직에 대해서도 확정적으로 정죄하지 않았다. 만인제사장직, 화체설, 연옥 등은 언급하지 않았으나 복음적인 어조로 '오직 은혜'와 '오직 신앙'에 의한 칭의를 주장하였다.

7개 조항으로 구성된 후반부에서는 개혁의 대상에 대해 논하였다. 성자에 대한 기도, 성찬을 베풀면서 일반 신도에게 포도주를 금한 것, 성직자의 독신주의, 미사가 희생 제사라는 사상, 미사의 사사로운 시행, 수도 서약, 금식 규정, 의무적인 고해성사와 같은 천주교회의 악습을 열거하고 비판하였다. 이에 루터도 만족을 표하였다.

멜랑히톤이 루터파의 입장을 개진하자, 츠빙글리도 자신의 입장을 『신앙의 원리』(Ratio Fidei)를 통해 제시하였다. 그러나 그의 주장은 회의에서 별 관심을 끌지 못하였다. 이에 영향을 받은 독일 남부의 도시들(스트라스부르, 콘스탄스, 멤밍겐, 린다우)은 7월 9일 『4개 도시 신앙고백서』를 만들어 의회에 제출하였다. 이 신앙고백서는 마틴 부처가 주로 작성한 것으로, 아우구스부르크 신앙고백서보다 더 철저한 개혁을 요구하였고, 츠빙글리파와 루터파의 중간적인 입장을 취하였다.

에크를 비롯한 천주교 신학자들은 아우구스부르크 신앙고백을 검토하고 난 후 반박서를 제출했다. 반면에 종교개혁자들은 천주교회의 그릇된 신앙과 싸웠으며, 성경의 가르침에서 떠난 것을 비판하고, 교회의 악폐를 고칠 수 있는 교회회의를 1년 안에 열 것을 건의하였다. 그러나 의회는 천주교회의 손을 들어주었다.

슈말칼덴 동맹

의회가 천주교의 편을 들자, 루터는 크게 실망하였으며 결국 정부에 대한 자세도 바꾸었다. 그는 황제에 대한 폭력 저항을 금하여 왔었지만 이때부터 저항의 합법성을 인정하였다. 이에 힘입은 루터파 영주들과 도시들이 1531년 정치적인 동맹, 즉 슈말칼덴 동맹(Schmalkanden League)을 맺어 황제에 대항하였다. 부처가 프로테스탄트 동맹을 적극적으로 지지하면서 스트라스부르 시정부를 설득하여 아우구스부르크 신조를 수용하게 하자, 독일 남부의 교회들도 그 뒤를 따랐다. 결국 1531년 2월 선제후의 통치 지역인 작센, 헤세, 브룬스빅, 안할트, 만스펠트 등이 남부 독일의 스트라스부르, 콘스탄스, 울름, 로이틀링겐, 멤밍겐, 린다우, 이스니, 비베라하, 마그데부르크, 브레멘, 뤼벡 시와 연합함으로 슈말칼덴 동맹이 만들어졌다.

카알 5세는 프로테스탄트 연합을 싫어하였으나 저지할 수 없었다. 천주교 영주들, 그리고 황제와 영주가 서로 반목하고 있었기 때문이다. 터키가 1532년 다시 침공하자, 황제는 프로테스탄트 연맹을 끌어안을 수밖에 없었고, 결국 뉘른베르크에서 그들의 입장을 인정하는 상호 강화 조약을 맺었다.

그 후 카알 5세는 이탈리아를 거쳐 스페인으로 갔고, 1541년까지 독일에 돌아오지 않았다. 정치적 공백기에 들어서면서 개혁자들의 세력이 커졌고, 교회 연합이 신속하게 이루어졌다. 루터교회의 영역은 점차 확산되어 안할트-데싸우, 메클렌부르크, 포메라니아, 하노버, 프랑크푸르트, 아우구스부르크까지 확장되었다. 루티는 1536년에 개혁자들과 함께 『슈말칼드 신조』(Schmalcald Articles)를 작성하여 천주교회와 성경적인 기독교 신학의 차이점을 설명하였다.

1537년, 교황 바울 3세가 만투아에 교회회의를 소집하자, 스페인에 머물고 있던 카알 5세는 독일의 개혁자들에게 회의 참석을 명했다. 그러나 종교개혁자들은 교회회의가 자신들에게 불리하게 운영될 것으로 믿고 참석하지 않았다. 교회회의를 통하여 교황청과 개혁자의 화합을 기대하였던 카알 5세의 기대는 깨어졌다. 카알 5세는 교회회의 소집을 재시도했다. 1540년 6월에는 하게나우, 같은 해 12월에는 보름스, 1541년 4월에는 레겐스부르크에 교회회의를 개최하였다. 이 때 개혁자 측에서는 멜랑히톤, 부처, 칼빈 등이 참석하였고, 천주교 측에서는 엑크와 콘타니리 등이 참석하였다. 그들은 한 때 칭의 교리에 대하여 의견의 일치를 보는 듯 했지만 차이점이 너무 커서 타협을 이루지 못하였다. 결국에는 교회회의에 대한 불신감이 커졌고, 두 세력은 각기 다른 길로 가게 되었다.

교회 일치가 불가능해지자, 두 세력은 대결 국면으로 나아갔다. 종교개혁자들이 군사적 정치적으로 뭉침으로, 정치적 권위에 적지 않게 위협을 느낀 카알 5세는 프로테스탄트 세력을 약화시키기 위해 슈말칼덴 동맹을 정치적으로 분열시킬 계획을 세웠다.

카알이 계획한 슈말칼덴 동맹의 붕괴는 내부에서 비롯되었다. 분열은 슈말칼덴 동맹의 중심 인물이었던 헤세의 영주 필립으로부터 시작되었다. 그는 작센의 게오르크 공의 딸과 결혼하여 7명의 아들을 두었으나,

아내와의 불화로 1526년에서 1539년 사이에는 단 한번도 성찬에 참석하지 못하였다. 필립은 17세의 귀족 처녀와 결혼할 계획을 세운 뒤 루터와 멜랑히톤과 부처에게 재혼 허락을 요구하였다. 만일 재혼이 허용되지 않는다면 황제와 교황에게 요청하겠다고 위협하였다. 개혁자들은 1539년 일부다처제가 그리스도께서 세우신 창조질서에는 어긋나지만, 필립처럼 고통을 당하는 경우에는 예외가 된다고 말하면서 간음이나 이혼보다 중혼을 권하였다. 결혼은 비밀리에 진행하고, 두 번째 부인은 첩인 것처럼 하라고 단서를 붙였다. 그러나 비밀은 없었다. 당시에 중혼은 법에 의해 금지되었고, 중혼한 영주는 통치권을 박탈되도록 규정되어 있었다. 호기를 잡은 황제는 1541년 6월 사태를 악화시키지 않겠다는 조건으로 필립에게 접근하여, 필립에게서 개인적으로나 슈말칼덴 동맹의 대표로 외국과의 동맹을 맺지 않겠다는 확인을 받아냈다. 그 결과 슈말칼덴 동맹은 명실상부하게 되었다.

카알 5세는 프랑스의 침입을 막기 위해 교황청과의 관계를 강화하였다. 바울 3세를 설득하여 이탈리아 도시인 트렌트에서 1542년 교회회의를 열게 하고, 동시에 영국의 헨리와 연합하여 파리까지 쳐들어가 프랑스와 강화조약을 맺음으로 프랑스가 독일의 개혁자들을 지원할 수 없게 하였다. 마지막으로 터키의 위협도 물리쳤다. 터키는 페르시아와 전쟁 중에 설상가상으로 내전 가운데 있었다. 이러한 상황에서, 카알 5세는 1545년 10월 터키와 휴전하여 모든 위협적인 요소를 제거하였고, 독일의 종교개혁 세력을 억제할 절호의 기회를 만들었다. 루터가 1546년 2월 18일 아이슬레벤으로 여행 중에 63세의 나이로 하나님의 품에 안기자, 카알 5세는 프로테스탄트 세력을 공격할 최고의 기회를 얻었다.

카알 5세는 프로테스탄트 세력을 분열시키기 위해 작센의 모리츠를 이용하였다. 카알 5세가 작센의 선제후 자리를 주겠다고 유혹하자, 모리츠는 1546년 6월 선제후 프리드리히에 대항하여 전쟁을 일으킴으로 프로테스탄트를 배신하였다. 1547년 4월 선제후 요하네스 프리드리히가 대패하였고, 헤세의 필립도 항복하였다. 그들은 구금되었고, 프로테스탄트 세력은 와해되었다. 다만 마그데부르크를 비롯한 북부의 몇몇 도시와 소영지의 영주들만이 항쟁을 계속하였다. 이러한 가운데 황제의 세력이 커질 것을 두려워한 교황이 황제에 대한 지지를 유보하자, 황제와 교황의 관계는 다시 악화되었다.

종교적 갈등이 심화되어 독일은 내란에 직면하게 되었다. 카알 5세는 이를 막기 위해 1547년 9월 아우구스부르크에 임시 의회(Augusburg Interim)를 소집하였다. 독일인들은 의회에서 화해의 조치가 나오길 고대하였고, 두 세력은 신학적 논쟁을 통해 화해를 시도하였다.

천주교도들은 교황에게 최고의 권위가 있고, 일곱 성례가 유효하며, 마리아 예배와 연옥의 존재를 인정하라고 요구하면서 성찬 때에 떡과 포도주를 회중에게 주는 것과 성직자의 결혼, 행위가 아니라 믿음에 의하여 구원받는다는 것을 인정할 수 있다고 하였다. 그렇지만 종교개혁자들은 교황의 권위를 인정할 수 없음을 분명히 밝혔고, 오직 성경만이 교회에서 권위를 가진다고 주장하면서 더 많은 개혁을 요구하였다. 결국 팽팽한 의견 대립으로 두 세력의 대화가 깨어졌다. 종교개혁자들은 천주교도의 공격을 두려워하여 슈말칼덴 연맹을 강화하였다. 대부분의 독일 통치자들이 종교개혁을 지지하였으나, 독일의 성직자와 영주의 3분의 2는 여전히 로마가톨릭을 지지하였다.

1555년 페르디난트(Ferdinand)를 중심으로 한 영주들은 교회개혁을 위한 의회 소집의 필요성을 내세워 아우구스부르크에 다시 의회를 소집하였다. 의회는 프로테스탄트와 천주교회의 갈등을 해결하고 화해하기 위해 모여, 화해를 위해 부단히 노력하였으므로, 이 회의를 아우구스부르크 평화회의(The Peace of Augusburg)라고 부른다. 평화회의는 루터파를 승인하고, 영주들의 영토는 1552년 이전의 상태로 인정하였다. 한 나라에는 하나의 신앙, 한 명의 왕, 하나의 법만이 존재한다는 개념에 따라, '통치자의 종교가 백성의 종교'(Cuius regio eius religio)가 되도록 하였다. 이 협약으로 로마가톨릭과 루터파에게 동등한 권리가 주어졌다. 그러나 재세례파나 칼빈주의자들은 인정받지 못했다. 회의는 1563년까지 계속 되었고, 회의 이후 신성로마제국 안에서 힘을 잃은 카알 5세는 정계를 은퇴하고, 수도승이 되었다.

2. 필립 멜랑히톤과 독일교회

천주교와 기독교로 나누어져 있던 독일교회는 신학적 정통 논의에 빠졌고, 필립 멜랑히톤(Philipp Melanchthon, 1497~1560)에 의해 새로운 형태의 스콜라철학 운동이 일어났다. 멜랑히톤은 독일의 인문주의자요 최고의 히브리어 학자였던 로이힐린의 종손으로, 루터를 대신하여 아우구스부르크 의회에 참석하였고, 후에는 루터교회의 신학적 입장을 제시하였다.

필립 멜랑히톤

멜랑히톤은 1497년 독일 남부의 한 마을에서 태어나, 1509년 하이델베르크대학교에 입학하였다. 1512년부터는 튜빙겐대학교로 옮겨서 연구를 계속하였다. 그는 소심하고 내성적이었으나 대학자로서의 자질이 있었다.[29] 1518년에는 로이힐린의 추천으로 비텐베르크대학교의 헬라어 교수가 되었고, 루터의 인격과 신앙에 감동을 받아 능력을 다하여 루터파 신학을 옹호하였다. 1519년에 루터를 따라 라이프치히 논쟁에 참여하였고, 1521년 루터가 발트부르크 성으로 피신하자, 그의 신학을 대변하는 학자로 나섰다.

멜랑히톤은 중세의 사중적인 성경 해석을 배척하였다. 성경 해석에서 역사적 의미를 찾으려고 하였고, 이를 위해서 고고학의 도움이 필요하다고 하였다. 멜랑히톤의 최대의 걸작은 1521년에 나온 『신학 개요』(Loci Communes)로, 기독교회 최초의 조직신학 저서라고 불린다. 이 책의 서론에서 그는 신학의 접근 방법을 논하면서, 루터의 말처럼, 신학은 사변적이 아닌 목회적이며 실천적이 되어야 한다고 하였다. 그는 다음과 같이 말하였다: "우리가 신성(神性)의 신비를 탐구하는 것보다는 그것을 찬양하는 것이 더 낫다. 더구나 이런 문제는 커다란 위험을 무릅쓰지 않고는 입증될 수 없으며, 심지어 성인(聖人)들도 고민해 왔던 문제이다. 그러므로 '하나님,' '하나님의 일체성과 삼위성,' '창조의 신비,' 그리고 '성육신의 방식'과 같은 존엄한 주제들에 관하여 왜 그렇게 많은 노력을 기울였는지 이해하기 힘들다. 수세기 동안 이러한 문제들만 고찰하여 온 스콜라 철학자들이 무엇을 성취했는지 의문이다. … 그리스도를 안다는 것은 그 분이 주시는 은총을 안다는 것을 의미하지, 그들이 가르친 대로 그 분의 본성과 성육신의 방식을 고찰하는 것을 의미하지는 않는다. 그러므로

---

29. 멜랑히톤은 성격이 루터와 대조적이었지만 학자풍의 사람이었다. 루터는 자신과 멜랑히톤의 성격을 다음과 같이 비교하였다: "나는 거칠고, 사납고, 성급하고 싸우기를 잘하는 성질을 가졌고, 무수한 괴물과 악마들과 싸우도록 태어났으니, 그루터기와 거치는 돌들을 옮겨야 한다. 그러나 필립은 유순하고 점잖고 기쁨으로 씨를 뿌리고 물을 주는 사람이다." 이와 같은 극찬에도 불구하고, 멜랑히톤은 인문주의 사고에 영향을 받아 점점 루터와의 신학적 차이를 나타냈다.

만일 당신이 그리스도께서 육신을 입고 십자가에 못 박히신 이유를 모르고, 단순히 그 분의 사역만을 안다면 당신에게 무슨 도움이 되겠는가?"(Melanchthon 1982, preface). 멜랑히톤은 신학을 존재론적인 탐구에서 단순한 목회적인 신학으로 개혁하고자 하였다. 그럼에도 불구하고 그의 신학은 사변적인 면이 강하였고, 이는 정통주의 시대에 루터파 신학이 스콜라적인 입장을 갖게 하는 계기가 되었다.

멜랑히톤은 『신학 개요』에서 죄 문제를 다룬 뒤, 율법에 대하여 논하였다. 그는 율법을 자연법, 하나님의 법, 그리고 인간의 법으로 나누면서, 율법의 기능이 죄를 알게 하는 데 있다고 서술하였다. 자연법은 "모든 사람이 동일하게 동의할 수 있는 공통된 판단"으로, 태초부터 하나님에 의하여 사람들의 마음에 각인되어 있고(Ibid., 50), 하나님의 법은 도덕법(Ibid., 53 이하)과 재판법, 의식법(Ibid., 63)으로 구성되어 있으며, 인간이 만들어 놓은 법은 시민법과 사제의 법이 있는데, 전자는 정당한 권위를 인정받지만 후자는 진정한 권위가 없다고 하였다(Ibid., 62~67).

멜랑히톤은 복음과 율법을 대립 관계로 보아, "율법이 죄를 보여주고, 복음이 은혜를 보여 준다"고 하였다. 그러나 신약과 구약에 복음과 율법이 혼재하기 때문에 구약을 율법으로 보거나, 신약을 복음과 동일시하는 것은 잘못이라고 지적하였다. 따라서 모든 시대가 율법시대이며, 동시에 복음시대라고 보았다(Ibid., 70)

멜랑히톤은 그리스도께서 "율법 없이 은혜를 설교할 수 없기 때문에" 율법과 복음을 강조하셨다고 하였다(Ibid., 75). 그리스도의 선지자 직분 수행에서 우선적인 것은 복음적인 은혜를 선포하는 것이었지만, 그리스도가 율법을 설교한 것은 율법 없이는 "죄가 인식될 수 없으며, 죄를 경험하지 않는다면, 은혜의 능력과 충만을 이해할 수 없기 때문이다"(Ibid., 76). 율법은 우리를 교정하는 대신 정죄하고, "죽이고 비난하며, 죄의 근원을 드러낸다." 인간의 본성은 죄를 인식할 수 없기 때문에 죄인은 먼저 죄로 인한 벌을 받아야 하며, 죄를 증오하는 단계로 나아가야 한다. 기독교는 율법의 기능으로부터 사역을 시작하지만, 복음은 상한 양심을 하나님의 은혜와 자비의 품으로 인도한다(Ibid., 84). 그리스도는 이러한 복음의 보증이요, 완성이라고 멜랑히톤은 주장하였다.

그리스도인은 그리스도의 고난을 통하여 이중적인 자유를 얻었다. 곧 율법이 그리스도 안에 있는 자들을 정죄할 수 없게 하고, 그들은 성령에 의하여 율법을 지키도록 인도함을 받는 자유를 얻게 된다. 따라서 그리스도인들은 율법이 없을지라도 율법이 요구하는 것을 행하려고 한다(Ibid., 124). 그리스도인들에게는 율법이 요구하는 의미가 종결되었지만, 그럼에도 불구하고, 스스로 율법의 지시를 따라 행함으로 율법에 대한 의무가 법적인 데서 자발적인 곳으로 옮겨졌다는 것이다.

멜랑히톤은 『신학 개요』 22장에서 루터의 공재설을 거부하였다. 그는 칼빈의 입장까지는 가지 않았지만, 예수 그리스도는 "빵 안에 계시는 것이 아니라 빵과 함께 계신다."고 말함으로서, 물질적 수용보다는 영적 수용을 강조했다. 그는 다음과 같이 기술했다: "이 떡과 잔을 가지고 예수 그리스도께서는 우리에게 그 분의 살과 피를 주시며, 우리를 용납하시며, 우리를 그 분의 지체로 삼으시고, 우리에게 죄의 용서를 허락하시며, 우리를 그 분의 피로 정결케 하셨고, 우리 안에 내주하실 것을 보장하는 것이다. … 살아 계신 하나님의 아들 우리 구주 예수 그리스도는 참으로 임재하시며, 이러한 참여를 통하여 효력을 발하시며, 우리 안에 내주하실 것을 입증하신다." 멜랑히톤은 성찬의 효과를 그리스도께서 성도 안에서 영적으로 내주하는 데 있음을 강조했다.

멜랑히톤의 신학은 루터와 유사한 부분이 많지만, 인문주의자들의 영향을 많이 받았다. 그는 루터의 노예 의지론을 수정하였고, 구원이 말씀과 성령과 인간 의지의 공동 작용의 산물이라는 '신인협동설'(Synergism)을 주장하였다. 또한 인간 스스로 하나님의 은혜를 받거나 거절할 수 있는 능력이 있다고 보았다. 이는 원죄를 단지 인간의 본성이 상처를 입은 것으로 간주하는 인본주의의 영향이다. 이러한 점에서, 그는 루터보다는 에라스무스에 가까우며, 펠라기우스주의 또는 아르미니우스주의와 비슷하다고 하겠다. 또한 선행이 구원의 기초가 아니라 구원의 필수불가결한 증거이며 "영생에 필요한 것"이라고 하였다(그는 이것을 후에 철회하였지만, 그의 제자들은 이것을 받아들였다). 비록 멜랑히톤의 사상은 루터로부터 멀어졌지만, 루터가 그에 대해 관대하였기 때문에 불화를 일으키지는 않았다. 멜랑히톤이 인문주의의 영향을 깊이 받았지만, 반면 그들과는 달리 사회 질서를 파괴하는 재세례파의 박해에 동의하였고, 이단 처형을 주장하였다.

아디아포라 논쟁

멜랑히톤이 순수 루터파와 관계가 악화된 계기는 1548년 12월 라이프치히 잠정안(Leipzig Interim)에 동의하면서이다. 그는 잠정안이 제시하는 라틴어 예전, 7성례, 사제의 복장, 금식 기간 등 로마천주교회의 입장을 인정하였다. 복음의 핵심적인 교리들이 침해를 받지 않는다면, 가톨릭의 예전과 의식을 수용할 수 있다고 생각한 것이다. 이러한 멜랑히톤의 사상은 그의 신학과 밀접한 관계가 있다.

멜랑히톤은 신앙을 본질적인 것과 비본질적인 것으로 구분하고, 기독교 신학에 있어서 본질적인 것은 변할 수 없지만 비본질적인 것은 시대와 상황에 따라 변할 수 있다고 보았다. 즉 삼위일체에 대한 교리는 본질적인 것이므로 변할 수 없으나, 예배 의식은 시대에 따라 바뀔 수 있는 비본질적인 것이므로 천주교회의 예배 의식과 관례를 수용할 수 있다고 하였다. 멜랑히톤의 이 같은 구분은 루터가 죽은 뒤 루터파의 운명을 결정할 정도로 중요한 문제가 되어 아디아포라(adiaphora) 논쟁을 일으켰다.

타협적인 입장을 고수하던 멜랑히톤은 암스돌프(Nikolaus von Amsdorf)와 일리리쿠스(Matthias Flacius Illyricus, 1520~1575)에 의하여 호되게 비판받았다. 루터의 사망 후 루터파 신학을 이끈 일리리쿠스는 예배에 신학이 나타날 수밖에 없으며, 예배가 비본질적이라는 것은 옳지 않고, 중세 시대의 유물 가운데 본질적인 것은 아무 것도 없다고 역설하였다. 곧 중세의 예배를 수용할 수 없다는 것이다.

일리리쿠스는 비텐베르크대학의 히브리어 교수로 순수한 루터파 신학을 확립하였고, 『마그데부르크 세기』(The Magdeburg Centuries)를 저술하였다. 그는 이 책에서 초대교회로부터 종교개혁시대에 이르기까지의 교회 역사를 설명하였다. 교회 역사를 복음적인 교회와 거짓 교회와의 갈등으로 보고, 두 교회가 싸우는 투쟁사로 묘사했다. 그는 인간이 타락과 동시에 하나님의 형상을 잃고 사탄의 형상을 가지게 되었으며, 타락한 본성을 가지고는 하나님의 은혜의 보좌 앞에 나아갈 수 없다고 하였다. 따라서 시대적인 상황에 따라 고안한 예배는 하나님이 받으실 만한 것이 되지 못한다고 하였다. 예배는 시대와 상황에 따라 변할 수 있는 것이 아니라, 성경에 명한대로 드려져야 하기 때문이다.

일리리쿠스와 암스돌프가 멜랑히톤을 신랄하게 비판할 때, 멜랑히톤은 비텐베르크에서 작센의 선제후를 배신한 모리츠 밑에 있었다. 이에 작센의 선제후 일행은 멜랑히톤에 대해 서운한 감정을 드러냈다. 그들은 1588년 예나대학교를 신설하고, 일리리쿠스를 교수로 임명하여 반(反)멜랑히톤 신학을 세우게 했는데, 이때부터 예나대학교와 쾨니스베르크대학은 멜랑히톤과 그의 지지자들, 곧 '필립파'(Phipillist)를 반대하는 순수 루터파 중심의 대학이 되었다.

일치서

아디아포라 논쟁 이후 루터파는 오시안더(Andreas Osiander)의 칭의론과 메이저(John Major)가 주장한 선행 사상 때문에 혼란에 빠졌다. 오시안더는 칭의를 "죄인이 의롭다고 선언되는 것"만이 아니라 그리스도가 실질적으로 내주하심으로 인하여 실제적으로 "의롭게 되는 것"이라고 가르쳤다. 이는 루터파와 칼빈의 비판을 받았다. 스코틀랜드의 학자인 존 메이저는 선행이 믿음으로 얻는 칭의를 유지하는데 필요하기 때문에 선행 없이 구원받는 것은 불가능하다고 하였다. 이러한 사상은 선행이 오히려 구원에 장애가 된다고 생각한 암스돌프에 의해 비판을 받았다.

이러한 신학적 혼란이 있은 후, 루터파는 1577년 『일치 신조』(Formular of Concord)를 채택했다. 이는 루터파에서 가장 권위 있는 신조로, 튀빙겐의 야곱 안드레아(Jacob Andrea), 부룬스빅의 마틴 켐니츠(Martin Chemnitz), 라이프치히의 니콜라스 젤네커(Nicholas Selnecker)에 의해 작성되었다. 루터파는 1580년 6월에 3개의 고대 에큐메니컬 신조, 아우구스부르크 신앙고백서와 그 변증서, 슈말칼드 신조, 대소요리문답서 등을 모아 『일치서』(Book of Concord)를 출판하였고, 독일 전역에 있던 51명의 영주와 35개 도시의 대표자들, 그리고 8,000명 이상의 목사가 이를 승인함으로 『일치서』는 독일 교회의 신조가 되었다. 『일치서』는 루터의 사상을 따르고 있지만 루터보다 훨씬 더 "스콜라적"이어서, 이 책이 출판된 이후부터 루터파 정통주의 시대가 시작되었다.

3. 루터교회의 북유럽 확산

루터의 종교개혁 사상은 스칸디나비아 지역으로 번져갔다. 스칸디나비아는 1397년 덴마크, 노르웨이, 스웨덴이 칼마르 연합(Union of Kalmar)을 맺은 뒤로 덴마크의 통치 아래 있었다.

덴마크

덴마크는 르네상스 운동에 동정적인 입장을 취하던 크리스티안 2세(Christian II, 1513~1523)가 종교개혁을 받아들임으로 루터파 국가가 되었다. 그는 1520년 초반만 해도 종교개혁에 대하여 비판적이었다. 그의 관심은 오직 영토 확장으로, 스웨덴을 침략하였으나 대패하여 통치권을 잃을 지경에 이르렀다. 이러한 상황에서 그는 국토의 대부분을 소유했던 주교의 권한을 제한하고, 대신 왕실이 소유함으로 국부를 일으키고자 종교개혁을 받아들였다.

크리스티안 2세는 1521년 칼슈타트, 마르틴 라인하르트와 같은 루터파 설교자를 초청하였다. 칼슈타트의 도움으로 로마에 상소하는 것을 금하고, 주교의 권한을 제한하였으며, 성직자의 결혼을 허용하고, 수도원을 개혁하는 등 교회를 자신의 수중에 넣으려고 하였다. 그러나 백성의 거센 반발로 실행하지 못하였고, 결국 1523년에 일어난 반란으로 실권했다.

덴마크의 종교개혁은 크리스티안의 삼촌 프리드리히 1세(Frederick I, 1523~1533)가 왕위에 오르면서 구체화되었다. 프리드리히는 종교 선택권을 백성에게 허용함으로 루터파를 확장시켰다. 당시 루터파 운동을 이끈 사람이 한스 타우센(Hans Tausen, 1494~1561)으로, 그는 비텐베르크대학에서 공부한 수도사였으며, 개종한 후에는 설교 운동을 통해 종교개혁 사상을 전하였다. 프리드리히는 1527년 왕의 주교 임명권을 법으로 정하고, 사제의 결혼을 허락했다. 1529년 덴마크어 신약성경이 출판되었고, 1530년에는 타우센과 동료들에 의해 『43개의 코펜하겐 신조』가 덴마크 의회에 제출되었다. 이로써 루터교회가 덴마크 안에 정착되었다.

1533년 프리드리히가 죽자, 덴마크의 종교개혁은 잠시 주춤했다. 귀족들은 장남 크리스티안 3세를 지지하고, 주교들은 차남 한스를 옹립함으로 왕위 계승전이 벌어졌기 때문이다. 내전에 승리한 크리스티안 3세(Christian III)는 주교들을 투옥하고, 그들의 권리를 박탈한 후 교회 재산을 몰수하였다. 그는 1537년 루터의 동역자 요한네스 부겐하겐(Johannes Bugenhagen)을 초빙하여 교회개혁을 이끌었다. 이로써 덴마크는 완전히 루터교로 재조직되었다.

노르웨이와 스웨덴

노르웨이는 칼마르 연합으로 덴마크의 지배 아래 있었다. 크리스티안 3세 때에 이르러 루터파가 노르웨이와 덴마크령인 아이슬란드인들의 명목상의 종교가 되었다. 1540년 독일에서 교육을 받은 한 주교가 아이슬란드에 돌아와 루터의 사상을 소개한 후, 곧 아이슬란드어로 성경이 번역되었다. 1548년 천주교도들이 반란을 일으켰으나 실패하였고, 이를 계기로 노르웨이와 아이슬란드는 루터파 국가가 되었다.

스웨덴의 종교개혁은 독립 운동과 함께 이루어졌다. 덴마크의 왕 크리스티안 2세가 1520년 스톡홀름을 점령하고 왕위 대관식을 거행한 후, 대관식에 참석했던 귀족들을 이단으로 정죄하고 처형하는 만행을 저질렀다. 이에 구스타푸스 바사(Gustavus Vasa)를 중심으로 하는 스웨덴 인들이 반란을 일으켰으며 1523년에 덴마크 인들을 모두 추방하였다. 그 후 구스타푸스가 왕(1523~1552)이 되어 스웨덴을 다스렸다. 스웨덴은 국가 재정이 거의 바닥에 이르렀으므로 세입을 늘리지 않으면 파산을 맞을 수도 있었다. 세입을 늘리려면 더 많은 교회 토지를 기부 받는 길 밖에 없었다. 이를 위해서는 로마의 권력을 꺾어야했으므로 구스타푸스는 종교개혁을 받아들였다.

구스타푸스는 비텐베르크에서 공부하고 1519년 귀국하여 종교개혁 사상을 전개하던 올라프 페터손(Olaf Peterson)과 라르 페터손(Lars Peterson) 형제를 지원하여 루터교회가 스웨덴에 뿌리내릴 수 있게 하였다. 올라프는 1524년 천주교회 지지자들과 공개토론을 통해 천주교회의 허구를 드러냄으로 종교개혁의 기초를 놓았고, 1526년에는 스웨덴어로 신약성경을 번역하였다. 이어 동생의 도움을 받아 구약성경을 번역하고, 1541년에는 성경전서를 발행하였다.

개혁자들의 지원 아래 스웨덴은 1527년 대대적인 개혁을 이루었다. 구스타푸스 왕은 종교적인 일에 불필요한 모든 교회와 수도원 재산을 왕실에 귀속시킬 것, 1454년 이래 교회에 기증한 땅들을 귀족들에게 되돌릴 것, 순수한 하나님의 말씀만 설교할 것, 왕의 권위 아래 교회를 재조직할 것 등을 명하였다. 왕이 교회의 머리가 되었고, 고위 성직자를 임명할 수는 없지만 해직할 수 있는 권세를 가지게 되었다. 이로써 스웨덴 국가교회가 세워졌다.

구스타푸스의 아들 요한 3세(John III, 1568~1592)의 통치 때에 잠시 천주교회로 돌아가는 일이 있었으나, 1593년부터 스웨덴은 완전한 루터교회 국가가 되었다. 통치자의 종교가 백성의 종교가 된다는 아우구스부르크 원칙이 스웨덴에서 역으로 적용되어 백성의 종교가 통치자의 종교가 되었기 때문이다. 요한 3세를 이어 1593년 왕위에 오른 새 왕이 천주교인이었으나, 국왕의 섭정은 칼빈주의자여서 국교를 정하기 어려운 상태에 놓이게 되었다. 이 때 백성들이 타협책으로 정부가 천주교회와 칼빈주의의 중도인 아우구스부르크 신조를 수용할 것을 건의하자, 1593년 왕이 백성의 뜻에 따라 종교를 택함으로 루터교회가 스웨덴의 국교로 되었다.

제7장

츠빙글리와 취리히 개혁

스위스는 유럽의 다른 나라들과 달리 중세시대부터 정치적 자유를 누려왔다. 1291년 우리(Uri), 슈비츠(Schwyz), 운터발덴(Unterwalden) 등 산악지대의 3개 주(canton)가 스위스 연합을 형성한 뒤, 1315년경에 13개 주가 가입한 막강한 연맹체로 발전하였다. 스위스 연합은 상호방위조약을 맺어 외적의 침입에 공동적으로 대처하고 의회를 통하여 공동 문제를 의논하므로 결속력을 유지하였다. 각 주는 자치제를 채택하여 독립적인 정부를 가지고 있었다. 더구나 교황청을 위해 용병을 파송하여 교황청으로부터 자치를 보장받았으므로 외세의 지배를 받지 않았다.

취리히는 스위스 북방에서 가장 자유롭고 강력한 도시 국가로 13개의 상인 길드(Guild) 대표로 구성된 상원에 의해 다스려졌다. 시에는 212명으로 구성된 의회가 있었고, 시장(Bergermeister)이 의회를 이끌었다. 같은 형편에 있었던 바젤이 16세기에 이르러 인문주의의 본산지가 되었다.

스위스 종교개혁은 루터, 칼빈과 함께 3대 종교개혁자로 불리는 츠빙글리에 의해 1520년경에 시작되었다. 츠빙글리(Ulrich Zwingli, 1484~1531)는 루터와 동년배였으나 신학적으로 서로 다른 입장을 취하고 있었다. 루터가 성경과 이성을 신앙과 교리의 기초로 본 것과는 달리, 츠빙글리는 오직 성경만을 신앙과 생활의 기준으로 삼았다. 그의 신학적 입장은 제네바의 개혁자 요한 칼빈(John Calvin)에 의하여 계승되어 발전되었고, 이들에 의하여 발전된 신학을 '개혁주의 신학'(the Reformed Theology), 이들의 신학적 전통을 따르는 자들을 개혁주의자라고 칭한다. 그러면 개혁주의 신학의 기초를 마련한 츠빙글리와 스위스 종교개혁의 전개 과정에 대해 살펴보도록 하자.

1. 츠빙글리의 신학 수업

츠빙글리는 1484년 1월 1일 스위스의 작은 도시 빌트하우스(Wildhaus)에서 태어났다. 그의 아버지는 행정관이었고 어머니는 피싱겐(Fischingen) 수도원장의 조카인 마가레타 부룩만 마일리(Margaretha Bruggman Meili)였다. 그의 부모는 8명의 자녀, 즉 2명의 딸과 6명의 아들을 두었는데, 츠빙글리는 그 가운데 셋째였다. 교육열이 강하였던 츠빙글리의 아버지는 그의 동생 바돌로뮤(Bartholmew)가 베센(Wesen)에 있는 학교장이 되자, 5살짜리 츠빙글리를 보내어 교육을 받게 하였다. 츠빙글리는 그곳에서 5년 동안 공부하였고, 10살이 되자 바젤에 있는 세인트 시오도어(St. Theodore) 학교로 전학하였다. 그는 먼 친척 그레고리 뷘쯔리(Gregory Bünzli) 밑에서, 당시의 학제에 따라, 3년간 라틴어와 변증법과 음악을 공부하였다.[30]

---

30. 당시 학교 교육은 책이나 종이가 넉넉하지 않았기 때문에 암기 위주로 실시되었

인문주의자 츠빙글리

츠빙글리는 1496년 뷘쯔리의 추천으로 베른(Berne)대학에 입학하여 인문주의자 하인리히 뵐프린(Heinrich Wölfrin) 밑에서 고전과 음악을 공부한 후 도미니칸 수도사가 되었다. 몇 개월 후인 1498년 가을, 그는 신학, 법학, 의학으로 유명하던 비엔나대학에 입학하였고, 그곳에서 스위스의 인문주의자로 널리 알려진 요아킴 바디안(Joachim Vadian)을 통해 인문주의의 가르침을 받았다. 이 대학에는 현대주의 사조(via moderna)를 따르던 하인리히 폰 랑겐슈타인(Heinrich von Langenstein)이 인문주의와 종교개혁을 지지하고 있었다.

비엔나대학에서 6개월 정도 머무는 동안 오스트리아 학생들과 불편한 관계를 갖게 되자, 츠빙글리는 1502년 학교를 자퇴하고, 바젤(Basel)대학의 토머스 비텐바하(Thomas Wyttenbach, 1472~1526) 아래서 에라스무스의 인문주의 사상을 배웠다. 비텐바하는 신약 및 교부 연구를 중요시했고, 당시의 스콜라 철학과 수도사들의 수도원 서약, 성례의 기계적인 실시에 대해 비판하곤 하였다. 츠빙글리는 바젤대학에서 아리스토텔레스(Aristotle)와 스콜라 철학에 심취했고, 종교개혁에 대해서 알게 되었다. 비텐바하는 피터 롬바드(Peter Lombard)의 『문장론』(Sentences)과 바울 서신을 강해하면서 성경의 유일한 권위, 면죄의 무용론과 죄 용서를 위한 그리스도의 죽음을 가르쳤다.

츠빙글리는 1504년 바젤대학에서 문학사 학위, 1506년에는 문학 석사

고, 교과 과정은 일반적으로 중세의 전통을 따라 3과목제(trivium)와 4과목제(Quadrivium)가 있었다. 3과목제는 문법, 변증, 수사학을, 4과목제는 음악, 천문학, 기하학, 산술을 가르쳤다.

학위를 취득하여 점차 대학자로 성장하였다. 그는 라틴어로 교부들의 글을 읽을 수 있었고, 여러 가지 교회의 신조들을 암송했으며, 미사를 집전하고 고해성사를 청취할 수 있었다. 1506년 9월 그는 천주교회로부터 사제로 서품을 받았다. 비록 사제로 취임할 수 있는 나이에서 4개월이 모자랐음에도 불구하고, 학문적인 자질을 갖추었기 때문이다.

츠빙글리는 첫 목회지인 글라루스(Glarus)에서 10여 년간 사역하였다. 글라루스는 1,300여명의 인구를 가진 마을로, 직조업에 종사한 일부의 주민 외에 대부분이 우유, 치즈, 술을 생산하는 일을 하였다. 그는 글라루스에서 교인을 돌보면서 성경과 교부 연구에 전념하였다. 특히 1513년부터 고전 언어 연구에 전력을 기울여 헬라어와 히브리어로 된 성경을 읽게 되었고, 아리스토텔레스, 오리겐, 제롬, 그리고 아우구스티누스 등 헬라 철학자와 교부들의 글을 라틴어로 읽을 수 있었다. 이러한 학문적인 진보로 인하여, 그는 동료들로부터 "우리 시대의 키케로(Cicero)"라는 별명을 얻었다.

츠빙글리는 1515년 학문적인 욕구를 충족시키려고 시간을 내어 에라스무스가 머물던 바젤을 방문하고, 그와 교제를 나누었다. 철저한 인문주의자였던 츠빙글리는 천주교회가 과연 인간에게 구원을 줄 수 있을까 회의하기 시작하였다.

민족주의자 츠빙글리

츠빙글리가 목회할 때 수많은 스위스 젊은이들이 용병으로 전쟁터에 나갔다. 16세기 초반 스위스 용병은 무적이라고 불릴 만큼 용감하여 여러 나라에서 지원 요청이 있었다. 스위스 연방 정부는 10,000명의 군인을 거느리고 있었고, 그들은 1476년과 1477년 사이의 전투에서 대승하여 백전

백승의 군대라는 명성을 얻었다. 당시 스위스가 용병으로 벌어들인 수입은 오늘날 금융업으로 버는 수입보다도 많았다. 1512년과 1513년 6월 무적의 스위스 연합군은 교황청의 요청으로 밀란(Milan)에 진군하였다. 이때 츠빙글리는 관례에 따라 군목으로 차출되어 참전하였고, 그 후에도 교황청을 위한 전쟁에 참여하여 교황청으로부터 매년 50 플로린의 연금을 받았다.

종군 생활을 통하여 츠빙글리는 용병 제도의 폐해를 깨달았다. 수많은 젊은이들이 국토방위가 아닌 타국을 위해 싸우다가 죽었고, 간신히 살아남아 귀국한 사람들은 성병을 옮겨 와서 가정이 깨어지는 일이 허다했다. 츠빙글리는 "왜 스위스의 젊은이들이 로마나 프랑스를 위해 죽어야 하는가?" 자문하게 되었다. 고민 끝에, 츠빙글리는 1515년부터 용병 제도를 반대하기 시작하였고, 이때부터 그는 민족주의자로 널리 알려지게 되었다.

성경신학자 츠빙글리

츠빙글리는 용병 제도를 반대하다가 1516년에 쫓겨났고, 글라루스에서 서쪽으로 30마일 거리에 있는 아인지델른(Einsiedeln)으로 목회지를 옮겼다. 아인지델른은 마리아 숭배의 중심지로, 미신적인 신앙이 만연한 마을이었다. 전설에 의하면, 948년에 한 무리의 천사들이 땅에 내려와 채플을 헌납한 이래로 이 교회는 7년에 한번 씩 천사에게 헌납하는 제사를 드렸고, 매년 수천의 방문객들이 이적을 체험하려고 이 지역을 방문하곤 하였다. 그는 마인로드의 동정녀 전당에서 사제로 일했다.

츠빙글리는 아인지델른에서 일하는 가운데 정신적으로나 경제적으로 많은 고통을 겪었지만, 주어진 환경을 불평하기보다는 폭넓은 독서로 상황을 극복했다. 츠빙글리의 전기작가 포터는 다음과 같이 그의 독서 범위와 영향에 대해 서술했다: "그는 헬라어만 아니라 모어(More), 비디안(Vadian), 부데(Budé), 심지어 에라스무스 등 알프스 북부의 인물들을 모두 다 섭렵했다. 헬라어 신약성경과 터툴리안, 제롬, 그리고 락탄티우스로부터 헬라교부들, 즉 오리겐, 알렉산드리아의 시릴, 크리소스톰에 이르는 교부들에 대해 읽었다. 그들의 작품을 읽으면서 깨닫게 된 것 중의 하나가 현재 교회에서 가르치고 있는 연옥 교리가 터무니없다는 것이었다"(Porter 1984, 42~43). 이러한 연구 활동을 통하여 츠빙글리는 바젤의 인문주의자요 인쇄업자인 아메르바하(Amerbach)와 프로벤(Froben), 스트라스부르의 대학자였던 베아투스 레나누스(Beatus Rhenanus)와 교분을 나누었고, 히브리어의 대가 카피토(Capito)와 펠리칸(Pelican)과도 신학적 의견을 교환하였다.

1516년 에라스무스가 헬라어 신약성경을 출판하자, 츠빙글리는 즉시 구입하여 정독하였다. 그는 주야로 헬라어 성경을 애독하여 바울 서신을 암송할 정도가 되었으며, "요한복음에 대한 아우구스티누스의 글을 읽으면서 신앙에 눈을 떴고, 신약성경 연구를 통하여 그의 설교는 새로운 기쁜 소식으로 가득 차게 되었다"(Porter 1984, 40). 성경 연구를 통하여, 루터와 칼빈이 그랬던 것처럼, 인문주의자에서 종교개혁자로 변신하였고, 1516년에는 복음적인 설교자가 되었다. 그는 이렇게 말했다: "지역 주민들이 루터의 이름을 듣기 전에 나는 이미 복음을 전파하였다. 매일 미사에서 성경에 근거한 복음을 전파하지 않고는 설교단을 떠나지 않았다"(Jackson 1981, 108).

츠빙글리는 성경이 오류가 없는 하나님의 말씀으로 성령에 의하여 완전하게 영감 되었음을 믿었다. 오직 성경을 통해서만 신앙과 예배, 생활의 원리를 찾아야 한다는 확신은 그에게 종교개혁의 원리를 제공하였다. 그는 1523년의 취리히 논쟁 때 "히브리어, 또는 헬라어나 라틴어로 기록된 성경은 무오하며, 공정한 판단자요, 거룩한 글"이라고 선언한 성경 중심적인 신학자가 되었다(Porter 1984, 42). 그러나 1517년 루터가 95개 조항의 항의문을 비텐베르크 성문밖에 게시하였을 때, 면죄부의 남용 등에 관하여 남다른 관심을 표하였지만 루터의 개혁운동에 대하여는 공감을 표하지 않았다. 여전히 충실한 천주교회의 사제였기 때문이었다.

츠빙글리는 뛰어난 설교자였고, 그의 설교는 인상적이었다. 마리아 숭배로 유명한 아인지델른을 참배하기 위해 온 많은 사람들은 츠빙글리의 설교를 들었다. 츠빙글리의 설교를 통해 감동을 받은 미코니우스(Oswald Myconius)는 1518년 취리히의 그로스뮌스터(Großmünster) 교회의 사제가 공석이 되자, 그를 담임 사제로 추천하였다.

츠빙글리는 1518년 12월 취리히에서 가장 큰 교회의 사제가 될 기회를 얻었지만, 그가 음악을 잘하고, 여성 편력이 있다는 이유로 청빙 위원들이 문제를 제기하였다. 사실상 츠빙글리는 음악에 재질이 있어서 하프, 바이올린, 플루트, 코넷과 루트 등을 연주하고 작곡할 수 있었으며, 여자 문제도 있었다.

해명을 위하여 츠빙글리는 취리히 교회의 참사회에 편지를 보냈다. 그는 다윗과 같은 성경의 인물들도 음악을 사랑하였듯이 음악을 애호하는 것이 목회자의 자질을 평가하는 기준이 될 수 없다고 썼으며, 자신의 부도덕에 대하여는 솔직하게 시인하였다. 자신은 원래 행실이 단정하지 못한 여자의 유혹을 받아 넘어진 일이 있으며, 그녀의 주장대로 임신한 아이가 자기에게 책임이 있는지도 모른다고 하였다. 그 여자는 스스로 일컫는 숫처녀이거나 좋은 가문의 여인이 아니라, "낮에는 처녀 행세를 하고 밤에는 부인 행세"하는 여인이었다고 밝히고, 그녀의 아버지가 이발사였으므로 "황제의 수염이라도 만질 수 있는 위치에 있었다."고 익살스럽게 자신의 입장을 변호하였다.

츠빙글리의 편지를 받은 그로스뮌스터 교회의 참사회는 1518년 12월 11일 최종적으로 목사 선정 문제를 다루었다. 그들은 3명의 첩을 거느리고 슬하에 8명의 자녀를 둔 슈바비아 지방의 후보를 택하는 대신, 도덕적으로 흠이 있지만 솔직하고 비교적 죄의 질이 약하다고 생각되는 츠빙글리를 그들의 사제로 선택하였다. 츠빙글리는 24명의 참사원 가운데 17명의 지지를 얻어, 12월 27일 그로스뮌스터 교회에 부임하였다.[31]

2. 츠빙글리와 취리히 개혁

그로스뮌스터는 유럽에서 비교적 큰 교회였다. 취리히에는 4개의 수도원, 200여명의 수도사들과 수녀들이 있었는데, 그로스뮌스터가 중심적인 교회였다. 큰 교회를 맡으면서 츠빙글리의 목회적 영향력도 커지게 되었다. 로마 교황이 추기경단과 큰 교회의 사제들과 교제하며 교회를 운영하던 시절이었기 때문에 츠빙글리는 교황과도 만날 수 있는 지위를 얻었다. 따라서 츠빙글리의 그로스뮌스터 취임은 스위스의 운명을 바꾸어 놓을 수 있는 기회를 제공하였다.

츠빙글리의 개종

스위스의 종교개혁은 츠빙글리의 개종과 함께 시작되었다. 그의 개종은 1519년 8월 취리히를 강타한 흑사병과 매우 밀접한 관련이 있는 것으

---

31. 취리히가 이와 같이 사제를 교회의 자율대로 청빙할 수 있었던 것은 스위스가 로마에 용병을 파송한 대가로, 교황청이 스위스 교회에 자치권을 주었기 때문이다.

로 보인다. 흑사병이 번지면서 츠빙글리의 동생 안드레아스(Andreas)를 비롯한 취리히 시민 3분의 1이 생명을 잃었다. 대부분의 의사들은 생명을 부지하기 위해 서둘러 취리히를 떠났으나, 츠빙글리는 위험을 무릅쓰고 죽어가는 시민들을 간호하였다. 결국 그도 1519년 9월 흑사병에 전염되었고, 1년 가까이 죽음의 문턱에서 고생하다가 1520년 여름에 이르러 건강을 회복하였다. 동생의 사망과 투병의 경험을 통해, 츠빙글리는 동정녀 마리아와 천주교회 신앙에 대해 회의를 품었고, 하나님만이 모든 질병을 치유할 수 있는 분이라는 것을 확신하였다. 1520년 그는 교황청으로부터 받던 연금을 포기하고 교황청과 스스로 단교하였다.

츠빙글리의 영적인 체험은 취리히 종교개혁의 기초를 마련하였다. 취리히는 6,000명의 인구를 가진 도시로 무역과 제조업으로 번성하였으나, 음탕하고 도덕적으로 무질서한 도시로 유명했다. 츠빙글리는 교회와 사회 개혁을 기대하면서 복음적인 설교를 시작하였다. 그는 마태복음을 시작으로 1520년 사도행전, 1521년 디모데전서와 갈라디아서, 베드로전서와 베드로후서 그리고 히브리서를 설교하였고, 1523년에는 다시 복음서로 돌아와서 누가복음과 요한복음을 설교함으로 종교개혁을 전개하였다.

츠빙글리의 설교 방식은 독특하였다. 언제나 강단에서 헬라어 성경을 펴놓고, 성경을 직접 읽은 후 해석하였다. 먼저 라틴어 성경을 읽고, 히브리어로 된 구약성경이나 헬라어로 된 신약성경을 읽은 후, 성경 번역상의 차이점을 지적하고, 초대 교부들의 성경 해석을 소개하며 성경을 강해하였다. 형식에 얽매이지 않고 농담과 비유를 곁들이면서 생동감 있게 설교했는데, 이러한 강해 설교는 기록된 설교를 낭독하던 당시의 전통과는 아주 달랐다. 그는 스위스 사람들이 이해할 수 있도록 독일어로 설교하였고, 1519년에서 1526년 사이에 신약 전부를 강해하였다. 특히 복음서 설교를 통해서 사랑의 윤리, 그리스도인의 철학과 생활, 성경적 기독교와 인위적인 종교의 차이를 설명하였다. 천주교회의 부정과 부패, 종교적 남용을 비판하면서 츠빙글리는 스위스의 종교적 지도자로 우뚝 서게 되었다.

츠빙글리는 1521년 루터의 글을 구하여 읽고, 로마 교황청에 바치는 십일조에 대해 비판하였다. 기쁜 마음으로 드려야 하는 십일조를 로마 교황청이 억지로 빼앗아간다는 것이다. 같은 해, 프랑스 왕 프랑수아가 스위스 정부에 16,000명의 용병 지원을 요청하자, 츠빙글리는 용병 반대 운동을 주도하였다. 취리히 의회는 1523년 1월 용병제도를 완전히 폐지하였고, 이와 함께 취리히는 점차 스위스 연방 안에서 영향력을 행사하게 되었다.

스위스의 종교개혁은 소시지 사건으로부터 시작되었다. 1522년 4월 수난주간 수요일에 츠빙글리, 아인지델른의 사제 레오 주드(Leo Jud), 로렌스 켈러(Lawrence Keller) 등이 인쇄업자 크리스토퍼 프로샤우어(Christopher Froschauer)의 집에 모여 있었다. 프로샤우어는 독일어 대역본 신약성경을 부활절까지 출판하여 프랑크푸르트 전시회에 출품하려고 하였다. 인쇄 작업이 늦어지자, 프로샤우어는 작업을 독려하기 위해 돼지고기로 된 소시지 두 덩어리를 내 놓았다. 이 때 츠빙글리를 제외한 모두가 소시지를 먹음으로 취리히는 소시지 논쟁에 휩싸이게 되었다.

교회지도자들이 수난절에 금식을 깼다는 소식은 취리히의 시의회에 보고 되었다. 취리히의 종교적인 문제를 담당하고 있던 콘스탄스(Constance)의 주교는 크게 격분하여 금식을 어긴 범법자들을 처벌할 것을 취리히 의회에 요구하였고, 의회는 이들을 검거한 후 벌금형에 처하였다.

이렇게 사건이 전개되자, 츠빙글리는 교회지도자들을 옹호하기 시작하였다. 대략 3주 정도 지나서 이들을 성경적 관점에서 변호하는 설교를 하였고, 『음식의 선택과 자유에 관하여』(Concerning Freedom and Choice of

Food)라는 소책자를 만들어 출판하였다. 츠빙글리는 금식을 지지하였지만 의무적인 금식은 조심스럽게 거부하였고, 음식을 먹고 마시는 것은 그리스도 안에서 자유이며 의무가 아니라고 지적하였다. 개인적인 양심의 자유가 우선되어야 함을 내세움으로 의무적인 금식을 비판하였다. 이러한 츠빙글리의 행동은 종교개혁의 도화선이 되었고, 취리히는 개혁의 길에 들어서게 되었다.

1522년 7월 츠빙글리와 10여명의 동료들은 취리히 의회와 콘스탄스 주교에게 복음적 설교를 자유롭게 할 수 있도록 보장할 것과 성직자 결혼의 허용을 청원하였으나 모두 기각 당하였다. 츠빙글리는 성경에 사제의 결혼을 금한 적이 없으므로, 금혼은 옳지 않다고 지적하였다. 이러한 신념에 따라 1522년 안나 라인하르트(Anna Reinhart)와 결혼하여 8명의 자녀를 두었으나, 교회가 성직자의 결혼을 불법으로 간주하였기 때문에[32] 1524년까지 혼인 사실을 공개하지 않았다.

교회개혁을 위한 공개토론

츠빙글리는 1522년 8월 출판한 『하나님 말씀의 명확성과 확실성』(*The Clarity and Certainty of God's Word*)에서 천주교 신학을 비판하였다. 그는 참된 종교는 성경에 근거하며, 성도들은 성경에 없는 어떤 것에도 매어서는 안 된다고 썼다. 또한 교회에서의 인간적인 권위를 부정하고, 성경이 가르치는 영적인 해방과 성경의 우위성, 명료성, 확실성, 그리고 신적인 권위를 주장하였다. 그는 성경의 확실성과 신적인 권위에 대해 논한 후, "하나님의 말씀은 너무나도 확실하며, 만약 하나님이 원하시면 말씀하자

---

32. 콘스탄스 교구에만 1,500여명의 사제들이 낳은 사생아들이 있었다.

마자 실현된다."고 하였다. 즉 하나님이 원하실 때에 구약에서 천지 창조, 땅에 대한 저주, 노아의 홍수, 이삭의 출생과 같은 일이 실현되었고, 신약에서는 문둥병자가 고침을 받았고, 백부장의 하인이 치료를 받았으며, 오병이어의 이적과 같은 사건이 일어났다고 하였다. 이러한 사실은 하나님의 말씀에 영적인 권위가 동반하고 있다는 것을 보여주는 것이라고 하였다(Zwingli 1953, 71~72).

츠빙글리는 하나님의 말씀이 계시적 차원에서 명확하다고 주장하였다. 성경에 자주 등장하는 비유는 성경을 모호하게 만들지만, 이는 말씀 때문이 아니라 그것을 대하는 청중의 자세와 관련이 있다고 언급하였다. "자기 자신의 말과 생각으로 성경을 보려는 자"에게 성경은 모호하게 나타나지만, "하나님의 말씀으로부터 배우려는 마음을 지닌 자"에게는 모든 것이 명확하게 보인다는 것이다. 즉, 인간적인 주관을 가지고 성경을 억지로 해석할 때 하나님의 말씀은 애매하게 보이지만, 성령의 조명을 받아 그 말씀을 자신에게 적용하려고 할 때 그 의미를 잘 이해할 수 있다고 하였다.

성경은 "말씀의 확실성을 인식하도록" 인간의 지성을 밝히는데, 츠빙글리는 이를 '공동적 또는 선행적 명료성'이라고 칭했다(Zwingli 1953, 72~75). 하나님은 노아에게 말씀으로 조명하였고, 아브라함에게 이삭을 바치라고 할 때에도 "아브라함이 그 말씀 안에서 진정한 하나님의 말씀을 보도록 이끄셨다." 모세, 야곱, 미가와 엘리야는 말씀을 들었을 때 하나님의 조명을 통하여 그 말씀이 진정으로 하나님으로부터 왔다는 것을 지각하였다(Ibid., 75~78). 그러므로 성경은 정확하고 오류가 없는 하나님의 말씀이라고 주장하였다.

성경의 확실성은 인간의 학식이나 교회의 권위로부터 오는 것이 아니라, 겸손히 하나님의 말씀을 경청하는 가운데서 인식되어진다. 성경의 권위는 성경의 저자이신 성령 하나님으로부터 오기 때문이다. 츠빙글리는 성경말씀을 바로 이해하기 위해서 성령의 조명이 필요함을 다음과 같이 말하였다: "나는 젊은 시절에 동년배들처럼 인간의 가르침에 지나칠 정도로 몰두하였다. 내가 전적으로 성경 연구에 몰입할 때에 항상 신학과 철학이 나를 가로막았다. 하지만 하나님의 영으로 인도 받아야 한다는 사실을 깨닫게 되면서, 나는 만사를 제쳐놓고 말씀으로부터 직접 하나님에 관한 지식을 배워야 한다는 것을 터득했다. 나는 말씀의 조명을 받기 위하여 하나님께 나아가기 시작하였고, 많은 주석자와 강해자의 글을 통해 연구하던 때보다도 성령의 조명을 통해서 성경의 의미가 내게 더 명확하여졌다"(Zwingli 1953, 75~78).

츠빙글리는 성경을 바로 알기 위하여 신학자나 교황, 또는 교회회의의 도움이 아닌 성령의 조명을 받으려고 노력하였다. "하나님은 성령에 의하여 자신을 계시하시며, 겸손으로 찾는 모든 자를 조명"(Ibid., 1953, 82)하시므로, 성경의 명료성을 확인하기 위해 다음의 것들이 필요하다고 하였다. 첫째, 성경을 직접 읽는 것이다. 둘째로, 성경을 겸손히 연구하며 인간 주석가나 인간의 판단을 따르지 않는 것이다. 셋째로, 하나님의 조명을 구하는 것이다. 하나님만이 우리의 교사이기 때문이다. 넷째로, 인간이 성경의 판단자가 되어서는 안 된다. 성경은 성령에 의하여 영감된 것이기 때문이다. 마지막으로, 말씀을 신뢰해야 한다. "하나님의 말씀은 결코 우리를 어둠 속에 남겨 두지 않고 … 인간의 영혼을 완전한 은혜와 구원으로 비추어 주고 … 하나님 안에서 영혼에게 확실한 위로를 선사하기 때문이다"(Zwingli 1953, 91~92).

츠빙글리의 금식에 대한 자세와 성경의 명확성에 대한 주장으로 인해 취리히에서 종교개혁자와 천주교도 사이의 갈등은 심해졌다. 츠빙글리는 갈등을 해결하기 위해 공개토론을 시의회에 요청하였다. 시의회는 그의 제안을 받아들여 공개토론을 개최하였다.

제1차 공개토론은 1523년 1월 29일에 개최되었다. 천주교회에서는 콘스탄스의 주교가 파송한 파베르 박사(Dr. Faber)와 여러 명의 사제들이 참석하였고, 종교개혁자 편에서는 츠빙글리와 바디안(Vadian), 세바스챤 마이어(Sebastian Meyer), 호프마이스터(Hofmeister) 등이 참가하였다. 취리히 인구의 10%가 되는 600여명이 토론에 동참하는 등 토론의 열기는 뜨거웠다. 츠빙글리는 토론장에서 1522년에 작성한 『67개조 신조』(*The 67 Articles*)를 중심으로 그의 입장을 설명하였다. 그는 라틴어, 헬라어, 히브리어 성경을 펴놓고 천주교 신학자들과 논쟁하였고, 시의회에 순수한 복음 설교의 보장을 촉구하였다.

『67개조 신조』에는 츠빙글리의 사상이 함축적으로 요약되어 있다. 그는 신조에서 천주교회의 부정과 부패의 원인이 성경보다 인간의 전통을 강조하는 데 있다고 지적하였다: "지난 여러 해 동안 순수하고, 맑고 밝은 빛인 하나님의 말씀이 인간의 야심과 지식으로 흐려지고 혼탁해졌으며 희미해졌습니다. … 우리는 하나님의 참된 뜻과 참된 예배를 오직 성경, 곧 오직 하나님의 진리에 대하여 12 제자들이 쓴 글에서 찾고 배울 수 있습니다. 그 외의 어떠한 인간의 법을 통해서는 불가능합니다"(Spitz 1990, 128). "교회회의 결정이나 인간의 관행을 지키는 것은 오래 전부터 법으로 세워졌기 때문이지, 하나님의 말씀에 기초한 것이 아니므로" 그리스도인은 오직 성경만 의존해야 한다는 것이다(*Ibid.*, 133).

츠빙글리는 성경만이 최종적인 권위를 갖는다는 전제에 근거하여, 신조의 초반 15개 조항에서 복음의 본질, 중보자 그리스도, 교회의 의미에 대하여 설명하고, 후반에서는 교황, 미사, 성자의 중보, 의무적인 금식, 순례, 사제 서약, 사제의 독신 생활, 의식적인 기도, 면죄부, 고해성사, 연옥 등의 의식과 교리 등 천주교회의 관행을 비판하였다.

츠빙글리는 복음의 요점과 본질이 예수 그리스도이고(2조), 그 분만이 유일한 구원자이며(3조), 성모 마리아나 성인(聖人)들 같은 "다른 이를 찾거나 그것을 가르치는 사람은 잘못된 자로, 영혼의 강도이며 도둑"이라고 선언하였다(4조). 그리스도만이 인간과 하나님 사이의 유일한 중보로, 그리스도인은 그리스도의 통제 아래 있어야 하는데, "머리의 통제를 받지 않는 지체가 아무 것도 아닌 것처럼, 그리스도의 몸 안에 있다고 하더라도 머리이신 그리스도의 통제를 받지 않는다면 아무 것도 아니기" 때문이다(9조).

츠빙글리는 교황을 "거짓 사도"요(55조), "시몬과 발람의 동료이며, 사탄의 화신"이라고 칭하였다(56조). 교황이 계승하고 있다는 대제사장 직분(17조), 기념이 아닌 희생으로서의 미사(18조), 성자들의 중보를 요청하는 기도(20조), 사제들의 축재(23조), 의무적인 금식(24조), 성자의 기념일과 성지 순례(25조) 등은 인간이 만든 비성경적이며 가증한 것들이라고 비판하였고, 특히 성직자의 제복 착용을 위선의 극치로 여겼다. "하나님이 위선보다 더 싫어하시는 것은 없다. 후드, 기장(旗章), 패(牌)와 같이 단지 사람에게 보이기 위한 것은 모두 위선이며 낭비"라는 말로 천주교회의 의식적인 복식주의를 비난하였다(26조).

츠빙글리는 수도 규칙, 성직자의 독신 강요, 파문의 오용, 면죄부 판매, 고행 및 연옥에 관한 교리, 사제 제도, 종교 문제에서 세속정부의 역할을 무시하는 것, 기타 천주교에서 가르치는 것과 실행하는 것들은 모두 인간의 고안으로 보았다. 수도 서약은 이 세상 속에 사는 성도들로부터 스스로를 구별하는 것이므로 잘못된 것이며(28조), "하나님이 허락하셨거나 금하지 않은 모든 것이 선하므로, 모든 인간에게 허락된" 결혼을 사제에게 금하는 것은 그릇된 것이라고 서술하였다(29조). 곧 교황청의 독신주의를 비판한 것이다. 파문은 한 개인에게 주어진 권세가 아니라, 교회에게 주어진 권세이므로, 교황의 파문(출교)은 잘못이며(31조), 출교의 대상은 사적인 죄가 아니라 공적인 범죄를 지은 자로 제한해야 한다고 하였다(32조). 그는 "고해성사가 죄를 용서받는 수단일 수 없고, 단지 도움을 구하는 것"이며(52조), 면죄부는 하나님을 대적하는 사탄이 고안해 낸 사악한 제도라고 하였다(55조).

츠빙글리는 이와 같이 『67개조 신조』에 근거하여 취리히의 종교개혁 방향을 설정한 후, 성경만이 논쟁의 심판관이 된다고 했다. 그는 논쟁에 참여한 600여명의 시민들에게, "누구도 인간의 어리석은 궤변으로 이 자리에서 논쟁하지 마십시오. 성경으로 돌아가 성경이 재판장이 되게 합시다(성경은 성령의 기록입니다). 그래야만 진리를 찾아 얻을 수 있습니다. 아멘! 하나님이 통치하실찌어다!" 라고 외쳤다(Spitz 1990, 143~144).

츠빙글리의 발제에 따라 논쟁은 자연스럽게 진행되었다. 성직자의 결혼 문제에 대한 토론이 시작되면서 천주교회측은 곤경에 빠졌다. 토론이 한창 진행 중일 때, 회중 가운데 한 사람이 교황의 특사에게 성직자의 독신 규례가 성경적인 근거가 없는데 왜 결혼한 사제들을 감옥에 보내느냐고 물었다. 이에 대해 특사가 독신주의가 성경에 있다고 주장하자, 츠빙글리는 성경의 장과 절을 대라고 응수하였다. 말문이 막힌 특사가 교황과 교회회의의 권위에 의지하여 논리를 재개하자, 취리히의 대의기관이었던 라트(Rath)가 츠빙글리의 판정승을 선언함으로 제1차 토론이 막을 내렸다.

공개토론은 스위스 종교개혁의 아주 중요한 수단이 되었고, 취리히의 시민들은 참된 종교와 그릇된 종교를 분별할 수 있게 되었다. 토론의 결과, 천주교회의 권력 남용과 사제주의의 병폐가 드러나면서 종교개혁의 정당성이 입증되었다. 시의회는 종교개혁을 지원하고, 천주교 세력을 억제하면서 개혁의 틀을 세워나갔다. 시의회는 츠빙글리와 그의 설교를 합법적으로 인정하였고, 주(canton) 안에 거주하는 사제들에게 츠빙글리의 가르침을 따르되 반드시 성경에 근거한 것만 설교하도록 명하였다. 복음적인 설교가 보장되면서 개혁주의 신앙의 기초도 더욱 든든히 세워졌다.

공개토론이 끝난 후, 성상 파괴 운동이 일어나 도시 안에 긴장이 고조되자, 츠빙글리와 레오 주드(Leo Jud, 1482~1542)는 미사와 성상 사용 문제를 다룰 또 다른 공개토론을 제안하였다. 이렇게 시작된 제2차 공개토론은 1523년 10월 26일에서 28일 사이에 심의회 형식으로 열렸고, 10여명의 신학박사, 350여명의 성직자 등 900여명의 시민이 참석하였다. 츠빙글리와 주드는 교회에서 사용되는 성화(image)의 비성경성에 대하여 지적하고, 미사가 그리스도의 죽음에 대한 기억일 뿐 희생의 반복이 아니라고 주장하였다. 또한 성찬 때에 떡과 포도주를 다 주었던 성경적 근거를 제시하면서 두 가지 모두를 참여자들에게 줄 것과 모국어 예배를 요구하였다. 그러나 천주교회의 신학자 마틴 스타인리(Martin Steinli)와 콘라드 슈미트(Konrad Schmid)는 미사가 오랜 역사적 전통에 기초한 예배임을 들어 성경보다는 전통에 호소함으로 개혁자들에게 대항하였다.

토론은 츠빙글리의 승리로 끝났으나 시의회는 신중하게 움직였다. 라틴어 미사와 성찬 때에 떡만 주는 제도를 고집하였다. 교회로부터 개인적인 성상만 제거할 것을 허락했으나, 한편 전 시민을 예배에 참석하도록 하기 위한 조치로 취리히에 있는 교회들이 같은 시간에 예배할 것을 명령하였다. 시의회의 결의에 따라 예배에서 의식주의적인 요소가 배제되었다. 간단한 형식의 예배, 곧 성경 봉독, 기도, 설교 중심의 예배가 드려지게 되었다. 그 결과 성경의 우의적인 해석보다는 본문을 강해하는 강해 설교가 주종을 이루게 되었다.

제2차 공개토론이 끝난 후, 츠빙글리는 백성들을 성경으로 바로 지도하기 위해『요약 기독교 입문서』(Short Christian Introduction)를 출간하였다.

이 책에서 츠빙글리는 천주교회의 공로 사상을 비판하고, 오직 믿음에 의한 칭의와 구원을 주장하였다. 천주교회의 연옥 사상을 비성경적이라고 비판하였고, 성화와 성상은 믿음이 연약한 성도들을 우상숭배로 인도할 수 있으므로 반드시 교회에서 제거되어야 한다고 역설하였다.

공개토론을 통해 개혁의 틀을 마련한 개혁자들은 다시 1524년 1월 19일과 20일에 제3차 공개토론을 개최하였다. 예전에 비해 소수의 사람이 참석했지만, 토론의 결과 과감한 개혁이 이루어졌다. 그러나 여전히 미사가 인정되는 등 예배의 개혁이 철저하게 이루어지지 않자, 츠빙글리의 동료들 가운데 몇 사람이 급진적인 개혁을 요청하였다. 그들은 개혁의 장애가 된다고 생각하는 통치자들에 대해 불평을 토하였지만, 츠빙글리는 점진적인 개혁을 주장하였다. 그는 동료 레오 주드에게 편지했던 것처럼, "천천히 나아감으로써 우리는 목적을 성취할 수 있다"고 생각했다. 그러나 급진적인 개혁을 요청하는 이들은 츠빙글리의 지도력에 회의를 표하였다. 개혁의 속도에 대한 입장 차이가 생기면서 취리히의 개혁은 새로운 국면에 접어들었다.

그럼에도 불구하고, 개혁은 점차 이루어져 갔다. 시의회는 1524년 6월과 7월 노동자들을 동원하여 취리히 시의 일곱 교회로부터 성화와 성상, 성물을 제거하였고, 그로스뮌스터 교회의 파이프 오르간을 벽으로 봉해 버렸다. 오르간 중심의 찬양이 회중의 심령과 목소리를 통해 드려지는 찬양으로 바뀌어졌고, 라틴어로 부르던 합창 대신 회중 찬송이 불려지게 되었다. 그 해 12월 수도원들이 해체되어 교육과 빈민구제를 위한 기관으로 사용되었다.

급진적인 개혁을 추구하는 이들은 시의회의 조처를 위선적인 것으로 보았고, 구원받은 성도로만 구성된 교회를 조직하려는 새로운 교회 운동을 시작하였다. 츠빙글리가 취리히 시민과 교인을 거의 동일시 한 것과는 달리, 그들은 교회를 신앙을 고백하는 성도들이 자발적으로 모인 단체로 간주하였다. 그들은 유아세례에 대해 문제를 제기하였다. 신앙을 고백할 수 없는 유아들에게 준 세례는 무효라는 것이다. 그들은 신앙을 고백한 성인에게만 세례를 베풀 것을 주장하면서 재세례를 실시하고, 결국은 츠빙글리와 결별하였다.

취리히는 재세례 문제로 혼돈에 빠지게 되었다. 재세례를 지지하는 자와 반대하는 자로 나뉘어 혼란이 계속되던 중에, 1525년 1월 시의회가 츠빙글리를 지지하면서 새로운 양상이 나타났다. 재세례파의 세력은 줄어들었고, 종교개혁이 가속화되었다. 미사 제도가 1525년 수난주간 이후에 교회에서 완전히 사라졌고, 모국어로 예배가 드려졌다. 화체설이 아니라 영적인 교제로써의 성찬이 시행되었고, 오랫동안 평신도에게 허락되지 않았던 포도주가 떡과 함께 분배되었다. 주교의 사법권이 폐지되었고, 설교 중심의 예배가 드려졌다. 이러한 개혁을 통해 취리히는 로마와의 완전한 결별에 들어갔다.

3. 츠빙글리의 신학

츠빙글리는 천주교회의 그릇된 신학과 재세례파의 도전에 직면하여 이에 대항하는 여러 권의 책을 저술하였다. 그는 1524년 『참 종교와 거짓 종교에 관한 주석』(Commentary on True and False Religion)을 출판하여 천주교회의 오류를 지적하였고, 1525년에는 『세례에 대하여』(Of Baptism), 『재세례와 유아세례에 관하여』(Of Rebaptism and Infant Baptism, 5월)와 『세례에 관한 후브마이어의 소책자에 답하여』(Answer to Hubmaier's Booklet on Baptism, 11월)를 출판하여 유아세례를 옹호하였다.

세례관

츠빙글리는 『세례에 대하여』에서, 죄를 용서하는 것은 종교적 의식이 아니라 그리스도의 피이며, 구약의 성례(할례와 유월절)들은 신약의 성례(세례와 성찬)와 상응하다고 서술하였다. 성례의 함축적 의미를 설명하면서 성례는 언약의 표징으로, "하나님이 말씀하시는 것을 듣고 하나님의 가르침을 배우고, 이 가르침에 입각하여 변화된다."는 것을 보증한다고 하였다(Zwingli 1953, 138).

츠빙글리는 세례를 물세례와 성령세례, 가르침의 세례로 나누었다. 물세례는 물에 잠기는 것으로, 세례 요한에 의하여 보편화되었고, 성령세례는 "하나님을 알고 하나님을 신뢰할 때의 내적인 조명과 부르심을 받는 것"을 의미한다고 하였다. 예수 그리스도께서는 사도행전 1장에서 성령세례가 있을 것을 말씀하시며, 성령세례는 인간이 아닌 하나님만이 주실 수 있는 것이라고 하였다. 가르침의 세례는 물세례를 수반하는 구원에 대한 외적인 가르침을 의미하는 것으로, 요한은 세례 베풀기 전에 말씀을 가르쳤다. 이처럼 물세례, 성령세례, 가르침의 세례는 동시에 주어지는 것이 아니라 각기 별개로 주어질 수 있는 것이다. 즉 가르침이나 성령 없는 물세례가 가능하고, 물이나 가르침이 없는 성령세례도 가능하다고 하였다(Zwingli 1953, 135).

츠빙글리는 온전한 세례가 위의 세 가지 요소를 포함하지만, 항상 그런 것만은 아니라고 설명했다. 십자가 위에서 회개한 강도는 성령세례를 받았지만 물세례를 받지 못하였고, 에베소 사람들은 물세례를 받았지만 (행 19:1~5) 성령세례를 받지 못하였기 때문이다. 세례의 순서도 다양해 성령세례가 먼저 올 수 있고, 후에 올 수도 있다고 하였다. 곧 구원의 표시인 성령세례를 받은 후에 물세례를 받아야 한다는 원리에 기초하여 유아세례를 부정하는 재세례파의 주장은 옳지 않다는 것이다. 유아들이 물세례를 받고 나서 나중에 성령세례를 받을 수 있는 것과 같이, 성경은 성령세례 이전에 물세례를 주었기 때문이다.

츠빙글리는 물세례나 가르침의 세례는 구원이 수반되지 않지만, 성령세례는 내적인 가르침과 부르심을 동반하기 때문에 성령세례가 가장 중요하다고 보았다. 성령세례가 외적인 면(방언과 예언 등)을 수반할 수 있지만, "드물게 소수에게 주어지고, [그것들은] 구원에 필수적인 것이 아니다"라고 하였다. 이러한 전제에 근거하여, 츠빙글리는 다음과 같은 결론을 내렸다. (1) 물세례는 신앙의 입문을 의미한다(Ibid., 141). (2) 물세례는 전후로 가르침의 세례를 동반한다(Ibid., 141~148). (3) 세례 요한이나 사도들이 가르침의 세례와 물세례를 줄 수 있었으므로 그들이 베푼 것도 동일한 세례이다(Ibid., 149~150). (4) 그들이 준 세례는 내적인 성령세례의 증거가 되지 못한다. 왜냐하면 "하나님 이외의 어떤 사람도 내적인 세례를 줄 수 없기 때문이다"(Ibid., 149). (5) 하나님은 물세례 또는 가르침의 세례 이전에 내적인 세례를 줄 수 있고, 세례는 반드시 동시에 일어나는 것이 아니다. (6) 유아들이 내적인 성령세례를 받을 수 있다는 것을 배제할 수 없으므로, 유아들에게 물세례를 줄 수 있고 적정한 나이에 도달하였을 때 가르침의 세례가 합당한 과정으로 수반된다. 츠빙글리는 이러한 논리에 기초하여 유아세례의 합법성을 주장하고 계약 신학을 옹호하였다. 그는 유아세례는 언약의 표이며, 언약은 한 개인이 아닌 전 가족을 바라보는 것으로 보았다.

『참 종교와 거짓 종교에 대한 주석』

멜랑히톤의 『신학 개요』를 기독교회 최초의 조직신학 책이라고 한다면, 츠빙글리의 『참 종교와 거짓 종교에 대한 주석』(Commentary on True and False Religion)은 개혁교회 최초의 교리서이다. 츠빙글리는 이 책을 프랑스의 프랑수아 1세에게 헌정하면서, 이성과 전통에 근거한 거짓 종교를 버리고 성경에 근거한 참된 종교를 택할 것을 촉구하였다. 제1부의 제1항에서 제11항까지 하나님과 인간을 바로 이해할 수 있도록 종교 전반에 대하여 논하였다. 종교의 기초는 하나님과 인간을 아는 것이고, 그러한 지식의 근원이 성경이라고 하였다. 왜냐하면 계시를 떠나서 자연적인 이성이나 인간의 노력에 의해서는 결코 하나님을 알 수 없기 때문이다 (Jackson 1929, 5).

츠빙글리는 인간이 일반 계시를 통하여 하나님께서 존재하신다는 것을 알 수 있으나 그 분의 속성에 대하여는 인지할 수 없다고 하였다. 성경에 계시된 하나님은 절대자이며, 순수하고, 그분만이 거룩하시며, 완전한 권세를 가지시고, 모든 것을 아시며 완전하고 선하시다(Porter 1984, 75). 반면에 인간은 전적으로 부패한 존재여서 성경의 가르침을 떠나서는 결코 자신에 대해서 알 수 없다. 종교란 하나님이 인간을 찾아오신 것이며, 하나님의 주권적인 간섭 없이는 인간과 하나님 사이의 관계가 성립될 수 없다. 이런 면에서 볼 때, 그리스도는 하나님의 은혜에 대한 확실한 증거요, 그에 대한 하나님의 서약이라고 주장하였다.

츠빙글리는 예정교리를 아우구스티누스 전통을 따라 설명하였다. 그는 타락전예정설(Supralapsarianism)을 주장하였는데, 하나님이 세상을 창조하면서 앞으로 구원하실 자들과 함께 죄악 속에 내버려두실 자들까지 미리 택하였다고 하였다. 그는 예정 교리를 설명한 후, 복음과 회개의 교리를 다루었다.

성경적 회개는 천주교회의 고해성사와 다르다고 하였다. 천주교도들은 참된 회개가 (1)죄를 뉘우침(contrition), (2)죄의 고백(Confession), (3)죄에 대한 보상(compensation)으로 구성된다고 보지만, 이것은 가룟 유다의 회개와 다를 바가 없다(마 27:3~5). 진정한 회개란 이러한 요소 외에도 방향의 전환이 필요한데, 곧 죄로 향하던 생활이 하나님께로 향하는 것이다. 성도들은 회개할 때 죄와 그 결과를 알기 때문에 그리스도 안에 있는 자비에 더욱 깊이 의존하게 된다고 하였다.

율법은 하나님의 영원한 의지로 사랑에 의하여 완성된다고 하였다. 율법의 역할은 인간이 죄악 덩어리라는 것을 알게 만들어 자신을 믿지 않고 그리스도만 의존하게 함으로, 궁극적으로는 성도로 하여금 생명의 길로 인도한다. 그는 율법에 대하여 논한 후, 제1부의 마지막 부분에서 인간의 죄악 상태와 실제적인 죄의 차이점을 구분하였다.

츠빙글리는 제2부에서 교회와 교회정부형태, 성례, 기도와 같은 목회와 관련된 것들을 다루었다. 그는 마태복음 16장 19절의 천국열쇠가 천주교도의 주장처럼 베드로에게 주어진 것이 아니라, 그리스도를 주로 고백하는 모든 제자들에게 주어졌다고 하였다. 천국문을 여는 열쇠는 하나님의 말씀이며, 말씀으로 우리는 하나님과 우리 자신을 알 수 있으며, 그 안에서 구원에 관한 모든 것을 발견할 수 있다는 것이다. 이러한 맥락에서, 그는 천국의 열쇠를 그리스도에 대한 믿음이라고 보았다.

성찬론

츠빙글리는 다른 종교개혁자들과 같이 두 가지 성례, 곧 세례와 성찬만을 인정하였다. 그의 성찬관은 루터와 칼빈과는 다른 것으로, 1524년 쓴 『참 종교와 거짓 종교에 대한 주석』, 1526년 출판한 『주의 만찬에 관하여』(On the Lord's Supper), 1531년 나온 『신앙 주해』(Exposition of the Faith)에 잘 나타나 있다. 츠빙글리는 이 책들을 통하여, 천주교회의 화체설과 루터의 공재설을 비판하고 상징설을 주장하였다. 즉 성경과 신앙고백의 증거로 미루어 보아 "이것은 내 몸이다"라는 말씀을 문자적이 아닌 상징적으로 해석해야 한다는 것이다. 그리스도께서 요한복음 6장에 생명의 떡에 대하여 말씀하신 것은 문자적으로 그의 육체를 우리에게 양식으로 주신다는 의미가 아니요, 믿음으로 그리스도가 생명의 떡으로 받아들여진다는 것을 의미한다(Zwingli 1953, 208~209). 고린도전서 10장의 요점은 이스라엘 백성이 "광야에서 우리와 마찬가지로 동일한 그리스도의 몸에 참여하였다"는 것을 보여준다. 광야에서 이스라엘 백성들이 문자적인 그리스도의 몸과 피를 받지 않았으므로, 신령한 음식을 먹었다는 것은 "그들을 위하여 살과 피를 죽음에 내어주실 분을 믿었다는 것을 의미한다." 그러므로 "우리가 먹는 것은 이미 그의 살과 피를 주신 자를 믿는 것"이라고 주장하였다(Ibid., 212~213).

신앙고백의 증거로 볼 때도 공재설이나 화체설은 지지를 받지 못한다. 교회가 고백해 온 신앙고백들은 그리스도께서 하나님의 오른 편에 앉아 계신다고 선언하기 때문이다(Ibid., 212~215). 더구나 인간의 몸을 입고 승천하신 그리스도께서 성찬에 임재할 수 없고, 우리가 먹을 수 있는 분이 아니다. 예수께서는 제자들과 항상 함께 하시겠다고 하셨지만, 그의 몸은 그들을 떠나셨으므로 그가 함께 하시겠다는 것은 영적으로 함께할 것을 의미한 것이다. 그러므로 성찬에 그리스도가 육체적으로 임한다는 주장은 잘못이라고 지적하였다(Ibid., 217~218).

츠빙글리는 '통치자에 대하여'라는 항목에서 재세례파들의 정부관을 비판하였다. 재세례파는 기독교인이 세속정치 영역에 참여해서는 안 되며 정부에 대한 의무도 없다고 하였지만, 츠빙글리는 정부를 세우신 분이 하나님이므로 모든 그리스도인은 예외 없이 정부의 권위에 복종하고, 정치 영역에 참여해야 한다고 주장했다.

종교개혁으로 인하여 천주교회의 통치형태가 사라지고 새로운 형태의 통치기관이 들어섰다. 이러한 시점에서 사회 정의의 실현을 위해 도덕법의 적용이 요청되었다. 츠빙글리는 루터와는 달리, 도덕법을 시민법의 기초로 삼아 사회 질서를 유지하고자 하였다. 도덕법을 강화하여 우상 숭배를 금하였고, 안식일을 범하는 자는 감옥에 보내야 한다고 주장하였다. 율법의 가르침에 따라 투전 행위나 춤추는 것을 금지하는 등, 도덕률에 근거하여 사회 개혁을 시도하였으며, 소외된 자에 대한 관심을 갖고 고아원을 운영하였다.

종교개혁을 이루어가면서 루터와 츠빙글리는 천주교회의 공격에 대비한 상호 만남의 필요성을 절감하였다. 천주교회 측의 공격으로부터 교회를 지키기 위해서도 연합이 필요하였다. 이러한 상황에서 츠빙글리는 1529년 독일의 마르부르크에서 루터를 만나서 마르부르크 회의(Marburg Colloquy)를 열었다.

마르부르크 회의

마르부르크 회의는, 앞 장에서 서술한 바와 같이, 헤세의 영주 필립이 프로테스탄트 세력의 연합을 위해 마련하여 개최되었다. 천주교회의 세력 결집을 두려워한 필립은 프로테스탄트 연맹을 조직하기 위해 교회 연합을 추진하였다. 이를 위해 그는 1529년 10월 1일 독일과 스위스의 종교개혁자들을 그의 영지에 초대하였다. 독일에서는 루터와 멜랑히톤, 카스팔 쿠르키거(Caspar Cruciger), 요하네스 브렌즈(Johannes Brenz), 유스투스 요나스(Justus Jonas)와 안드레아스 오시안더(Andreas Osiander, 1498~1552)가 참석하였고, 스위스에서는 츠빙글리와 요하네스 외콜람파디우스, 마틴 부처(Martin Bucer), 헤디오(Karspar Hedio) 등이 참석하여 교회개혁에 대한 의견을 상호 개진하였다.

츠빙글리는 루터에게서 여러 방면으로 신학적 도움을 받았다. 츠빙글리에게 복음이란 에라스무스적인 그리스도 중심적인 사랑의 윤리, 곧 그리스도의 철학이었으나, 루터의 영향을 받고서는 복음과 그리스도의 법에 대해 깊이 연구하게 되었다. 1517년 루터가 종교개혁의 봉화를 들었을 때 크게 감동을 받은 후 1518년부터 그의 저서들을 읽으면서 개혁사상을 수용하기 시작하였다.

츠빙글리는 마르부르크 회의에서 성찬 문제를 우선적으로 다루고자 하였으나, 루터의 요청으로 칭의 문제를 먼저 논하게 되었다. 그들은 3일간의 논의를 거쳐 그리스도의 중보 사역, 믿음에 의한 칭의, 세례에 관한 문제 등 14개 조항에 대하여 상호 의견 일치를 보았다. 제15조의 앞 부분에서 화체설과 미사를 희생으로 보는 천주교회의 사상을 배척하였고, 빵과 포도주 두 가지 성찬의 요소를 신자에게 주는 것이 옳다고 하였다. 그러나 성찬에 대하여는 심각한 이견을 보였다. 츠빙글리는 그리스도가 이 지구상에 계신 것이 아니라 하늘에 계시므로 그 분이 떡과 함께 있다는 것은 미신이며, 그리스도인은 성찬을 통하여 그리스도와의 영적인 교제를 가질 뿐으로 단지 상징일 뿐이라고 주장하였다.

츠빙글리의 사상은 네덜란드의 인문주의자인 코넬리우스 호엔(Cornelius Hoen)으로부터 온 것이다. 호엔은 1523년 헤이그에서 츠빙글리에게 보낸 편지에 "이것은 나의 몸이다"라고 하신 것은 "이것은 나의 몸을 상징하는 것이다"라는 의미로 이해되어야 하며, "우리가 입으로 받아먹는 빵과 믿음으로 받아들이는 그리스도를 구별할 줄 알아야 한다."고 썼다. 호엔의 편지에 동감한 츠빙글리는 호엔의 성찬에 대한 해석은 난제를 명백하게 푸는 "값진 진주"와 같다고 평하였다.

루터는 아우구스티누스 견해를 취하면서, 말씀이 떡과 포도주에 임하여 그것을 성례로 만든다고 역설하였다. 루터는 그리스도의 은혜가 성도에게 임하게 되는 것처럼 성찬도 은혜의 수단이라고 믿었다. 그는 "그리스도께서는 진실로 성찬 속에 함께 하시며, 이러한 그리스도의 실재는 그가 영광의 자리에 들어간 후에 공간에 구애받지 않고 계신다는 무소부재에 대한 신앙뿐만 아니라, 성찬 예식을 세우시면서 보여준 약속에 근거하여 확실히 보장받은 사실"이라는 내용의 공재설을 주장하였다. 이와 츠빙글리의 차이는 바로 신학적 문제로, 츠빙글리는 에라스무스의 제자였으나, 루터는 아우구스티누스의 제자였기 때문이다.

루터와 츠빙글리의 성찬에 관한 논쟁은 이전부터 여러 차례 있었다. 루터는 안드레아스 칼슈타트가 호엔의 상징설을 취하자, 1526년 『광신도들에 대항하는 그리스도의 몸과 피에 대한 성례에 관한 설교』(Sermon on the Sacrament of the Body and Blood of Christ, Against the Fanatics)를 출판하여 상징설을 가치 없는 것이라고 비판하였다. 1527년 츠빙글리는 『우정어린 해석』(Friendly Exegesis)이라는 팸플릿을 만들어 루터의 성찬 사상을 비판하였다. 츠빙글리에 대한 답변으로, 루터는 그해 4월 『"이것은 나의 몸"이라는 말씀은 여전히 광신도들에게 대적하고 있다』(That the Words "This is My Body" still Stand, Against the Fanatics)는 팸플릿을 출판하였다. 츠빙글리는 다시 6월에 『"이것은 나의 몸"이라는 말씀 가운데 원래의 의미가 숨어 있다』(That the Words "This is My Body" Still Have Their Original Meaning)는 글을 써서 루터에게 날카로운 반격을 가하였다. 루터는 1528년 3월 『주님의 만찬에 대한 위대한 고백』(Great Confession Concerning the Lord's Supper)이라는 글을 통하여 츠빙글리의 입장을 천박한 것으로 평가하였다. 계속된 논쟁으로 인하여, 루터와 츠빙글리는 서로 좋지 않은 감정을 지니고 있었지만, 교회 연합의 필요성을 인식하여 마르부르크에 모였던 것이다.

두 개혁자는 성찬에 대하여 타협하는 것을 거부하였다. 루터는 성찬이 상징적이며 영적인 의미를 가지고 있고, 동시에 그리스도께서 성찬에 실재적으로 같이 한다고 주장하였지만, 츠빙글리는 동의하지 않았다. 멜랑히톤도 성찬의 영적인 의미를 주장하였지만 츠빙글리의 입장에 대해서는 반대하였다. 그는 루터가 신학적인 문제로 공재설을 주장한 것과는 달리 천주교회와의 재결합을 위해 상징적인 의미를 뒤로하고 공재설을 내세웠다. 루터는 오직 상징적인 의미만 주장하는 츠빙글리에 대항하여 그리스도께서 성찬식을 거행할 때마다 "질적으로, 양적으로, 혹은 공간적으로" 임하지 않지만, "본질적이고 실체적으로" 임한다고 하였다. 츠빙글리는 이러한 루터의 사상을 거부하고 성찬이 순전히 영적, 상징적인 성격을 띠고 있을 뿐이라고 주장하였다.[33] 마침내 루터는 츠빙글리와 화해하는 것을 포기하고, 츠빙글리와 그의 지지자들을 '적그리스도의 영'을 가진 자들이라고 비난하였다. 이에 대해 츠빙글리는 루터가 로마의 대변자 요하네스 에크보다 더 나쁘다고 맞섰다.

결국 교회의 연합이 무산되고, 개혁자들의 힘이 분산되고 말았다. 루터는 신앙의 동지를 상실하였고, 츠빙글리는 기독교권내에서 고립되었다. 천주교회 측은 복음주의 세력의 확연한 분열에 기뻐하며, 루터교회 안의 가톨릭적인 요소를 강조함으로 독일과 스위스 개혁자 사이의 분열을 더욱 조장하였다. 종교개혁 세력의 약화로 루터는 개혁의 본거지인 작센이 합스부르크가의 천주교 연합 세력에 의하여 점령당하는 비극을 보

---

33. 스위스 교회는 성찬에 대해 대체로 영적인 상징설을 지지하였다. 외콜람파디우스는 예수께서 "나는 문이다", "나는 포도나무다"고 말하셨지만, 이러한 진술이 문자적으로 해석해서는 안 된다고 하였다. 그러므로 "이것은 내 몸이다"라는 말씀은 "이것은 내 몸의 표지이다"를 의미하는 것으로 보아야 하므로, 빵과 포도주는 현존하는 그리스도를 나타내는 수단이 아니라 믿음에 의해 현존하는 그리스도의 표시(sign)이라고 하였다(Chadwick, 1999, 80).

게 되었다. 성찬 논쟁으로 인한 두 지도자의 분열은 기독교회의 역사에서 가장 안타까운 오점으로 남게 되었다.

4. 개혁운동의 확산

1530년 멜랑히톤에 의하여 루터파 신학을 대변하는 『아우구스부르크 신앙고백서』가 나오자, 마틴 부처를 비롯한 스위스의 개혁자들은 『네 도시의 고백서』를 만들어 츠빙글리를 지지하였다. 츠빙글리는 1530년 7월에 쓴 한 편지에서 다음과 같이 그의 성찬에 대한 입장을 표한 적이 있다: "나는 거룩한 성례, 즉 감사의 만찬에서 그리스도의 참된 몸이란, 믿음으로 바라봄으로 현존하게 된다고 믿는다. 이 말은, 그 분의 아들을 통하여 우리에게 베풀어주신 하나님의 자비에 감사하는 자들은 그리스도께서 참 육체를 입고 고난 당하셨으며, 그의 피로 우리 죄를 씻어 주셨다는 것을 인정한다는 말이다. 그리하여 그리스도에 의해 이루어진 모든 일을 믿음으로 바라봄으로 그들의 것이 되게 한다. 교황 옹호자나 이집트의 고기 항아리를 갈구하는 어떤 자들의 주장처럼, 본질과 실재에서 그리스도의 몸이 성찬에 현존한다거나, 또는 우리의 입과 이로 먹게 되었다는 학설을 우리는 부인할 뿐만 아니라, 하나님의 말씀에 위배되었음을 확실하게 단언한다"(Zwingli 1983, 49). 그는 유대인들이 그리스도의 몸을 실제로 먹는 것에 관하여 의문을 제기하였을 때 예수께서 그의 몸을 입으로 먹게 되는 것이 아니라고 하면서 "육은 무익하니라."(요 6:63)고 하였으므로, "'이것이 내 몸이니라' 한 말씀은 문자적이 아닌 비유적으로, 즉 '이것이 유월절이니라.' (출 12:11)고 한 말씀처럼 받아들여져야 한다."고 설명하였다 (*Ibid.*, 52). 이와 같은 신학적 입장을 전개하면서 스위스는 독일과 달리 개혁주의 신학의 기초를 마련하게 되었다.

스위스 종교개혁의 확산

츠빙글리의 종교개혁은 스위스 전역으로 확산되었다. 취리히의 개혁과 함께 스위스의 중심적인 도시 베른과 바젤에서도 종교개혁이 일어났고, 남부의 여러 주들이 종교개혁에 가담하였다.

베른은 제네바 호수 주변, 곧 프랑스어 사용지역의 지배권 문제로 사보이의 공작과 불편한 관계를 가지고 있었다. 사보이가 천주교회를 지지하자, 베른은 종교개혁자들의 도움을 얻기 위해 공개 토론을 개최하였다. 1528년 1월, 19일에 걸쳐 열린 공개토론에는 루터의 대적 엑크(Johannes Eck)와 츠빙글리가 참석하여 논쟁을 벌였고, 외콜람파디우스(Johannes Oecolampadius, 1482~1531)가 가세하여 천주교회를 곤경에 몰아 넣었다.

베른이 종교개혁을 지지하자, 주변의 여러 도시들도 종교개혁에 참여하였다. 특히 천주교 영지였던 바덴(Baden)에 4주간에 걸쳐 종교개혁에 대해 공개토론을 벌인 후 종교개혁을 받아들였다. 그 후 1527년 2월과 3월의 바젤과 콘스탄스에서 공개토론이 열려 개혁자들이 승리하였다.

바젤은 인문주의자들의 집결지로, 1521년 에라스무스가 머물면서 종교개혁이 시작되었다. 에라스무스의 영향을 받아 프로벤(Froben)과 아메르바하(Amerbach) 같은 인문주의 인쇄업자들, 츠빙글리의 스승 비텐바하(Thomas Wyttenbach)가 종교개혁을 전개하였다. 그러나 진정한 개혁은 1522년 히브리어의 대가였던 외콜람파디우스에 의해 시작되었다.

외콜람파디우스는 1515년 바젤에 있는 한 성당의 사제로 일했으나, 성경공부를 통하여 인문주의적 종교개혁자로 변모하였고, 멜랑히톤과 츠빙글리의 영향을 받아 1522년 프로테스탄트로 개종하였다. 외콜람파디우스는 바젤에 있는 성 마틴 교회(St. Martin Church)에서 성경을 강해함으로 교회개혁을 위한 기반을 닦았고, 1528년 베른 논쟁에 참여하여 베른을 종교개혁 도시로 만들었다. 1529년 2월에는 기존 교회의 계급 질서를 타파하도록 시의회를 설득하고, 미사를 폐지하였으며, 츠빙글리 방식의 개혁을 실시하였다. 그는 마르부르크 회의 이후에 츠빙글리의 성찬론을 받아들여 성찬에서 상징설을 주장하였다.

생 갈렌(St. Gallen)의 종교개혁은 인문주의자인 발디아누스(Valdianus)로 알려진 요야킴 바트(Joachim von Watt)에 의해 이루어졌으며, 샤프하우젠, 글라루스, 알자스, 콘스탄스, 뮐하우젠이 동참하였다. 이와 함께 독일 남부의 스트라스부르도 츠빙글리의 영향권 안으로 들어왔다.

츠빙글리의 최후

세계주의자였던 에라스무스와는 달리 츠빙글리는 민족주의자였다. 그는 모든 스위스 백성이 로마천주교회의 사슬에서 벗어나기를 소원하였다. 그러나 스위스에서 취리히가 중심이 되는 것을 못마땅하게 여기던 우리, 슈비츠, 운터발덴과 같은 보수적인 산지의 주들은 로마 교황청을 지지하였다. 이 주들은 1524년 4월 종교개혁을 거부하기로 결의하고, 1529년 4월 취리히를 견제하기 위해 쭉(Zug), 루쩨른(Lucerne)과 함께 스위스의 숙적인 합스부르크가의 페르디난트 공작과 동맹을 맺었다.

이에 대항하여 종교개혁 지지자들도 힘을 규합하였다. 1528년 콘스탄스, 베른, 취리히 등의 도시들이 프로테스탄트 시민연맹을 출범시키자, 1529년 생 갈렌, 비엘, 뮐하우젠, 바젤, 샤프하우젠이 참여하였고, 1530년 스트라스부르가 가입하였다. 이와 함께 스위스는 종교개혁을 지지하는 주와 반대하는 주로 나뉘었고, 두 세력 사이에 적대적인 행위가 벌어졌다.

천주교를 지지하는 주들이 종교개혁을 방해하자, 츠빙글리는 그를 지원하는 주들과 상의하지 않은 채 홀로 1529년 6월 카펠(Kappel)로 진군하였다. 전쟁에서 만난 양측이 빵과 우유를 나누며 농담을 일삼고, 더구나 취리히의 막강한 지지자였던 베른이 아예 전쟁을 반대함으로, 츠빙글리는 타협해야 했다. 천주교에 속한 주들이 페르디난트와 맺은 조약을 취소하고 종교개혁을 방해하지 않으며 종교 선택을 자유롭게 허용하겠다고 약속하자, 츠빙글리는 제1차 카펠 평화조약에 서명하고 철수했다. 그러나 천주교회에 속한 주들은 약속을 지키지 않았다. 그들이 오스트리아와의 동맹 관계를 포기하지 않고, 종교개혁자들에 대한 박해를 하였다. 이에 1531년 1월에 열린 스위스연맹회의에서 양측의 대립이 팽팽해졌다.

츠빙글리는 개혁자들 사이의 내부 결속을 위해 천주교 주들을 고립시키고자 하였다. 그는 밀, 소금, 포도주, 철 등을 산지의 주들과 거래하지 못하게 하는 경제 봉쇄명령을 내렸고, 이의 협력을 베른에 요청하였다. 또한 천주교회에 속한 주들에게 복음적인 설교를 허락하라고 강요하였다. 츠빙글리의 강요는 산지에 속한 주들의 반발을 샀고, 그들이 1531년 10월 11일 8,000명을 이끌고 카펠에 몰려옴으로 전쟁이 시작되었다.

츠빙글리는 1,500명의 군대를 이끌고 카펠 전투에 참여하였으나, 수적 열세로 후퇴할 수밖에 없었다. 군대를 고무하기 위하여 전장의 중심부로 들어갔던 츠빙글리는 목에 치명상을 입고 사망하였으며, 결국 취리히는 대패하였다. 천주교회 측은 츠빙글리의 시체를 조각내어 불태우고, 그 재를 공중에 뿌리면서 승리를 자축하였다. 취리히 측의 전사자 400명 가운데는 26명의 시의회 의원과 25명의 목사가 포함되어 있었다. 츠빙글리의 죽음으로 취리히의 종교개혁은 심각한 위기를 맞게 되었다.

그러나 취리히의 저력을 의식한 천주교회 측은 11월 20일 취리히와 제 2차 카펠 평화조약을 맺었다. 그 내용은 1531년의 제1차 카펠 평화회의를 무효로 하며, 프로테스탄트 지역에서는 천주교회의 포교가 허용되지만, 산지에 속한 주에서는 프로테스탄트 교회의 예배가 금지된다는 것이었다. 평화 조약의 결과, 취리히에서 천주교회의 활동이 허용되었고, 종교개혁에 대한 방해도 시작되었다. 그러나 취리히 사람들 가운데 천주교도로 돌아가는 사람은 하나도 없었다.

하인리히 불링거

츠빙글리가 죽자, 그의 사위요 전기 작가인 하인리히 불링거(Heinrich Bullinger, 1504~1575)가 취리히에서 종교개혁을 이끌었다. 불링거는 정치와 무관하게 교회 문제만 관심을 두었다. 가능한 한 스위스 교회들과 좋은 관계를 유지하려고 하였으며, 스위스를 신앙적으로 하나로 만들기 위해 스위스 신앙고백을 만들고, 설교 운동을 통하여 교회개혁을 주도했다.

불링거의 설교에 대한 관심은 『열 가지 설교들』(Decades)에 잘 나타나 있다. 그는 기독교의 중요한 교리를 각 주제 별로 10편씩 설교하고 그것을 모아 1549년 제1권, 1550년 제2권을 출판하였다. 1551년에는 다른 주제들로 구성된 설교를 모아 제3권으로 출판하였다. 이렇게 만든 『열 가지 설교들』은 영어와 프랑스어와 네덜란드어로 번역되었으며, 영국에서는 강도사 인허를 받지 못한 사람들이 사용하였다.[34]

---

34. 에드워드 6세 때 영국인이 가장 존경하던 개혁자는 불링거였다. 그 이유는 존 후퍼의 영향이라고 볼 수 있다. 후퍼는 박해를 피해 취리히에 머문 적이 있고, 그때 불링거를 통해 사제복의 착용이 사제주의에서 온 것임을 알게 되었다. 메리의 박해 때 수많은 개혁자들이 취리히에 도착하자, 불링거는 그들을 잘 돌보아주었다.

불링거는 제1권의 3개의 설교를 통하여 하나님의 말씀에 대하여 논하였다. 하나님은 말씀 안에서 자신을 계시하신다. 하나님의 말씀은 (1) 말씀 자체이신 하나님의 아들, (2) "생동적으로 표현된 음성으로의 하나님의 말씀," 그리고 (3) "문자로 기록된 하나님의 말씀"으로 나타난다(Bullinger 1849, 1:37). 문자로 기록된 하나님의 말씀은 먼저 구술로 전달되고, 구전으로 전수된 후 모세를 통하여 기록되었다. 모세는 자신의 "심령 안에 계시면서" 성경을 "기록할 때 지성을 지도하신" 성령의 도움을 받아 기록하였고, 후에 선지자들이 기록에 참여하였으며, 마지막 때에 아들이 오셔서 말씀을 중심으로 하나님을 계시하였다. 불링거는 성경이 선지자로부터 온 것이 아니라, "하나님께서 선지자들의 마음 안에 계셔서 그들을 통하여 우리에게 말씀하신 것"이라고 하였다(Ibid., 55, 50).

불링거는 성경이 구원과 성화를 위한 모든 것을 제공한다고 믿었다. 성경은 완전하며, "참된 경건에 속하는 모든 것을 풍성하게 가르쳐준다."는 것이다. 따라서 성경을 바르게 이해하려면 (1) 경외심을 가지고, 주의 깊게, 기도하는 마음으로 성경을 읽고 들어야 하며, (2) 경성하며 순종함으로 말씀을 실천하며, (3) 계속적으로 성령의 도움을 구하여야 한다고 하였다(Ibid., 61, 64).

성경이 단순한 책이므로 교육을 받지 못한 사람들도 읽을 수 있지만, 경건하고 거룩한 주해를 위해서는 말씀의 저자이신 성령의 조명을 받아야 한다(Ibid., 74). "성령에 의하여 성경이 계시되고 영감된 것 같이, 동일한 성령에 의하여 성경은 하나님의 영광을 위해 주해될 수 있기 때문이다"(Ibid., 79). "하나님의 영에 의하여 성경이 계시되었듯이 동일한 성령에 의하여 성경을 해석하는 것이 필요하다"(Ibid., 80)고 썼다.

불링거는 교회를 "천상과 … 지상에 있는 … 신자들의 총수요, 무리로, 신앙을 따르며, 참된 교리를 믿으며, 정당한 성례에 참여하고, … 교제 가운데 하나 되고 결합된 무리"라고 정의하였다(Ibid., 5:5). 이 교회를 보편적이라고 부르는 것은 교회가 "지역, 민족, 혈연, … 지위, 나이, 성, 종류"를 구분하지 않고, "모든 시대와 장소의" 신자를 포함하기 때문이다(Ibid., 5). 이 교회는 "하늘에 있는 거룩한 영혼들의 총체로 … 예수 그리스도의 피를 통하여 진정으로 승리한 교회"(Ibid., 5~6)와 "지상에 있는 자들의 공동체로 그리스도의 이름과 종교를 고백하며 지속적으로 세상에서 영적인 전투를 수행하는 전투적인 교회"로 구성된다(Ibid., 7). 전투적인 교회는 모든 신자와 신앙 고백자를 포함하는 보편적인 교회(general church)와 지역교회(particular church)로 구분되며, 그 안에 이방인, 위선자, 이단자, 분열주의자들로 구성되어진 거짓 교회도 존재한다고 하였다.

불링거는 칼빈처럼, 참된 교회와 거짓 교회를 구별하는 기준으로 말씀의 바른 선포와 성례의 합당한 시행을 들었다. 이것은 교회의 외적인 표지이며, 교회의 내적인 표지는 경건한 신자들에게만 속하는데, 곧 (1) 하나님과의 영적 교제, (2) 진지한 신앙, (3) 하나님과 이웃 사랑을 통해 교회의 표지를 확인할 수 있지만, 표지가 없는 "어떤 사람도 영적인 몸인 교회에 참여할 수 없다"고 단언하였다(Ibid., 23~26).

불링거는 거짓된 교회로부터 참 교회는 분리되어야 한다고 주장하였다. 즉 성례가 완전히 부패한 가운데 집행되고 교리가 전체적으로 오염된 교회로부터의 분리는 정당하다는 것이다. 그러나 근본적인 신앙이 유지되고, 설교를 통하여 성경이 주해되고 적용되며 가르침이 있다면 그로부터 분리할 수 없다고 하였다. 목회자에게 도덕적으로 결함이 있다고 하더라도 그 교회 안에 교회의 표지가 있다면 분리할 수 없다는 것이다 (Ibid., 58).

천주교도들은 기독교회가 그리스도의 공교회로부터 이탈하였다고 주장하지만, 불링거는 교회가 공교회를 떠난 것이 아니라 오히려 천주교회가 사도적인 교회로부터 떠났다고 역설하였다. 천주교회는 교회의 내적, 외적인 표지를 가지고 있지 않기 때문에(*Ibid.*, 66) 참된 교회가 아니므로, 천주교회로부터의 분리는 어떤 면에서 보면 진정한 공교회로의 복귀라고 하였다(*Ibid.*, 76).

제8장
급진적인 개혁운동

　16세기의 종교개혁자들을 세 부류로 나눌 수 있다. 첫째는 루터, 츠빙글리, 칼빈과 같이 주류에 속하는 이들로 오직 성경의 가르침에 따라 교회를 점진적으로 개혁하고자 하였다. 둘째는 재세례파를 비롯한 분파주의자들로 기존의 모든 질서를 부인하고, 그리스도와 성도들이 다스리는 천년왕국을 꿈꾸면서 교회의 연합보다는 성결을 우선으로 추구하면서 분리주의적 개혁운동을 주도하였다. 마지막으로 종교적인 개인주의 또는 광신적인 성령운동을 이끈 토머스 뮌처, 세바스티안 프랑크(Sebastian Frank), 라이덴의 존(John of Leyden), 소지누스파(Socinian)와 같은 급진적인 혁명가 또는 합리주의자들이 있었다. 이들은 폭력을 동원하여 개혁하거나, 사색 및 명상을 통하여 하나님과의 수직적 관계 또는 신비적 결합을 모색하였고, 종교에 대한 합리적인 이해를 주장하면서 기독교의 자연종교화를 추구하였다.

이 장을 통하여 필자는 급진적인 개혁을 추진했던 과격파 종교개혁을 중심으로 살펴보고자 한다. 과격개혁운동은 지난 수세기 동안 과소평가되어 왔었지만, 1970년 이후 전 세계적으로 혁명 신학이 보급되면서 활발히 연구되고 있다. 특히 엥겔스(Friedrich Engels), 마르크스(Karl Marx), 레닌(Nicholai Lenin)처럼 종교개혁을 공산 혁명의 모델로 여기는 사회주의자들은 루터와 칼빈의 종교개혁이 미완성이며 과격파가 진정한 의미에서 종교개혁을 완성했다고 보고 있다. 그러면, 과격 종교개혁이 일어나게 된 과정과 그들의 주장에 대해 살펴보도록 하자.

1. 재세례파의 일어남

과격종교개혁, 또는 급진적 개혁운동은 재세례파 운동에 기초를 두고 있다. 재세례파들은 기존의 모든 질서를 사탄의 영향을 받은 것으로 보고, 기독교 진리의 역사적 연속성을 부정하였다. 그들에게 중세 1,000년은, 성령의 사역이 중지된 역사의 단절 시기요, 우상과 무지가 다스리며 사탄이 지배하던 시대였으므로, 개혁이 아닌 타도의 대상이었다. 그들은 교회와 정부 등 기존 질서를 부인하였고, 성경적 초대교회의 모습을 회복하는 것만이 진정한 개혁이라고 믿었다. 따라서 재세례파에게 있어 교회 개혁은 기존의 질서를 바로 잡고 개혁하는 것이 아닌 초대교회의 모범을 회복하는데 있었다.

재세례파들은 교회를 세상으로부터 완전히 구분하였다. 그들은 이 세상이 마귀의 지배아래 있어 멀지 않은 장래에 멸망할 것으로 보았고, 그리스도의 교회는 잠시잠간 박해를 당하지만 말씀 운동을 통하여 영광스럽게 될 것이라고 믿었다. 따라서 이 세상과 기존 교회는 육체와 마귀의 동반자이며 멸망의 대상이지만, 진정한 교회는 그리스도와 교제를 나누는 성도들의 모임으로 세상과 마귀를 이기고 승리하게 될 영광스런 그리스도의 왕국이라는 것이다.

재세례파는 그리스도인이 죄악으로 가득 찬 세상을 극복하려면 먼저 세상으로부터 스스로를 성별해야 하며, 이를 위해 철저히 권징을 실시할 것을 주장하였다. 칼빈이나 루터가 거짓 교회로부터 참 교회를 구별하는 척도로 말씀의 바른 선포와 성례의 바른 시행을 강조하였지만, 재세례파는 한 걸음 더 나아가 권징의 성실한 시행을 강조하였다. 권징에 의하여 교회의 순수성이 유지되고 순수한 교회가 세워질 때 개혁이 완성될 수 있다고 믿었기 때문이다. 이와 같은 입장에서 교회개혁을 이끈 무리가 스위스 형제단이다.

스위스 형제단

스위스 형제단(Swiss Brethren)은 취리히의 개혁자 츠빙글리의 종교개혁에 불만을 품고 취리히 교회로부터 이탈한 급진적인 개혁자들을 말한다. 그 대표자로는 명문가의 자제로 츠빙글리와 함께 비엔나와 바젤대학에서 인문주의 교육을 받은 콘라드 그레벨(Conrad Grebel, 1448~1526)과 그로스뮌스터 성당의 참사회원의 아들인 펠릭스 만츠(Felix Manz, 1500~1527)가 있다. 그들은 교회 안에 남아 있는 천주교회의 유산들을 제거하는 것을 목표로 삼고 급진적인 개혁을 촉구하였다.

1523년 말경부터 츠빙글리가 세속 당국에 편승하여 종교개혁의 고삐를 늦추자, 그들은 츠빙글리를 거짓 선지자로 규정하고 반대하였다. 츠빙글리는 정부의 도움 없이는 종교개혁이 불가능하다고 생각하고 정부의 후원아래 교회개혁을 추진하려고 하였으나, 그들은 통치자와 결별하고 교회 스스로 개혁할 것을 주장하였다. 특히 1523년 10월 제2차 공개토론 때부터 성상과 미사의 즉각 폐지를 요구하면서 츠빙글리와 결별하였다.

츠빙글리와 스위스 형제단의 대립은 교회관에 대한 입장 차이 때문이었다. 츠빙글리는 아우구스티누스(Augustine of Hippo)의 가르침에 따라 지상 교회에 알곡과 가라지가 혼재한다고 보았다. 그러나 그레벨은 도나투스(Donatus)처럼 지상에 신자들로만 구성된 완전한 교회를 세울 수 있다고 믿고, 교회 안에서 태어나는 모든 자에게 교회 회원권을 주는 국교 제도를 개혁운동의 장애물이라고 비판하였다. 신앙은 강압이 아니라 오직 하나님의 은혜로 생겨나므로, 교회는 자유로운 신앙고백과 성도들의 자발적인 결의에 따라 구성되어야 한다고 본 것이다. 츠빙글리는 모든 시민이 참된 그리스도인일 수 없다는 데 동의하였으나, 지상 교회가 알곡과 가라지로 구성되어 있으므로, 신자로만 구성된 교회를 세우는 것은 불가능하다고 응수하였다.

그레벨은 참된 교회를 세우려면 유아세례가 폐지되어야 한다고 하였다. 세례는 거듭남과 신앙의 상징이므로, 자신의 판단과 책임 아래 신앙고백을 할 수 있는 나이에 이른 성인들에게 베풀어야 하며, 유아세례를 받았다는 것 때문에 교인으로 간주하는 것은 옳지 않고, 더구나 유아세례가 성경적인 근거가 없기 때문에 폐지되어야 한다고 보았다. 예수께서 유아세례를 제정하셨다면 왜 성경이 침묵하며, 1세기와 2세기의 기록에 유아세례에 대한 언급이 없느냐고 물으면서, 이러한 엄연한 증거는 유아세례가 부패한 인간들에 의하여 만들어진 제도임을 입증한다고 주장하였다.[35]

---

35. 그러나 초대교회는 성인만이 아니라 유아들에게도 세례를 베풀었다. 터툴리안이 유아세례를 거부한 것을 보면, 이는 유아세례가 존재하였다는 것을 반증하기 때문이다.

그레벨은 1524년 9월 5일 토머스 뮌쳐에게 보낸 편지에서 네 가지 측면으로 세례의 의미를 설명하였다. 세례는 (1) 그리스도의 피에 의한 죄 씻음이며, (2) 마음(heart)의 신앙으로 전환됨을 의미하고, (3) 죄에 대한 죽음을 뜻하며, (4) 사람이 "생명과 영의 새로움 가운데 생활하며… 내적인 세례로 신앙 안에서 살아간다면, 확실히 구원받을 것"을 의미한다(Bainton 1952, 80). 그러나 세례가 신앙을 확증하거나 증대하지 못하며, 임종 때의 최종적인 도피 수단이 아님을 단언하였다.

그레벨은 물세례가 지시적인 가치만 지니고 있으므로, 중요한 것은 내적인 세례라고 하였다. 유아들은 내적인 세례를 받을 수 없으므로, 유아세례는 "몰지각하고 신성 모독적인 가증한 짓"이라고 규정하였다(Ibid., 81). 그는 마태복음 18장을 해석하면서, "교회는 반드시 거듭난 신자로 구성되어야" 하기 때문에 신앙이 없는 자나 부도덕한 자를 교회로부터 제외시켜야 한다고 하였다. 그리고 구원의 열매 없이는 교회 회원권을 가질 수 없으므로 유아세례는 중단되어야 하고, 오직 구원을 체험한 성인들에게만 세례를 베풀어야 한다고 주장하였다(Grebel 1524, 80).

그레벨은 교회와 정부의 전적인 분리를 외쳤다. 정부는 모든 백성과 관계하지만 교회는 단지 성도와 관계하며, 정부는 죄 때문에 생겨났지만 교회는 구원받은 성도를 위하여 존재하기 때문이다. 이러한 정·교 분리를 주장하면서 그리스도인은 산상보훈의 가르침대로 박해받을 때 저항하지 말고, 맹세를 거부하고, 무력을 사용하지 말고, 병역 의무를 거부해야 한다고 가르쳤다. 그레벨의 이러한 사상은, 비록 세상이 기독교화 되지는 못해도 기독교인은 사회의 공직에 참여하여 악을 제어하여야 한다고 주장한 루터의 사상과 정반대되는 것이었다. 그레벨이 이렇게 신약의 가르침을 절대화한 것은 구약이 옛 시대에 주어진 말씀이므로 신약보다 권위가 약하다고 보았기 때문이다(Bainton 1952, 99).

스위스 형제단이 유아세례를 비판하자, 취리히는 유아 세례논쟁에 빠졌고, 세례 논쟁으로 사회는 혼란의 와중에 놓이게 되었다. 유아세례를 지지하는 자와 반대하는 자로 분리되어 상호 공방이 계속되자, 취리히 시의회는 1525년 1월 유아 세례에 대해 공개토론을 벌였다. 그 결과, 유아세례는 합법적인 것으로 인정되어 자녀가 태어나면 8일 안에 세례를 받도록 하는 규정이 세워졌다. 한편 시의회는 무자격자에 의한 설교와 불법 예배 모임을 금지함으로 사회적 혼란을 잠재웠다.

이러한 정부의 조처에 불만을 품은 스위스 형제단은 통치 권력과 무관한, 신자들로만 구성된 새로운 교회를 조직하였다. 그들은 1525년 1월 21일 저녁 펠릭스 만츠의 집에서 재세례를 베풂으로 재세례파 운동을 시작하였다. 종교개혁자 편에 가담하여 결혼한 후 사제직을 포기한 게오르크 블라우록(George Blaurock)이 그레벨에게 재세례를 요청하였고, 그 후 블라우록이 다른 15명에게 재세례를 베풀었다. 바로 그날, 시 의회는 그레벨과 만츠의 설교권을 박탈하였고, 시민권이 없는 과격파들을 추방하였다. 그러나 과격파들은 시 정책에 노골적으로 저항하면서 가정집에서 기도회를 열고 35명에게 재세례를 베푸는 등 재세례운동을 계속 전개했다.

그레벨의 유아세례 부인과 재세례 시행은 기존 질서에 대한 도전이었다. 왜냐하면 재세례는 초대교회 이후 잘못된 관행으로 간주되어왔기 때문이다. 츠빙글리가 재세례운동이 교회와 사회에 미칠 영향을 우려하여 그 불법성을 지적하자, 그레벨은 츠빙글리의 충고를 무시하고 재세례운동을 계속할 것을 천명하였고, 그를 따르는 자들에게 교회 재건을 위하여 박해받는 것은 자연스러우며, 참된 그리스도인은 늑대 가운데 사는 양과 같이 고난을 당할 수밖에 없다고 격려하였다.

재세례파에 대한 비난이 거세게 일어나자, 그레벨의 동료였던 게오르크 블라우록은 『재세례파 종교개혁의 출발』(Beginnings of the Anabaptist

Reformation)이라는 책을 출판하여 재세례파 운동을 옹호하였다. 그는 유아세례가 성경에 근거하지 않은 교황 제도의 산물로, 미사와 연옥 교리처럼 폐지되어야 한다고 주장하였다(Blaurock 1957, 41~42). 루터와 츠빙글리가 성경대로 교회를 개혁하려고 한 점에서 출발은 좋았으나 유아세례 제도를 고수하는 바람에 실패로 끝났음을 주지시키고, 하나님은 "그의 백성을 세상 사람들로부터 구별하기 위하여 … 이 세상의 마지막 때에 충만히 비춰지는 진리의 샛별" 운동을 그레벨과 만츠와 자신을 통해 시작하셨다고 선언했다(*Ibid.*, 42~43).

재세례운동이 확산되자, 츠빙글리는 유아세례와 계약 신학을 옹호하는 네 편의 글을 썼다. 그 대표적인 것이 『세례, 재세례, 유아세례에 관하여』(*Concerning Baptism, Rebaptism, and Infant Baptism*)와 『재세례파의 계교를 논박함』(*A Refutation of Tricks of the Katabaptizers*)이다. 츠빙글리는 이 책들을 통하여 다음과 같이 주장했다. (1) 믿는 자의 자녀는 하나님의 자녀이므로 세례를 받아야 한다. (2) 구약시대에 할례가 은혜 계약의 표시였던 것처럼, 세례는 신약시대에 은혜 계약의 표시이므로, 모든 믿는 자의 자녀는 태어난 지 8일 안에 세례를 받아야 한다. (3) 성경에는 재세례에 대한 어떠한 가르침도 없다. 이와 같이 츠빙글리는 계약 신학의 입장을 옹호하면서 유아세례가 합법적이고 성경적임을 내세웠다.

재세례파 운동으로 취리히는 무질서에 빠지게 되었다. 재세례파가 그리스도인의 정치 참여를 거부하면서 교회와 국가의 완전한 분리가 시작되었다. 그들은 유아세례를 부인함으로 교회 질서를 파괴하였고, 정부가 신자와 무관하다고 비난함으로 기독교 국가였던 취리히를 무정부 상태로 몰아갔고, 맹세와 군 복무를 거절함으로 질서 유지를 위한 기본적인 단위인 공권력을 부인하였다. 이러한 과격한 주장에 대하여 취리히 정부와 교회는 신속하게 대처하였다.

재세례파들은 급진적이었지만 매우 도덕적인 사람들이었다. 츠빙글리는 그들을 흠이 없고, 경건하며, 가식이 없는 자들이라고 평하였고, 불링거는 재세례파들이 탐욕과 교만, 불경건한 언행, 저속한 대화, 세속적인 부도덕, 음주와 포식을 비난하고, 거짓이나 사기, 욕설, 싸움, 거친 표현을 싫어하며, 겸손하며, 공정하고, 온유한 삶을 살았다고 평하였다. 그럼에도 불구하고, 그들이 박해의 대상이 된 것은 유아세례를 부정함으로 교회의 기본 질서를 무너뜨리며, 맹세의 거부와 병역 의무를 부정하여 사회 질서를 붕괴하는 집단으로 인식되었기 때문이다.

재세례는 초대교회 때부터 그릇된 교회의 관행으로 간주되어 왔었다. 로마 제국에 의한 박해로 인하여 배교자가 나타나자, 분리주의자들은 배교자에게 받은 세례를 무효화하고 재세례를 실시하였다. 이때 교회의 지도자들은 "세례가 하나"라고 한 말씀에 기초하여(엡 4:5), 재세례의 주장이나 시행을 이단으로 정죄하였다. 곧 유스티니아누스(Justinianus) 황제 때에 분리주의자 노바티아누스(Novatianus)가 참 신자로만 구성된 교회 재건을 주장하면서 재세례 운동을 전개하자, 교회는 이를 치명적인 범죄로 여기고 처벌하였다. 이때부터 재세례를 행해 온 사람들은 노바티아누스와 같은 이단으로 간주되었다.

이러한 교회의 전통에도 불구하고, 콘라드 그레벨을 비롯한 스위스 형제단이 재세례를 실시하였다. 한 걸음 더 나아가 세속권은 교회 일에 개

---

36. 이러한 처벌은 스위스만이 아니라 전 유럽에서 시행되었다. 1529년 슈파이에르, 1530년 아우구스부르크에서 열린 의회는 재세례파를 사형에 처하도록 하였다(Bainton 1952, 102). 재세례파는 오스트리아와 바바리아와 같은 천주교 지역에서 이단으로 간주되어 잔혹하게 처형되었다. 그러나 프로테스탄트 지역에서는 치안 방해 선동죄로 정죄되었는데, 기존의 질서를 거부할 경우 출국을 명하였고, 그래도 고집을 부리면 선동자로 분류하여 투옥하거나 사형에 처하였다.

입하거나 양심을 제어할 수 없다고 주장하면서 무정부주의를 외치자, 취리히 정부는 사회 안정을 위한 대책을 마련해야 했다. 1526년 3월 재세례파가 백성의 영혼을 죽이는 이단 사상이요 사회 혼란을 일으키는 집단이라고 정죄하고, 누구든지 재세례운동을 계속하면 익사형(溺死刑)에 처하겠다고 선언하였다.36 이러한 경고에도 불구하고 재세례운동이 계속되자, 취리히 정부는 검거에 나섰고, 1527년 1월 5일 펠릭스 만츠를 림마트 강에서 익사시켰다. 그레벨은 얼마 전에 열병으로 죽었기 때문에 이 형벌을 모면하였다. 박해가 시작되자, 재세례파는 스위스를 떠나 유럽의 북동부 지역으로 피신하였다.

재세례파들은 어디에서나 박해를 받았다. 바젤 시의회는 1529년 12월말 공개토론 후 재세례파를 금하는 법령을 내렸고, 1530년과 1531년 사이에 3명의 재세례파를 처형하였다. 베른에서도 정죄되었고, 1529년과 1531년 사이에 40여명의 재세례파가 처형되었다. 아펜젤과 아르가우에서도 마찬가지였고, 그곳에서 블라우록이 1529년 9월 화형에 처하여졌다.

그러나 스트라스부르에서는 마틴 부처의 영향으로 잠시나마 종교적 자유를 누릴 수 있었다. 스트라스부르에는 1524년 이래 평신도 설교자인 치글러(Ziegler)가 만든 재세례파 공동체가 있었고, 1526년 이후 마이클 새틀러가 인도하던 스위스 형제단의 피난민 공동체가 있었다. 새틀러는 경건한 생활로 많은 사람의 존경을 받았지만 모든 재세례파가 인정을 받은 것은 아니었다. 1526년 광신적인 한스 뎅크가 극단적인 신비 운동을 전개하자, 마틴 부처는 공개토론을 개최한 후 그 일행을 추방하였다. 1528년 이후 재세례파는 티롤 출신의 기계공 필그람 마르펙(Pilgram Marpeck, 1495~1556)이 지도하였지만, 그는 부처와 의견 대립을 보이다가 결국 1531년 추방되었다. 1533년 이후 멜키오르 호프만이 광신적인 종말론을 전파했을 때, 스트라스부르 시 당국은 재세례파에 대한 보다 엄격한 조치를 시행했다.

새틀러와 슐라이다임 신앙고백서

재세례파의 신학은 1527년 마이클 새틀러(Michael Sattler, 1490~1527)가 작성한 『슐라이다임 신앙고백서』(Schleitheim Confession)에 잘 나타난다. 새틀러는 원래 프라이부르크 근처 브라이스가우(Breisgau)의 성 베드로 수도원 부원장이었으나, 종교개혁자들의 설교를 듣고 개종한 후, 취리히로 가서 츠빙글리의 지지자가 되었다가, 나중에 재세례파 교인이 되었다. 그는 박해를 피하여 스트라스부르로 건너갔다. 1527년 2월 24일 재세례파의 모임인 슐라이다임 집회에 참석하여 총회를 주재하였고, 거짓 형제들의 이탈을 막고 밖으로부터의 도전에 저항하기 위하여 『슐라이다임 신앙고백서』를 작성하였다. 7개 조항으로 구성된 신앙고백서의 내용은 다음과 같다.

(1) 개종하여 자신의 죄가 그리스도에 의하여 다 용서함을 받았다고 믿는 자들에게만 세례를 베풀어야 한다. 곧 "세례는 회개하고 생활의 변화를 체험한, 진실로 그들의 모든 죄가 그리스도에 의하여 씻겨졌다고 믿는 자들에게, 예수 그리스도의 부활에 참여하고, 그리스도와 함께 다시 살기 위하여 죽음에서 그 분과 함께 장사 지낸 바 된 자들에게, 그리고 이런 의의를 알고 세례를 스스로 요청하는 모든 자들에게 베풀어야할 것이다. 이러한 세례는 교황이 제정한 것 중 가장 큰 오류인 유아세례를 제외한다. 이에 대하여 여러분은 마태복음 28장; 마가복음 16장; 사도행전 2, 8, 16, 19장에서 사도들의 증거와 증언을 구할 수 있다"(제1조).

(2) 일단 재세례파의 신앙을 받아들였다고 하더라도 세례 받은 이가 실수하거나 범죄 했을 경우 출교에 처한다. 사적인 권징과 두 세 사람이 행하는 권징은 조용히 행하되, 권징의 셋째 단계인 출교는 공개적으로 실시해야 한다(제2조).

(3) 성찬은 기념이며, 성찬 참여 자격은 세례 받은 자로 제한하여야 한다. 신조는 다음과 같이 성찬의 기념적인 의미를 주장하였다: "그리스도의 찢기신 몸을 기억하며 하나의 떡을 나누기 원하는 모든 사람과, 그리스도의 흘리신 피를 기억하며 한 잔의 포도주를 마시려 하는 모든 사람은 세례를 받아 그리스도가 머리이신 하나님의 교회의 한 지체가 되는 것이다"(3조).

(4) 신자는 사탄이 세상에 심어 놓은 악과 죄로부터 스스로를 성별해야 하고, 병역 의무를 거부해야 하며, 천주교회와 기독교의 국가 교회를 포함하는 악한 세상으로부터 구분되어야 한다. 여하한 이유로도 무기를 사용해서는 안 되며, 때리고자 하는 자에게는 맞으라는 비폭력주의를 선언하였다: "우리는 성별에 대하여 동의한다. 성별은 악마가 이 세상에 뿌린 악행과 사악과 구별되는 것이다. 그 방법은 우리가 그들과 짝하지 않고 그들의 가증함에 참여하지 않는 것이다. 믿음으로 순종치 않고 하나님과 연합하지 않음으로서 하나님의 뜻을 행하려 하지 않는 모든 이들은 하나님 앞에서 가증한 이들이므로 그들에게서는 거짓된 것밖에 나오지 않는다. 모든 피조물은 둘 중의 하나로 구별되는데, 즉 선과 악, 신자와 불신자, 빛과 어두움, 이 세상에 속한 자와 속하지 않은 자, 하나님의 성전과 우상, 그리스도와 벨리알 중의 하나이다. 이들은 서로 한 편일 수 없다. … 그러므로 악과 짝하지 말라는 그리스도의 말씀에 따라 적그리스도적이고 악마적인 무기(칼, 갑옷 등 동료를 위해 또는 적에 대항하기 위해 사용하는 모든 것)를 사용해서는 안 된다"(4조).

(5) 목사는 불신자들 사이에서도 평판이 좋아야 하며, 교인들 가운데 선택되고, 교인에 의하여 부양되어야 한다. 목사의 직무는 하나님의 말씀을 "읽고, 훈계하고, 가르치고, 경고하고, 모든 형제자매를 위해 기도하고, 떡을 떼어야할 때 떼고, 그리스도의 지체가 세워지고 성장하도록 돌보고, 비방자의 입을 막는 것이다"(5조). 목회자가 죄를 범할 때, 그 처리

는 신중하게 하여야 하며, 공개적으로 다루어야 한다는 것이다.

(6) 행정 관료의 검은 악한 자를 벌하도록 하나님께서 정하셨다. 칼의 사용은 이방인에게 주어진 것이고 그리스도 안에서는 오직 출교만 있을 뿐이므로, 그리스도인은 세속 정부의 일에 참여해서는 안 된다. 신조는 다음과 같이 서술했다: "이 세상의 통치는 육신을 따르는 것이지만, 그리스도의 통치는 성령을 따르는 것이다. 그들의 집과 장막은 이 세상에 있지만, 그리스도인의 장막은 하늘에 있다. 그들의 시민권은 이 세상에 있지만, 그리스도인의 시민권은 하늘에 있다. 그들의 싸움과 전쟁의 무기는 육적인 것이며 오직 육에 대적하는 것이지만, 그리스도인의 무기는 영적인 것이며 악마들의 요새에 대항하는 것이다. 이 세상 사람들은 철과 검으로 무장하지만, 그리스도인은 하나님의 무기인 진리, 정의, 평화, 믿음, 구원, 그리고 하나님의 말씀으로 무장한다. 간단히 말해서 우리를 향하신 그리스도의 마음처럼 그리스도의 지체들도 모든 일에 그리스도와 같이 온전해야 한다"(6조).

(7) 그리스도인은 맹세해서는 안 된다. "성경은 하나님께서 아브라함에게 맹세하심으로 그의 약속이 불변하다는 것을 보였다고 기록하고 있다. 즉 하나님의 뜻을 거역하거나 방해할 수 있는 사람이 아무도 없으므로 하나님만이 맹세할 수 있다. 그러나 우리는 그리스도께서 말씀하신 바와 같이 맹세를 지키고 수행하기 위해 할 수 있는 일이라고는 아무 것도 없다. 그러므로 결코 맹세해서는 안 된다"(7조). 비록 구약성경에 맹세를 언급했지만, 인간이 맹세를 지킬 수 없기 때문에 신약시대에는 맹세를 해서는 안 된다는 것이다.

그리스도인의 무기 휴대, 세속 정치 영역의 참여, 맹세의 금지 등에 관한 새틀러의 주장은 후에 침례교회, 회중교회, 퀘이커에게 영향을 미쳤고, 이들을 통해 영국과 미국의 기독교회에 퍼져서 그리스도인의 군 입대

반대 등 극단적인 신앙 형태로 나타나기도 하였다.

새틀러는 1527년 5월 오스트리아 당국에 의하여 체포되어 재판에 회부되었고, 선동적이며 이단적이라는 이유로 정죄되었다. 여러 번의 설득에도 불구하고 고집을 꺾지 않자, 정부 당국은 튀빙겐 부근 로텐부르크에서 그를 화형에 처하였다. 그는 정죄하는 재판관들 앞에서 다음과 같이 항변하였다. (1) 자신은 하나님의 복음과 말씀만을 믿어 왔고, 자신의 행동이 신성로마제국의 명령에 저촉되는 것이 없으므로 정부 당국의 자신에 대한 정죄에 동의할 수 없고, (2) 성경이 지지하지 않는 화체설은 잘못이며, (3) 유아세례는 구원에 필요한 것이 아니며, (4) 종부성사 때에 기름을 바르는 것은 이해할 수 없으며, (5) 성모와 성자들이 하나님과 신자 사이의 중보자라는 것을 성경에서 발견할 수 없고, 모든 신자가 바로 성자이며, (6) 맹세하는 것은 비성경적이고, (7) 결혼을 금하는 것은 성경의 교훈에서 벗어난 것이며, (8) 적군이 쳐들어온다고 하더라도 그들과 싸워서는 안 된다. 그 이유를 다음과 같이 설명하였다: "터키가 쳐들어온다고 우리가 그들과 맞서서는 안 됩니다. 왜냐하면 '살인치 말라' (마 5:21)고 기록되어 있기 때문입니다. 우리는 터키 등 다른 박해자들에 대적해서는 안 됩니다. 열심히 기도함으로 하나님께 그들을 물리쳐 달라고 간청해야 합니다" (Spitz 1990, 159~161).

새틀러는 죽음의 순간에도 성경주의를 내세우며 자신의 주장이 성경에 비추어 볼 때 틀린 점이 있다면 언제든지 철회할 용의가 있음을 시사하였다. "성경을 통해 우리가 잘못되었다는 것을 입증한다면, 나는 기꺼이 항소를 취하할 것이며, 우리를 고발한 그 죄목들에 대한 판결과 처벌 또한 기꺼이 받겠습니다. 하지만 아무런 잘못도 우리에게서 찾을 수 없다면, 나는 하나님이 여러분의 마음을 변화시켜 그의 교훈을 받아들이도록 기도할 것입니다." 또한 성경이 전쟁을 허용한다면 천주교회에 대항하여 싸울 것이다. 그러나 "전쟁이 옳은 것이라고 한다면, 나는 터키와 싸우기보다는 오히려 경건한 그리스도인을 박해하고 공격하고 죽이는 소위 그리스도인과 싸우겠습니다. 그 이유는, 터키는 그리스도의 신앙에 대하여 아무 것도 모르는 육적인 존재이지만, 그리스도인이라고 하면서, 또 그리스도를 자랑하면서 그리스도의 경건한 증인들을 박해한다면, 영적인 터키이기 때문입니다"라고 하였다(Ibid., 11).

새틀러는 심문 과정에서 무죄를 주장하면서 강력히 항거했지만, 결국 정죄를 받고 화형에 처하여졌다. 반 브라흐트(Tilman J. van Braght)가 쓴 『순교자의 거울』(Martyr's Mirror, 1660)에는 새틀러의 처형 장면을 다음과 같이 묘사하고 있다: "마이클 새틀러를 사형집행관에게 넘겨주라는 판결이 내려졌다. 처형관은 그를 형장에 데리고 가서 우선 혀를 자르고, 마차에 묶은 뒤 빨갛게 달군 쇠로 그의 몸에서 살을 두 조각 떼어 내었다. 그 후에 성문 밖으로 끌어내어 같은 방법으로 다섯 번에 걸쳐 살을 도려내었다. … 위와 같은 처벌이 가해진 뒤, 이단이 받는 형벌대로 완전한 재가 될 때까지 불에 태워졌다. 그의 추종자들은 참수되었으며, 여인들은 익사형을 받았다. 그의 아내 역시 각종 위협, 탄원, 회유에도 굴하지 않고 견디다가 며칠 후에 강에 빠뜨려졌다"(Bright 1957, 138~144). 이와 같이 재세례파들은 교회개혁을 위해서 목숨을 조금도 귀한 것으로 여기지 않았으나, 성경을 역사적 문법적 맥락에서 보지 않고 문자적으로 해석하였기 때문에 정통적인 기독교 사상에 대적하게 되었고, 그 결과 교회개혁의 걸림돌이 되었다.

발타자르 후브마이어

재세례파를 널리 확산시킨 인물 중 하나가 발타자르 후브마이어

(Baltarsar Hubmaier, 1485~1528)이다. 그는 잉골슈타트(Ingolstadt)대학의 교수로 요하네스 에크의 동료였으나, 루터의 영향으로 기독교로 개종한 후 재세례파운동에 앞장섰다. 그는 1521년 스위스 북단 발츠후트의 설교자가 되어 신앙 공동체를 만들었다. 그는 공동체 회원들에게 하나님의 말씀을 듣고 회개하며 믿음을 갖고 세례를 받음으로 진정한 그리스도인이 되며, 그리스도인은 교회의 유일한 법인 성경에 따라 생활해야 한다고 가르쳤다. 그는 농민 전쟁으로 신앙 공동체가 해체되자, 취리히로 피신하여 츠빙글리의 종교개혁을 도왔다.

그러나 후브마이어는 계시의 연속성을 주장하는 등 과격한 입장을 나타냈다. 교회를 정화하라는 하나님의 직접 계시를 받았음을 내세워 교회로부터 로마 교황청의 잔재를 제거할 것을 설교하였다. 또한 『기독교 신자들의 세례』(The Christian Baptism of Believers)라는 책을 써서 신앙고백이 선행되어야만 세례를 베풀 수 있다는 이론을 전개하였다. 1525년 이후에 많은 재세례파들이 독일에서 스위스로 건너오자, 츠빙글리에 대항하여 재세례파운동을 벌이다가 체포되어 얼마 동안 투옥되었다. 그 후 콘스탄스, 아우구스부르크, 레겐스부르크 등에서 설교하였고, 1526년 7월 모라비아에 있는 니콜스부르크에서 재세례운동을 성공적으로 이끌었고, 오스트리아에서 온 수천 명의 피난민을 모아 공동체를 형성하였다.

후브마이어는 1527년 『자유의지에 대하여』(On Free Will)라는 글을 썼다. 그는 다음과 같은 주장을 폈다. 인간에게 육신의 의지, 영혼의 의지, 영의 의지가 있고, 타락 이전의 인간은 선할 뿐만 아니라 "선악을 완전하고 자유롭게 선택할 수 있는 능력이 있었다"(Hubmaier 1957, 119). 하지만 타락과 함께 육신의 자유를 상실하였으며, "영혼은 의지력에서 상처를 입고, 불구가 되어 … 그 자체로는 선을 택하거나 악을 거부할 수 없게" 되었다 (Ibid., 120~122). 영의 의지는 "타락 이전, 타락하던 때, 타락 이후에도 순전한 상태로 남아 있어서" 언제나 영이 "기뻐하는 것을 택할 수 있다." 하지만, 육신의 타락과 영혼의 상처로 영은 하나님에게만 부르짖거나 "죄를 거스르는 때에 내적인 증거를 줄 수 있다"(Ibid., 123).[37] 영혼의 기능이 회복될 때, 육신은 저항적이나 영혼이 말씀에 의하여 각성을 받고, 성령의 조명을 받아 상실된 자유를 회복하게 되며, 영은 "자유롭게 자발적으로 복종할 수 있고 … 선을 원하고 택할 수 있어서 … 악을 거부하고 피할 수 있다"(Ibid., 124). 후브마이어가 이처럼 영의 순수성을 주장한 것은 인간 내면에 복음에 응답할 수 있는 기관이 존재한다고 믿었기 때문이다. 곧 인간의 전적인 타락을 부정하는 신펠라기우스주의(Neo-Pelagianism)를 수용한 것이다.

후브마이어는 니콜스부르크의 공동체에서 생활하던 중, 한스 후트(Hans Hut)가 세상의 종말이 1528년에 온다는 내용으로 과격한 평화주의를 설교하자, 세속 정부의 필요성을 역설하는 등 재세례파와 다른 입장을 표명했다. 그는 그리스도인도 관료가 될 수 있고, 국방과 납세 등의 의무를 수행하고, 정부에 복종해야 한다고 주장하였고, 정당한 전쟁과 사형 제도를 옹호하였다.

후브마이어는 엄격한 의미에서 과격한 재세례파는 아니지만, 유아세례를 비난하고 재세례를 고집한 점에서 재세례파의 입장을 고수하였다. 그는 1528년 3월 재세례 운동을 벌이다가 합스부르크 정부 당국에 의하여 체포되어 비엔나에서 화형 당하였고, 그의 아내도 익사형(溺死刑)에 처하여졌다.

---

37. 영의 이러한 기능은 아마도 양심과 관련된 것으로 보인다.

후터파

한스 후트는 1526년 오순절에 한스 뎅크에게서 재세례를 받았고, 귀족들을 포섭하여 큰 교회를 세웠다. 후트는 니콜스부르크 공동체에 가서 임박한 그리스도의 재림과 최후의 심판에 대하여 설교하면서 신비주의 운동을 전개하였다. 자신은 하나님에 의해 파송된 사도요 예언자이며, 성도들이 얼마 동안 박해를 당한 후 신성로마제국이 터키에게 망할 때, 그리스도께서 성도들에게 좌우로 날이 선 칼을 주셔서 거짓 선지자들과 귀족과 국왕을 처치하게 하실 것이라고 설교하였다. 후브마이어가 정당방위를 주장한 것과는 달리, 후트는 어떠한 경우에도 무력의 사용을 반대한 평화주의자였지만, 직접 계시 사상에 빠져 혁명을 선동하였다. 그는 과격한 혁명에 의해 1528년 천년왕국이 건설될 것을 주장하여 당국의 수배를 받았고, 1527년 체포되어 아우구스부르크에 투옥되었다가, 감옥의 화재로 인하여 사망하였다.

임박한 종말을 주장하던 한스 후트의 주장에 호응한 이들은 니콜스부르크를 떠나 1528년 아우스터리츠에 공동체를 세웠다. 그들은 재산의 사유를 금하고 공동 소유하는 공산주의적 사회를 건설하려는 바람에 가는 곳마다 박해를 받았다. 이 공동체는 티롤의 사도라고 불리는 야곱 후터(Jakob Hutter 또는 Huter)의 지도 아래 1529년부터 1536년 사이 강력한 조직체가 되었다.

후터는 15,000명이 넘는 공장노동자와 농부들을 모아 형제 단원을 조직하였다. 형제 단원을 200여 명씩으로 모집해 모라비아 전역에 80개의 지역 조직체를 만들었다. 후터의 사회주의 운동은 기존의 사회 질서를 부정함으로 정부의 박해를 받았다. 박해를 피하여 오스트리아로 숨었으나 1536년 인스부르크에서 체포되어 화형에 처하여졌다. 그를 따르는 자들을 후터파(Hutterite)라고 부른다.

후터파는 그리스도인이 진정으로 추구해야할 사회는 사도행전 제2장과 제4장의 말씀처럼 유무상통하는 사회라고 믿었다. "사유재산은 사랑의 가장 큰 적이며, 참 그리스도인은 사유재산을 포기해야 하고, 만일 제자가 되려고 한다면 재산으로부터 자유로워져야 한다."고 선언하였다. 자급자족하는 것을 사회생활의 원칙으로 삼아, 금속처럼 자급이 불가능한 것은 외부에서 구입하였지만 구두 수선과 같은 일은 다 내부에서 해결하였다. 그들은 정상적인 세금을 납부하였지만 칼, 총, 그리고 창을 만들지 않았고, 군사 목적의 납세를 거부하며, 재산 몰수도 감내했다. 모든 사람은 기술을 배우고 노동해야 했으며, 재산을 사적으로 증여할 수 없고, 모든 물건은 죽을 때 공동체로 환원되었다.

후터파는 근면과 노동, 금욕과 절제하는 생활로 유명했고, 1564년에서 1619년 사이에 그 절정기를 이루었다. 그들은 기술 혁명을 이루어 의사, 시계 제조공, 필경사, 칼 만드는 사람, 가구제조업자, 도자기공으로 명성을 날렸고, 싼 값에 질 좋은 상품을 제조하여 그들이 만든 것은 최고급품으로 인정받았다. 그들이 만든 목욕탕은 가톨릭 귀족들이 자주 출입하였고, 그들에게 농장이나 양조장, 제재소를 운영해달라는 요청이 쇄도했다. 그러나 30년 전쟁의 발발은 그들의 평화와 풍요의 시대를 마감하게 만들었다. 1620년 신성로마제국의 군대가 니콜스부르크를 약탈한 후, 후터파들은 1622년 추방되어 슬로바키아, 헝가리, 터키, 우크라이나로 흩어졌다.[38]

---

38. 그들은 1874년에서 1877년 사이에 러시아에서 북미로 이주하여 남부 다코타와 몬태나, 그리고 후에 캐나다의 마니토바와 앨버타에 정착하였다. 그들은 학교에서는 영어를 쓰지만 집에서는 독일어를 쓰고, 예배 때에 17세기에 작성된 설교들을 낭독하고 새로운 설교를 허용하지 않으며, 세상 문화를 거부하지만 농기구, 자동차, 전화 전기 조명의 사용을 허락한다.

메노 시몬스

후터의 공산주의적 재세례파 운동은 평화주의자 메노 시몬스(Menno Simons, 1496~1561)에 의하여 수정되었다. 그는 북부 네덜란드의 프리슬란트(Friesland)에서 태어나 1524년 천주교의 사제가 되었으나, 미사에 사용되는 떡과 포도주가 진정으로 그리스도의 피와 살로 변화되는지에 대하여 회의하였다. 이는 신약성경에 대한 연구로 이어졌고, 결국 1536년 1월 루터파로 개종하게 되었으나, 루터파가 많은 부분에서 천주교회의 잔재들을 가지고 있다고 생각하고, 다시 재세례파로 적을 옮겼다.

메노는 1536년 뮌스터 참사로 인해 곤란에 빠진 멜키오르파에 대해 목회적 관심을 기울였고, 1537년에는 재세례파 교회에서 장로로 임직하였다. 그는 뮌스터의 경험을 통해 혁명적인 재세례파 운동을 포기하고, 평화적인 방법으로 교회를 재건하는데 힘을 쏟았다. 곧 과격파들이 주장하던 일부다처제, 유혈 혁명, 그리스도의 재림 시기에 대한 예언을 비판하고, 세상으로부터의 분리를 주장하면서 단순, 건실, 청빈, 온유, 견인의 삶을 회복하고자 하였다. 그는, "참된 그리스도인은 육체와 그 정욕을 십자가에 못 박고, 하나님의 말씀의 검으로 마음과 입술과 몸 전체로부터 일체의 불순한 생각, 추한 언행을 도려내야 한다. 그리고 금, 은, 진주, 비단으로 치장해서는 안 된다. 칼은 쟁기로 만들어야 하며, 원수는 사랑해야 한다."고 설교하였다(Bainton 1993, 102).

메노에 의해 네덜란드와 북부 독일에 메노파 교회가 세워지게 되었으며, 그는 1539년 그들을 지도하기 위해 『기독교 교리의 기초』(The Foundation of Christian Doctrine)를 출판하였다. 1543년 박해가 시작되자, 박해를 피해 북부 독일로 건너갔고, 1554년부터 홀스타인에 있는 한 부자의 집에 머물면서 1561년 세상을 떠날 때까지 집필에 전념했다.

메노는 슐라이다임 신앙고백서에 진술된 대로 복음적인 재세례파의 입장을 재천명하였다. 혁명을 통한 교회개혁을 반대하고, 개인적인 특별계시를 주장하며, 성령의 내적인 조명에 의존하던 심령주의적인 재세례파를 반대하였다. 개혁주의자처럼 성경만(Sola Scriptura)이 모든 교리의 최고 표준임을 내세우고, 초대 교부들의 글에 권위를 두는 것을 반대하였다. 참된 종교개혁은 기존의 모든 질서를 부정하고 성경의 가르침대로 교회를 개혁하는 것이라고 본 것이다.

초대 교부들이나 교회의 신학자들의 해석이 다 옳다고는 할 수 없지만 그들의 성경에 대한 해석을 참고한다면 주관적으로 치우치지 않고 비교적 객관적인 입장을 취할 수 있다. 그렇지만 메노는 성경을 해석할 때 역사와 전통을 무시하고 주관적으로 성경을 해석하는 오류를 범하였다. 그 예로 그리스도론을 들 수 있다. 그는 예수의 탄생에 대해 설명하면서, 예수께서 "마리아로부터(of) 육체가 된 것이 아니라, 마리아 안에서(in) 육체가 되셨다"고 하였다. 예수께서 참 하나님이요, 참 사람이라는 것을 인정하면서도, 그 분의 인성이 마리아에게서가 아니라 마리아 안에서 취하여졌다고 주장한 것이다. 따라서 마리아는 단지 예수 탄생의 채널과 같은 도구이며, 단지 '양모'였다고 보았다. 이러한 입장은 이미 2세기에 이단으로 정죄된 사상으로, 메노 시몬스는 역사를 경시하므로 이단적인 주장을 펴게 되는 오류를 범한 것이다.

메노는 성경적인 교회가 성령에 의하여 인도함을 받으며 평화와 봉사의 삶을 사는 거듭난 자로 구성된다고 보았다. 교회는 신앙을 고백하는 자들로 조직되어, 권징이 철저하게 실시되어야 하고, 권징을 통해서 지상에 순수한 교회를 세울 수 있다고 본 것이다. 이러한 메노의 관심은 『출교에 관하여』(On Excommunication, 1550)라는 책에 잘 나타나 있다.

메노는 이 책에서 권징의 중요성을 강조하고, 권징의 최종적인 단계로 출교를 실시하라고 주장하였다. 악한 자를 출교하는 것은 하나님의 명령이므로, 모든 성도는 출교 받은 자를 그들의 모임으로부터 격리하여야 한다(제1문). 만일 출교자를 가까이 하는 자가 있다면 그리스도에게 불순종하는 것이며, 하나님의 말씀을 무시하고 반역하는 죄를 범하는 것이라고 하였다. 예수와 사도들이 주신 출교의 명령은 우리가 출교를 행하든지 아니면 우리 자신이 "공동체에 의하여 기피되고 출교 당하든지 해야 하는 것" 이라고 가르쳤다(제2문).

메노는 출교 문제를 다루면서 가족이라고 하여 예외로 취급해서는 안 된다고 하였다. 그는 성도들이 출교자를 다룰 때 지켜야할 네 가지 규범으로, (1) 예외 없이 적용할 것, (2) 남편이나 아내도 죄를 범한 배우자를 출교하기 위하여 교회와 함께 투표할 것, (3) 교정의 목표가 가족 안에서 특별히 추구되어야할 것, (4) 그럼에도 불구하고 "부패의 가능성은 가족 안에서 더욱 크므로, 그리스도를 사랑하는 사람들은 남편이나 아내나 부모나 자녀라 하더라도 잘못될 때에는 출교 처리하는 데 동참해야" 한다고 하였다(제3문).

메노는 출교를 사회적인 교류를 금하는 것으로 보았으나 인사까지 금하지는 않았다. 출교는 "멸하기 위한 것이 아니라 세우기 위한 것이기 때문이다"(제4문). 그리스도인은 원수까지도 사랑하여야 하기 때문에, 출교 받은 자에게도 자비를 베풀어야 하며, 출교 자체가 하나님의 사랑의 표현이 되도록 하여야 한다(제5문). 그러나 출교당한 자와 모든 형태의 교류를 중단할 것을 경고하였다. 예를 들어, 우발적인 경우가 아니면 매매 행위를 금하라고 하였는데, "경건하고 하나님을 두려워하는 그리스도인은 배교자를 정규적인 소비자 또는 판매자로 여길 수 없기" 때문이다(제6조). 성도는 여행할 때 출교당한 자 옆에 앉을 수는 있지만, 호텔에서 함께 먹을 수는 없다고 하면서, 모든 경건한 그리스도인들에게 "그러한 자 옆에서 함께 먹지 말라"고 충고하였다(제7문). 출교자와의 수동적인 교제를 인정하지만 능동적인 교제를 배척한 것이다. 출교의 대상은 (1) 교회 심판을 거절한 자들, (2) 공개적인 죄를 짓고 사는 자들, (3) 방종하게 사는 자들, (4) 분리주의자들로 규정하였고, 성도들이 가져야할 자세는 이들을 다시 얻기 위하여 모든 노력을 기울이는 것이라고 하였다(제8문).

메노는 성찬을 츠빙글리의 가르침대로 기념으로 보았고, 세례는 성도의 거듭남을 상징하는 것으로 여겼다. 유아들이 설교를 듣거나 교훈을 받을 수 없으므로 유아에게 세례를 베풀 수 없다는 의견으로 재세례파의 입장을 뒷받침했다. "우리는 유아가 세례 받거나, 사도들이 그것을 시행했다는 것을 증명하는 단 한번의 언급도 성경에서 찾을 수 없다. 그러므로 유아세례가 단지 인간의 고안과 생각에 지나지 않는다고 보며, 그리스도의 규례에 대한 왜곡이요, 서지 못할 것이 지성소에 선, 확실히 가증한 것이 교회에 세워진 것이라고 주장하는 바이다"(Lane 1990, 311).

그는 할례와 세례가 언약의 증거라는 개혁주의 신학자들에 반대하며 두 가지를 지적하였다. 첫째, 예수는 유아로서 할례를 받았지만, 성인으로 세례를 받았다. 둘째, 할례는 세례와 달리 소년들에게만 베풀어졌고, 세례의 의미에서 볼 때 세례는 우리가 죽고 그리스도와 함께 장사되는 것이지만 유아는 무죄하므로, 유아세례는 옳지 않다. 세례 후에 말씀의 청종과 신앙을 요구하는 내적 사역인 거듭남이 따라야 하는데, 유아들은 그렇게 할 수 없고, 내적 세례는 외적인 세례보다 우선되어야 하지만 유아들은 내적인 세례를 체험할 수 없기 때문이라는 것이다.

또한 메노는 세례가 은혜를 수반한다거나 은혜의 표징이라는 사실을 배척하고, 오히려 순종의 표징이라고 역설하였다. 이러한 신학적인 전제에 근거하여, 그는 유아세례가 407년 교황청에 의하여 교회에 소개되었다고 언급하면서 성인 세례의 실시만을 주장하였다. 그는 『기독교 침례』 (On Christian Baptism)에서 다음과 같이 주장하였다: "선한 형제들이여, 거룩한 기독교 세례는 바울의 교훈에 입각하여 살펴볼 때 거듭남의 씻음이다(딛 3:5). 그러므로 어느 누구도 하나님의 말씀으로 거듭난 자들 외에는 하나님의 기뻐하시는 뜻으로 씻음 받을 수 없다. 왜냐하면 세례를 받음으로서 거듭나는 것이 아니기 때문이다. 오히려 우리는 하나님의 말씀 안에서 믿음으로 거듭났기 때문에 세례를 받게 되는 것이다. 거듭남이 세례의 결과가 아니고, 세례가 거듭남의 결과이기 때문이다. 이것은 성경을 기초로 한 사람이라면 아무도 논박할 수 없는 점이다"(Ibid., 311).

메노는 재세례파의 전통을 따라, 서약하거나 병역 의무를 수행하는 일, 세속 정부에 참여하는 것은 그리스도인이 따를 행동이 아니라고 보았다. 이러한 메노의 신학은 메노파(Mennonite)의 『기본 교리서』(Book of Fundamentals)에 요약되어 있다.[39]

2. 광신적 천년왕국주의자들

재세례파 가운데 가장 과격한 입장을 취한 이들이 광신적인 신령주의자들이다. 직접 계시와 임박한 그리스도의 천년왕국의 도래를 강조한 자

---

39. 메노파는 18세기에 러시아의 에카데리나 대제(Catherine the Great)의 초청으로 러시아로 건너가 정착하였다. 그러나 19세기에 이르러 러시아 정교회 측의 박해가 시작되자, 1873년에서 1882년, 1923년에서 1930년 사이 많은 무리가 북아메리카로 이주하였고, 오늘날에는 약 70만 명의 메노파 교인이 미국과 캐나다에 신앙

들로, 한스 뎅크, 데이비드 조리스, 멜키오르 호프만, 그리고 1534년 뮌스터의 천년왕국주의자들이 이에 속한다.

광신적 신령주의운동

광신적 신령주의 운동은 한스 뎅크(Hans Denk, 1500~1527)에 의해 주도되었다. 한스 뎅크는 재세례파요, 당시 뛰어난 히브리어 학자였으며, 인문주의자였다. 그는 인간의 의지가 타락하지 않았다는 에라스무스의 자유의지론을 받아들였고 사랑의 실천, 평화의 유지, 종교적 관용을 주장하였다. 1524년 뉘른베르크에 있는 생 제발트 학교의 교장이 되어 널리 존경을 받았으나, 1525년 토머스 뮌처의 신령주의적인 사상을 받아들이면서 광신적인 신령주의자가 되었다. 그는 성경이 계시를 포함하고 있지만, 신자는 언제든지 계시를 직접 받을 수 있다고 주장하였다. 뎅크의 이러한 입장은 시간이 지나면서 더욱 과격해졌고, 1526년 후브마이어에게 재세례를 받은 뒤로는 광신적인 재세례파 운동을 이끌었다.

한스 뎅크를 유명하게 만든 것은 1527년 8월 열렸던 재세례파 지도자 총회였다. 남부 독일과 오스트리아의 니콜스부르크에 있던 많은 재세례파들이 뎅크의 지도 아래 아우구스부르크에 모여 광신적인 집회를 열었다.

을 지켜오고 있다. 이들은 18세기까지 공동체 안에서의 결혼을 강하게 선호하여 자주 사촌이나 육촌이 결혼하곤 하였다. 세례는 침례를 고수하지 않았고, 성찬식 일주일 전의 주일에 자기반성을 위해 모였고, 성찬식은 침묵 가운데 예전이나 형식이 없이 행하였다. 성찬 후에는 세족식이 있었고, 남녀는 떨어져 앉았고, 평화의 입맞춤과 "하나님께서 당신에게 복 주시기를 원한다."는 말로 끝났다. 단순한 생활을 강조하여 의복이나 가구, 음식에서 단순함을 유지하고자 하였고, 유행을 받아들이는 것을 세상과 타협하는 것으로 간주하였다.

이 때 총회에 참석하였던 사람들이 거의 처형되었으므로 후대의 사람들은 이 모임을 '순교자의 총회'라고 부른다.

처형된 이유는 그들의 신앙이 아니라 광신적인 행동 때문이었다. 어떤 이는 구약의 이사야처럼 "화로다 나여, 나는 입술이 부정한 사람이로다."라고 말하면서 빨갛게 달아오른 숯불로 입술을 정결하게 하는 예식을 거행하여 화상을 입고 더 이상 말할 수 없게 되었다. 선지자 흉내를 낸다고 벌거벗고 거리에서 뛰어 다니기도 하였고, 육체에 대한 정신의 완전한 승리를 과시하기 위해 제단에 누워 성 관계를 가지기도 하였다. 목사가 거듭나지 못하였다고 판단되면 강단에서 끌어내는 등 폭력 행사도 불사했다. 이러한 광신적인 행동으로 그들은 박해의 대상이 되었다. 뎅크는 아우구스부르크 집회를 가진 뒤, 울름과 뉘른베르크를 거쳐 바젤로 갔고, 그 곳에서 전염병에 걸려 생을 마감했다.

데이비드 조리스(David Joris, 1501~1556)는 네덜란드 출신으로 환상가였다. 그는 과격한 성격의 소유자로, 신앙적인 것이 물질로 표현되는 것을 반대하며 1528년 승천절에 한창 진행 중이던 성찬식을 모욕하였다. 이러한 이원론적인 신앙 때문에 델프트(Delft)로 3년간 추방되었고, 1533년 재세례를 받은 뒤에는 유럽에서 재세례운동을 전개했다. 중세 말기의 수도승이었던 요야킴(Joachim of Floris)의 주장처럼, 그는 세계 역사를 성부, 성자, 성령의 시대로 나누었고, 자신을 성자라고 칭하고, 바젤에 새 예루살렘이 세워질 것이므로 성도들은 그 곳으로 모이라고 선동하였다.

멜키오르 호프만(Melchior Hoffmann, 1498~1543)은 슈바비아 지방의 모피 수선공으로, 1523년 루터의 설교를 통해 감화 받은 후 평신도 설교자가 되었다. 그는 스웨덴, 덴마크, 홀슈타인 등 유럽 북동부를 돌아다니면서 임박할 세상의 종말에 대해 설교하였고, 1527년에는 비텐베르크에 머물면서 다니엘 12장에 관한 종말론적인 주해를 저술하였다. 덴마크 왕 프리드리히 1세가 초청하여 키일(Kiel)의 설교자로 임명하자, 그는 광기어린 예언을 남발하였다. 광신적인 행동과 신비주의 사상으로 주목을 받았지만 루터의 공재설을 부인하고 츠빙글리의 성찬관을 지지하다가 1529년 덴마크에서 쫓겨났다. 스트라스부르로 가서 생활하던 중, 슈벵크펠트의 영향을 받아 극단적인 재세례파 운동을 전개하였다.

호프만은 1529년 6월 재세례파를 두둔하면서 『하나님의 규례』(The Ordinance of God)라는 책을 썼다. 이 책에서 그는 세례를 그리스도의 나타남이며, 신앙을 통하여 그리스도를 옷 입는 것이고, 옛 아담을 버리고 새 아담을 추구하는 것이라고 정의하였다(Hoffmann 1957, 184). 곧 천상의 신랑에 대한 신부의 약혼식으로, 신부는 언약의 표징인 세례를 통하여 예수 그리스도 자신과 언약을 맺으며, 그 언약의 내용은 박해 중에도 참는 자가 예정된 선택을 획득하게 된다는 것이었다(Ibid., 193~194). 곧 박해를 받는다 하더라도 참고 견디면 하나님에 의하여 선택받을 수 있다고 주장하였다(Ibid., 192).

호프만은 한 걸음 더 나아가, 임박한 천년왕국 사상을 소개하였다. 그는 루터를 "시작의 사도", 자신을 "마지막 사도"라고 칭하면서, 자신을 사도시대의 기독교를 회복하도록 하나님으로부터 지명 받은 자로 일컬었다. 예수께서 1533년에 스트라스부르에 재림하사 새로운 예루살렘을 건설하실 것이며, 이 일을 위해 자신이 부름을 받았다는 것이다. 이러한 광신적인 사상 때문에 체포령이 내리자, 1530년 4월 네덜란드의 엠덴으로 피신하였고, 거기서 많은 추종자를 얻었다. 그를 추적하는 자들이 가까이 오자, 1531년 다시 스트라스부르로 숨어들어왔다. 그곳에서 체포령이 내리자, 1532년 도망하였다가 이듬 해 봄에 돌아왔다. 결국 체포되어 이단 사상으로 종신 징역 선고를 받고, 옥중 생활을 하던 중 1543년 옥사했다. 그를 따르는 자를 멜키오르파(Melchiorite)라고 부른다.

뮌스터의 천년왕국주의자들

호프만의 종말론적인 설교는 네덜란드에서 많은 지지자를 얻었다. 그 가운데 하나가 얀 마티스(Jan Matthys)라는 빵을 굽는 사람으로, 종말론에 빠져 자신을 에녹이라고 칭하고, 네덜란드와 독일 접경에서 광신적인 신앙운동을 전개하였다. 새 시대가 자연스럽게 올 것이라는 호프만의 주장과는 달리, 마티스는 폭력에 의하여 온다고 선동하였다. 이러한 과격한 천년왕국 사상은 네덜란드에 근접한 독일의 도시 뮌스터(Münster)에 크게 영향을 미쳤다.

뮌스터는 로스만(Bernt Rothmann, 1495~1535)에 의하여 종교개혁이 일어난 곳으로, 그는 설교를 통해 종교개혁을 전개했다. 다수의 시민이 종교개혁을 지지하자, 뮌스터 시의회는 1532년 시민의 압력에 밀려 모든 교회에 루터란 출신 설교자를 청빙할 수 있도록 허락하였고, 뮌스터의 주교도 1533년 뮌스터를 "복음적인 도시"로 선포했다. 뮌스터가 종교개혁을 받아들이자, 박해로 인해 피신했던 많은 재세례파들이 네덜란드에서 뮌스터로 몰려왔다. 얀 마티스가 도착했고, 라이덴의 양복상 얀 보켈손(Jan Bockelson)도 뒤따랐다.

1533년 이후의 뮌스터는 루터란 보다는 재세례파가 득세하였고, 뮌스터 시민들보다 이민자들이 다수를 차지하였다. 이민자들이 다수를 이루자, 1534년 시정(市政)이 자연스럽게 네덜란드인 얀 마티스의 수중에 들어갔다. 마티스는 천년왕국이 스트라스부르의 불신앙 때문에 뮌스터로 옮겨왔다는 논리로 급진적인 개혁을 촉구하였다. 마티스 일행이 급진적인 종교개혁을 받아들이지 않는 자들을 추방하자, 시민들은 재세례파의 폭정을 두려워하기 시작하였다.

마티스는 농민 전쟁을 부추겼던 뮌쳐의 혁명적 사상을 뮌스터 시에 적용하였다. 그는 교회가 항상 개혁되어야 한다는 전제 아래 성경적으로 뮌스터를 개혁하고자 하였지만, 그의 성경에 대한 강조는 주관주의에 머물렀다. 그는 주관적으로 다니엘서와 요한계시록을 해석하면서 종말에 대하여 설교하였다. 곧 뮌스터 시를 '새 예루살렘' 이라 칭하고, 성도들이 철장을 가지고 다스릴 천년왕국이 멀지 않은 장래에 이루어 질 것이라고 외치며 설교자들을 주변의 도시로 파송하였다. 설교자들은 하나님의 나라가 칼에 의하여 이루어지므로, 성도들은 천년왕국의 도래를 위하여 불신자를 무찔러야 한다고 선동하였다.

신정정치의 실현과 함께, 뮌스터 시에서는 하나님을 믿는 신뢰 안에서 내 것과 네 것의 구분이 없어졌다. 사유재산을 부정하고, 모든 현금과 재산은 국가의 소유로 인정되었다. 화폐의 사용이 금지되었고, 음식과 주택도 공유하였다. 성경을 제외한 모든 서적은 불태워졌고, 노동자들은 필요에 따라 현물로 임금을 받았다. 공산사상에 반대하는 세력은 존재할 수 없었으며, 항거하는 자들은 처형되었다. 일례로, 한 대장장이가 마티스의 가르침에 반대하자, 마티스는 그를 대중 앞에서 처형하였다. 마티스는, 기드온이 그랬던 것처럼, 소수의 군대로 천주교의 군대를 무찌르라는 계시를 받았다고 외치면서 전쟁을 일으켰으나, 1534년 2월 말경 막강한 천주교회의 군대에 의하여 무참하게 죽임을 당하였다.

마티스가 죽자, 또 다른 네덜란드인 라이덴의 존(John of Leyden)이 그를 계승하였다. 그도 역시 광신적인 인물로 뮌스터에 새 예루살렘이 온다고 주장하면서 1534년 5월초 3일간 입신 상태에서 벌거벗은 몸으로 온 뮌스터를 질주하였다. 친위대를 조직하여 모든 뮌스터 시민의 생활을 규제함으로 공포감을 조성하였고, 과부들에게 결혼하여 자녀를 낳아 전쟁을 준비하라고 설교하였다. 또한 구약의 족장들처럼 일부다처제를 수용하라는 계시를 환상 중에 받았다고 떠벌리고 미모의 여인 15명을 뽑아 아내로 삼았다. 뮌스터의 설교자였던 로스만도 이러한 광신자들의 영향을 받아 9명의 아내를 취했고, 앞장에 서서 폭동을 주도하였다. 라이덴의 존은 1534년 8월 주교의 용병을 격퇴한 후, 자신이 마지막 시대의 메시아요, 새 예루살렘의 왕이라고 선포하였다.

주관주의적 이단 사상의 위협에 직면하자, 뮌스터의 주교는 연합군을 조직하여 1535년 1월 뮌스터를 공격하고 포위하였다. 6개월간 연합군이 뮌스터를 포위하자, 시내에는 식량이 떨어지고, 주민들은 벌레와 시체까지도 파먹는 지경에 이르게 되었다. 이러한 광란 끝에 1536년 6월 24일 뮌스터는 연합군에 의하여 함락되었고, 존은 불에 달구어 진 쇠로 고문을 당하다가 죽었다. 이 사건으로 명성이 땅에 떨어진 재세례파들은 박해를 감수하거나, 아니면 자신의 고집을 버리고 아우구스부르크 신조에 서명하여 정통 신학으로 복귀하는 일 가운데 양자택일을 하여야 했다.

3. 이성주의적 급진주의자들

폭력에 의한 천년왕국의 건설, 신정정치의 실현을 주장하던 과격파와는 달리 신비적인 체험을 강조하거나 이성적인 종교를 추구하는 합리주의자들이 교회 안에 나타났다. 그 가운데 대표적인 인물로 카스파르 슈벵크펠드, 세바스티안 프랑크, 소지니를 들 수 있다.

이성주의적 과격파

슈벵크펠드(Kaspar van Schwenkfeld, 1490~1561)는 원래 루터파 목사였으나, 과격파의 영향을 받으면서 루터파 신앙을 전적으로 부인하였다. 그는 중세 말기의 신비주의자 요하네스 타울러(J. Tauler)처럼 신비적인 방법을 통하여 경건을 추구하였고, 학문을 반대하는 반지성주의적인 입장을 취하면서 직접 계시를 주장하였다. 그는 신비주의에 빠져 인간을 신격화하는 오류를 범하였고, 성찬이 필요 없다는 의견을 내어 천주교회와 종교개혁자들의 지목을 받았다. 1529년 고향을 떠나 스트라스부르와 남부 독일을 떠도는 생활을 하였다. 그는 소규모의 성경공부 그룹을 조직하여 그의 사상을 보급하였는데, 하나님의 말씀을 내포하고 있는 성경이 신비적인 방법에 의해서만 이해할 수 있다고 가르쳤다. 이러한 입장을 통해 그는 신령주의 신학의 길을 열었다.

세바스티안 프랑크(Sebastian Franck, 1499~1542)는 독일 인문주의자로 잉골슈타트와 하이델베르크대학에서 공부한 후, 사제 서품을 받았고, 1525년 루터파로 개종하여 누렘베르크와 스트라스부르에서 목회하였다. 범신론자였던 그는 성경을 역사적인 책이 아닌 상징적인 책으로 보았다. 인간에게 있는 자유의지로 하나님을 만날 수 있지만, 하나님은 자신을 인간의 범주에서 이해할 수 있게 하지 않는다고 하였다. 왜냐하면 그 분의 존재는 너무나 광대무변하고 불가해한 분이므로 오직 이율배반에 의해서만 이해되기 때문이다. 하나님은 자신을 선택한 백성들뿐만 아니라 이교도 가운데도 드러내신다고 하면서 만인구원사상을 주장하였다: "나의 마음은 누구에게도 낯설지 않다. 나의 형제들은 모든 민족들 가운데 있다. 그들이 터키인이나 유대인, 또 천주교 신자이거나 분파주의자이거나, 또한 장차 그렇게 된다 해도 상관없다. 그들은 저녁 무렵에 포도원으로 부름 받아 우리와 동일한 품삯을 받게 될 것이다. 동과 서에서 아브라함의 자손들이 돌(石)로부터 창조되어 하나님과 함께 잔치 석상에 앉게 될 것이다"(Bainton 1993, 121). 이와 같은 만인구원설 때문에 그는 스트라스부르에서 추방되어 1543년 바젤에서 죽었다.

소지니주의

합리주의적인 과격파 가운데는 그리스도의 인격과 사역에 대한 정통적 가르침을 비판하는 자들과 삼위일체 교리를 부정하는 자들도 있었다. 이들은 재세례파의 신령주의와 이탈리아의 인문주의적 합리주의의 영향을 받고 있었다. 그 예를 들어보자. 1550년경에 그리발디(Matteo Gribaldi), 겐틸레(Giovanni Valentino Gentile), 비안드라타(Giorgio Biandrata)와 같은 이탈리아의 과격파들이 제네바 근처에 살았는데, 그들은 재세례파의 주관적인 사상에 합리주의의 이성중심적인 사상을 접목하여 고유한 신학을 만들어 내었다. 그 가운데 한 사람인 비안드라타는 1558년 폴란드로 가서 지기스문트 왕 밑에서 일하였고, 그의 영향을 받은 자들이 삼위일체 교리를 반대하는 운동을 이끌었다.

비안드라타의 영향은 폴란드의 라코우(Rakow) 중심으로 퍼졌다. 라코우가 1569년 종교적 관용을 선언하자, 모라비아와 독일에서 온 망명자들, 재산을 팔아 가난한 자들에게 나누어 주고 온 폴란드의 귀족들, 라코우가 새 예루살렘이 될 것이라고 믿은 순진한 열광주의자들이 몰려와서 몇 해 동안 종교적 무정부 상태를 이루었다. 그 후 후터파의 영향을 받으면서 농노 해방과 재산 공유를 장려하는 운동이 일어났고, 라코우는 종교적 다원 사회가 되었다.

라코우는 1580년 소지니(Fausto Paulo Sozzini, 1539~1604)가 도착하면서 반삼위일체 교리의 중심지로 변모하였다. 소지니는 이탈리아의 유력한 시엔 가문(the Sienese) 출신이었다. 그의 삼촌 렐리오 소지니(Lelio Sozzini, 1525~1562)는 법학도로 1540년 프로테스탄트로 개종하였으며 생애의 대부분을 유럽 여행으로 보냈다. 그는 1년간 비텐베르크에서 멜랑히톤과 교제하였고, 바젤과 제네바에서는 융숭한 대접을 받았으며, 취리히에서 죽었다. 그는 삼위일체 교리를 반대하였으나 세르베투스 사건 이후 자신의 입장을 드러내지는 않았다.

렐리오의 사상은 조카인 파우스트 소지니에 의해 소개되었다. 파우스트 소지니는 피렌체에서 정부 관리로 활동하면서 성경의 권위를 명쾌하고 정통적으로 해석하여 신학적으로 명성을 얻었다. 1561년부터 1563년 사이 프랑스 리용에 머물 때, 1562년 삼촌이 죽자 취리히로 가서 삼촌의 유고를 수집하여 요한복음 서문에 대한 『해석』(Explicatio)을 썼다. 예수는 하나님이 아니라 단지 하나님의 고난 받은 종에 불과하다는 내용으로 예수 그리스도의 신성을 부인하였는데, 이때부터 그는 삼촌의 신학적인 입장을 따른 것으로 보인다.

소지니는 1563년에 영혼의 불멸에 대한 믿음을 버렸다. 그 후 투스카니(Tuscany)로 가서 이사벨라(Isabella de Medici) 여왕을 섬기다가, 1574년 바젤에 정착하였다. 1578년 『예수 그리스도의 속죄 사역』(De Jesu Christo Salvatore)이라는 책을 써서 정통적인 기독론을 배척하였으나 출판하지는 않았다. 확신 있고 비판적인 급진주의자였던 그는 1580년 폴란드로 가서 1604년 죽을 때까지 그곳에서 살았다.

소지니는 사람들에게 세상사에 대하여 적극적인 자세를 취할 것을 권면했다. 아무 것도 하지 않는 것을 덕으로 생각하던 라코우 시민들에게 세금을 내고, 법정을 이용하고, 사유 재산을 갖고 투자하여 이윤을 내며, 사형 언도나 집행에 관련된 직위가 아니라면 공직을 맡으라고 권하였다. 1589년에 열린 흐미엘니크 대회에서 임박한 천년왕국에 대한 신념을 포기하고 현실에 충실할 것을 설득하여 많은 지지자를 얻어냈다. 삼위일체 교리를 부정하는 단일신론주의자들에게, 아무리 그들이 부정한다고 해도 그리스도를 신처럼 예배해야만 신약에 충실한 것이라고 설득함으로 자신의 폭넓은 면모를 소개했다.

소지니가 죽은 다음 해인 1605년에 그의 제자 중 슈말츠(Valentine Schmalz)와 푀엘켈(Johannes Voelkel) 등이 『라코비안 요리문답서』(Racobian Catechism)를 발행하였다. 문답서는 8개항으로 구성되어, 합리주의적 사상과 초자연주의를 표방하며 삼위일체 교리를 반대하는 것을 특징으로 한다. 그 내용은 다음과 같다.

(1) 진리의 유일한 기초는 성경이다. 신약은 기적 중의 기적인 부활에 의해 믿을 수 있고, 이와 같이 초자연적인 사건에 의해 입증된 신약이 구약을 보증한다. 신구약 성경이 존재하는 목적은 인간의 오성에게 영생의 길을 보여주는 데 있다. 성경에는 이성을 초월하는 것들을 다루고 있지만 반이성적인 가치는 없다. 그러나 오류가 있는데, 이러한 오류는 역사적인 비평을 통해 교정되어야 한다. 이성과 상식에 배치되는 것은 하나님의 계시가 될 수 없기 때문이다.

(2) 구원의 길은 지식과 거룩한 삶을 통하여 이루어진다.

(3) 성경 속에 삼위일체에 대한 공식이 존재하나 그에 대한 언급이 없으므로 삼위일체 교리를 인정할 수 없다. 하나님은 세상을 무가 아닌 주어진 혼돈 가운데 창조하였으므로, 그는 단지 만물의 주인일 뿐이다. 예수는 선지자의 사명을 부여받은 단순한 인간이며, 성령은 신적인 권능이다. 인간이 하나님의 형상을 가졌다는 것은 이성적인 존재이기 때문이다. 아담은 완전한 사람이 아니라 원시적인 인간이요, 죽도록 창조된 존재였다. 곧 아담에게는 불멸성이나 완전성이 없었다. 아담의 타락은 감성에서의 타락이므로 자유의지는 손상되지 않았으며, 타락 후에도 인간은 하나님께 순종할 수 있는 자유의지를 가지고 있다. 따라서 원죄는 부정되고 죄책감이 없는 죄는 있을 수 없다.

(4) 예수 그리스도는 죽을 수 있는 존재였으나, 우리와 똑같은 인간은 아니다. 그는 처녀 마리아로부터 기적적으로 출생함으로서 하나님의 독

생자가 되셨고, 하나님의 지혜와 권능을 부여받았다. 그는 하나님의 뜻을 완전하게 계시하였고, 완벽한 도덕적 모범을 보이셨고, 죽음으로 입증하셨다. 하나님이 그를 죽음에서 일으키셨고, 승천할 때에 양자(養子) 관계의 신성을 부여하셨고, 세상의 공동 통치자로 만들었다. 그리스도는 참으로 인간이시며, 신비스러운 삶을 살았던 초인(superman)이시다.

(5) 그러므로 예수 그리스도는 예배와 기도의 대상이 된다.

(6) 그리스도인의 생활은 하나님 안에서 즐거움, 기도와 감사, 세상 부정, 겸손과 인내에 있다. 그러한 생활의 결과로 죄 사함과 영생이 있게 된다. 칭의 교리는 부정되며, 의로워지려면 율법을 지켜야 한다.

(7) 예수 그리스도는 하나님으로부터 부름을 받은 선지자였고, 왕이었지만, 그의 속죄 사역은 신빙성이 없다.

(8) 하나님의 공의는 단지 하나님의 외적인 행위로 나타나며, 하나님의 본질적인 자질이나 속성이 아니다. 그러므로 하나님은 인간의 죄를 위한 속죄를 요구하지 않는다. 하나님은 그의 의지와 절대 선으로 그를 믿거나 순전한 삶을 살려고 하는 자들에게 죄를 용서하시고 은혜를 베푸는 분이다.

이와 같이, 소지니주의는 삼위일체 교리 외에 원죄, 거듭남, 죽음에 대한 예정, 대속과 이신칭의 교리를 부정하고, 신자의 도덕적 삶을 강조하였다. 구원은 믿음으로 얻는 것이 아니라 선행에 의해 이루어진다고 보았다. 즉 예수 그리스도에 의해 계시되고 최고의 모범이 나타난 율법에 적극적으로 순종함으로 구원을 얻을 수 있다는 것이다.

소지니주의는 지적인 믿음을 강조하여 루터파와 개혁파의 정통주의와 유사성을 보여주었으나, 전통적인 삼위일체와 기독론을 거부하고, 이신칭의 교리를 부정한 점에서 종교개혁자들의 기독론과는 달랐다. 이러한 소지니주의는 결국 합리주의 신학으로 발전하였다. 소지니주의자들은 그리스도의 죽음이 단지 그가 순종의 사람이라는 것을 보여준 것이요, 그의 부활은 신적인 사명을 가진 자라는 것을 보여준다는 것뿐으로, 그리스도의 속죄와 구속과 같은 단어들을 재해석하였다. 그들은 만족설을 부인하고 도덕적 감화설을 주장하였다.[40]

소지니주의는 중세 후반의 유명론과 르네상스의 인문주의 사상을 받아들이면서, 성경의 교리나 내용이 인간의 이해에 의하여 타당성이 증명될 수 있다고 보았다. 그들은 인간의 이성에 반대되는 것을 믿을 수 없다고 주장하여, 성경 해석의 기초를 이성적인 인지성과 도덕적 유용성에 두었다. 이러한 소지니의 반기독교적인 신학 사상은 계몽주의 시대에 접어들어 시작된 자유주의 신학의 효시가 되었다.

---

40. 이와 같은 소지니의 이단적인 사상에 대하여 우리는 다음과 같이 반박한다. 하나님에게는 본질적인 의가 있어, 이에 따라 죄인이 심판을 받아야 하지만 하나님은 자비로운 분이므로 인류를 보존하기를 원하셨다. 이에 그리스도께서 오셔서 하나님에 대한 만족을 지불하셨다. 우리가 받아야할 형벌을 그리스도께서 대신 받으셨으므로, 하나님은 그의 의를 범하지 않고도 은혜로 죄인을 용서하실 수 있다.

제9장

칼빈과 제네바의 종교개혁

루터의 종교개혁이 일어난 지 50년 만에 독일의 대부분이 종교개혁에 가담하였다. 독일인의 90%가 프로테스탄트가 되고 겨우 10%만이 천주교 신앙을 고수할 정도였다. 프로테스탄트 가운데 20%가 재세례파, 츠빙글리파, 칼빈주의자였고, 나머지는 루터파 신앙을 고백하였다. 이러한 독일의 종교개혁은 스위스 종교개혁의 분위기를 조성하였는데, 특히 취리히와 제네바 종교개혁의 기초가 되었다.

제네바의 종교개혁은 칼빈에 의해 완성되었다. 칼빈은 아주 강하고 초지일관형의 인물로, 당시에 라파엘, 미켈란젤로, 스펜서, 셰익스피어, 에라스무스, 루터와 츠빙글리 등 수많은 인걸들이 있었지만, 이들 가운데 칼빈보다 인류 역사에 큰 유산을 남긴 이는 없다. 그는 사람을 배려하고 애정을 베푸는 타입으로,[41] 열정적으로 그리스도의 나라와 복음을 위해 헌신한 사람이었지만, 사람들이 모두 그를 좋아하거나 존경하지는 않았다. 때로는 인간성이 없는 신학자로 비판하기도 하였다.

칼빈은 루터와 츠빙글리와는 달리 2세대의 개혁자로, 그들보다 25세나 어렸다. 루터가 비텐베르크대학에서 성경을 강의하고 있을 때 칼빈은 겨우 읽고 쓰기를 배웠고, 츠빙글리가 취리히에서 설교 운동을 전개할 때 칼빈은 겨우 열 살의 소년이었다. 칼빈은 루터를 무척이나 존경하였고, 흠모하였다. 그러나 두 사람은 대조적으로, 루터가 사교적이며 외향적인 성격의 사람이라면, 칼빈은 수줍음을 잘 타는 내성적인 성격의 소유자였다.[42] 루터가 자유분방하여 각계각층의 사람들과 친하게 어울리는 등 호탕한 반면, 칼빈은 대차고 꼼꼼한 성격이었다.[43]

---

41. 이러한 일화가 있다. 한 번은 칼빈이 피에르 비레에게 두 학생 편에 한 편지를 보냈다. 한 학생이 편지 가진 학생을 질투하는 조짐을 보이자, 칼빈은 다른 편지를 써서 맨손으로 가는 학생에게도 들려주었다. 그 내용은 그 편지도 귀중한 내용인 것처럼 해 달라는 것이었다. 이와 같이 칼빈은 사람을 배려할 줄 아는 지도자였다.
42. 칼빈은 시편 주석에서, "나는 수줍고 소극적인 성격 때문에 언제나 조용하고 외딴 곳을 좋아하였다." 그리고 "나는 천성적으로 소심하고 유약하며 겁 많은 성격이었다."고 자신의 성격을 평한 바 있다(Calvin 1949, 60, 63). 루이스 스피츠는 칼빈의 인물 됨됨이에 대하여, "그는 중간키에 창백한 안색이었으며 검은머리와 수염을 가지고 있었다. 당시 그를 만난 사람들은 특히 그의 광채 나는 눈동자에 깊은 인상을 받았다. 의복은 소박하였으며, 소식(小食)을 하고, 잠을 적게 자는 편이었다. 굉장한 재치가 있었고, 관찰력이 뛰어났으며, 특히 천부의 기억력을 가지고 있었다. 그는 명랑할 때도 있었고, 때로는 익살을 부리는 경우도 있었으며, 특히 동음이의어를 이용하여 웃음을 자아내는 소질이 있었다."고 하였다(Spitz 1983, 223).
43. 루터와 칼빈은 서로 만난 적이 없지만 상호 신뢰와 존경심을 표하였다. 1539년 칼빈의 『교훈과 신앙고백』(Instruction and Confession of Faith)을 읽은 루터는 "이 저자야말로 학문과 경건을 소유한 인물임에 틀림없다. 만약 외콜람파디우스와 츠빙글리가 처음부터 이와 같이 명료하였더라면, 그처럼 불쾌한 논쟁을 벌이지 않았을 것인데"라고 말하면서 칼빈을 높이 평하였다. 칼빈 역시 루터를 마음 깊이 존경하고 있었다. 칼빈은 어느 날 하인리히 불링거가 편지로 루터를 비난하자, 다음과

1. 개혁자로의 준비

칼빈(John Calvin, 1509~1564)은 1509년 7월 10일 파리 북동쪽 약 100km에 위치한 피카르디(Picardy)의 노용(Noyon)에서 꼬뱅(Gerad Cauvin)과 르프랑스(Jeanne Lefrance)의 다섯 명의 자녀 가운데 넷째 아들로 태어났다. 아버지 꼬뱅은 자수성가한 신흥 중산층으로, 노용의 주교 비서관과 성당 참사회의 법률 자문관을 맡아 일했고, 어머니 르프랑스는 칼빈이 3살 때에 세상을 떠났다.

아버지 코뱅은 귀족 앙제(Hangest) 가문과 가까이 지냈다. 칼빈은 이 집안의 자제들과 친했고, 그들 때문에 상류 사회의 생활양식에 익숙할 수 있었다. 칼빈의 형제들 가운데 2명은 아주 어렸을 때 사망하였고, 바로 위의 형인 샤를(Charles)은 노용의 사제로 파란만장한 생애를 살다가 1537년 교회로부터 출교 당한 후 사망하였다. 동생인 앙뜨앙느(Antoine)는 제네바에서 칼빈의 개혁을 도왔다(McNeill 1990, 108).

칼빈은 아버지의 보살핌과 사랑 가운데 자라났다. 칼빈의 아버지는 노용 교회의 주교 샤를 드 앙제(Charles de Hangest)의 서기로 일하면서 교회 당국과 밀접한 관계를 가졌다. 칼빈은 열한 살에 노용 성당에 있는 라 게진느(La Gesine) 채플의 사제 보조직에 임명받아 성직록(聖職祿)을 받았다.

같이 권면함으로 루터에 대한 존경심을 표현하였다: "루터가 얼마나 위대한 인물인가 부디 기억하시기 바랍니다. 그는 재능이 뛰어나고, 용기 있으며, 건전하고, 유능하며, 학구적이며, 효과적으로 구원의 교리를 전파했습니다. 그가 적그리스도를 물리치기 위하여 얼마나 열성을 기울였는가를 살펴보십시오. 내가 이미 여러 번 언급한 것처럼, 그에 대한 나의 생각에는 추호의 변화도 없습니다. 설령 그가 나를 악마라고 한다 해도, 나는 그를 여전히 존경하고 훌륭한 하나님의 종으로 대할 것입니다"(Spitz 1983, 198~199). 이와 같이 두 사람은 서로 아끼고 존경하였고, 성경에 기초하여 부패한 교회를 개혁하고자 하였다.

칼빈처럼 어린아이가 성직록을 받는 것은 당시의 교회법에 반하는 것이었지만, 공부를 아주 잘하는 아이들에게는 예외적으로 장학금 형식으로 제공되었다. 칼빈의 아버지 꼬뱅은 재혼하여 두 딸을 더 두었는데, 그들 중 마리에(Marie)는 제네바에서 칼빈을 돕곤 했다.

인문주의자 칼빈

칼빈은 노용에서 초등교육을 받고, 1523년 8월 주교의 친척이던 앙제(Hangest de Montmors)가(家)의 아이들과 함께 파리로 유학하였다. 대장장이로 일하던 삼촌의 집에 기거하면서 라 마르세대학(College de la Marche)에 등록하여 라틴어의 대가인 코르디에(Mathurin Cordier)를 만나 라틴어를 배웠고, 문장력의 기초를 닦았을 뿐만 아니라 인문주의 사상을 접할 수 있었다.[44] 그러나, 얼마 지나지 않아, 사제가 되겠다는 결심을 하고 몽테귀대학(College de Montaigue)으로 전학하였다.

몽테귀대학은 학구적이고 종교적이었지만 지나치게 금욕주의적이었다. 소량의 식사를 제공하고, 짧은 수면 시간을 허락하면서 엄하게 공부시켰다. 이러한 생활 때문에 칼빈은 소화불량에 걸려 평생 고생하였다. 그는 그곳에서 좋은 스승들을 만났다. 그 가운데 하나가 스코틀랜드 출신의 옥캄주의자 존 메이저(John Major)였다. 메이저는 1525년 파리에 온 박학한 스콜라 철학자로, 『영국의 역사』(History of Great Britain, 1521), 『복음서 주석』(Commentary on the Gospel, 1529)과 같은 책을 썼고, 이 책들을 통하여 존 위클리프(John Wycliffe), 얀 후스(Jan Hus), 루터의 종교개혁 사상을 소개하고,

---

44. 칼빈과 코르디에의 관계는 코르디에가 1539년 칼빈을 제네바로 초청하는데 결정적인 영향력을 행사한 것을 통해서도 알 수 있다.

비판하였다. 종교개혁자들에 대한 메이저의 비판은 어린 칼빈으로 하여금 종교개혁에 대한 관심을 불러일으킨 것으로 보인다. 칼빈은 메이저로부터 스콜라 철학과 유명론에 대해 배울 수 있었다.

1527년 노용 참사회는 칼빈이 학문적인 진보를 이룬 것에 대한 포상으로 마르트빌(St. Martin de Martville)의 사제보(司祭補)로 임명하였다. 2년 뒤에 칼빈은 마르트빌 사제보 직분을 노용에서 가까운 퐁 레벡(Pont L' Eveque)의 사제보와 교환하였다. 칼빈은 몽테귀대학 시절 많은 친구들과 따뜻한 우정을 나누었고, 특히 왕의 주치의요 인문주의 지지자였던 기욤 콥(Guillaume Cop)과 절친하게 지냈으며, 1528년 초반에 몽테귀대학에서 문학 석사 학위를 받았다.

1529년 3월, 교회 참사회와 불편한 관계를 갖게 된 칼빈의 아버지는 칼빈에게 신학 수업을 중지하고 법률을 공부하라고 명하였다. "법률가가 되면 부와 명예를 얻을 수 있다고 생각하여 갑자기 진로를 바꾸도록" 한 것이다(Calvin 1949, 60). 효자였던 칼빈은 신학 공부를 중단하고, 아버지의 뜻에 따라 법률 공부를 하기 위해 오를레앙(Orleans)으로 옮겼다.

칼빈은 오를레앙대학에서 현실적인 보수주의자 레토왈(Pierre de L' Etoile, 1480~1537) 교수를 통하여 고전 문학에 관심을 가지게 되었고, 인문주의 사상에 깊이 빠지게 되었다. 그는 멜키오르 볼마르(Melchior Wolmar)에게서 그리스어를 배웠고, 그를 통해 루터의 종교개혁사상에 접할 수 있었다. 루터의 지지자였던 볼마르는 고전에 대한 해박한 지식을 가지고 있었고, 호머(Homer)에 관한 글을 썼다. 칼빈은 볼마르를 통하여 고전에 대한 지식을 넓혔으며, 그 해 말 즈음에 볼마르가 부르제(Bourges)로 옮기자, 그를 따라 전학하였다. 이는 칼빈이 그를 존경하였고, 인문주의 사상에 빠져 있었음을 보여주는 예이다.

부르제에서 칼빈은 알키아티(Andrea Alciati, 1493~1550)의 강의를 들으면서 더욱 인문주의에 심취했다. 학생으로서 칼빈의 진정한 관심은 법학이 아니라 어학과 문학과 고대 문화에 관한 것이었다.

1531년 5월 26일 아버지의 죽음은 칼빈의 진로를 다시 바꾸어 놓았다. 신학 수업에 대한 미련을 버릴 수 없었던 그는 프랑수아 1세가 1530년에 세운 콜레지 포르테(College Fortet)의 왕립 강좌(Royal Lecture)에 등록하였고, 헬라어와 히브리어를 배움으로 신학 공부를 재개하였다. 법률과 관계된 직업을 가질 마음이 없었지만, 법률 공부를 중단할 생각도 없었던 칼빈은 공부를 계속하여 1532년 1월 14일 오를레앙대학에서 법학 박사학위를 받았다.

1532년 4월 칼빈은 그의 첫 번째 글인 『관용에 관한 세네카의 두 저서에 대한 주석』(Commentary on Lucius Anneas Seneca's Two Books on Clemency)을 출판하였다. 이 책에서 칼빈은 자신을 인문주의자로 소개하면서, 군주의 미덕이 관용임을 내세워 정부 당국에 종교적 관용을 베풀라고 충고하였다. 이 책에서 그는 네 가지 종교적인 질문, 곧 이교와 기독교, 미신과 진정한 종교의 차이점, 인간 영혼의 기원과 성격, 하나님의 통치와 인간 통치의 차이점을 다루었다. 칼빈의 이와 같은 종교적인 질문은, 베틀즈 교수(Ford Lewis Battles)가 지적한 것처럼, 이미 그가 바른 종교가 무엇인지를 알고 있었음을 보여주는 것이다(Calvin 1536, 27). 칼빈의 세네카 주석은 학자들로부터 호평을 받지 못하였고, 팔리거나 읽히지도 않았다. 그러나 이처럼 실망스러운 경험은 합력하여 선을 이루어 그를 인문주의자로부터 개혁자로 만드는 계기가 되었다.

칼빈의 회심

세네카의 관용론에 대한 주석을 쓰고 있을 때 칼빈은 옷 장사를 하면서 성경을 보급하던 왈도파 교인 에띠네 드 라 포르쥬(Etienne de la Forge)

집에서 하숙하고 있었다. 포르쥬는 루터의 글을 탐독하였고, 겁 없이 종교개혁사상을 전파하였으며, 성경과 복음적인 팸플릿을 보급하였고, 네덜란드로부터 온 종교적 피난민들에게 항상 집을 개방하곤 하던 인물이었다.

칼빈은 이러한 전도자 포르쥬를 통하여 종교개혁에 대해 관심을 가지게 되었고, 회심하게 된 것으로 보인다. 그는 시편 주석에 당시의 기억을 아래와 같이 썼다: "내가 깊은 수렁에서 빠져 교황제의 미신에 완고하게 잡혀 있었기 때문에 하나님께서는 (나이에 비해 너무 강퍅한) 나의 마음을 거꾸러뜨려 고분고분하게 만드셨다. 진정한 경건에 대한 맛을 약간 음미한 후 그것을 추구하겠다는 열심이 불타오르게 되었다. 비록 내가 다른 공부들을 버리지는 못했지만 열의는 훨씬 식었으며 일년이 채 안되어 이보다 순수한 교리를 사모하는 많은 자들이 풋내기에 불과한 나에게 몰려와서 배우고자 하였다"(Spitz 1983, 202). 칼빈은 이와 같이, 시편 주석과 1539년에 사돌레토에 대한 반론을 통하여, 자신의 회심에 대해 언급하였지만 계기에 대해서는 밝히지 않았다.

칼빈의 회심에 대해서 맥닐은 칼빈이 성직록을 포기하기 위해 노용 성당에 돌아왔던 1534년 4월 5일과 5월 4일 사이에 일어났을 것으로 추정하지만, 베틀즈는 세네카의 주석을 썼을 때로 본다. 세네카 주석에서 칼빈은 앞 쪽에서 지적한 것과 같이 이교와 기독교의 차이점, 인간의 영혼의 기원과 성격, 하나님의 통치와 인간 통치에 대해 썼는데, 이러한 것에 대한 관심을 나타낸 것을 보면 이미 그가 개종하였음을 보여준다고 하였다(Calvin 1536, 27). 루이 구마(Louis Goumaz)가 칼빈의 회심에 대해 평가하였던 것처럼, "성경은 칼빈의 회심을 위한 도구였다. … 그 속에서 자신이 종교적 성품을 형성한 양식과 그의 인문주의적이고 법률적 정신에 공감되는 보고를 발견했다."(Calvin 1536, 30).

칼빈은 오를레앙에서 1년간 머문 후 1533년 8월 노용을 방문하여 그 동안 교회가 베풀어준 은혜에 대하여 감사를 표하고, 10월에 파리로 돌아왔다. 파리 도착과 함께, 그는 파리대학 학장에 취임하게 된 니콜라스 콥(Nicholas Cop)으로부터 학장 취임 연설문 작성에 참여해 달라는 요청을 받았다. 칼빈은 연설문 작성에 참여하였고 그 초안문에서 "세상과 악한 자들은 신자들에게 순수하고 진지하게 복음을 전하는 자들을 이단, 미혹하는 자들, 악한 말을 하는 자들, 그리고 사기꾼이라고 불러왔습니다. … 그러나 환난 가운데서 하나님께 감사하면서 이 모든 것을 태연히 견디는 자들은 복이 있는 자들입니다. 그 분은 '기뻐하라. 하늘에서 너희 상이 큼이니라.' 고 말씀하십니다."(Calvin 1536, 23)라고 하여 검이 아닌 말씀에 기초한 교회 평화의 유지, 모든 학문의 유용성, 성경적이고 복음적인 개혁을 주장하였다.[45]

콥은 11월 1일 만성절 날(All Saint's Day) 학장에 취임하면서 칼빈이 작성해 준 연설문을 낭독하였다. 이 연설문은 프랑스 종교개혁의 관건이 되었지만, 그 중요한 내용은 르페브르의 성경적인 인문주의와 루터의 종교개혁사상이 가미되어 있었다. 콥의 학장 취임 연설은 칼빈이 종교개혁자로 나선 출발점이 되었고, 프랑스 종교개혁의 봉화를 높이 들므로 왕실의 박해를 초래하는 계기가 되었다.

종교개혁 사상이 확산되자, 프랑수아 1세는 대노하여 12월 10일 다음

---

[45]. 랭(August Lang), 두메르그(Emile Doumergue), 바르트(Peter Barth), 카디에(Jean Cadier)와 같은 학자들은, 이를 칼빈의 첫 번째 설교로 간주한다. 그러나 뮐러(Karl Mueller), 맥닐(John T. McNeill), 방델(F. Wendel), 가노키(Alexander Ganoczy), 워커(W. Walker)와 같은 이들은 그것이 콥의 초안이므로 콥의 설교로 보아야 한다고 주장한다.

과 같은 서한을 의회에 보냈다: "우리의 사랑하는 도시 파리, 우리 왕국의 수도에서 일어난 사건 때문에 짐은 심히 불쾌합니다. 우리 왕국의 최고 대학에는 저주받을 루터파 이단들이 득실거리고 있습니다. 우리는 그들이 더 이상 확산되는 것을 막기 위해서 모든 대책을 강구하여야 하겠습니다."(Calvin 1536, 23). 왕명이 내려지자, 당국은 칼빈과 콥을 소환하였다. 소환에 응하면 처형될 것이 확실해지자, 콥은 바젤로 피신하였다. 콥이 피신한 것을 확인한 경찰은 비밀리에 칼빈이 머물던 콜레지 포르테의 숙소를 포위하였지만, 칼빈은 침대보를 꼬아서 옆 빌딩으로 도망함으로 생명을 구하였다.

칼빈은 프랑스 남서부에 있던 친구 루이 뒤 띠에(Louis du Tillet)의 집으로 피신하였고, 1534년 4월 프랑스 종교개혁의 선구자인 르페브르(Jacques Lefèvre d'Étaples)를 방문하여 프랑스 당국의 종교 정책과 이에 대한 기독교인의 처신 방법에 대해 자문을 구하였다. 이 때 칼빈의 내적인 갈등은 절정에 달하였고, 고통스럽지만 피할 수 없는 결단을 내려야만 하는 상황에 놓여있었다. 칼빈이 르페브르에게 급진적인 개혁이 필요하지 않느냐고 묻자, 100세가 다 된 노인 르페브르는 청년 칼빈에게 신중하게 그러면서도 온건하게 종교개혁을 전개하라고 권하였다. 이 때의 일을 베자는 다음과 같이 기록하였다.

르페브르 - 세상에, 부디 보다 온전한 생각을 갖게. 잘못하면 하나님의
 전을 청소한다고 하면서 부수고 말겠네.
칼빈 - 이 건물을 그냥 일부만 수리하기에는 너무나 깊이 썩었습니다.
 일단 부수어 버린 후에 차라리 그 곳에 새 집을 짓는 것이 나을 것
 같습니다.
르페브르 - 혹이라도 무너지는 담에 다치지 않도록 주의하게. … 자네

는 하나님께서 귀히 쓰시려고 택하신 도구일세. 하나님께서 자네를 통해 우리나라에 그의 왕국을 건설하실 것으로 믿네 (Stickelberger 1977, 23~24).

칼빈은 르페브르와의 대화 후 종교개혁에 대한 더욱 확고한 입장을 가지게 되었고, 1534년 5월 4일 노용으로 가서 소년 시절부터 공부할 수 있게 도움을 준 성직록을 포기하는 서명을 했다. 성직록의 포기는 천주교회와의 단절을 의미하는 것이었다.

1534년 여름부터 수많은 지성인들이 신속한 종교개혁을 요구하기 시작하였다. 10월에 접어들면서 개혁자들의 요구는 거세어졌고, 종교개혁을 요구하는 전단이 파리 전역에 살포되었다. 프랑수아 1세는 사회적 혼란을 두려워하여 종교개혁자들을 체포하라고 명하였다.

이 때 피드몽(Piedmont) 지역의 왈도파 교회에서 일하던 칼빈의 사촌형 피에르 올리베탕(Pierre Robert Olivetan)이 성경을 프랑스어로 번역하고 칼빈에게 서문을 써 달라고 부탁하였다. 올리베탕의 성경은 1535년 뇌샤텔에서 인쇄되어 출판되었다. 같은 시기에 재세례파에 의해 영혼수면설이 널리 유포되자, 칼빈은 『영혼 수면설에 관하여』(Psychopannychia)라는 책을 써서 재세례파의 위험성을 지적하고, 사람이 죽으면 그 영혼이 육체의 부활 때까지 잠자는 것이 아니라 천국이나 음부에 들어가게 된다고 설명하였다.

칼빈과 『기독교 강요』

칼빈은 교회의 개혁을 꿈꾸면서 메츠(Metz)에서 스트라스부르(Strasbourg)로, 스트라스부르에서 바젤로 여행하면서 종교개혁자들을 만나 종교개혁에 대한 지혜를 얻었다. 여행 중이던 1535년 2월 15일 칼빈은 에띠엔 포르쥬와 바델르미 밀론이 화형에 처해졌고, 많은 개혁자들이 박해를 당하고 있다는 소식을 들었다. 가혹한 탄압 소식을 전해 들은 독일을 비롯한 유럽 여러 나라들이 프랑스의 잔인한 종교 정책을 비난하였다. 프랑스 교회 당국은 이 일을 은폐하기 위해 1535년 2월 말경 소책자들을 유포시켰는데, 그 내용은 처형된 자들은 재세례파와 선동자들이며, 처형된 이유는 헛된 꿈과 거짓된 생각으로 종교만이 아니라 정치 질서까지 전복하려 했기 때문이라고 하였다.

    칼빈은 개혁자들의 죽음이 왜곡되게 소개되고, 종교개혁이 이단으로 매도되는 것을 보고 참을 수 없었다. 그는 프랑스 안에서 박해받는 종교개혁자들의 신앙을 변호하고, 그들의 죽음을 옹호하기 위해 루이 뒤 띠에의 집에서 『기독교 강요』(The Institutes of the Christian Religion)를 집필하기 시작하여 1535년 8월 23일 완성하였다. 그는 이 책을 통하여 바른 신앙과 개혁자들이 주장하는 실상에 대해 프랑수아 1세에게 밝히려고 하였다. 1536년 3월 스위스 바젤의 인쇄업자였던 토머스 플래터(Thomas Platter)와 라시누스(Balthasar Lasinus)에 의해 『기독교 강요』가 출판되었다.

    『기독교 강요』는 박해받는 성도들의 진상을 밝히는 변증서였다. 그는 "너무나도 값진 내 형제들이 당한 죽음의 의미를 의롭지 못한 자들 앞에서 옹호하며, 이들의 슬픔과 아픔을 위로하기 위해, 또한 동일한 위협이 수많은 사람들 앞에 놓여 있으므로" 이들을 변증하기 위해, 이 책을 썼다고 진술하였다(Calvin 1536, 33). 이 책은 부제가 말하는 것처럼 교리 문답서로, "구원론을 이해하는데 필수적인 제반 사항과 경건의 내용을 망라하였고, 경건에 관심이 있는 사람들이 모두 한 번쯤 읽을 만한 가치가 있는 저서"였다. 그는 프랑수아 1세에게 다음과 같이 저술의 목적을 소개했다: "오로지 저의 목적은 종교적 열정을 지닌 사람들이 참된 경건에 이르도록 하기 위한 확실한 기본 원리를 전달하려는 것입니다. … 간단하고 초보적인 교리 형태로 말입니다"(Calvin 1536, 34). 칼빈은 이 책을 출판하면서 신변보호 차원에서 자신의 이름 대신 마르티누스 루카니우스(Martinus Lucanius)라는 가명을 사용하였다.

칼빈은 『기독교 강요』를 프랑수아 1세에게 헌정하면서 박해받는 종교개혁자들에게 관용을 베풀 것을 탄원하고, 천주교도들이 프로테스탄트에 대해 비판하는 네 가지, 즉 새로운 종교이며, 미지의 것이며, 불확실하며, 기적에 의하여 확증되지 않는다는 것에 반론을 제시했다. 다음으로, 천주교회와 교부들 사이에 있는 괴리(乖離)를 지적하고, 교부들의 신앙을 계승하는 것이 천주교회가 아니라 프로테스탄트라고 주장하면서 천주교회의 오류들을 열거하였다. 참된 교회는 말씀과 성례가 바르게 시행되는 곳에 있으며, 복음 전파는 소란을 일으키지 않는다는 이야기도 했다. 마지막으로, 종교개혁자들에 대한 왕의 자세 변화를 촉구하고, 만약 왕이 신실한 하나님의 백성들을 계속하여 박해한다면, 하나님께서 직접 보복하실 것이라고 경고하며 글을 맺었다(Calvin 1536, 37~38).

칼빈은 『기독교 강요』 제1장에서 십계명을 중심으로 율법의 역할을 다루었다. 율법의 기능은 인간의 무능함을 깨닫게 하여 죄인을 그리스도에게로 인도하는 것임을 밝히고, 결론 부분에서는 율법의 효과와 칭의 문제에 대해 설명하였다. 제2장은 믿음에 대해 다루었는데, 믿음의 본질과 사도신경에 대한 강해가 그 대부분을 이루고 있다. 제3장은 주기도문을 설명하면서 기도에 대해, 제4장은 성례를 다루었다.

칼빈에게 성례는 세례와 성찬뿐으로, 상징적인 행위이자 동시에 주님의 약속과 결부되어 있는 은혜의 수단이었다. 그는 재세례파와 도나투스파의 세례관을 비판하면서, 세례는 "사람들 앞에서 신앙을 고백하는 상징이요 표지"라고 선언하였다. 성찬에 관해서는 성찬이 잘못 시행되어

온 두 가지 관례를 비판하였다. 성례의 존엄성을 지나치게 높일 때 미신에 빠지기 쉬우며, 반대로 성례의 가치와 유익을 가볍게 여길 때 성례를 무시하게 된다고 하였다. 제5장에서는 천주교의 거짓성례들을 다루며 견진성사와 종부성사, 혼배성사에 대하여는 간략하게, 고해성사와 신품성사에 대해서는 장황하게 비판을 가했다.

마지막 장(章)에서는 그리스도인의 자유에 대하여 논하였다. 교회와 정부의 관계에 대하여, 두 기관은 하나님이 세우신 동등한 기관이고, 그리스도의 지배 아래 있으며, 하나님의 영광을 위하여 존재한다고 하였다. 그는 통치권의 목적과 통치의 방법에 대하여 다음과 같이 언급하였다: "만일 나라를 다스리며 하나님의 영광을 위해 일하지 않는 왕이 있다면, 그는 왕의 법도를 따르는 것이 아니라 산적 행위를 하고 있는 것이다. 더구나 왕국이 하나님의 왕권, 즉 거룩한 말씀에 의해 통치되고 있지 않는데도 지속적으로 번영하기를 바라는 것은 속이는 것이다. 왜냐하면 '예언이 없으면 백성이 흩어진다.' (잠 29:18)고 선포하는 하늘의 음성은 거짓일 수 없기 때문이다" (Calvin 1536, 48). 칼빈은, 루터가 인간의 칭의를 강조한 것과는 달리, 그리스도 안에서 인간들에게 계시하여 주신 하나님의 능력과 은혜와 영광을 선포하는 것을 그의 신학의 목표로 삼았다.

칼빈은 통치자와 백성의 관계에 대해 논한 후, 그리스도인이 폭군에 대해 취해야할 자세를 설명하였다. 그는 먼저 폭군을 법 위에 군림하는 자로 규정하고, 폭군의 나타남은 백성의 죄를 벌하려는 하나님의 뜻이라고 하였다. 폭군이 나타났을 때 그리스도인 개개인은 그에 저항하지 말고, 다만 폭정이 사라지기를 위해 기도해야 한다. 그러나 국정을 맡은 행정 관료들은 폭군에 대해 침묵해서는 안 된다. 모든 나라에는 최고 통치자가 있고, 그를 견제하는 중간 통치자들이 있는데(로마의 집정관을 견제하기 위해 원로원이 있듯이), 중간통치자가 폭군의 만행을 제어하지 않는다면 직무를 유기하는 것이다. 이러한 칼빈의 정치사상은 폭군에 대한 탄핵을 가능하게 하는 진보적인 사상으로, 후에 칼빈주의자들이 폭정에 대한 적극적인 저항을 하는 기초를 제공하였다.

『기독교 강요』는 1536년 출판된 이래 여러 번의 증보판을 내고, 1559년 최종판이 나왔다. 칼빈은 1539년 초판의 미비한 점을 보완하여 알쿠이누스(Alcuinus)라는 필명으로 바젤에서 증보판을 내었다. 책의 두께는 3배로 늘어났고, 17장으로 확장되었다. 책의 크기는 세로 13인치와 가로 8인치로 436쪽이었고, 11개의 새로운 장들 가운데 2개는 1536년도 판의 첫 장 앞에 덧붙였고, 3개는 마지막 장 뒤에 첨부했으며, 나머지는 본래의 6장 사이사이에 삽입되었다. 새로운 장에는 하나님에 대한 지식, 신약과 구약의 유사성과 차이성, 예정과 섭리, 그리스도의 생애 등이 포함되었다. 칼빈은 1541년에 나온 증보판을 프랑스어로 출판하였다. 프랑스 당국은 이 책을 금서 목록에 올리고, 1544년 노트르담에서 불에 태웠다. 그럼에도 불구하고, 『기독교 강요』는 1543년, 1545년, 1550년, 1553년, 1554년에 재판되었다. 1543년 라틴어 판은 21장으로 증보되어 출판되었고, 1550년에 출판한 책에서는 소제목을 붙였다.

최종판은 제네바의 로베르 에띠네(Robert Etienne) 출판사에 의하여 1559년에 나왔고, 본래 내용의 5배 정도 늘어났다. 4권의 책으로 나뉘어, 제1권은 성부 하나님, 제2권은 성자, 제3권은 성령, 마지막 권에서는 교회에 대하여 다루었다. 이와 같이 책을 증보하여 낸 것은 "신학생들로 하여금 하나님의 말씀을 읽기 위한 준비를 하도록" 하기 위해서였다. 책을 출판할 때에 여러 번의 수정을 거치다 보면 내용이 달라지는 경우가 대부분이나, 칼빈은 초판과 최종판에서 동일한 입장을 나타냈다. 그래서 많은 학자들은 칼빈의 사상이 시종일관하다고 평가한다.

칼빈은 종교개혁에 대한 지지를 얻기 위해서 1536년 페라라(Ferrara)의 공작부인이요 공주인 르네(Renée)를 방문하였지만 만나지 못하였다. 그 후, 왕실에 의해 종교적 관용 조처가 내려지자, 노용으로 가서 아버지가 남긴 유산을 정리하고, 파리로 돌아 와 신변을 정리하였다. 공부를 더하기 위해 그의 동생 앙뜨앙느(Antoine)와 이복 여동생 마리(Marie)를 데리고 스트라스부르로 출발하였지만, 제3차 합스브르크-발루와(Habsburg-Valois) 전쟁으로 길이 막혀 있어 제네바를 거쳐 가는 우회 도로를 택해야했다.

제네바에서 잠시 머무는 동안 칼빈은 개혁자 기욤 화렐(Guillaume Farel, 1489~1565)의 방문을 받았다. 한 때 칼빈의 친구였으나 천주교회로 돌아갔던 루이 뒤 띠에가 칼빈이 제네바에서 묵고 있다고 화렐에게 알려주었기 때문이다. 칼빈은 당시의 기억을 시편 주석 서문에 다음과 같이 기록하였다: "화렐은 나를 제네바에 머물도록 강권하였다. 그가 사용한 수단은 상담이나 권면이 아니라 무시무시한 협박이었다. 나는 이러한 폭언이 마치 하나님께서 그의 전능하신 손을 내밀어 나를 붙드시는 것처럼 느껴졌다. 그 당시 내가 은신처로 정한 스트라스부르로 가는 지름길이 전쟁으로 막혀 있었기 때문에 나는 단 하룻밤만 제네바에서 묵고 급히 떠날 생각이었다. … 비열하게 신앙을 버리고 천주교회로 되돌아간 사람이 나를 발견하고 다른 사람에게 이를 알리는 바람에 나의 존재가 드러났다. 복음을 전하려는 열정에 매여 있던 화렐은 나를 붙잡아 두려고 최선의 노력을 기울였지만, 나는 개인적인 연구에 전력할 것을 결심한 뒤여서, 다른 일에는 매이고 싶지 않았다. 간청 정도로 아무 소득을 얻을 수 없다는 것을 깨달은 화렐은, 만일 내가 긴급한 시기에 도움의 요구를 거절하고 무시한다면, 하나님이 내가 추구하는 은둔과 평화로운 학문생활에 저주를 내리실 것이라고 협박하기 시작하였다. 나는 마침내 계획하였던 여행을 단념하고 말았다"(Calvin 1949, 62~63). 칼빈은 화렐의 강권으로 인해 제네바에 정착하였고, 1536년 9월 1일 제네바 교회에 부임하였다.

화렐과 제네바

제네바는 스위스 연방의 국경 지대인 알프스 산맥을 횡단하는 주요 무역 도로에 위치한 도시로, 프랑스와 이탈리아와의 교역 중심지였다. 상업이 발달하였으며, 수많은 수도원과 교회 기관들이 막강한 천주교 지지자인 사보이(Savoy) 가문의 영향아래 있었다. 사보이 가문은 1290년부터 행정관을 파송하여 이 도시를 지배해 왔고, 1440년부터는 주교를 파송하여 교회까지 다스렸다. 1519년 '계약파'(Eidguenots)로 알려진 일단의 혁명적인 시민들이 프라이부르크와 동맹을 맺고 사보이 가문에 대항했지만 실패하는 바람에 많은 사람들이 참수 당하였다.

1520년대 초반, 시민들은 루터의 글들에 관심을 보이기 시작하였고, 1522년 프랑수아 랑베르(Francis Lambert)가 종교개혁을 소개하였다. 종교개혁 사상이 소개되면서 필리베르트 휴스(Philibert Hughes)의 지도 아래 '계약파'가 재결집하였고, 1526년 베른과 프라이부르크와 정치 동맹을 체결하였다. 제네바 시민 총회는 동맹 조약을 비준하였고, 제네바는 스위스 정치 동맹을 통하여 사보이로부터 독립하였다.

독립과 함께 제네바는 주교, 도시 행정관(혹은 세속 통치자), 그리고 시민이 다스렸다. 시민들은 매년 총회를 열어서 평의회원(syndics) 4인과 회계 담당자를 선출하여 시정을 돌보았다. 일상적인 일은 시민 총회에 의해 뽑힌 자들과 그해와 전년도 평의회들로 구성된 25인 소위원회가 맡아 처리했으며, 중요한 업무들은 소위원회가 지정한 60인 위원회가 다루었다. 1527년에는 소위원회와 소위원회가 지명한 175인이 모인 200인 의회가 신설되었다.

1527년 8월 제네바의 주교 피에르 드 라 보머(Pierre de la Baume)가 사보이 편에 섬으로 시민과 교회의 갈등이 일어났다. 걷잡을 수 없는 갈등이 증폭되고 있던 1532년 10월 화렐이 제네바에 도착하였다. 화렐은 프랑스 도피네 지방의 가프(Gap)에서 태어나, 파리에서 공부하던 중 인문주의자 르페브르의 영향을 받아 종교개혁자가 되었다. 그는 1521년 설교 운동을 전개하였고, 그 일로 1523년 프랑스에서 추방된 후 1524년 바젤에 머물면서 불같은 열정으로 종교개혁을 이끌었으나 역시 추방되었다. 몇 달 동안 유랑하던 그는 1526년 베른과 스트라스부르에서 종교개혁을 촉구하는 설교를 했고, 많은 지지자를 얻었다. 그의 영향으로 1528년경에는 에글(Aigle), 올론(Ollon), 벡스(Bex)가 종교개혁을 받아들인 후 성상을 파괴하고 미사제도를 폐지하였다. 1529년에는 뇌샤텔(Neuchatel)이 종교개혁을 받아들였다. 1532년 9월 화렐은 샹포란(Chanforan)에서 열린 왈도파 교회회의에 참석하여 왈도파로 하여금 종교개혁을 수용하도록 했다. 그는 동료이며 칼빈의 사촌인 피에르 올리베탕(Pierre Olivetan)에게 왈도파 교회를 맡게 한 후 앙뜨앙느 소니에(Antoine Saunier)와 함께 제네바에 왔다.

제네바의 종교개혁은 화렐의 도착과 함께 본격적으로 궤도에 오르게 되었다. 그는 면죄부 판매를 반대하면서 교황청의 부정과 부패를 비난하는 벽보를 붙였고, 당국의 종교 정책에 항의하는 데모를 벌였다. 1534년 10월 부도덕한 생활로 악명이 높던 주교가 사보이로 도망하자, 제네바 평의회는 제네바의 독립을 공식적으로 선언하였다. 종교개혁에 적대적이었던 사보이의 백작은 새로운 주교를 파송함으로 제네바에서 천주교회를 수호하려고 하였으나, 베른이 제네바를 후원함으로 사보이의 계획은 실패로 끝났다. 대립과 갈등으로 사회가 혼란스럽게 되자, 종교개혁자들과 천주교도들은 1534년과 1535년 사이에 두 차례의 공개토론을 열어 종교개혁에 대해 논하였다. 토론의 결과, 개혁자들이 시민의 지지를 얻는 데 성공하였다.

이에 힘입은 화렐은 제네바를 본격적인 개혁 작업에 들어갔다. 1535년

1월 베른이 사보이 가(家)를 완전히 물리치자, 화렐 일행은 토론을 준비했다. 1535년 6월 2차 공개토론이 끝난 후 개혁을 요구하는 데모를 벌였고, 8월에는 성 피에르의 중앙 성당 등 여러 교회를 과감히 접수하였다. 그들은 교회당의 채색 유리창을 부수고, 성자들의 상(像)을 우물 속에 던져버림으로 미신적인 예배에 대한 혐오감을 표현했다. 화렐이 미사 폐지를 역설하자, 설교에 감동을 받은 200인 의회가 미사 집전을 중지할 것을 명령하였다. 천주교 지도자들이 제네바를 떠났고, 제네바는 개혁자들로 채워졌다.

200인 의회는 종교개혁 심의를 위해 1536년 5월 21일 피에르 성당에서 각 가정의 대표로 구성된 시민 총회를 소집하였다. 총회는 만장일치로 하나님의 말씀을 따라 살 것, 우상을 버릴 것, 미사와 교황청의 여러 가지 의식과 악폐, 성상과 우상을 폐지할 것을 서약하였다. 시의회가 교회 재산을 관할하며, 취리히의 교회와 정부 체제와 동일한 국가 교회 형태를 취하기로 결정하였다. 이러한 때에 칼빈이 제네바를 지나가게 되었던 것이다.

칼빈의 제네바 개혁

칼빈은 성 피에르(St. Pierre)에서 바울서신을 강해함으로 종교개혁을 시작하였고, 설교와 토론을 통해서 종교개혁을 확산시켰다. 1536년 10월에 로잔에서 토론회가 개최되어 천주교 측에서는 약 200명의 사제들과 수사들이 참석하였고, 종교개혁자 편에서는 칼빈, 화렐, 로잔의 설교자 비레(Viret)가 참석하였다. 칼빈은 터툴리안, 크리소스톰, 아우구스티누스 등의 교부들의 글을 인용하면서 천주교회의 가르침이 교부들의 가르침에서 멀리 떠나 있음을 지적하고, 화체설이 미신적이라고 비난한 후 영적 임재설을 주장하였다.

칼빈은 1537년 초반 제네바 목사회에 가입하였다.[46] 1월에는 화렐과 함께 교회개혁을 기대하면서 『교회 행정에 관한 조례』(Articles Concerning the Government of the Church)를 제네바 시의회에 제출하였다. 『조례』는 (1) 바울의 가르침대로 예배 때 시편 찬송을 부를 것, (2) 성찬을 매월 시행할 것, (3) 어린이를 위한 교육을 실시할 것, (4) 결혼법을 개혁할 것 등의 내용으로 되어 있었다. 칼빈은 예배 개혁을 위하여 어린이 성가대를 조직하고, 어른들도 찬송에 참여하도록 유도하였다. 어린이들을 위한 요리문답서를 작성하였고, 결혼에 관한 규정을 마련하여 결혼이 성례가 아니라 모든 인간을 위해 세우신 하나님의 제도임을 가르쳤다.

칼빈은 천주교회와 재세례파가 성경의 가르침에서 떠나 있으며 기독교의 본질을 왜곡시키고 있다고 믿었다. 만일 이러한 사상이 규제 받지 않는다면 그릇된 교훈이 확산될 것이므로, 이를 막기 위해서 먼저 그릇된 신앙과 바른 신앙을 구별할 수 있는 기준이 필요하다고 생각하였다. 그래서 그는 『교훈과 신앙고백』(Instruction and Confession of Faith)을 작성하여 제네바에 소개하였다. 모든 시민이 바른 신앙을 고백하게 함으로 제네바를 모범적인 신앙 공동체로 만들고자 한 것이다.

칼빈은 신조에서 "오직 성경만이 믿음과 신앙의 유일한 법칙"이라고

---

46. 칼빈이 언제 목사 안수를 받았는지는 알 수 없지만, 아마도 1537년 이전의 일로 보인다. 이는 마틴 부처(Martin Bucer)가 1536년 11월 칼빈을 '동료 목사'라고 부른 점, 프랜시스 유니우스(Francis Junius)가 칼빈의 사망을 전후하여 "칼빈의 선임자들이 그에게 안수했다"는 기록, 그리고 1539년 사돌레토(Sadoleto)가 칼빈의 목회를 비난할 때 목사 안수에 대하여 거론하지 않은 점 등이 그것을 뒷받침해 주기 때문이다(McNeill, 1990, 158).

선언하였다. 곧 "말씀에서 벗어난 견해를 성경 교훈과 혼합해서는 안 되고, 우리 주님의 명령에 따라 가감 없이 전하여 준 것 외에는 어떠한 교리도" 받아들여서는 안 된다고 하였다(1조). 하나님을 예배할 때에 "하나님을 상징하는 형상이나 우상을 만들어 숭배하는 것은 가증하다"고 선언하였다(2조). 인간은 타락과 함께 전적으로 부패하였고, 예수 안에서의 구원, 칭의, 그리고 사죄가 가능하다고 하였다. 진정한 선행은 예수께서 이루신 것을 믿는 것이므로 천주교회의 공로 사상은 비판받아야 하고, 천주교회의 7성례는 잘못된 것이며, 성자숭배는 비성경적이라고 지적하였다. 성자들이 하나님과 인간의 중보라고 주장하는 것은 "예수 그리스도의 중보가 완전무결한 것임을 믿지 못하는 것이기 때문"이라고 하였다(Calvin 1954, 26~33).

위에서 지적한 것처럼, 칼빈에게 제네바 개혁의 목표는 제네바를 신앙공동체로 만들고, 하나님의 말씀이 다스리는 사회로 건설하는 데 있었다. 그는 제네바 시민들이 10명씩 관원 앞에 나와서 그가 만든 신앙고백을 고백하며 준수하겠다는 서약을 하도록 하였다. 그런데 이러한 강압적인 시도는 제네바 시민의 저항을 불러왔다. 또한 칼빈이 권징권은 교회의 고유 업무이므로 정부가 간여해서는 안 된다고 주장하여 제네바 시 당국과 불편한 관계를 초래하였다.

칼빈의 권징 중심의 개혁운동을 반대한 이는 피에르 카롤리(Pierre Caroli)였다. 그는 프랑스 인으로 한 때 로잔에서 목회하면서 종교개혁을 이끌었으나, 연옥설과 같은 그릇된 교리를 가르쳤고, 제네바의 개혁자 화렐과 로잔의 설교자 비레를 비난하는 등 좌충우돌하였다. 이때 칼빈은 비레를 돕기 위해 로잔을 방문하고, 카롤리에게 바른 신앙으로 돌아 올 것을 권하였다. 그는 권면을 받아들이는 대신 칼빈을 이단자로 정죄하고, 죽은 자를 위한 기도의 유효성을 주장하는 등 반종교개혁적인 입장을 보였다.

1537년 5월 로잔에서 교회회의가 열리자, 카롤리는 칼빈이 아리우스(Arius)주의자이며 반(反)삼위일체적인 경향이 있다고 위증하였다. 그의 증언이 사실무근임이 드러나면서 카롤리는 부도덕한 자로 고발당하고 설교 금지 처분을 받게 되자, 결국 천주교회로 다시 돌아갔다.

카롤리와 함께 칼빈의 종교개혁을 반대한 인물로 쟝 필립(Jean Philippe)이 있다. 그는 칼빈이 백성들로 하여금 강제로 신앙을 고백하게 하는 것을 비판하면서 칼빈에 대항하였다. 특히 칼빈이 성찬을 권징의 수단으로 활용하자, 이를 정치쟁점화 하여 선거 운동에 적극 활용하였다. 그는 1538년 초반 실시된 선거에서 승리를 거두었고, 4월 23일 의원총회를 열어 칼빈과 화렐의 설교권을 박탈하였고, 그들이 3일 안에 제네바에서 떠날 것을 명령하였다(Spitz 1983, 219~220).

2. 스트라스부르의 칼빈

칼빈은 제네바를 떠나 베른으로 간 후, 취리히를 거쳐 바젤에 도착했다. 바젤에 은신하며 학문 연구를 계속할 생각이었기 때문이다. 그러나 부처와 카피토(Capito)의 초청을 받아 스트라스부르에 가면서 그의 계획은 흔들리기 시작하였다. 칼빈이 1538년 7월초 스트라스부르에 도착하자, 프랑스 피난민 교회가 그를 담임 목사로 청빙하였다. 그러나 그는 거절하고 바젤로 돌아왔다. 그는 『시편 주석』에서 당시의 심정을 다음과 같이 말하였다: "나는 마침내 자유를 얻었고 내 직무의 속박으로부터 벗어났다. 나는 공적인 책무의 부담과 염려로부터 벗어나 개인적인 생활을 즐길 예정이었다." 이전에 화렐이 그랬던 것처럼, 부처가 "하나님께서 요나같이 반항하는 종을 다루는 방법을 아신다."고 경고하자(Calvin 1949, 64), 칼빈은 자신의 결정을 번복하고, 그를 기다리던 프랑스 난민들을 섬기기 위해 스트라스부르로 돌아왔다.

칼빈과 마틴 부처

스트라스부르의 개혁자 마틴 부처(Martin Bucer, 1491~1551)는 1491년 독일 알자스 근교의 슐레트슈타트(Schlettstadt)에서 태어나, 1506년 도미니칸 수도원에 들어가서 토머스 아퀴나스의 복고주의(via antiqua) 훈련을 받았다. 그러나 에라스무스의 인문주의를 접하고 나서 신학적 입장이 점차로 개방되어 가던 중, 1518년 하이델베르크에서 열린 아우구스티누스파 수도회 총회에 참석하여 천주교회의 과오에 대한 루터의 비판을 듣고서 프로테스탄트로 개종하였다.

그는 독신주의가 성직자의 도덕적 부패 원인이며, 결혼이 성경의 가르침이라는 것을 깨닫고, 1522년 독일 성직자 가운데 최초로 결혼하였다. 1523년 알자스에서 루터의 종교개혁사상을 설교한 일로 슈파이에르에서 출교 처분을 받은 뒤, 독일을 떠나 당시 매튜 젤(Matthew Zell)에 의하여 종교개혁이 한창 일어나던 스트라스부르에 도착하였다. 그는 네덜란드의 종교개혁자 요한 스트룸(John Strum)과 함께 교육을 통한 개혁을 전개하였고, 1529년에는 미사를 폐지하였다. 이로써 스트라스부르는 종교개혁 도시로 변모하였다. 1531년 츠빙글리가 사망한 후, 마틴 부처가 스위스와 독일 남부 지역의 중심적인 종교개혁자로 부상하였다.

부처는 종교개혁을 이끌면서 교회의 화합과 일치에 앞장섰다. 그는 프로테스탄트와 천주교도의 화해를 모색하고자 1539년에서 1541년 사이에 열린 여러 번의 교회회의에 참석하였다. 1539년 하게나우(Hagenau), 1540년 보름스(Worms), 1541년 라티스본(Ratisbon), 그리고 레겐스부르크

(Regensburg) 교회회의 등에 참석하였다. 특히 레겐스부르크 회의에서 천주교회 지도자들을 설득하여 행함이 아니라 믿음으로 칭의 된다는 것을 승인하도록 만들었다. 지나칠 정도로 교회 연합에 대해 관심을 보였기 때문에 루터의 비난을 받기도 하였다.

부처의 온건함과 화합적인 자세는 목회에서도 나타났다. 그는 16세기 목회학 분야에서 가장 훌륭한 저서로 알려진 『참된 목회』(True Pastoral Care)를 저술하였다. 이 책에서 그는 목회자의 자격을 "모든 사람에게 신뢰와 사랑을 받고, … 참된 목회적인 돌봄을 위하여 은사를 받은 열정이 있는 자"로 규정하였다. 목회자는 "(1) 잃어버린 모든 자를 찾고, (2) 흩어져 있는 자들을 돌아오게 하며, (3) 상처받은 자들을 치료하며, (4) 유약한 자들을 강건하게 하며, (5) 강건한 자를 보호하며 초장으로 인도하는 것"을 의무로 삼아야 한다고 서술하였다.

부처는 재세례파에 대하여도 포용적인 입장을 취하였다. 그들은 급진적이고 과격한 사상 때문에 박해를 받았으나, 스트라스부르에서는 평화롭게 생활할 수 있었다. 부처는 자신의 주장만큼 남의 의견도 경청할 줄 알았고, 기꺼이 배우려는 자세를 취하였다. 그는 재세례파의 권징사상이 성경적임을 깨닫고 교회에 적용하였다. 신앙교육과 권징을 바로 실시하기 위해 1546년 교회 안에 소규모 모임을 만들었고,[47] 1551년 영국에서 저술한 『그리스도의 나라에 관하여』(De Regno Christi)라는 책에서는 권징을 교회의 3대 표지 가운데 하나로 내세웠다. 말씀이 참되게 선포되고 성례가 바르게 시행될 뿐만 아니라 권징이 정당하게 실시되는

---

47. 부처의 소그룹은 나중에 경건주의 운동을 일으킨 필립 슈페너(Philip Spener)에게 좋은 영감을 주었고, 슈페너의 소그룹 운동은 18세기에 이르러 존 웨슬리에게 영향을 주어 속회 운동으로 이어졌다.

곳에 바른 교회가 세워지므로, 그는 적그리스도에 의하여 사라진 교회의 3대 표지를 회복하여야 한다고 본 것이다. 그는 권징을 교회 역사상 처음으로 교회의 표지로 삼았다.

부처의 이 같은 수용적인 입장은 성찬 사상에서도 나타난다. 그는 츠빙글리와 루터의 입장을 중재하려고 하였다. 『성찬에 대한 고백』 제18장에서, "떡과 포도주 … 그 자체는 완전히 본래의 모습을 가지고 있으나 단지 주님의 말씀과 규례 때문에 상징이 된다."는 진술로 츠빙글리의 입장을 취함과 동시에, 성례전에서 우리가 "주님의 바로 그 몸과 피"를 통하여 점차적으로, 그리고 보다 완전하게 거듭남에 참여하게 되고, "주님의 몸과 피 안에서 보다 완전한 연합, 혹은 우리 안에서 보다 심오한 연합의 완전케 함"을 받는다고 하여 루터의 입장을 지원하였다. 그러나 부처의 이러한 중도적인 자세는 루터를 불편하게 만들었다. 1529년 마르부르크 회의에서 교회회의가 열리자, 루터는 부처에게 "당신을 내 제자로 인정할 수 없습니다. … 우리가 서로 동일한 정신을 갖지 않은 것이 분명합니다."라고 말하기도 하였다.

부처의 신학적 입장은 루터와는 달랐다. 1530년 루터파가 『아우구스부르크 신앙고백서』를 작성하자, 부처와 카피토(Wolfgang Capito)는 스트라스부르, 콘스탄스, 린다우(Lindau), 멤밍겐(Memmingen)의 교회 지도자들과 함께 『4개 도시 신앙고백서』(Confession of the Four Cities)를 만들어 그들의 신앙이 루터파와 다름을 설명하였다.

부처는 스트라스부르에 성경적인 교회를 세우기 위해 수고를 아끼지 않았다. 그러나 1546년 카알 5세의 군대가 스트라스부르를 함락하여 종교개혁을 방해하자 개혁운동이 중단될 수밖에 없었다. 1549년 부처는 캔터베리의 대주교였던 토머스 크랜머의 초청을 받아 영국으로 건너가, 에드워드 6세에 의하여 케임브리지대학의 흠정교수(Regius Professor)로 임명되었다. 그 곳에서 신학 운동을 전개하여 후대의 청교도들에게 큰 영향을 미쳤고, 1551년 하나님의 부름을 받았다.

개혁운동의 전개

칼빈은 스트라스부르에서 부처를 통해 많은 것을 배웠다. 그 가운데 하나가 교회개혁의 수단으로 찬송을 강조한 점이다. 칼빈은 교회음악으로 영창이나 오르간 음악보다는 시편 찬송을 더 선호하여 시편 찬송 18개를 작곡하였고, 1539년 찬송을 편집하여 『찬송가』(Book of Music)로 출판하기도 하였다. 칼빈은 찬송을 공예배의 한 요소로 간주하고, 공중 기도는 말로 하는 것과 노래로 하는 것으로 구성하도록 했다. 찬송을 기도로 본 것이다. 칼빈의 프랑스 피난민 교회는 약 500여 명의 교인이 모이곤 하였는데, 한 방문객의 말을 빌리자면, 그의 교회는 찬송을 중시하는 "노래하는 공동체"였다. 칼빈은 음악을 인간의 휴식과 즐거움을 위해서 주신 하나님의 중요한 선물이지만, 음악이 방탕하고 음란하게 될 때 하나님을 대적하게 되므로, 기독교인들은 가사나 곡조가 건덕을 세우고 예배를 위한 것이 되도록 해야 한다고 강조하였다. 이와 같은 칼빈의 찬송 강조는 나중에 개혁교회의 예배 모범의 기초를 마련하였다.

칼빈은 1540년 부처의 예배 방식을 따라 『초대교회에 따른 기도의 형태와 성례의 집행 방법』이라는 예배 예식서를 저술했다. 칼빈의 예배 의식서는 대부분의 경우 부처의 가르침을 따르고 있지만, 천주교회의 미사 흔적이 남아 있는 것도 엿볼 수 있다. 자백 기도 후에 목사가 회개한 자들을 위해 사죄를 선포하는 순서 등이 그 대표적인 예이다(McNeill 1990, 173).

칼빈은 교회 연합에도 깊은 관심을 표하였다. 1539년 독일의 황제 카알 5세가 기독교 연합을 위해 프랑크푸르트 교회회의를 소집하자 참여하였고, 1540년 부처와 함께 하게나우와 보름스에서 열렸던 교회연합을 위한 회의에도 참석하였다. 1541년에는 스트라스부르의 공식 사절로 레겐스부르크 회의에 참석하여 콘타리니(Gasparo Contarini) 추기경과 멜랑히톤을 만나기도 하였다.

칼빈은 스트라스부르에서 기독교 교육에 대한 관심을 기울여 네덜란드의 개혁자 요한 스트룸이 세운 인문학교에 출강하여 성경을 가르치면서 목사 후보생을 양육하였다. 이 학교는 나중에 폭넓은 교과과정을 가진 대학으로 확장되었다. 이러한 스트라스부르의 경험은 나중에 제네바에서 매우 유용한 개혁의 수단이 되었고, 스트룸이 세운 학교는 제네바 아카데미의 모델이 되었다.

1540년 칼빈은 세 자녀를 둔 과부 이델레트 드 부레(Idelette de Bure)와 결혼하였다. 이델레트는 네덜란드에서 박해를 피해 온 재세례파였으나 부처의 영향을 받아 개혁주의 신앙으로 개종한 여인이었다. 그들은 1542년 아들을 하나 얻었으나 얼마 되지 않아서 잃었다. 그 때 칼빈은 "우리 아버지는 우리를 위한 최선을 아신다."고 말하면서 스스로 위로하였고, 사람들이 그에게 자녀가 없음을 비방할 때에는 "나는 무한히 셀 수 없는 영적인 아들을 가지고 있다"고 응수하였다. 그의 결혼은 행복하였지만 건강이 문제였다. 부레는 병약했고, 칼빈 역시 무수한 질병으로 고생하였다. 칼빈은 1549년 그의 아내를 먼저 하늘나라로 보내고 남은 생애를 독신으로 살았다.

칼빈은 제네바에서 시작한 로마서 설교를 스트라스부르에서 마치면서, 『로마서 주석』과 기독교 신앙의 원리를 탁월하게 제시한 작품으로 알려진 『사돌레토에 대한 반박문』(Reply to the Sadoleto)을 출판하였다.

3. 칼빈과 제네바 개혁

칼빈과 화렐이 떠난 뒤, 제네바는 천주교회의 집중 포화를 받았다. 천주교회 당국이 제네바를 회유하기 위한 공작을 벌였기 때문이다. 1539년 5월 추기경 야고보 사돌레토(Jacopo Sadoleto)는 제네바 시민들에게 편지를 보내, "성령께서 계속하여 교회의 칙령과 종교회의들을 지도하셨으므로" 천주교회에는 오류가 없으니 교황의 품으로 돌아오라고 선동하였다. 그는 제네바 시민들에게 "전체 교회와 운명을 같이 하여 교회의 칙령과 교회법과 성례를 지키든가, 아니면 분열과 계략을 일삼는 인간들을 따르든가" 둘 가운데 하나를 택하라고 촉구하였다. 이러한 위협에 당면한 제네바 시의 소위원회는 선동을 잠재울 대책을 강구하였으나 별다른 해답을 찾지 못하였다.

이러한 상황에 처해 있던 제네바에 정치 혁명이 일어났다. 칼빈을 추방한 당파가 1539년 베른과 불평등 조약을 맺자, 시민들이 불만을 토했고, 결국 이들은 1540년 시민에 의하여 탄핵되었다. 칼빈에게 우호적인 당파가 권력을 잡고, 칼빈을 반대하던 사람들이 정죄되자, 제네바 시민들은 칼빈에게 다시 돌아 올 것을 요청하는 편지를 보냈다.

칼빈은 제네바에서 고생을 많이 하였기 때문에 돌아갈 마음이 전혀 없었다. 그가 한 친구에게 "내가 하루에도 수천 번씩 죽어야하는 그런 십자가보다는 일백 번 죽는 다른 길을 택하고 싶다"고 토로한 것을 보면 이를 쉽게 짐작할 수 있다. 그러나 이번에도 화렐의 경고와 권면 때문에 1541년 9월 13일 제네바로 돌아 올 수밖에 없었다. 칼빈이 돌아오자, 제네바 시의 소위원회는 칼빈의 연봉을 250플로린스(florins), 12가마의 밀, 250갤런(gallon)의 포도주로 책정하고, 칼빈의 뜻대로 제네바를 개혁하게 맡길 것을 약속하였다(McNeill 1979, 160).

개혁의 반대자들

귀환한 칼빈은 제네바를 경건하며, 도덕적으로 성결한 도시로 만들기 위해 소위원회에 교회개혁을 시작하자고 요청하였다. 소위원회는 6인의 위원을 임명하여 칼빈과 함께 교회개혁을 기획하도록 하였다. 위원회는 3주 만에 교회 헌법 작업을 마치고, 그 초안을 시의회에 제출하였다. 법안은 소위원회의 수정을 거친 다음, 200인 의회의 재수정을 거쳐 11월 20일 주일에 제네바의 모든 가장들이 모인 총회에서 승인을 받았다. 이것이 바로『제네바 교회 법령』(The Ecclesiastical Ordinances of the Church of Geneva)이다.

『교회 법령』은 1537년의 법령보다 더욱 교회개혁에 대한 분명한 입장을 나타냈다. 지역 교회의 자율과 평등사상을 강조함으로 감독정치에서 볼 수 있는 위계질서를 배제하였고, 신약의 가르침대로 장로정치의 골격을 유지하도록 규정하였다. 그러나 시의회는 교회를 수중에 넣기 위해, 교회에서 뽑힌 장로대신 시의회 회원으로 장로법원의 구성을 할 수 있게 하는 등 많은 부분을 칼빈의 의도와는 다르게 수정하였다.

『교회 법령』이 통과되었지만, 제네바 개혁에는 많은 어려움이 뒤따랐다. 개혁을 반대하는 자들이 나타났기 때문이다. 반대 이유는 두 가지로, 첫째는 엄격한 도덕적 개혁에 대한 불만 때문이었고, 둘째는 피난민들이 주민의 의견을 무시하고 그들에게 멍에를 메우고 있다는 것이었다. 방종파(Libertines)로 불리는 반대파들은 칼빈이 사적으로나 공적으로 엄격한 윤리생활을 요구한다고 불평하였다. 특히 카드놀이 제조업자였던 피에르 아뫼(Pierre Ameaux)는, 교회권징의 실시와 함께 유흥 기피풍조가 일어나 막대한 재정적인 손실을 보게 되자, 1546년 1월부터 칼빈을 중상 모략하였다.

칼빈을 제네바로 초청하는데 앞장섰던 아미 페린(Ami Perrin)도, 그의 장인과 아내가 부도덕한 행실로 장로법원에서 치리를 받자, 종교개혁에 대하여 사사건건 반대하였다. 특히 1553년 원로원 회원으로 당선되자, 장로법원이 가졌던 출교권을 시의회로 환원시키려고 하는 등 노골적인 반대운동을 폈다(Reid 1984, 165).

천주교회에서 개종한 뒤 제네바 근교에서 의원을 개업한 제롬 볼섹 (Jerome Hermes Bolsec, d. 1584)의 방해 공작도 만만치 않았다. 그는 원래 파리에 있던 카멜파(Carmelite) 수도원의 수도사였으나, 이탈리아에서 의학 수업을 받고 프랑스의 샤블레(Chablais)에서 생활하다가 칼빈과 만나 교제한 후 천주교에서 개종하였다. 1551년 10월 칼빈의 동료 가운데 한 사람이 요한복음 8장 17절을 강해하며 그리스도가 모든 사람을 위해 죽지 않았고, 신앙은 영원 전부터 택함을 받은 자에게만 주어지는 하나님의 은혜라고 말하였다. 이 때 볼섹은 예정교리를 거짓되고 터무니없는 것이라고 비난하고 칼빈주의자들이 하나님을 죄의 저자로 만든다고 비난하였다. 칼빈이 그를 명예훼손으로 시의회에 고소하자, 제네바 당국은 바젤과 취리히, 바젤의 자문을 구한 후 중상모략 죄로 그를 정죄하여 12월에 추방하였다. 샤블레로 돌아간 볼섹이 칼빈에 대한 인신공격과 예정교리의 비판을 계속하자, 1562년 열린 오를레앙 교회회의와 1563년의 리용 교회회의는 그를 다시 정죄하였다. 결국 그는 천주교회로 돌아갔고, 1577년 중상모략으로 가득 찬 『칼빈의 생애』를 출판하여 칼빈의 종교개혁을 적극적으로 비난하였다.

칼빈은 마이클 세르베투스(Michael Servetus, 1511~1553)의 도전도 받았다. 세르베투스는 스페인에서 궁정 공증인의 아들로 태어나 사라고사 (Saragossa)와 툴루즈(Toulouse)에서 법학과 신학 수업을 받고 해부학을 공부한 자로, 피의 순환을 추측한 의사일 뿐만 아니라 박학한 지식인이었다.

1537년에는 파리에서 점성술에 대해 강의하였고, 돈을 벌기 위해 별점을 치기도 하였다. 1546년에서 1548년 사이에는 사탕밀에 관한 책을 써서 세 번의 개정판을 내기도 하였다.

세르베투스는 성경의 권위를 인정하였으나 삼위일체 교리 등 전통적인 기독교 신앙을 거부하였다. 그는 반(反)삼위일체 신앙을 확산할 생각으로 이탈리아와 독일을 여행하면서 멜랑히톤, 외콜람파디우스, 마틴 부쳐를 만났고, 심지어 그들을 설득하기도 하였다. 1531년에는 빌레뇌브(Villeneuve)라는 가명으로 『삼위일체 오류론』(De Trinitatis Erroribus)을 출판하여 정통 신앙에 도전하였다. 그는, "아들은 영원하지 않다. 왜냐하면 그는 정한 때에 영원하신 말씀과 인간 예수가 결합한 존재였기 때문이다. 연합 후에 이 예수는 세상의 빛이 되었는데, 이는 모든 피조물들을 볼 수 있게 해주는 내적인 형태의 빛이었다."고 주장하였다(Bainton 1993, 127). 이러한 이단적인 사상으로 인하여 그는 스페인에서 사형 선고를 받았다.

세르베투스는 파리로 도피하여 의학을 공부한 후, 1541년부터 1553년까지 프랑스의 비엔느에서 대주교의 주치의로 일하였다. 1545년 자신을 빌레뇌브라고 소개하면서 칼빈에게 접근하자, 그가 세르베투스라는 것을 확인한 칼빈은 『기독교 강요』를 보내어 그를 바른 신앙으로 이끌고자 하였다. 그러나 그는 『기독교 강요』의 여백에 칼빈을 경멸하는 낙서를 가득 써서 되돌려 보냈다. 칼빈에 대해 선전포고를 한 셈이다.

세르베투스는 1553년 『기독교의 재건』(Christiani Restitutio)이라는 책을 은밀히 출판하여 자신의 신학적 입장을 밝혔다. 이 책을 통하여 유아세례가 마귀적이며, 원죄와 삼위일체 교리는 믿을 만한 것이 못되고, 예수는 하나님의 영원한 아들이 아니라 단순한 인간으로 하나님이 되었다고 진술하였다. 삼위일체 하나님을 그리스 신화에 나오는 케르베루스(Cerberus, 3개의 머리를 가지고 뱀처럼 생긴 짐승으로 지옥을 지킨다고 한다)에 비유하였고, 신격은 분리될 수 없고, 하나 안에 셋이 존재(one in three)하는 신비란 있을 수 없다고 단언하였다. 이 일로 비엔느에서 이단으로 단죄되자, 세르베투스는 사형 집행 전에 도망하여 방탕파가 득실거리는 제네바로 왔다. 칼빈은 그에게 제네바로 오지 말 것을 간곡하게 부탁했으나, 세르베투스는 방종파를 힘입어 칼빈을 물리칠 수 있다는 생각으로 제네바로 왔고, 1553년 8월 체포되었다.

세르베투스의 정죄 문제는 이제 칼빈과 반대자들의 힘겨루기가 되었다. 재판이 시작되자, 세르베투스는 칼빈의 적수인 필립 베르텔리에(Philip Berthelier)와 아미 페린에게 칼빈을 추방할 것과 칼빈이 제네바에서 추방당하면 자신이 칼빈의 모든 소유를 가질 것이라는 등 주제에 넘게 말하였다. 재판 결과, 세르베투스는 유죄 판결을 받았고, 제네바 시의회는 만장일치로 당시의 실정법에 따라 화형에 처할 것을 결의하였다. 이단 사상은 성도의 영혼을 살해하는 것으로 간주해 왔기 때문이다. 세르베투스에게 화형 선고가 내리자, 칼빈은 좀 더 인간적인 방법, 곧 참수할 것을 요청하였다. 그러나 칼빈에 적대적이던 시의회는 1553년 10월 27일 세인트 피에르 교회당으로 올라가는 언덕에서 화형을 집행하였다.

많은 이들은 칼빈이 세르베투스를 처형하는데 앞장섰다고 비난한다. 이러한 주장이 부당한 이유를 몇 가지 들어보자. 첫째로, 제네바 시정이 칼빈의 수중에 없었기 때문이다. 제네바 의회는 설교를 길게 하는 목사를 제재하였고, 목사들이 금식을 선포할 때는 그 배경을 조사했고, 목사의 이명과 접수를 재가했으며, 칼빈의 편지를 가로채서 읽은 후 그에 대해 해명하라고 소환하기도 하였다. 1553년에는 칼빈의 교회에서 출교 당한 베르텔리에가 성찬을 받을 수 있도록 해 달라고 시의회에 요청하자, 시의회가 허락하여 칼빈을 괴롭혔다. 칼빈은 출교 당한 자에게는 결코 성찬을 줄 수 없음을 강력하게 주장하였고, 이로 인해 다시 제네바에서 추방될 것으로 예측하고 송별 설교까지 하였다. 칼빈에 대한 시의회의 견제는 1555까지도 계속되었다.

둘째로, 세르베투스는 이단 사상으로 이미 스페인과 비엔느에서 사형 선고를 받은 바 있었기 때문에 언제 어디서든 사형 집행이 불가피하였던 인물이었다. 멜랑히톤을 비롯한 당시 사람들은 세르베투스의 처형에 대해 찬사를 아끼지 않았다. 그럼에도 불구하고 현대인들은 칼빈을 비인간적이라고 비판하고, 수많은 성도를 처형한 토머스 모어(Thomas More)의 잔악함에 대하여는 침묵한다. 이는 현대사상이 종교개혁자에게는 비판적이지만 인문주의자에게는 너그러우며, 그들의 평가가 편파적임을 보여주는 일례이다.

세르베투스 사건 이후 칼빈과 제네바 시 당국은 세바스티안 카스텔리오(Sebastian Castellio, 1515~1563)의 도전을 받았다. 그는 사보이 출신으로, 1540년 스트라스부르에서 칼빈을 만나 개종하였고, 제네바에서 목사가 되려고 의회에 요청하여 승인을 받았지만 목사들의 반대로 안수 받지 못하였다. 칼빈을 비롯한 목사회가 그의 안수를 반대한 것은 그릇된 성경관 때문이었다. 그는 1544년 아가서를 자유분방한 연애 사건을 그린 외설적인 글이라고 주장하면서 성경에서 제외시키려고 하였기 때문이다. 한 걸음 더 나아가, 칼빈과 동료들이 그의 그릇된 성경관에 대해 권면하자, 카스텔리오는 그들을 "사도 바울과 완전히 다를 뿐만 아니라 탐식가요 술주정뱅이며 방탕한 바람둥이"라고 조롱하였다(McNeill 1990, 193). 이 일로 그는 소위원회의 소환을 받았고, 결국 제네바에서 추방당하였다.

그 후 카스텔리오는 바젤로 가서 바젤대학에서 헬라어를 가르쳤다. 세르베투스가 제네바에서 처형되자, 이를 빌미로 칼빈을 공격하기 위하여 『회의와 인식의 기술에 대하여』(On the Art of Doubting and Knowing)를 저술하였고, 종교적 지식의 원천에 대해 논했다. 그의 인식론은 다소 경험론적이다. 내용을 살펴보면, 지식에는 경험, 계시, 이성의 세 가지 원천이 있는데, 경험과 계시가 명료해지고 상세해지기 위해서는 이성이 있어야 한다. 이러한 전제에서 볼 때, 전통적인 많은 교리들은 사실성을 입증할 수 없고, 지식이 아닌 신앙의 영역에 속해 있으므로, 지식과 신앙은 구별되어야 하며, 우리가 믿는 것을 아는 것처럼 가장해서는 안 된다고 하였다. 그는 이렇게 말했다: "모든 종파는 자기들의 신앙이 하나님의 말씀에 의한 것이라고 주장하며 확실하다고 말한다. 다른 이들도 그들의 신앙이 확실하다고 주장한다. 칼빈은 다른 이들이 옳지 않다면서 재판관이 되기를 원하는데, 이것은 다른 사람들도 마찬가지이다. 그렇다면 누가 심판관이 될 것인가? 과연 누가 칼빈으로 하여금 다른 분파들을 심판하게 하고, 다른 이들을 죽일 자격을 주었는가? 그는 하나님의 말씀이 있다고 하나, 다른 이들도 그렇게 주장한다. 만약 문제가 확실하다면, 누구에게 확실하다는 말인가? 칼빈에게만 확실한가? 그는 모르는 것이 없다. 그는 자기가 이미 낙원에 있는 듯한 태도로 임하고 있다." (Bainton 1993, 196~197). 카스텔리오는 칼빈을 비판하면서 하나님의 존재, 세계 창조, 영혼 불멸, 도덕법과 같이 아무도 이의를 제기할 수 없는 것들은 진리로 전제될 수 있지만, 삼위일체, 성만찬, 세례, 예정론, 사후의 영혼 상태 등은 논쟁의 대상이 되므로 불확실한 것들이라고 주장했다.

그는 또한 1554년 『이단에 관하여 - 그들은 박해받아야 하며, 어떻게 취급되어야만 하는가?』(Concerning Heretics: Whether They Are to Be Persecuted and How They Are to Be Treated)라는 글을 써서 세르베투스 처형을 비난하였다. 삼위일체론, 성찬론, 자유의지론, 신론, 천사론, 종말론 등은 구원과 관계없는 교리로, 이러한 교리적 차이로 추방하거나 구속, 투옥, 화형, 교수형을 선언하는 것은 교권의 횡포라고 비판하였다. 교리보다 중요한 것이 도덕적인 생활로, 교회가 교리 문제로 성도를 박해하는 것은 잘못이라는 것이다. 그는 다음과 같이 말했다: "하지만 이단이라는 자에게 격분하는 이들은 도덕적인 범죄자에게 대해서는 분노하지 않는다. 그들은 사치스럽게 사는 자와 아첨하는 자, 질투와 중상하는 자, 술주정뱅이, 탐식하는 사람, 음란한 자들과 결혼하며, 상스러운 사람, 사기꾼, 하나님을 미위하는 사람들과 매일 먹고 마시기를 주저하지 않는다"(Bainton 1971, 121~123). 그는 이와 같이 윤리 문제로 근본적인 신학 사상을 붕괴하고자 하였다.

칼빈의 반대자들은 그릇된 신학사상과 정치적인 세력을 형성하여 대항하고 야비한 방법을 동원하여 칼빈을 괴롭혔다. 그를 위선자와 독재자로 매도하기도 하였고, 그가 자주 다니는 골목에 사나운 개를 풀어놓거나, 예배 중에 교회를 향하여 총을 쏘거나, 설교할 때 크게 기침 소리를 내어 방해하기도 하였다. 그를 암살하는 자에게 500 크라운을 보상한다는 소문도 떠돌았다. 그러나 칼빈은 하나님의 은혜로 이러한 모든 어려움을 극복하고, 제네바 교회를 하나님의 말씀과 성령이 다스리는 곳으로 세워 나아갔다.

칼빈은 제네바를 완전한 기독교 공동체의 모델로 만들어서 제네바는 완전한 그리스도의 학교로 변모했다. 제네바의 개혁에 대한 소문을 듣고 프랑스의 많은 고위층, 지식인, 부유층뿐만 아니라 다른 여러 나라에서 피난민이 몰려왔다. 1547년 앙리 2세의 박해로 프랑스의 귀족과 신사 계층의 위그노, 상인들, 인쇄업자, 학자들이 이민하여왔고, 루카(Lucca), 페라라(Ferrara)와 같은 이탈리아 북부지역에서 박해받던 종교개혁자들이 왔으며, 네덜란드, 스코틀랜드, 스페인, 폴란드, 영국에서도 피난민이 몰려들었다. 그들은 칼빈과 함께 생활하면서 종교개혁 사상을 익힌 후, 자국에 귀국하여 성경적 개혁 사상을 소개하였다. 이로써 전 유럽에 개혁신학이 퍼져갔다.

하나님의 영광을 위하여

개혁은 하루아침에 이루어지지 않는다. 1536년에 시작된 칼빈의 종교개혁은 한때 실패의 위기를 맞기도 하였다. 그러나 칼빈이 낙담하거나 좌절하지 않고 종교개혁을 추진해 나갔기 때문에 1555년에 이르러서 종교개혁은 틀이 잡혀졌다. 칼빈의 종교개혁에 제동을 걸었던 아미 페린과 베르틀리어가 제네바에서 추방당한 후, 제네바는 칼빈의 영향력 안에 들어왔다. 가정, 교회와 국가 영역에서 성경의 가르침이 실현되었고, 인간적인 권위는 사라졌으며 성령의 지도에 따라 교회가 운영되었다. 1555년 제네바의 개혁된 모습을 보게 된 스코틀랜드의 종교개혁자 존 낙스(John Knox)는, 제네바는 "사도 시대 이후 지상에 존재했던 가장 완전한 그리스도의 학교이다. 다른 곳에서도 그리스도를 잘 전하고 있지만, 나는 생활과 종교가 그처럼 신실하게 개혁된 곳을 아직 보지 못하였다."고 기술하였다. 영국의 개혁자 존 베일(John Bale)은 제네바를 방문한 뒤에, "제네바는 내게 놀라운 신비로 보인다. 여러 나라로부터 수많은 사람들이 마치 그곳이 성소인 것처럼 모여드는 이유는 돈을 벌기 위해서가 아니라 가난하게 살기 위함이다. … 서로의 관습과 언어와 의상이 다른 사람들, 스페인 사람, 이탈리아인, 스코틀랜드인, 영국인, 프랑스인, 독일인, 양과 이리, 황소와 곰이 그리스도의 멍에를 함께 메고 사랑스럽고 다정하게 생활하며, 서로의 생활 방식과 교파가 전혀 다른 수사와 평신도, 수녀들이 하나의 영적 기독교 공동체로 살아간다는 것이 놀라운 일이 아닌가?"라고 증언했다.

칼빈은 교회개혁을 계승할 인물들을 양육하기 위하여 학교 설립 자금을 모아 1559년 6월 제네바에 아카데미를 개교하였다(이것은 나중에 제네바 대학교가 되었다). 학장과 교수들은 시의회의 심의를 받은 후 장로법원에 의해 임명되었다. 학생들은 정통 신앙을 고백할 것을 서명하였는데, 이러한 관습은 1576년까지 계속되었다. 비레를 비롯한 5명의 교수가 임명되었고, 베자가 학장으로 취임하였다. 교수의 자격은 온유하고 덕이 있는 자로, 학문과 경건을 실천하여야 했다. 교수에게 요구되는 덕목은 중용이었고, 학생을 과도하게 벌하는 것을 금하였다. 예를 들어 1653년 한 교사가 2명의 어린 소년을 야만적으로 구타한 일로 해고되었다.

제네바 아카데미의 학생들은 프랑스어 읽기로부터 라틴어 문법과 작문, 헬라어 문법과 문학, 수사학, 변증학을 배웠다. 수업은 시험과 토론을 중심으로 이루어졌고, 토론 훈련은 10명씩 그룹을 만들어 실시되었다. 제네바에 개혁파 신학 교육의 산실이 생겨나자, 네덜란드, 잉글랜드, 스코틀랜드, 독일과 이탈리아에서 학생들이 몰려왔고, 이를 통해 수많은 개혁주의 학자들이 배출되었다.

칼빈은 저술 활동을 쉬지 않았다. 1550년경에는 요한이서, 요한삼서, 요한계시록을 제외한 신약에 대한 주석 작업을 완성하였고, 1551년부터 이사야를 강해하므로 구약에 대한 설교를 시작하였다. 칼빈은 원고를 써서 설교하지 않았지만 후대까지 많은 설교들이 남아있는 것은 프랑스에서 칼빈을 따라 왔던 속기사 라그니에(Denis Reguenie)[48] 의 공로이다. 그는 1549년부터 칼빈의 비서로 일하면서 칼빈의 설교를 속기하여 오늘날 우리가 볼 수 있는 설교집을 출판해 냈다. 칼빈은 구약성경 중 창세기에서 여호수아, 시편, 에스겔 21~48장을 제외한 예언서 전체의 주석 작업을 마쳤다.

---

48. 라그니에는 1549년 칼빈의 비서로 임명되어, 1560년 죽을 때까지 칼빈을 떠나지 않고 설교를 받아 적어서 책으로 출판하는 데 도움을 주었다.

칼빈은 임종을 맞이할 때까지 오직 하나님의 영광을 위하여 일하였다. 몸이 약했던 그는 13가지나 되는 병을 앓고 있어, '움직이는 병동'이라고 불릴 정도였다.[49] 그럼에도 불구하고, 주어진 상황에서 최선을 다해 하나님의 나라를 위해 일하였다. 노년에 과로로 쓰러지곤 할 때 한 동료가 휴식을 권하자, "주님께서 다시 오실 때에 내가 게으름 피고 있는 것을 보시면 어떻게 합니까?"라고 말하면서 쉬지 않았다. 몸이 너무 쇠약해져서 정상적인 업무를 제대로 감당하지 못할 때는 미처 처리하지 못한 일에 대한 보수를 거부할 정도로 청렴한 사람이었으며,[50] 병이 더욱 깊어졌을 때에는 들것에 실려 교회당으로 가서 강단에 앉아서 설교하기도 하였다.

칼빈은 1564년 2월 6일에 마지막 설교를 하고 병석에 누웠다. 병석에서도 학생들을 불러 가르치며, 주석 작업을 계속하였는데, 이 때 쓴 글이 여호수아 주석이다. 이러한 수고와 고생을 다한 후에, 1564년 5월 27일, 55세의 일기로 베자의 품에서 운명하였다. 임종 다음 날, 칼빈의 시신은 그의 유지를 따라 플랭 팔라시(Plain-Palasis)의 묘지에 묘비 없이 매장되었다.

4. 칼빈의 신학

칼빈의 핵심적인 신학 사상, 또는 그의 신학을 움직인 원동력을 혹자는 예정론, 그리스도의 주권, 기독론을 내세우지만, 그의 신학에 있어서

---

49. 칼빈은 아주 병약한 사람이었다. 30대에는 코감기, 천식, 소화불량, 두통으로, 늙어서는 관절염, 궤양성 치질, 신장 결석, 늑막염 등으로 고생하였다(McNeill 1990, 257).
50. 칼빈의 수입은 상당한 편이었으나 대부분을 구제 사업에 바쳤으므로, 사실상 그의 재산은 얼마 되지 않았다.

조직적인 원리는 어떤 신학적인 주제보다도 성경과 성령이었다. 오직 성경에 근거하여 믿은 바를 삶의 현장에 적용했으며, 성령의 가르침에 따라 살면서 교회를 운영하고자 하였다. 그러므로 우리는 칼빈을 성경과 성령의 신학자라고 부른다.

칼빈의 신학은 중용적(via media)이다. 그는 금욕주의와 쾌락주의 가운데 근신을 택하였고, 오는 세상에 대한 명상을 권하면서도 현세에서의 책임이 있는 행동을 요구하였다. 또한 극단적인 성경 해석을 배제하고 신학적으로 언제나 중간 입장을 취하였다. 세례에 관한 입장을 보면, 천주교도들이 세례를 은혜의 자리로 들어오는 의식으로, 재세례파들이 구원의 표징으로 이해한 것과는 달리, 칼빈은 "죄 사함"과 "육신의 죽음을 의미"하는 은혜 계약의 표시로 이해하였다(Calvin 1954, 30). 재세례파들은 세례를 구원받은 성도들에게 베풀기 위해 새롭게 시작된 신약시대의 의식으로 보았지만, 칼빈은 신구약을 통하여 흐르는 계시의 연속성을 주장하면서 세례는 할례와 같은 은혜 계약이라고 역설하여 천주교회와 재세례파의 중간적인 입장을 취하였다. 이러한 중용적인 입장은 성찬 교리에도 잘 나타난다. 루터가 성찬식을 행할 때 그리스도께서 성물(聖物)과 함께 한다는 공재설을 내세우고, 츠빙글리는 성찬이 단지 영적인 상징이라고 주장한 데 반하여, 칼빈은 영적 임재설을 취하여 루터와 츠빙글리의 중간적인 입장을 취하였다.

성경관

칼빈은 오직 성경만이 기독교 신앙의 기초가 된다는 사상으로 인간의 전통이나 교회회의의 권위를 부정하였다. 그는 "하나님이 명하지 않은 것을 신자들에게 강요하거나, 하나님이 명하신 것과 다르게 하나님을 예배하게 함으로 그리스도인의 자유를 파괴하려 하는 양심과 연결된 모든 법도와 규율을 사탄의 악한 교리"라고 정죄하였다(Calvin 1954, 31). 사탄의 가르침 가운데는 성경에 없는 종교적 순례, 수도 생활, 음식을 금하는 것, 결혼의 폐지, 고해성사 등이 있다고 하였다. 성도를 구속할 수 있는 것은 오직 성경뿐이므로, 그리스도인은 성경에 근거하지 않은 인간의 전통이나 관습에 매일 필요가 없다고 가르쳤다.

칼빈에게 성경은 살아 계신 하나님의 말씀이었다. 하나님은 성령을 통하여 자신을 계시하시고, 선지자와 사도들을 통해 기록의 형태로 남기기를 기뻐하셨던 바, 그것이 바로 성경이라는 것이다. 하나님은 성령의 조명을 통하여 자신의 뜻을 계시하는데, 이 때 성령은 새롭고 들어보지 못한 것을 나타내는 것이 아니라, "복음에 의하여 나타난 교리를 우리의 마음에 인으로 치신다."고 하였다.

칼빈은 하나님의 말씀과 성령이 불가분리의 관계를 가진다고 보았다. 비록 성경이 문자라고 하지만, 성령에 의하여 심령 위에 역사하며, 그리스도를 보여주게 될 때 생명으로 역사한다고 하였다. 여기에 세 가지 중요한 명제가 뒤따르는데, (1) 성령은 성경 안에 표현된 교리 안에 내재하기 때문에 적절한 권위가 성경에 주어질 때 "자기의 권세를 보이시며," (2) 하나님은 말씀과 성령의 확실성을 "일종의 상호 유대에 의하여" 결합하시고, (3) 말씀을 통하여 "주님은 성령의 조명을 신자들에게 주신다"(Calvin 1960, 124). 칼빈의 말씀과 성령의 불가분리성에 대한 사상은 무미건조한 성경주의를 배제하고, 성령에 대한 무제한적인 호소를 배척하여 좌로나 우로 치우침이 없는 정통 신학의 기초가 되게 하였다.

칼빈은 성경이 언제나 살아 계신 하나님의 말씀이지만, 그 권위는 성령께서 조명해 주실 때 나타나고, "사람들이 하나님의 살아있는 말씀을 듣는 것처럼" 받을 때에 드러난다고 주장하였다. 성경이 하나님의 말씀이라는 것은 성경의 우수성, 내용, 역사성, 고대성(古代性), 진실성, 이적들, 예언, 율법과 선지자의 섭리적인 접수, 신약의 단순성과 권위, 교회의 동의, 순교자의 충성과 같은 성경의 내적인 증명과 자기 증명을 통하여 확인된다고 가르쳤다(Calvin 1960, 74~80). 칼빈은 성경을 신자의 생활만이 아니라, 가정과 교회, 그리고 세상의 모든 영역에 적용하여 다스리게 해야 한다고 주장하였다.

재세례파들은 신약과 구약을 구분하고, 구약보다는 신약을 선호하였다. 하지만 칼빈은 구약시대나 신약시대에 살던 모든 신자들이 하나의 언약을 맺고 있음을 들어 신구약의 하나 됨을 강조하였다. 그는 구약의 족장들이 맺은 언약과 신약시대의 성도들이 맺고 있는 언약은 경륜의 양식에서는 구별되지만, 내용에서는 동일하다고 보았다(Calvin 1960, 429~430). 칼빈에 의하면, (1) 구약에서 보여주고자 하는 궁극적인 목표가 물질적인 축복이 아니라 그리스도를 통한 구원이며, (2) 구약에서의 구원은 인간의 공로가 아닌 하나님의 자비에 근거하였으며, (3) 구약의 성도들도 신약의 성도와 마찬가지로 그리스도를 유일한 중보자로 이해하였다. 그리고 (1) 영원한 축복이 신약과 구약의 목표이며; (2) 하나님의 은혜 또는 자비가 신구약의 공통된 기초이며; (3) 신구약에서 표징들이 동일하고(Ibid., 430~432); (4) 그리스도가 공통의 중보자이기 때문에 구약과 신약은 하나의 계시이다(Ibid., 429).

칼빈은 성경 계시의 연속성을 주장하면서도 일면에서는 약간의 상이점이 있음을 인정하였다. 첫째로, 구약에서는 세상적인 것들이 장차 나타날 하늘의 기업을 보여주는 그림자요 거울로 나타났지만, 신약에서는 실재화 되었고(Ibid., 449~452), 둘째로, 구약에는 그리스도의 모형인 비유와 상징 또는 제사 제도를 통하여 진리가 증거되어 왔지만, 신약에는 그 실체이신 예수께서 오셔서 그림자를 대체하였고(Ibid., 452~455), 셋째로, 구약시대에는 율법이 문자로 기록되었지만, 오늘날에는 심령 안에 각인되도록 요구하며, 구약시대에는 정죄와 사망이 중심적인 사역이었다면, 신약시대에는 의와 생명을 중심으로 하며(Ibid., 456~457), 넷째로, 구약시대에는 속박의 언약이 다스렸지만, 신약시대는 자유의 언약 시대라고 하였다. 곧 구약의 성도들이 자유를 알고도 "여전히 제사 제도의 속박과 부담에 얽매였지만," 그리스도의 십자가 사건으로 신약시대의 성도들은 그러한 의식법으로부터 자유로워졌다는 것이다. 그러므로 신약과 구약의 상이점은 내용이 아닌 복음의 명료성에 대한 세대적인 차이라고 결론지었다(Ibid., 458~459).

성경 해석

칼빈의 또 다른 신학적 공헌 가운데 하나는 성경 해석이다. 그는 성경을 해석하면서 장황한 수사를 펴기보다는 포괄적이고 간결한 문체를 사용하였다. 성경이 만민을 위하여 명확하며 간결하게 기록된 것처럼, 모든 사람이 이해할 수 있도록 글을 간결하게 써야 한다고 생각했기 때문이다. 그는 『기독교 강요』를 쓰면서, 쓸모없이 말을 낭비하거나 학문성을 나타내려고 장황하게 설명하지 않았다. 단지 성경이 말하는 것만 해석하려고 하였다.

칼빈은 천주교회에서 즐겨 사용하던 우의적 성경 해석과 루터의 문자적 해석을 배척하였다. 때로 성경의 내용이 문자적이거나 상징적일 수 있으나, 동시에 문자적이며 상징적으로 해석할 수 있는 말씀은 없기 때문이었다. 그는 성경의 말씀들이 분명한 의미를 지니고 통일되어 있다고 보았고, 저자의 의도대로 이해하기 위해서는 성경이 기록될 당시의 문화와 역사를 알고, 전후 문맥을 파악하는 것이 중요하다고 하였다. 그렇지 않을 경우, 장소와 시기에 따라 상황을 해석하는 법이 각기 다르므로 성경의 의미를 왜곡할 수 있기 때문이다. 예를 들면, 고개를 끄떡이는 것을 대부분의 사람들은 긍정의 표현으로 보지만 그리스인들은 놀램의 의미로 해석한다. 머리를 톡톡치는 것을 아르헨티나 사람들은 생각한다는 뜻으로 알지만, 캐나다 사람들은 미쳤다는 것을 상징하는 것으로 보며, 엄지손가락을 높이 드는 것을 미국인들은 좋다는 의미로 해석하지만 나이지리아 사람들은 나쁜 것을 의미하는 것으로 본다. 그리고 엄지와 검지를 모으고 나머지 손가락을 펴는 오케이 표시는 서구에서는 긍정적인 의미를 가지나 이라크인과 브라질 인디오에게는 악마의 눈을 상징한다. 이와 같이 민족과 시대에 따라 해석이 달라지므로 성경이 올바르게 해석되기 위해서는 성경이 기록된 당시의 문화적 배경에서 성경을 보아야 한다.

    칼빈은 개혁주의 성경 해석의 원리라고 할 수 있는 역사적 문법적 해석(historico-grammatical exegesis) 원리를 제창하였다. 성경이 바로 해석되려면 성경이 기록된 당시의 문화와 성경 본문이 말하는 바를 이해해야 성경 저자의 의도를 찾을 수 있다는 것이다. 그러므로 성경을 해석할 때에 그 구절에서 해석이 안 되면 다른 구절과 비교하고, 그래도 안 되면 다른 장에서 찾아보고, 그래도 안 될 때는 다른 성경에서 찾아보라고 하였다. 칼빈은 성경을 해석할 때 성령의 조명을 받아야 하며, 성령의 조명을 받기 위하여 모든 생각을 성령께 맡기라고 권하였으며, 통찰력이 있는 작가와 글을 사용하는 것을 두려워하지 말라고 하였다.

    칼빈에 의하면, 성경이 하나님의 말씀이라는 것은 성령의 증거로 알 수 있다. 성령의 내적 증거란 성경이 고대의 문헌들과 비교할 수 없는 차이점을 드러내는 지표로, 성경이 확실하게 하나님에게서 기인한 것을 보여준다. 성경을 하나님의 말씀으로 믿고 읽는 자들에게 성경이 하나님의 저작이라는 것을 분명하고 충분하게 증거하므로, 성경을 하나님의 말씀으로 믿고 연구하는 것과 인간적인 말씀으로 생각하고 연구하는 것은 빛과 어두움의 차이만큼이나 간격이 있다고 보았다.

인간관

칼빈의 신학에서 가장 중요한 부분은 인식론이다. 칼빈에게 있어 하나님에 대한 지식과 인간에 대한 지식은 서로 밀접한 관계를 가진다. 인간은 하나님에 대하여 알 수 없는 제한적인 존재이지만, 하나님이 성경을 통하여 자신을 계시하여 하나님을 알 수 있게 하였으며, 인간은 성경을 통하여 하나님에 관하여 또는 인간의 존재에 대하여도 알 수 있다고 하였다. 성경은 하나님을 지극히 거룩하신 분으로 설명하지만, 피조물인 인간은 죄 가운데 태어나 그 가운데 살다죽는 죄 덩어리라고 가르치고 있다.

인간은 원래 하나님의 형상으로 지으심을 받았지만, 아담의 타락으로 말미암아 부패하게 되었다. 부패로 인하여 인간의 자유의지는 선을 행할 수 없게 되었고, 죄의 영향 아래 있으므로 인간의 의지를 종의 의지가 되었다(Calvin 1960, 265). 인간의 의지와 함께 지성도 죄의 오염 아래 놓이게 되었으므로, 성령의 조명을 받지 않는다면 "가장 뛰어난 천재들이라도 두더지보다도 더 어두운 생활"을 할 수밖에 없으며, 죄악으로부터 해방될 수 없다고 하였다.

예정론

예정론은 기독교 세계에 널리 전파되어야 할 주제이나, 조심스럽게 다루어야할 주제이기도 하다. 예정론은 성도들에게 구원의 확신을 주고, 구원이 인간의 공로가 아니라 하나님의 자비에 의존하게 한다. 또한 인간을 높이지 않고, 오직 하나님만 영화롭게 하며, 인간으로 하여금 겸손하게 만든다(Ibid., 920~925). 예정 교리는 모호하지 않고 확실하여, 그리스도 안에서 구원에 대한 확신을 갖게 함으로 복음적인 신앙을 확고하게 만든다. 그러므로 예정론을 부인하는 것은 구원의 기초를 거부하는 것과 같다.

칼빈은 아우구스티누스의 전통을 따라 선택과 유기의 이중 예정을 주장하였다. 아우구스티누스의 예정 사상은 아퀴나스와 츠빙글리에게서도 찾아볼 수 있는데, 아퀴나스는 하나님의 예지의 보편성을 내세워 하나님께서 인간을 구원하려고 일부를 택정하셨다고 하였고, 츠빙글리도 하나님께서는 어떤 이를 택하고 버릴 절대적 권리가 있음을 내세워 유기와 선택을 동시에 주장하였다. 이들과 달리, 루터는 택함 받은 신앙인만이 하나님의 영원한 섭리에 의존하게 된다는 하나의 예정, 선택만을 주장하였다. 루터는 『노예의지론』(The Bondage of the Will)에서, 선택이나 유기에 대하여 다루지 않고, 단지 성경에 의지하여 "주는 아무도 멸망하는 것을 원하지 않으며, 모두가 회개에 이르기를 원한다."고 언급하였다.

칼빈은 예정 교리의 배경으로 에베소서 1장 3~6절과 로마서 9장 13절을 인용하여 선택과 유기의 이중 예정을 주장하였다. 그는 다음과 같이 말하였다: "인류에 속한 모든 인간의 운명을 스스로 결정하시는 하나님의 영원한 경륜을 가리켜 예정이라고 부른다. 모든 인류는 다 비슷한 운명을 가지고 태어난 것이 아니다. 일부 사람들을 위해서는 영원한 생명이 준비되었고, 다른 이들을 위해서는 영원한 저주가 기다리고 있다. 모든 인간은 이 두 가지의 종말 가운데 하나를 맞게 되는데, 이를 가리켜 생명, 또는 죽음으로 예정되어 있다고 부른다"(Calvin 1960, 926). 그는 '선택'을 그리스도 안에서 하나님이 그의 자녀들에게 베푸는 자비의 표현으로, '유기'를 죄인에 대한 하나님의 공의와 진노의 표현으로 보면서, 그리스도의 십자가 사건은 선택 받은 사람들에게 구원의 표시가 되지만 유기된 자들에게는 심판의 표시가 된다고 주장하였다.

칼빈은 선택을 국가적인 것과 개인적인 것으로 나누었다. 국가적인 선택은 이스라엘의 경우로, 개인적인 선택과는 달리 불완전하다고 보았다. 개인적인 선택은 궁극적으로 구원이 보장되지만 국가적인 선택은 전 국민의 영적인 구원을 의미하지 않고, 국가적인 선택은 폐기될 수 있지만 개인의 선택은 폐기될 수 없기 때문이다(Calvin 1960, 929). 많은 이스라엘 백성 가운데 배교자가 나오기도 하였지만, 선택받은 개인들 가운데 구원에서 제외될 수 있는 사람은 결코 없다고 단언하였다(Ibid., 930).

칼빈은 선택의 기준을 인간의 공로나 장점이 아니라 전적인 하나님의 사랑과 자비라고 보았다. 이는 국가적이나 개인적으로 동일한데, 하나님이 이스라엘을 기뻐하시고 천하 모든 민족 가운데 택하신 것은 그들의 장점 때문이 아니라 하나님의 사랑에 기초하기 때문이다. 성경은 다음과 같이 말했다: "여호와께서 다만 너희를 사랑하심을 인하여, 또는 너희 열조에게 하신 맹세를 지키려 하심을 인하여, 자기의 권능의 손으로 너희를 인도하여 내시되 너희를 그 종 되었던 집에서 이집트, 곧 바로의 손에서 속량하셨느니라"(신명기 7:7~8). 예정의 근거는 선행도, 선행에 대한 예지도 아니며, 오직 하나님의 주권적인 사역에 기인한다. 그러므로 하나님의 예정은 예지(豫知) 이상이며, 하나님의 완전히 자유로운 결정이며, 인간이 이해할 수 없지만 비난할 수도 없는 결정이라고 하였다(Ibid., 934).

칼빈은 『기독교 강요』 제3권에서 선택에 대한 교리를 논하면서 그 근거로 에베소서 1장 4~5절을 제시하였다. 곧 창세전에 하나님이 기쁘신 뜻을 따라 성도들을 예정하였다는 것이다. '타락전예정론자'(Supralapsarian)들은 선택에 대한 하나님의 작정하심이 타락 이전에 있었다고 주장하고, '타락후예정론자'(Infralapsarian)들은 인간이 죄를 범한 후에 이루어졌다고 주장한다. 칼빈이 구체적으로 선택의 시점에 대해 언급한 적이 없음에도 불구하고, 선택 시점에 대한 관심은 칼빈의 사망 이후 칼빈주의자들 사이에 중요한 논쟁거리로 부상하였다.

칼빈은 성령을 구원 사역에서 가장 중요한 역할을 수행하는 이로 보았다. 하나님은 창세전에 택할 자를 예정하셨고, 말씀을 통하여 성령께서 부르신다는 것이다. 부르신 자를 거듭나게 하시며, 죄에 대하여 회개하게 하고, 하나님에 대한 신앙을 갖게 하며, 의롭게 하는 모든 일이 성령의 사역을 통해 이루어진다. 칼빈은 칭의를 인간의 공로에 근거하는 것이 아니라, "하나님의 호의로 우리를 의인으로 받아들이는 것"(Calvin 1960, 726)이라고 정의했으며, 의롭다고 인정함을 받은 성도를 성화시키고 영화로운 상태로 인도할 때도 성령의 사역은 계속된다고 하였다. 성령은 "우리를 효과적으로 그리스도 자신에게 연합시키는 끈"이며, 택한 자를 하나님에게로 인도하는 내적인 교사라고 진술했다(Ibid., 598).

교회론

칼빈은 『기독교 강요』 제4권에서 교회에 대해 다루면서, 교회를 유형 교회와 무형 교회로 나누었다. 무형 교회는 하나님의 비밀스러운 선택에 근거하는데 보편적이며, 그리스도 안에서 하나이며, 흔들리거나 타락할 수 없는 특징을 가진다(Calvin 1960, 1014). 유형 교회는 지상에 존재하는 교회로, 하나님에 의하여 양육되고 성장하는 것을 특징으로 한다. 교회의 양육과 성장을 위해 목사와 교사를 임명하고, 성례를 제정하는 등 은혜의 수단을 주셨는데, 교회의 품에 안길 때 이러한 은혜를 누릴 수 있다. 왜냐하면 "하나님이 아버지인 사람들에게 교회는 어머니"이기 때문이다(Ibid., 1016).

지상 교회는 연약하고 불완전하며 종종 그리스도의 교회인지 아니면 적그리스도의 교회인지를 구별하기 어렵다. 때로는 "이름과 외형만 있고, 그리스도가 전혀 없는 위선자들이 다수 섞여있고, 야심과 탐욕과 시기가 가득하거나 중상하는 사람이 심히 많고, 아주 불결한 생활을 하는 사람도 간혹 있다"(Ibid., 1021). 그러나 구원에 대한 작정은 하나님의 고유 영역이기 때문에 누가 구원받은 하나님의 자녀인지 알려고 해서는 안 된다. 칼빈은 이렇게 말했다: "일상 경험으로 보더라도 하나님의 비밀스러운 판단은 우리의 이해력으로 도저히 파악할 수 없다. 완전히 멸망하여 아무 소망이 없는 것처럼 보이던 사람들이 하나님의 선하신 부름을 받아 바른 길로 돌아오기도 하고, 누구보다도 든든히 서 있는 듯하던 사람이 넘어지는 일들이 비일비재하다. 그러므로 (아우구스티누스가 말한 것처럼) 하나님의 은밀한 섭리에 따라 '밖에도 양이 많고 안에도 이리가 많다'" (Ibid., 1022). 그리스도인의 관심은 구원받은 그리스도인을 알고자 하는 것이 아니라, 참된 그리스도의 교회와 사탄이 만든 모조품을 구별하는 데 두어야 한다는 것이다.

칼빈은 거짓된 교회와 참된 교회를 구별하는 표지로 2가지를 제시하였다. 즉 "하나님의 말씀을 순수하게 전파하며 듣고, 그리스도께서 제정하신 대로 성례를 지키는 곳에 하나님의 교회가 있다는 것은 의심할 여지가 없다(엡 2:20 참고)"고 하였다. 만일 이 두 가지 표지가 있다면, 성도는 존경심을 가지고 교회를 섬겨야 하지만 그렇지 못할 때 경계심을 가지고 대처하여야 한다고 경고하였다. 교회의 표지가 없을 때 자신을 보호하기 위한 노력이 있어야 하지만, 표지가 있는 교회로부터의 분리는 정죄된다고 가르쳤다. 그는 다음과 같이 썼다: "교회를 떠나는 것은 하나님과 그리스도를 부인하는 것이다. 그러므로 우리는 이처럼 악한 분리로부터 떠나야 한다. 하나님의 진리를 뒤엎기 위해 전력을 다 한다면, 하나님으로부터 진노의 벼락을 받아 깨어지는 것이 당연하다. 또 우리가 모독적일

만큼 불충함으로 하나님의 독생자께서 우리와 맺으신 혼인(엡 5:23~32 참고)을 파한다면, 그보다 더 무서운 죄악을 범하는 것이 없을 것이다." 그러므로 그리스도인은 "비본질적인 문제에 관하여 의견이 다르다고 해서 분열하거나"(Ibid., 1024, 1025), 교회 지도자의 부도덕이나 일부 교인이 그릇된 신앙을 따른다고 하여 분리하고자 해서는 안 된다(Ibid., 1027).[51]

칼빈은 교회를 단순한 세속적인 기관이나 개개인의 신자들이 모인 집단이 아니라, 역사의 전 과정을 통하여 진행되어 하나님의 뜻이 성취될 언약 백성들의 총수로 이해하였다. 교회는 인간이 아닌 그리스도께서 말씀과 성령을 통하여 다스리는 곳으로, 그의 말씀에 따라 교회를 운영하시고, 성령을 통해 그의 종들에게 각종 은사를 나누어줌으로 교회를 이끌어 가신다고 하였다. 따라서 칼빈에게 있어 교회의 통치 원리는 앞에서 지적한 것처럼 하나님의 말씀과 성령이었다.

교회 행정

메릴 따비네(Merle d'Aubigne)가 지적한 것처럼, 칼빈은 혁신적인 교회법의 입법자였다. 그는 1541년에 작성한 『교회 법령』에서 교회 직원을 크게 장로와 집사로 나누고, 장로를 목사, 장로, 교사로 구분하였다. 목사는 하나님의 말씀을 선포하는 직분으로 말씀에 따라 "교훈하고, 훈계하며, 타이르고, 공적으로나 사적으로 견책하고, 성례를 행하며, 장로 또는 동

---

51. 칼빈은 초대교회의 도나투스파(Donatist)처럼 재세례파들이 오류 없는 순수한 교회를 지상에 세우려고 하는 것을 마귀적인 발상이라고 정죄하였다. 왜냐하면, 성경은 지상의 교회가 알곡과 가라지가 함께 공존하는 곳으로 설명하기 때문이다(마 13). 이러한 면에서 칼빈은 아우구스티누스의 교회관을 따르고 있다.

역자와 함께 동역하는 자"이다. 목사는 소정의 고시를 거쳐 목사회에 가입한 뒤, 공동 의회에서 회중의 동의를 얻어 임직되어야 한다고 하였다. 목사의 주된 업무는 성례를 집례하고 목사후보생을 심사하며, 성경을 주석하고 설교하며, 교회 권징을 실시하는 데 있었다.

목사후보생은 하나님의 교회를 위한 소명 의식이 분명해야 하고, 기독교 기본 교리와 행위에 대한 시험을 통과한 후 목회 훈련을 받았다. 목사 고시에 합격한 자들은 목사회 앞에서 공포되었고, 제네바 시의 소위원회의 승인을 받은 뒤, 교인들이 목사로 청빙함으로 임직할 수 있었다. 칼빈은 천주교에서 목사 안수식을 7성례의 하나로 간주하기 때문에 생략하도록 하였다. 제네바에서 목사는 임직에 앞서 통치자와 제네바 법에 순종할 것을 서약해야만 교회에 부임할 수 있었다(McNeill 1979, 162).

교회는 목사가 직무를 잘못 수행할 경우에 징계하였다. 특히 "이단, 분파, 교권에 대한 반역, 공개적인 신성모독, 세속법의 처벌을 받는 행위, 성직매매, 탐심에 기초한 성직 추천, 다른 사람의 자리를 차지하기 위한 음모 행위, 법의 허락이나 정당한 이유 없이 교회를 떠나는 행위, 표리부동, 위증, 방탕, 절도, 술 취함, 법의 처벌을 받을 만한 폭행, 고리대금, 법이 금하는 추잡한 놀이, 춤, 음란, 시민권을 손상시키는 죄, 교회를 분열시키는 죄"를 범할 경우, 목사 직분을 면직하도록 하였다. 그리고 "성경을 그릇되게 해석하는 것, 헛된 문제에 호기심을 보이는 것, 교회가 받아들이지 않는 교리나 의식을 계속 주장하는 것, 성경을 읽고 연구함에 게으른 것, 악을 꾸짖지 않는 것, 자신의 직책에 소홀한 것, 상스러운 행위, 거짓말, 비방, 음란한 말, 욕설, 무모함, 악한 생각, 탐욕, 인색함, 급히 성내는 것, 다투는 것, 논쟁, 행동이나 태도의 방자함" 등은 훈계되어야 할 목록이라고 보았다(Calvin 1954, 59).

교사는 "신자들을 참된 교리로 가르쳐 복음의 순수함이 무지나 악한 생각으로 훼손되지 않도록" 교육하는 직분으로, 신학 교육기관이나 교회에서 기독교 교육을 감당하는 자였다. 칼빈은 교회마다 구약과 신약 교사를 한 명씩 둘 것을 권장하였고, 성경 교육을 통해 무지와 미신으로 오염된 교회를 개혁하고자 하였다.

집사들은 "병든 자, 일할 수 없는 노인, 과부, 고아 등 불쌍한 사람을 잘 돌보는 것"과 여행자를 위한 구호소 운영 등 재정의 출납을 담당하였다(Calvin 1954, 66).

장로는 목사를 도와 신도들의 영적인 문제를 살피는 자였다. 칼빈은 장로의 숫자를 "작은 교회에서는 2명, 교인이 60명 이상인 교회에서는 4명, 200명 교회에서는 6명의 장로를 두는 것이 좋다"는 의견을 제시하였다(Calvin 1954, 65). 제네바 교회에는 12명의 장로가 있어 그 장로들이 목사와 함께 장로법원을 조직하여 교인의 생활을 살피면서 권징하곤 하였는데, 장로법원은 후에 당회라고 불려졌다.

제네바에서 장로의 사역은 도시의 윤리 문제를 다루는 시찰에 있었다. 장로의 대표적 사역은 권징으로, 권징을 통하여 교회개혁을 이루고자 하였다. 칼빈은 권징이 악한 자로부터 선한 자를 보호하며, 죄악의 확산을 막으며, 교회의 이름이 훼손되지 않게 하며, 죄를 범한 자를 돌이켜 회개하는 수단이라고 믿었다. 그는 "명백한 우상 숭배자, 신성모독을 한 자, 강도, 도둑, 음란한 자, 거짓 증인, 반역자, 싸움꾼, 주정뱅이, 명예 훼손의 죄를 범한 자, 폭행죄를 범한 자, 방탕한 생활을 하는 자 등이 적절히 훈계를 받았음에도 불구하고 이를 고치지 않는다면 회개할 때까지" 출교처분해야 한다고 강조하였다(Calvin 1954, 32).

칼빈은 권징을 철저히 시행하였다. 1542년 2월 16일자 장로법원의 회의록에 보면, 당시 제네바 시의 권징 상태를 알 수 있다. 한 여인은 천주교회 교리를 따르는 『성자들의 이야기』(*Legenda Aurea*)를 지니고 있다가,

한 이발사는 신부(神父)에게 삭발식을 하여준 일로, 어떤 이는 교황이 좋은 사람이라고 떠벌이다가 적발되었다. 어느 여인은 남편이 병에 걸리자 거미를 비어있는 호두 속에 넣은 후 부적처럼 남편의 목에 걸게 하여 병을 치료하려다가 고발되었다. 어떤 이는 자기 개를 칼빈이라고 명명하여 괴롭히다가 소환되기도 하였다. 알코올 중독자, 도박, 부정, 가정을 돌보지 않거나 아내를 때리는 행위, 간음의 경우에도 권징이 실시되었다. 이와 같이 도덕률에 어긋나거나 법을 방해하는 행위가 적발되면 가차 없이 징계하였다.

칼빈은 권징을 통해 도덕적 질서를 유지하고자 하였다. 제네바에서는 점치는 행위와 마술을 억눌렀고, 고객을 속이는 상인에 대해서는 냉혹할 만큼 벌하였다. 자와 저울을 속이는 상인, 고리채 업자, 높은 진료비를 청구하는 의사, 여행 중인 외국인에게 부당한 돈을 받은 재단사 등을 징계했다. 저속한 문화를 경계하여 무례한 대화나 음탕한 노래와 춤을 금하였다.

칼빈은 춤이 음욕을 일으키는 마귀적인 행위라고 보았지만, 다윗이 법궤를 옮길 때에 춤을 추었던 것처럼 하나님을 찬양하는 춤은 인정하였다. 그러나 오늘날 열린 예배를 행하는 사람들이 주장하는 것처럼, 춤을 예배의 한 행위로 보지는 않았다. 가슴을 깊이 판 여인들의 의상, 카드놀이, 알코올 중독에 대해서는 엄하게 제재하였다.

칼빈은 제네바를 거룩한 도시로 만들고자 하였다. 그는 당시에 악명 높던 매춘행위에 대하여 호된 처벌을 요구하였으나, 제네바 시의회는 미온적인 자세를 취하였다. 예를 들면, 1558년 시의회는 매춘행위를 하다가 두 번째 적발된 자에게 수치를 가함으로 벌하려고 빨간 모자를 쓰고 나팔수를 따라 제네바 시를 행진하도록 하였다. 그러나 칼빈의 타협 없는 노력은 술집의 문들을 속속 닫게 만들었고, 마술, 이단, 간음, 신성모

독, 난동 등의 공공질서를 어지럽히는 심각한 범죄들을 일소하는데 앞장 섰다.[52]

예배

칼빈은 십계명의 첫 부분이 바로 기독교 예배의 기본적인 틀을 제공한다고 보았다. 그는 인간 존재의 목적을 창조주 하나님을 알고 그에게 순종하며 예배함으로 영화롭게 해 드리는 것으로 이해하였다. 칼빈에게 있어 하나님에 대한 지식과 하나님을 예배하는 것은 같은 것으로, 하나님을 알지 못하고서 예배할 수 없고 예배하지 않고는 하나님을 알 수 없다고 보았고, 예배가 성경이 명하는 대로 드려져야하며, 인간에게서 기인한 미신적인 예배는 폐지되어야 한다고 하였다. 그는 『아모스 주석』에서 미신을 "인간들이 그들의 취향에 따라 취하는 자발적 예배 행위"라고 정의하고, 하나님은 이러한 인위적인 예배를 가중하게 여기시며, 이러한 예배가 바로 골로새서 2장 23절에서 말하는 '자의적 예배'라고 하였다.

칼빈은 대표적인 미신적 예배의 예로, 성화나 성상의 사용을 들었다. 그는 아모스 5장 26절을 주석하면서, "이러한 것들을 만드는 것은 언제나 거룩한 예배에 사악한 것을 섞는 것과 같다. 왜냐하면 우리는 하나님께 예배할 때 우리 자신으로부터 고안된 어떤 것을 가져와서는 안 되고, 하나님의 입에서 나오는 말씀을 늘 의존하고 그가 명하는 것에 순종해야 하기 때문이다."라고 하였다. 곧 예배의 중심은 설교요, 인위적인 요소로

---

52. 제네바에서 종교적인 문제가 아닌 사회적인 문제로 처벌 받은 수는 아주 많았다. 1555년에서 1558년 사이 58명이 처형되었고, 76명이 유배되었다(Spitz 1983, 224~225).

예배를 장식해서는 안 된다고 본 것이다. 칼빈은 츠빙글리가 예배 때 악기의 사용을 전면 금지한 것과는 달리 제한적인 사용을 허용했고, 시편을 개혁교회의 찬송가로 삼았다.

칼빈은 영적인 예배를 비물질적인 것과 동일한 것으로 보지 않았고, 시편 51편 17절의 "상한 심령과 뉘우치는 마음"으로 드리는 예배라고 보았다. 하나님이 요구하시는 것은 진실한 심령이기 때문이다(Old 1984, 236). 다른 말로 하면, 신약에서 가르치는 신령한 예배는 히브리서 13장 15절에서 보듯이 예수 그리스도를 통하여 예수 안에서 드리는 기도와 감사의 예배라는 것이다.

칼빈은 성자(聖者)는 물론 성물(聖物)숭배를 부정하고 비판하였다. 그것들의 무익함을 호소함으로, 칼빈은 무지와 미신으로 성물숭배를 조장하던 로마천주교회에 반대하였다. 『기독교계가 성물 목록으로부터 유추하는 이익에 대한 경고』(An Admonition, Showing the Advantages Which Christendom Might Derive From an Inventory of Relics)에서 다음과 같이 성물숭배를 비난하였다: "십자가의 파편들이 온 지구상에 얼마나 산재해 있는지 한번 생각하여 보자. 내가 가지고 있는 목록만 해도 족히 책 한 권이 되고도 남는다. 작은 마을이라도 성물을 가지고 있지 않은 곳이 없다. … 만일 조각들을 모두 찾아서 수집한다면 넉넉히 한 배에 실을 수 있는 만큼의 양이 될 것이다. 그러나 단 한 사람이 과연 그것들을 지고 갈 수 있었는가 하는 점이 문제다. 십자가의 파편들로 온 세상을 가득 채우려고 하는 철면피가 아니라면, 그것을 운반하기 위하여 300명이 넘는 사람이 필요하다는 것을 알 것이다. … 이러한 가르침은 분명 마귀적인 것이다"(Calvin 1983, 1:301~302).

칼빈의 예배는 성경적이며 단순한 것을 특징으로 한다. 그는 스트라스부르에서 프랑스 난민교회를 섬길 때와 제네바에서 목회할 때 단순한 예배를 권장했다. 단시 성경에 따라 찬송, 기도, 설교, 연보, 주기도, 성례 순으로 예배를 시행토록 하였다. 예배는 새벽예배, 주일 9시와 3시 예배가 있었다. 주일 정오에는 성경을 통해 어린아이들을 교육하였다. 칼빈은 주일 오전과 오후, 그리고 월, 수, 금요일 아침에도 설교하였다. 설교를 위하여 특별히 준비하지 않았고, 평시의 성경 연구와 묵상, 많은 독서를 통하여 설교를 준비하였다.

칼빈의 설교는 성경 강해가 중심이었다. 그는 본문을 해석하고, 교훈을 얻은 뒤, 그 교훈을 성도들에게 적용하는 형식으로 설교를 구성하였다. 제목 설교를 좋아하지 않았고, 각 권의 성경을 연속적으로 강해하곤 하였는데, 강단에 올라갈 때는 원고 없이 성경 한 권만을 가지고 설교하였다. 그는 현대의 강해 설교자들이 본문 강해만 하고 설교를 마치는 것과 달리 설교를 삶의 현장에 적용하여, 설교를 예배의 중심으로 만들었다.

성례

칼빈은 천주교회의 7 성례는 인간이 만든 거짓 성례이며, 성경적인 성례는 세례와 성찬뿐이라고 가르쳤다. 성례는 "신성한 물질을 의미"하는 것으로(Calvin 1960, 1277), "선행(先行)하는 약속이 있고, 이 약속에 붙인 부록과 같다. 성례의 목적은 그 약속을 확인하고 인치며 우리에게 더욱 명확하게 깨닫게 하며, 이를 비준하는 것"(Ibid., 1278)으로, 성례는 언약의 표징이요, 인장(印章)과 같다고 하였다.

칼빈은 성례가 은혜의 수단이지만, 말씀과 협력함으로써만 믿음을 굳게 만든다고 진술하였다. 성례 자체는 은혜를 주는 것이 아니라 말씀과 함께 그리스도를 제시하기 때문에 성례를 마술과 같이 생각하는 것은 잘못이다. 반드시 성례에 참여하여야만 구원을 보장받는 것은 아니다. 아우구스티누스가 말한 것처럼, "보이는 표징이 없어도 보이지 않는 성화가 있을 수 있으며, 보이는 표징이 있어도 진정한 성화가 없을 수 있기" 때문이다(Ibid., 1289). 성례는 그리스도에 대한 믿음이 없이는 아무런 효과가 없으며, "우리에게 그리스도를 제시하며, 그 안에서 하늘 은혜의 보고를 제시하는 기능을 가졌다"(Ibid., 1292)고 언급하였다.

신약 교회에 주신 성례는 구약의 은혜 계약과 연관성을 가진다. 세례는 그리스도의 피로 "우리의 죄악을 씻음"을 의미하며, 그리스도의 죽음에 참여하는 것으로 "우리 육신의 죽음을 의미"한다(Ibid., 1325). 구약의 할례와 신약의 세례는 외적인 형태에서 다르지만, 지시하는 약속(하나님의 부성적인 은혜), 의미(용서)와 기초(그리스도)는 동일하다고 보았다. 할례를 유아들에게 행한 것은 언약의 약속이 부모만이 아니라 유아에게도 속한다는 것을 보여준다고 설명하였다.

칼빈은 외적인 규례는 변할지라도 언약의 내용은 바뀌지 않으므로 신약시대에도 유아들에게 세례를 베푸는 것이 옳다고 주장하였다(Ibid., 1328~1329). 신약시대에 유아들이 언약의 축복에 참여할 수 있다는 것은 그리스도께서 유아들을 안고 축복하신 사례에 의해서도 뒷받침이 된다. 그리스도께서는 유아에게 세례를 베풀지는 않았지만 그들을 초청하여 하나님의 나라가 그들에게 속한다고 말씀하시면서 축복하셨다. 그러므로 유아세례를 금하는 것은 몰지각한 일이다(Ibid., 1330). 비록 여인들이 세례에 참여하였다는 기록이 성경에 없음에도 여인들에게 세례를 베푸는 것처럼, 유아들에게도 세례를 베푸는 것은 자연스러운 현상이다. 유아세례가 초대교회 시대에 존재하지 않았다는 재세례파의 주장은 역사에 대한 무지에 기인한 것이라고 주장하면서 칼빈은 유아세례의 유익을 다음의 세 가지로 설명하였다. (1) 부모들이 하나님의 자비가 자녀들에게로 적용된다는 약속을 확신하게 되고, (2) 자녀들을 교회의 다른 구성원에게 소개하게 되며, (3) 후에 자녀들이 하나님에 대하여 열심을 품도록 고무시킨다(Ibid., 1332~1333).

칼빈은 유아들이 성령의 은혜 체험을 할 수 없다는 재세례파들의 주장에 대해, 세례 요한의 사례에서처럼, 성령의 사역이 태아에게도 적용될 수 있다고 반박하였다(Ibid., 1339~1341). 성령의 사역이 주로 말씀을 통하여 이루어지지만, "설교와는 별도로 성령을 마음속에 비추이심으로 그들에게 자신에 대한 진정한 지식을 주실 수 있기" 때문이다(Ibid., 1342). 유아들은 회개하거나 믿음을 표현할 수 없다. 하지만 할례는 회개의 표징이요, 신앙의 인(印)으로 하나님의 명령에 의하여 유아들에게도 주어지므로, 회개와 신앙의 씨앗이 "성령의 신비스러운 사역에 의하여" 유아들 안에 존재할 수 있으며, 유아들은 "미래의 회개와 신앙을 바라보며 세례를 받는다."는 것이다(Ibid., 1343).

칼빈은 천주교회의 화체설이 성찬의 본질을 폐기하는 것이며, 교황청의 미사 제도는 "성찬의 신비를 파괴하는 사악하고 악의적인 의식" 으로, "하나님께 정죄 받을 우상 숭배"라고 비판하였다. 왜냐하면 "성찬 그 자체가 영혼 구원을 위한 희생으로 여겨지고, 떡이 하나님의 몸으로 간주되어 숭배되기 때문이다"(Calvin 1954, 30). 칼빈은 그리스도의 몸이 편재함으로 성찬을 뗄 때마다 그리스도가 떡 안에 있게 된다는 루터의 사상에 대하여도 비판을 가하였다. 영은 어디서나 존재할 수 있으나, 육체는 성격상 편재할 수 있는 것이 아니기 때문이다. 또한 성찬이 상징 이상이라고 주장하여 상징으로만 보는 츠빙글리에 대항해 영적 임재설을 주장하였다. 칼빈의 중도적인 입장은, 『취리히 합의』(Consensus of Zurich)에서 볼 수 있는 것처럼, 하인리히 불링거의 지지를 받았으며, 영국국교회의 리들리나 크랜머도 칼빈의 성찬관에 지지를 표명했다.

칼빈은 성찬의 효과를 신앙적인 측면에서 이해하였다. 성찬을 통하여 성도들이 그리스도와 한 몸으로 커가게 되는데, 그리스도의 성자됨과 우리의 인성, 그리스도의 강하심과 우리의 연약함, 그리스도의 의와 우리의 불의와 같은 속성간의 경이로운 교환으로 그리스도의 것을 우리의 것으로 만들게 한다고 보았다. 곧 성령의 사역에 의하여 우리는 만찬에서 "그리스도께서 진정으로 임재하시며, 자신의 몸을 보여준다."는 것을 확신하게 된다는 것이다(Ibid., 1368). 칼빈이 유아들에게 성찬을 허락한 것은 아니다. 자기 성찰이 요구되는 성찬을 아이들이 받을 능력이 없고, 할례가 유아들에게 주어졌지만, 유월절은 "그 의미를 알 수 있을 정도의 나이가 든" 자들에게만 주어졌기 때문이다(Ibid., 1346).

칼빈은 성찬을 권징의 수단으로 활용하였다. 그는 스트라스부르에서 목회하던 1540년 부활절부터 성도들에게 성찬에 참여하기 전, 개인적으로 성찰할 것을 요구하였고, 부도덕한 자는 성찬에서 제외시켰다. 떡과 포도주는 하나님의 사랑을 나타내는 인증(引證)으로, 성찬을 통하여 하나님의 은혜를 나타내고자 하였다. 그는 성찬을 행할 때에 먼저 자신이 포도주와 떡을 받은 뒤 집사들에게 주었고, 집사들은 참석한 자들에게 "당신을 위해 죽으신 그리스도의 몸을 받아먹으시오." "이것은 당신을 위해 죽으신 그리스도의 피의 새 언약의 잔입니다."라고 말하면서 분배하였다. 떡과 포도주가 분배되는 동안 시편 138을 찬송하였고, 찬송이 끝난 뒤에는 민수기 6장 24~26절의 말씀으로 축도함으로 예배를 마쳤다(McNeill 1979, 152). 칼빈은 성찬식을 매주 행하기를 원하였지만, 실제로는 일년에 네 번, 곧 크리스마스, 부활절, 오순절, 9월 첫 번째 주일에 실시하였다.

제10장

반동종교개혁

    루터의 종교개혁에 대한 교황청의 초기 반응은 거의 무관심에 가까웠다. 교황 레오 10세는 95개조 항의문에 대해 들었을 때, 독일의 한 수도승이 술주정한 정도로 여기고 시간이 지나면 해결될 것이라고 생각하였다. 그러나 설령 교황이 종교개혁이 초래할 결과를 감지하였더라도, 그 불길을 잡을 수 없었을 것이다. 왜냐하면 교황청은 신성로마제국의 카알 5세와 반목하고 있었기 때문이다.

    1521년 12월 교황 레오 10세가 사망하고, 카알 5세의 가정교사였던 아드리안 6세(Adrian, 1522~1523)가 교황에 오른 후, 교황청의 종교개혁에 대한 입장은 크게 달라졌다. 아드리안 6세는 엄격하고 중세적인 인물이었으나, 교회가 당면한 문제를 숙지하고 있었기 때문이다. 그는 1522년 11월, 뉘른베르크 제국의회 앞으로 편지를 보내 보름스 의회가 루터에 대해 결정한 바를 시행할 것을 명하였다. 그러나 제국의회는 칙령 집행이 불가함을 밝혔고, 그 대신 1년 안에 교회개혁을 위한 교회회의를 소집할 것을 결의하였다. 제국의회를 통해 종교개혁을 제어하고자 한 교황의 노력은 결국 허사로 끝났다.

1. 반동종교개혁의 배경

1523년 아드리안이 죽고, 클레멘트 7세(Clement VII, 1523~1534)가 교황에 올랐다. 그는 교회가 당면한 문제를 제대로 파악하지 못했고, 정치적으로 이탈리아의 군주처럼 처신하여 많은 지지자들을 잃었다. 1524년 독일에 영향력을 행사하기 위해 캄페지오(Lorenzo Campeggio, 1474~1539)를 뉘른베르크 제국의회에 보내어 루터에 대한 제재를 명하였지만, 의회는 시큰둥한 반응을 보였다. 오히려 의회는 교황청을 배제한 독일 중심의 교회회의를 1525년 슈파이에르에서 열 것을 결의하였다. 캄페지오의 의회 설득은 실패로 끝났지만, 의회 밖에서는 큰 성공을 거두었다. 1524년 7월 레겐스부르크에서 독일의 정치지도자들과 남부 독일의 주교들을 만나서 친(親)로마 연맹을 맺어 교황권 지지 세력을 강화하였다. 이러한 상황에서 교황청을 중심으로 교회 제도를 수구하기 위해 일어난 것이 반동종교개혁(Counter-reformation)이다.

중세의 개혁 운동

반동종교개혁은 중세 신학의 전통에 기초해 있다. 중세 말기의 교회 부패는 극에 달하였다. 성직자들은 물론 교황까지도 부패하여 부정을 일삼자, 교회를 새롭게 하려는 다양한 시도들이 나타났다. '오늘의 헌신'(devotio moderna)을 따르는 신비주의, 교황 중심의 교회 운영을 반대하며 일어난 교회회의운동(Conciliarism), 르네상스 시대의 기독교 인문주의, 참회 설교, 엄수파 중심의 수도원 개혁 프로그램 등이 바로 그러한 것들이었다. 중세의 개혁운동은 도덕적 또는 행정적인 개혁에 불과하였고, 근본적인 개혁보다는 지엽적인 개혁이 주를 이루었다. 따라서 종교개혁자들은 이러한 부분적인 개혁보다는 머리로부터 뿌리에 이르는 전체적 개혁을 주장하였다.

반동종교개혁은 스페인과 이탈리아를 중심으로 일어났으며, 종교개혁자들의 전체적인 개혁 요구를 거부하고, 도덕적인 개혁만을 추구하였다. 그러면 반동종교개혁의 역사적 배경이 된다고 할 수 있는 중세 말기의 개혁운동에 대해 살펴보도록 하자.

가톨릭 개혁운동은 15세기 스페인에서 추기경 프란체스코 히메네스(Francisco Ximénez, 1436~1517)가 일으킨 개혁운동과 맥을 같이 한다. 히메네스는 교회의 타락이 성직자의 부도덕과 무지에서 온다고 보고 성직자의 도덕성과 교육을 향상시키고자 하였고, 교회의 부정·부패가 수도원 제도에서 기인된 것임을 확인하고 수도원을 개혁하고자 하였으며, 인문주의 원리에 따라 성경을 연구할 것을 주장하였다. 수사와 탁발수사들에게 청빈을 요구했고, 부정과 부패가 있는 수도원은 해산하거나 재산을 몰수했으며, 성직록을 받는 자들은 교구에 거하면서 전통적 천주교회 신앙에 대한 흔들림 없는 헌신을 요구하고, 이에서 떠난 자들을 종교재판소에 넘기도록 조처하였다.

히메네스는 위와 같은 개혁 프로그램을 제시한 후, 스콜라 신학자들과 성직자들을 훈련하기 위해 알칼라 대학을 설립하고 그곳에서 히브리어와 헬라어 연구를 장려했다. 교회가 교회답게 되려면 영적으로 갱신, 곧 영성의 개발을 통해서 교회를 활성화해야 한다고 보았기 때문이다. 그의 영적 갱신 사상은 나중에 정적주의적 신비주의, 토머스주의의 부흥을 포함한 스콜라 신학의 혁신, 예수회의 창설 등을 통해 나타났고, 이는 반동 종교개혁의 성격을 형성하였다.

가톨릭 개혁운동은 이탈리아에서도 많은 종교 단체와 수도회를 통해 일어났다. 이 단체들은 주로 15세기 말과 16세기 초반에 나타났고, 절반은 평신도 절반은 성직자로 구성된 점이 특징이다. 그들은 철저하게 개인적인 경건을 고양하고, 고아와 불치병자들을 돌보는 등 자선 사업을 벌였다. 이 가운데 대표적인 단체가 에토레 베르나자(Ettore Vernazza)가 1497년 이탈리아의 제노아에 세운 '하나님 사랑의 수도회'(Oratory of Divine Love)였고, 추기경 카제탄과 교황 바울 4세를 배출하여냈다.

테아틴과 카푸친 종단

추기경 카제탄과 교황 바울 4세는 1524년 로마에서 테아틴 종단(Theatine Order)을 창립하였다. 종단의 회원들은 사유재산을 버리고 성직록을 사양하였으며, 청빈, 엄격한 금욕생활, 병자와 극빈자를 위한 자선 사업으로 아주 좋은 평판을 얻음으로 천주교 개혁운동의 중심이 되었다. 테아틴 종단이 배출한 인물로는 콘타리니(Gasparo Contarini), 그레고리오 코르테세(Gregorio Cortese), 그리고 인문주의 학자요 헨리 8세의 사촌인 레기날드 폴(Reginald Paul) 등이 있다.

콘타리니는 1516년 『주교직에 대하여』라는 논문을 통하여 주교직의 영적 갱신 방안을 제시하였다. 그의 이상은 지베르티(Gian Matteo Giberti)에게서 구현되었다. 지베르티는 14년간 교황청을 위해 일하고 1527년부터 주교 관구에서 일한 경험을 토대로 주교직을 강화하였는데, 주교는 하위 성직자들이 신실하게 영혼들을 돌보도록 철저하게 감독해야 한다고 믿었다. 그가 만든 규정은 트렌트 교회회의가 작성한 규정의 원형이 되었다.

여성 단체들도 천주교 종교개혁에 중요한 역할을 하였다. 그 대표적인 것이 1535년 일단의 처녀들과 과부들로 구성된 '우르술리네스' 회(Ursulines)이다. 이 단체의 회원들은 수도원이 아닌 자기 집에서 살면서 교구교회에 가서 예배하였는데, 상급자에게 순종하고 자선 활동 특히 소녀들의 신앙교육을 위해 자기부정의 삶을 살았다. 이 모임은 밀라노에서 시작되어 프랑스까지 확산되었고, 1546년부터 수녀원과 같은 형태로 변하면서 엄격한 생활과 서약을 요구하였다. 이 모임은 캐나다에서도 크게 퍼지게 되었다.

16세기 이탈리아에서 영향력 있는 종단은 마테오 다 바시오(Matteo da Bascio, 1552 죽음)에 의해 세워진 프랜시스칸 수도회의 엄수파였던 카푸친(Capuchins)이었다. 바시오는 이탈리아에서 농부의 아들로 태어났다. 프랜시스칸 수도회에 들어가 아시시의 프란체스코(Francis of Assisi)의 가르침에 따라 절대적 청빈, 철저한 육체적 금욕, 구체적인 기도생활을 강조하였고, 순회 설교, 환자와 극빈자에 대한 자선 활동을 벌였다. 주위의 만류에도 불구하고 수염을 길렀고, 갈색 수사 복장에 뾰족한 두건을 착용하였다. 그는 1528년 교황청으로부터 종단의 설립을 인정받았고, 이 종단은 뾰족한 갈색 두건이라는 뜻의 '카푸친'이라는 별명을 얻었다.

카푸친 종단은 자선 사업, 문둥병자의 구제, 빈민보호소의 운영, 대중 전도에 힘썼으나 학문에는 무관심하였다. 그들은 산골에 진흙이나 윗가지로 지은 집에서 살면서 작은 공동체를 형성했다. 이 모임은 1530년 강제 해산을 당하기도 했으나 1535년에는 700여명에 달하였다. 1542년 이 단체의 책임자로 가장 인기 있는 설교자였던 베르나르디노 오키노(Bernardino Ochino)가 프로테스탄트로 개종하면서 거의 해산 직전까지 갔으나, 1550년에는 2,500명이 되었으며, 1572년 이후에는 전 세계에 퍼져 갔다.

2. 예수회와 트렌트 교회회의

수도 단체들과 평신도 모임에서 뿌리를 내리고 자라난 것이 예수회 운동이다. 예수회는 스페인의 귀족 로욜라(Ignatius Loyola, 1495~1556)에 의하여 시작되었다. 그는 스페인 북부에서 한 기사의 아들로 태어났고, 페르디난트의 궁정에서 기사 견습생으로 생활하다가 군인이 되었다. 보름스 의회가 열렸던 1521년, 스페인과 프랑스의 전쟁에 참여하여 왼쪽 다리에 부상을 입었다. 오랜 투병생활 뒤에 퇴원하였지만, 한 다리가 짧아져서 더 이상 군인으로 생활할 수 없었다.

이그나티우스 로욜라와 예수회

로욜라는 원래 목이 곧고, 호색과 음주를 좋아하고, 기사나 아름다운 여인과의 사랑 이야기가 실린 책읽기를 좋아하던 사람이었다. 그러나 입원해 있을 때 성자들의 전기, 특히 루돌프(Rudolph)라는 수도사가 쓴 『그리스도의 생애』(Life of Christ)를 읽고, 그리스도와 마리아를 위한 기사가 될 것을 결심하였다. 병원에서 나온 로욜라는 1522년 3월 마리아 성지를 맨발로 물만 마시면서 순례하였다. 마리아 제단에 무기를 걸어놓고 기사 의복 대신 거지 옷차림으로 바꾸어 입었고, 예루살렘을 순례하며 그리스도를 배우겠다고 결심하였다.

그러나 염병이 돌아 예루살렘으로 갈 수 없게 되자, 1년간 스페인의 만레사에 머물면서 토머스 아 켐피스(Thomas à Kempis)의 『그리스도를 본받아』를 묵상하였다. 하루 일곱 시간씩 기도하고, 세 번씩 자신을 채찍질하며, 한 밤중에도 일어나 기도하고, 머리카락과 발톱을 자르지 않고 구걸하는 등의 금욕생활을 하면서, 언행심사를 매순간 돌아보고 성찰하는 훈련을 시작하였다.

로욜라는 성찰과 묵상, 철저한 참회를 통해서 일종의 황홀경과 환상을 체험하였고, 이에 기초하여 『영적 훈련』(Spiritual Excises)의 초고를 썼다(이는 1541년 최종적으로 완성되었다). 이 책은 종교적 교화가 목적이 아니라 수도자를 영적으로 훈련하기 위해 저술하였다. 1523년 예루살렘을 순례하고, 평생을 회교도 선교사로 헌신하기로 결심하였으나, 곧 그의 결심이 그릇된 것을 깨달았다. 모슬렘 교도에게 신앙을 전파하는 것은 불가능했기 때문이다. 결국 1524년 다시 스페인으로 돌아와, 1525년 바르셀로나의 소년학교에 입학하였고, 1526년에서 1527년까지 알칼라 대학, 1527년 살라만카 대학에서 공부하였으며, 1528년 파리대학교의 몽테귀대학에 입학하였다.

학문과 영적 훈련을 연마하는 가운데 그를 따르는 사람들이 생겨나자, 로욜라는 1534년 8월 파리의 몽마르트르에 있는 작은 성당에서 추종자들과 함께 수련 모임을 만들었다. 그들은 로욜라와 같은 팜플로나 출신인 프란체스코 사비에르(Francis Xavier), 파베르(Peter Faber), 로드리게스(Rodrigues), 라이네즈(Lainez), 살메론(Alfonso Salmerón), 보바디아(Bobadilla) 등 여섯 명으로, 『영적 훈련』에 기초하여 훈련을 하면서 이방인에게 천주교를 전파하고, 종교개혁에 대항하며, 가난을 사랑하고, 자선을 베푸는 데 목숨을 바칠 것을 서약하였다. 모슬렘에게 기독교를 전할 길이 열리지 않으면 로마에 가서 교황에게 충성하며 살 것도 맹세하였다.

이들은 1537년 모슬렘에 대한 선교 서약을 실천하려고 베네치아에 모였다. 예루살렘으로 가는 길이 스페인과 터키의 전쟁으로 막히자, 로마로 가서 교황 앞에 무릎을 꿇고, 소위 이단이라고 불리던 종교개혁자들과 싸울 것을 서약하였다. 1539년 봄, 예수회(Jesuit)를 조직한 후, 이교도와 빈민을 대상으로 일하였다. 특히 어린이나 문맹자들의 교육, 대중 설교, 병원 사역, 선교와 피정(避靜) 등을 통해 천주교회를 확장할 것을 다짐하였다. 예수회는 1540년 9월 바울 3세에 의해 정식적인 신앙 단체로 승인 받았다.

예수회 수사는 2년여의 수련 과정을 거쳐야 했다. 수련자들은 초기 수련과정에서 로욜라의 『영적 훈련』을 교재로 삼아 훈련하고, 일정기간 구호시설에 가서 봉사하고 맨발로 순례해야 했다. 고독과 침묵 속에서 예배 의식을 집행하고, 교사와 대화 이외의 일체의 대화를 금하는 등, 4주 동안 침묵 가운데 지내면서 그리스도의 생애와 사역에 대하여 묵상했다. 곧 수련자는 입을 다문 채 골방에서 생활하며, 예배드리거나 훈련감독자와 대화를 나눌 때를 제외하고는 은거해야 했다. 자신의 부패와 악함을 깊이 생각하고, 자신을 사회에 해독을 끼치는 존재로 간주하고, 상상의 눈으로 지옥의 길이와 너비와 깊이를 바라보고, 모든 감각을 다 동원하여 지옥에서 부르짖는 비명 소리를 들으면서 유황불에 살이 타는 냄새를 맡고, 자신도 그런 고통을 느낄 수 있게 해 달라고 기도했다. 그 후 모든 상상력을 동원하여 하나님의 자비와 은혜를 구해야했다. 이러한 훈련을 통하여 회원들은 교회에 순종하고, 자신의 판단을 버려야 했다.

수련자들은 고해와 성찬에 참석하고, 규칙적으로 기도서를 암송하고, 수도원 제도, 성직자의 독신주의, 성물, 금식, 면죄부, 순례와 같은 교회의 제도를 존중하고, 스콜라 신학과 교회의 전승, 그리고 교황의 교서를 옹호하도록 훈련을 받았다. 훈련을 마친 수사는 청빈, 순종, 순결을 골자로 하는 첫 번째 서약을 하고, 스콜라 신학 과정에 들어가는 두 번째 서약을 한 후, 인문학, 철학, 신학의 훈련을 받았고, 그 과정을 마치면 세 번째 서약과 수도회 가입을 허락 받았다. 가입이 허락되면 교황에게 충성하겠다는 네 번째의 서약을 해야 했고, 이 과정을 거친 사람만이 예수회의 정회원으로 인정을 받았다.

예수회는 도제제도를 도입하였고, 조직을 군대처럼 만들어 행정을 용이하게 하였다. 그들은 고아원, 윤락여성을 위한 재활원, 빈민구제 기관, 대학을 세웠고, 심지어 시칠리아에서는 빈농을 위한 신용조합을 만들기도 했다. 설교와 고해 운동을 전개하였고, 소수 명문가와 부유층을 위한 일류 학교를 운영하였다.

6명으로 시작한 예수회는 1556년 로욜라가 죽을 무렵에 1,000명으로 늘어났다. 예수회는 이탈리아, 스페인, 포르투갈에서 급속히 확산되었다. 16세기 후반에는 천주교 부흥의 유일한 세력이 되었고, 반동 종교개혁의 전위대가 되었다.

교회회의 운동

종교개혁자들은 교회회의에서 자유로운 대화를 통해 교회문제를 해결할 수 있을 것으로 보았다. 그러나 문제는 자유롭게 대화할 수 있는 교회회의의 개최 여부, 의제의 결정은 교회회의의 소집자에 달려있었다. 교황주의자들은 교황만이 회의를 소집할 수 있다고 주장하였지만, 프로테스탄트들은 천주교도들이 주도하는 회의에서 자신들의 의견을 공정하게 개진할 수 없다고 생각했다. 교회회의의 소집은 황제에게 맡겨졌지만, 황제는 심화되는 분열로 인해 소극적인 입장이었다. 교황과 그의 지지자들은, 비록 황제가 천주교도라고 하더라도, 황제의 교회회의 소집에 의혹과 두려움을 보였다. 이전에 황제에 의해 소집되었던 교회회의들이 교황의 행동에 제약을 가했던 전례가 있었기 때문이다.

이러한 상황에서 교회개혁을 이끌기 위해 교회회의를 소집한 인물이 바로 1534년 교황에 오른 바울 3세(Paul III, 1534~1549)였다. 그는 사제 서품을 받기 전에 부도덕한 일로 세인들의 비판을 받았고, 교황이 된 후에도 직권을 남용하여 가족의 축재를 조장해 비난을 산 인물이었다. 그러나 교황에 오른 뒤에는 교회가 안팎으로 직면하고 있던 문제들을 해결하기 위해 노력하였다. 그는 1536년 피셔(Fisher), 가스파로 콘타리니(Gasparo Contarini), 야코보 사돌레토(Jacopo Sadoleto), 레지날드 폴(Reginald Pole), 지암피에트로 카라파(Giampietro Caraffa) 등을 추기경으로 임명함으로 내부 개혁을 추진하였다. 사돌레토와 콘타리니와 폴이 참여한 9인 위원회를 조직한 후 그들에게 도덕, 교육, 행정 등 광범위한 교회 개선책을 마련하도록 지시하였다.

교회 개선 위원회는 오랜 토의 끝에, 1537년 『교회개혁안』(Consilium de emendanda ecclesia)을 발행하였다. 이 보고서는 사제들에게 자기 임지에 의무적으로 거주할 것과 일정한 자격을 갖춘 사람에게만 성직록을 허용하도록 권고했다. 또한 수도원의 부패상과 주교권의 남용, 추기경들의 탐욕과 무책임, 로마에서 자행되는 매춘, 그리고 교황이 성직록매매가 죄가 아니라고 주장하던 교회법학자들의 잘못을 지적했다.

콘타리니와 카라파

9인 위원회를 대표하는 인물로는 추기경 콘타리니와 카라파가 있다. 콘타리니는 인문주의자들로부터 철학을 공부한 후, 베네치아에서 행정관료로 일하다가, 1521년 베네치아 대사로 보름스 의회에 참석하여 종교개혁사상을 접하였다. 그는 평신도였지만 바울 3세에 의해 추기경으로 임명을 받았다. 콘타리니는 프로테스탄트의 공로 개념이 상당 부분 사실과 부합하다고 믿었고, 칭의 교리를 인정했으며, 성직자들의 부패가 종식되어야 한다고 주장하였다. 그는 교황 바울 3세를 따라 1541년 라티스본 회담에 참석하여 멜랑히톤과 자리를 함께하였고, 이신칭의 교리에 대해 괄목할만한 합의를 도출해 냈다. 그러나 멜랑히톤이 화체설을 거부하자 회담 결렬을 선언하였다.

콘타리니가 프로테스탄트와의 협상에 실패하자, 전면에 나선 인물이 바로 카라파이다. 그는 1542년 강제력을 통해서만 이단을 제거할 수 있다고 교황을 설득한 후 종교재판소(Inquisition)를 세웠다. 종교재판소는 원래 스페인의 모슬렘을 처단하기 위해 세워진 제도였지만,[53] 종교개혁자들을 박해하는 중요한 수단이 되었다. 재판소는 이단 혐의자를 투옥하고, 재산을 몰수했으며, 유죄 판결을 받은 자를 처형할 권세를 가졌다. 사면권은 교황에게만 주어졌다.

종교재판소는 세속권의 후원을 받던 스페인과 이탈리아에서 주로 운영되었다. 종교개혁과 관련된 것은 무조건 정죄되었고, 복음적인 신앙을 고백하는 기독교인들은 이단으로 정죄되어 처형되었다. "이단에 대해서, 특히 칼빈주의자에 대해서는 관용을 베풀어서는 안 된다."고 하였다. 어떤 이는 시편을 읽었다는 이유로 정죄되고, 신약성경을 소유했다는 이유

---

53. 종교재판소는 이단 심문소로 악명이 높다. 종교재판소장 가운데 가장 잔인했던 사람으로 후안 토르케마다(Juan Torquemada, 1388~1468)라는 도미니칸 파 수도승이 있었는데, 그는 교황이 무오하며 절대적인 권세를 가졌다고 믿었으며, 18년간 100,220명을 화형에 처하고, 93,321명에게 가혹한 고문을 가했다. 그는 고기를 입에 대지 않았고 누더기 차림에 판자 위에서 잠을 잔 고행 수도사였지만, 사랑이 없는 잔인한 살인자요, 위선자였다. 지방을 순회하면서 토요일에 굴뚝에 연기가 나지 않으면 안식일을 지키는 유대인이라 하여 잡아들였다. 피고인의 재산 3분의 1을 밀고자에게 주는 등 밀고를 부추겨 수많은 이들을 처형하였다.

로 화형에 처해지기도 하였다.

    1555년 율리우스 3세(Julius III, 1549~1555)가 죽자, 카라파가 교황으로 즉위하여 바울 4세(Paul IV, 1555~1559)라고 불려졌다. 그는 재위기간 동안 추문을 일으킨 공인들을 벌하고, 사제를 신중하게 선별하였으며, 대중의 여론을 주도하면서 반동종교개혁을 이끌었다. 113명의 주교 가운데 10~12명 외에는 각자의 교구에서 목회하게 하였고, 『금서 목록』(Index Librorum Prohibitorum)을 만들어 인쇄물에 대한 검열을 강화하였다. 종교개혁과 무관한 내용이라도 종교개혁에 관련된 인쇄소가 출판한 책들은 모두 금서로 지정했다. 루터의 글은 물론 프로테스탄트권의 방대한 저서들, 에라스무스의 모든 저서, 요한 슈타우피즈(Johann von Staupitz), 마키아벨리(Machiavelli), 라블레(Rabelais), 피터 아벨라르(Peter Abelard)의 저서들, 보카치오가 쓴 『데카메론』(Decameron)도 금서목록에 올랐다. 베네치아에서는 1만권 이상의 책이 불태워졌고, 크레모나에서는 12,000권의 책이 재로 변했다. 이 때부터 신학자는 물론 고위 성직자도 교황의 허락 없이는 성경에 접근할 수 없게 되었다.

트렌트 교회회의

    반동개혁운동은 트렌트 교회회의(Council of Trent) 때 절정을 이루었다. 이 회의는 신성로마제국의 카알 5세의 요청에 의해, 교황 바울 3세가 소집하여 1545년 12월에 열렸다. 교회회의는 프로테스탄트와 천주교도가 토론할 수 있는 좋은 장이었지만, 프로테스탄트들은 박해를 두려워하여 참석하지 않았다. 28명의 주교가 참석(나중에 60여명이 참석하였다)하여 개회되었지만, 다수가 이탈리아 출신이어서 회의는 교황청의 입장만 개진하였다.

교황에 적대적이었던 카알 5세는 회의가 교황청에 의해 주도되자, 강한 불만을 드러냈다. 신성로마제국을 견제하던 프랑스의 프랑수아 1세가 1547년 죽자, 카알 5세의 영향력은 최고조에 달하였고, 회의에 자신의 입장을 강요하였다. 황제의 개입이 노골화되자, 교황청은 그의 영향으로부터 벗어나려고 회의 장소를 볼로냐(Bologna)로 옮겼다. 1549년 바울 3세가 죽자, 새 교황 율리우스 3세(Julius III)는 카알 5세의 압력에 의해 1551년 트렌트에 교회회의를 다시 개최하였다.

회의가 카알 5세의 영향 아래 놓이게 되자, 이번에는 프랑스가 출석을 거부하였다. 1552년 4월 작센의 모리츠의 지휘 아래 종교개혁자들이 트렌트 근교까지 군대를 이끌고 오자, 회의는 2년간 정회되었다가, 1562년 1월부터 1563년 12월까지 제3차 속개 회의가 열렸다.

교회회의는 3번의 회기 동안 25회가 열렸다. 첫 회기(1545~1547)에는 겨우 72명이 참석했지만, 둘째 회기(1551~1552)는 참석자가 적어 명실상부한 회의가 되었고, 마지막 회기(1562~1563)에는 200여명이 참석하여 몇 가지 주제에 대해 논하였다. 가장 중요한 교리들은 첫 회기 때에 결정되었는데 프로테스탄트와의 논쟁에 대두되는 문제와 교리에 대해 다루었고, 마지막 회기에서는 권징법규와 징계를 다루었다.

회의에서 투표권은 주교, 종단의 수장, 영향력 있는 수도원장에게 주어졌고, 투표는 국가별로 실시하던 콘스탄스 교회회의 때와 달리 개인적으로 행해졌다. 따라서 다수파였던 이탈리아인들은 개혁보다는 교리를 먼저 확정해야 한다는 교황의 주장을 대변하였다. 한편 스페인 주교들은 교리의 확정보다는 개혁이 앞서야 한다는 카알 5세의 의도를 존중했다. 결국 교리와 개혁을 동시에 추구하기로 하였으나 최종적으로 교황의 승인을 받아야 했으므로, 교황의 수위권을 인정해야 했다.

트렌트 교회회의는 완고하게 종교개혁을 거부했다. 중세시대의 논쟁적인 문제들에 대해서는 일부 미결로 남겨 놓았지만, 종교개혁에 관한 사항은 철저하게 배척하였다. 트렌트 회의가 결정한 것은 다음과 같다. 칭의가 믿음으로만 되지 않고 사랑의 행위에 의해 얻어진 믿음으로 이루어진다. 구원은 의의 전가가 아니라 내재적인 의에 의존한다. 성경과 함께 기록되지 않은 '사도적 전통'이 진리의 동일한 원천이므로 동등하게 존중되어야 한다. 교회회의만이 성경의 진정한 의미를 결정하고 해석할 권위가 있고, 라틴 벌게이트 성경은 오류 없이 번역되었다. 성례는 일곱 가지 이하도 이상도 아니다. 고해성사는 후회, 죄의 고백, 보상의 행위를 내포해야 하므로 교회가 면죄부를 발행할 권세가 있다. 성찬에서 떡과 포도주는 그리스도의 화체(化體)로 그리스도의 희생을 재현하며, 진정한 만족을 주는 희생 제사이며, 산자와 죽은 자의 영혼에게 유익을 준다. 개인적인 미사는 장려되어야 한다. 평신도에게 잔을 주어서는 안 되고, 라틴어를 예배의 언어로 사용해야한다.

트렌트 교회회의는 종교개혁을 거부하고, 이교적인 전통을 옹호하였으며, 초대교회 때부터 인정해 오지 않은 마카비서를 비롯한 외경을 정경으로 채택하는 등 반개혁적 입장을 분명히 했다. 교회회의는 종단을 위한 개혁 입법과 비밀 결혼 방지 규정과 바울 3세가 작성한 금서목록을 인정하였다. 1564년 1월 교황 피우스 4세(Pius VI)가 이러한 교회회의 결정들을 승인함으로 트렌트 교회회의 결정은 천주교회의 입장이 되었다.

트렌트 교회회의를 이끈 인물들은 대부분이 예수회 회원들이었다. 디에고 라이네즈(Diego Lainez, 1512~1565), 알퐁소 살메론(Alfonso Salmeron, 1515~1585), 그리고 멜키오르 카노(Melchior Cano) 등으로 종교개혁을 혐오하였던 자들이다. 멜키오르 카노는 『신학 주제 12권』을 써서 교회회의의 절대적 권위를 주장하였다.

로마 천주교의 신학은 추기경 로버트 벨라민(Robert Bellarmine, 1542~

1621)에 의해 강화되었다. 그는 『우리 시대의 이단들에 대한 논박』(*Disputation against the Heretics of Our Time*, 3권, 1586~1595)을 통해 역사적이고 이론적인 토대 위에서 종교개혁을 비판하고, 트렌트회의와 천주교 신앙을 옹호하였다. 곧 외경의 정경성, 벌게이트 라틴어 성경의 영감, 전승의 권위, 화체설과 미사 교리, 교황이 선포한 법령에 대한 무오를 주장하였다.

트렌트 교회회의가 끝난 후 주교는 주교 관구에서 사도직을 대리하는 자로 간주되었다. 특히 교회회의에서 강화된 권위에 힘입어 정규적으로 교회회의를 열수 있었고, 연례적으로 지방을 순시함으로 교권을 강화하였다.

3. 천주교의 내적 개혁과 선교 운동

교회가 제도화되고, 교권화 될 때 신비주의 운동이 일어난다. 16세기에도 교권주의가 팽배해지면서 스페인에서 정적주의(靜寂主義, Quietism)가 나타났다. 정적주의자들은 하나님의 사랑이나 내적 계시의 황홀경 안에서 자신이 연합되었다는 것이 믿어질 때까지 하나님에 대해 묵상하였고, 소리 없는 기도(오늘날은 관상기도라고 한다)로 영혼을 고양시켰다. 정적주의 운동을 이끈 인물로 아빌라의 테레사(Teresa of Avila, 1515~1582)와 그녀의 제자인 후안 데 크루즈(Juan de la Cruz, 1542-1591)가 있다.

정적주의

테레사는 1515년 스페인의 귀족 가문에서 태어나, 아우구스티누스파 수녀원에서 교육받은 후, 1533년부터 아빌라에 있는 갈멜 수도원에서 생활하였다. 20여 년에 걸친 수도생활에도 불구하고 영적인 문제를 해결하지 못하던 그녀는 1554년 십자가상을 바라보며 그리스도의 고난을 묵상하다가 깊은 감명을 받았고, 이때부터 그리스도를 묵상하며 기도하는 것에 전념하였다. 이러한 영적인 방법은 후대에 천주교회 영성 신학의 기초가 되었다.

영적인 각성을 체험한 테레사는 수도원을 세워 엄격하고 금욕적인 생활을 중시하는 신비주의 운동을 확산시켰다. 1562년 아빌라에 성 요셉 수녀원을 설립하였고, 1566년 명상과 기도를 통해 얻은 체험에 기초하여 『완전의 길』(The Way of Perfection)을 썼으며, 1577년에는 『내면의 성』(The Interior Castle)을 출판하였다. 『내면의 성』을 통해 그녀는 성을 영혼으로, 성주를 내주하시는 하나님으로 설명하고, 기도생활은 성의 외곽에서 성의 방들을 지나 중앙의 빛으로 나아가는 운동으로 소개했다.

테레사는 소리 내어 기도하는 대신 마음으로 기도할 것을 주장하였다. 그녀에게 마음으로 하는 기도 곧 관상기도는 영혼이 의식적으로 무엇을 얻으려고 하지 않고 순수한 신앙 가운데 단지 신적인 임재를 즐기는 것이었다. 이러한 수동적인 기도는 자기 부인과 구제 생활로 이어져야 하였다. 완전에 이르는 길은 인간의 노력이 아닌 하나님에 의하여 가능하므로, 인간은 수동적이 되어야 한다. 곧 의지를 죽여서 자신을 포기해야 하며, 천국이나 지옥에 대하여 애착을 갖지 말고, 전적으로 하나님에게만 의존해야 한다는 것이다.

테레사는 완전 상태에서 성도는 죄를 범하지 않는다고 보았다. 사람이 행하는 것이 아니라 전적으로 하나님이 행하시며, 비록 마귀가 범죄로 유혹하지만 완전한 자는 자기 부인과 함께 의지가 완전히 죽었기 때문에 범죄할 수 없다는 것이다. 따라서 성화를 위한 인간의 모든 노력은 허사이며 사악한 것이라고 정죄하였다. 신자들은 이 세상에 대하여 이방인이 되어서 하나님의 지속적인 임재를 경험하게 되며, 끊임없는 기도의 삶을 살게 된다는 것이다.

테레사는 수도생활의 목표가 인간의 의지를 하나님께 전적으로 양도하는 것에 있다고 생각하였다. 의지를 포기함으로 신비경에 이르고, 이를 통해 주관적인 체험을 극대화해야 한다고 강조함으로 성화를 위한 신자의 역할을 제한하였다. 교회는 영혼을 낙원의 외적 경계까지 인도할 수 있지만, 참된 성결을 열망하는 자들은 교회의 사역을 넘어 하나님과의 직접적인 교제를 추구하여야 한다는 것이다. 이를 통하여 그리스도와 영적으로 결혼할 수 있는데, 이는 신자의 신앙이 최고의 경지에 오른 것을 의미하는 것이라고 가르쳤다.

테레사의 가르침은 '십자가의 성 요한'으로 알려진 후안 데 크루즈(Juan de la Cruz, 1542~1491)에 의해 널리 퍼졌다. 그는 테레사의 지도를 받아 1568년 아빌라에서 멀지 않은 곳에 맨발의 갈멜파 수도원(Carmelite)을 세웠고, 나중에 자신이 세운 수도원의 부원장의 음모로 살해되었다. 그는 신비주의 문학의 심오함을 나타내고 있는 『갈멜산 등정』(The Ascent of Mount Carmel), 『영혼의 어둔 밤』(Dark Night of the Soul), 『영혼의 노래』(The Song of the Spirit), 『살아있는 사랑의 불길』(The Living Flame of Love) 등의 작품을 썼다. 그는 고요함 가운데 명상을 즐기는 생활과 실천적 행동을 강조하였는데, 그의 영향으로 엄격한 규칙을 따라 금욕생활을 하는 탁발 수도사와 수녀들로 구성된 맨발의 갈멜 수도회 지회들이 설립되었다.

테레사의 정적주의는 살레의 프랜시스(St Francis of Sales, 1567~1622)와 상탈의 제인(St Jane of Chantal, 1572~1641)이 더욱 발전시켰다. 프랜시스는 『경건생활의 입문』(Introduction to the Devout Life, 1609)을 저술하여 인간의 의지에 대한 낙관적 입장을 나타내면서, 종교적 완성은 수도사나 수녀만이 아니라 평신도도 할 수 있다고 주장하였다. 성만찬을 자주 베풀고 능력 있는 영적 교사의 도움을 받을 때 경건을 실천할 수 있다는 것이다. 아무리 바쁜 사람이라고 하더라도 금욕생활이나 명상기도를 수사와 수녀에게 맡겨서는 안 되고, 어디서든지 자신의 방식으로 실천해야 한다고 하였다. 프랜시스는 제자 제인과 같이 1610년 병자와 빈민을 방문하는 여성 단체를 만들었고, 이 단체는 나중에 소녀들의 교육을 위해 공헌하였다.

얀센주의

이와 같은 극단적 신비주의와는 달리 온건한 신비를 강조하는 얀센주의가 프랑스에서 일어났다. 프랑스 교회를 정화할 목적으로 생긴 얀센주의는 이프레(Ypres)의 감독 코넬리우스 얀센(Cornelius Otto Jansen, 1585~1638)에게서 유래한다. 얀센은 벨기에 루방에 있는 포콘대학(College du Faucon)에서 2년 간 공부한 후, 1604년 파리로 가서 상시랑(Saint Cyran) 주교를 만났으며, 1612년부터 1617년 사이 기독교 고전을 연구하면서 반동종교개혁을 이끈 신학자들이 크게 잘못되었다는 것을 깨달았다. 그 후 1617년 새로 세워진 루방대학교의 관리자가 되었고, 1626년과 1627년 스페인의 마드리드에 머물면서 예수회의 활동에 반대하는 설교와 글을 썼다.

얀센은 1628년부터 아우구스티누스를 연구하였다. 아우구스티누스의 글들을 10번이나 읽었고, 특히 반(反)펠라기우스주의에 대한 글을 30번 이상 정독한 후, 1640년 『아우구스티누스』라는 책을 출판하였다. 이 책에서 얀센은, 하나님의 특별한 도움 없이 인간은 하나님의 명령을 수행할 수 없으며, 은총의 작용은 불가항력적이고, 인간은 자연적이든 초자연적이든 운명에 종속되어 있다고 주장하였다. 금욕생활은 인간의 무력함과 창조주에 대한 절대적 의존을 무시하는 경향이 있고, 교회에 만연된 형식을 강조하는 의식들은 인간이 하나님의 사랑을 통해서만 구원을 받을 수 있다는 진리를 흐리게 만든다. 하나님의 사랑은 회심을 통해서 나타나고, 회심은 하나님의 선하신 은총에 의존한다고 하였다. 이러한 은총에 대한 교훈은 아우구스티누스의 예정론을 암시하는 것이다.

얀센은 많은 사람의 지지를 받았다. 얀센의 지지자들을 얀센주의자라고 부르는데, 이들은 예수회를 격렬하게 반대하면서도 프로테스탄트 역시 거부하였다. 진정 "복음적이지만 프로테스탄트적이지 않고, 가톨릭적이지만 예수회적이지 않은" 기독교적인 자세를 취하고자 하였다. 천주교회와 기독교의 중간적인 입장을 고수하고자 한 것이다.

얀센의 사상을 대중화한 인물이 바로 그의 친구요 생 시랑의 수도원장이었던 뒤 베르지에르(du Vergier)였다. 그는 루방에 있는 예수회 대학에서 공부한 후 얀센과 함께 파리로 유학했고, 아우구스티누스 연구를 통해 신학을 세워나갔다. 베르지에르는 1617년 위그노 중심지였던 뿌아띠에에 정착했고, 1620년 생시랑의 수도원장이 되었으며, 아우구스티누스의 가르침에 따라 천주교회를 개혁하고자 하였다. 이러한 입장 때문에 수상 리슐리외의 미움을 받아 감옥에 던져졌다.

베르지에르는 감옥에 있는 동안 편지로 얀센주의자들을 지도했다. 그의 힘겨운 노력으로 얀센주의자들은 흩어지지 않았고, 엄격하고 도덕적 생활로 많은 추종자를 얻었다. 다수의 성직자, 학자들, 심지어 궁정의 고위층 귀족들까지 얀센주의자가 되었다. 그들은 절대 왕정을 추구하던 획일성의 시대에 독자적인 의견을 제시할 정도로 대담하였으므로, 당시의 고위층에게 강력한 두려움의 대상이 되었다.

1643년 베르지에르가 죽은 뒤 아노르(Antoine Arnauld)가 얀센파를 이끌었다. 그는 『예수회의 신학과 도덕』을 써서 예수회 신학의 비성경성과 회원들의 부도덕성을 지적하고, 얀센주의의 신학적 입장을 설명하였다. 곧 아우구스티누스의 은총 신학을 옹호하고, 교회 권징을 철저하게 실시할 것을 주장하였으며, 개연론(Probabilism)에 반대하는 입장을 보였다.

얀센주의는 프랑스의 왕, 교황청, 예수회 등에 의해 배척 받았다. 1649년에는 소르본느대학 교수들이, 1653년에는 교황 인노센트 10세가 이들을 이단으로 정죄하였고, 1660년에는 루이 14세가 얀센주의자들을 소탕할 것을 명하였다. 교회 당국은 얀센의 신학을 정죄하는 자들에게 성직록을 주도록 제안하였다. 1713년 교황이 얀센주의자를 소탕할 것을 명하자, 수많은 이들이 박해를 피해 네덜란드로 갔다. 이러한 시기에 파스칼이 『팡세』를 써서 정부와 교회의 정책에 반발했지만, 얼마가지 않아서 이들의 세력은 역사의 무대에서 사라졌다.

선교 운동

로마천주교회는 종교개혁으로 잃은 땅을 선교를 통하여 회복하고자 하였다. 천주교회의 선교 운동은 신대륙의 발견과 함께 시작되었고, 포르투갈과 스페인이 주도적인 역할을 했다. 포르투갈은 아프리카 서해안, 콩고, 앙골라를 정복하고, 세인트 헬레나와 모잠비크에 정착했으며, 인도와 실론, 브라질, 중국, 일본에 교회를 세웠다.

스페인은 멕시코, 페루, 서인도제도, 컬럼비아, 파나마, 카리브해 연안 지역, 캘리포니아와 뉴멕시코, 칠레 등을 정복하고 선교했다. 스페인 선교사들은 문명화와 복음화를 하나로 보고, 정복자들을 따라 들어가 교회와 학교를 세웠다. 1511년 산 도밍고 교구가 세워진 후, 쿠바, 멕시코, 리마, 퀴토, 산티아고, 보고타, 부에노스아이레스 등에 교구가 설립되었다. 1544년 멕시코 대학이 신세계에서 처음으로 세워졌다.

선교 운동은 도미니칸 수도회와 프랜시스칸 수도회가 주도했고, 예수회도 괄목한 만한 활동을 벌였다. 예수회는 남아메리카, 중앙아메리카, 그리고 북아메리카와 동남아에서 선교하였는데, 대표적인 인물로 프랜시스 사비에르, 노빌리, 마태오 리치, 페르난데스 등이 있다.

멕시코의 정복자 코르테스는 강압적인 방법으로 기독교를 전하였다. 원주민들이 기독교를 받아들이는데 주저하자, 군인들을 동원하여 3,000명 이상을 살해하였다. 비센테 신부도 1532년 스페인 군대를 동원하여 기독교 신앙을 거부하는 수천 명의 페루인들을 살해하였다. 이러한 강압과 협박으로 1524년에서 1531년 사에 100만 명의 멕시코 인들이 세례를 받았다. 그러나 이러한 선교 방식은 기독교 신앙이 원주민들 사이에 뿌리를 내리지 못하게 하였고, 원주민들은 형식적으로 정복자의 종교를 받아들였다.

인디언 보호에 앞장서면서 선교한 이도 있었다. 라스 카사스(Bartholomew de Las Casas)는 여러 곳에서 스페인의 극단적인 방종과 인디언을 참혹하게 다루는 것을 목격한 후 원주민의 보호에 앞장섰다. 그는 대서양을 14번이나 항해하면서 정부로부터 인디언 보호를 위한 적절한 법적 조처를 얻어내려고 하였다. 착취에 앞장섰던 식민지 개척자과 상인들의 미움을 샀지만, 그는 인디언을 열등한 인류로 생각하거나 무력을 동원하여 회심시키려는 것을 범죄 행위로 간주하였다. 기독교 선교를 구실로 벌이는 전쟁은 반(反)기독교적이라고 말하며, 설교와 거룩한 생활로만 원주민들을 구원할 수 있다고 주장하였다.

카사스의 가르침은 '페루의 사도'라고 불리는 투리비오(Turibio)에 의해 이어졌다. 그는 리마의 대주교로 1583년 교회회의를 열어 인디언들과 흑인들의 권리를 보호하는 법을 통과시켰고, 요리문답 등 교리서를 퀴추아 언어로 번역하여 가르쳤으며, 1594년 50만 명의 원주민에게 세례를 베풀어 집단 세례 운동을 주도했다. 집단 세례 운동은 콩고에서도 일어났다. 1647년 콩고에 도착한 펠렉스 드 빌러(Felix de Viler) 일행은 선교한지 4년 만에 60만 명에게 세례를 주었다.

포르투갈 사람으로 선교 운동을 이끈 대표적인 인물이 프랜시스 사비에르(Francis Xavier, 1506~1552)였다. 그는 1534년 파리에서 로욜라를 만나 예수회를 조직한 후, 가난과 순결을 사랑하며 그리스도의 발자취를 따르기로 서약하고, 1541년 4월 리스본을 떠나, 1542년 5월 인도의 고아(Goa)에 도착하여 진주 캐는 어부들에게 선교하였다. 그곳에서 수도원과 여러 채의 성당들을 지어 주민들을 교회로 이끌었지만, 그다지 성공하지는 못하였다.

사비에르는 고아에서 말레이 반도로 옮겨 갔다가, 1549년 일본에 도착하여 2년간 선교하면서 많은 사람에게 세례를 주었다. 그는 아시아 선교를 위해서는 중국이 우선 선교되어야 한다고 생각하였다. 중국 입국 증명서를 받기 위해 1552년 고아로 돌아갔다가 중국을 향해 떠났지만, 발병하여 마카오 근처에서 사망하였다. 그에 의하여, 남부 인도, 말라야, 몰루카스 군도에 천주교가 전해졌다.

사비에르의 선교 방식은 강제적이고 권위적이었다. 그는 원주민의 말을 배우지 않고 통역을 세워서 말함으로 선교사와 피선교자간의 간격을 두었다. 포르투갈 관리들의 지원을 받아 강압적인 방법으로 사람들을 교회로 모아 집단 세례를 베풀었다. 마을에 도착하면 종을 쳐서 사람들을 모았고, 타밀어로 번역되어 있는 주기도문, 성모 마리아의 기도, 사도신경, 십계명을 외우게 하였으며, 청중이 그 내용을 충분히 터득하고 신앙을 고백하면 세례(영세)를 베풀었다. 세례 받은 초신자들로 하여금 다른 이들에게 세례를 주게 하고, 사도신경을 가르치는 임무를 맡긴 후에는 다른 임지를 찾아 떠나곤 하였다. 그는 원주민을 열등한 종족으로 생각하였고, 그들을 천주교로 끌어들이기 위해 종교재판소를 설치하는 등 강제적인 방법을 사용하였다.

중국 선교는 마태오 리치(Matteo Ricci, 1552~1610)에 의해 시작되었다. 그는 1552년 이탈리아에서 태어나, 1571년 로만 칼리지(Roman College)에서 수학과 천문학, 자연과학을 연구하였고, 1578년에 인도의 고아로 갔다. 1582년에는 마카오에서 중국어를 공부한 후 1583년부터 선교 활동을 전개하였다. 1601년 북경으로 거처를 옮긴 후, 1610년 죽을 때까지 그곳에서 일하였다. 그는 중국인의 옷을 입고 생활하였고, 중국인이 학문을 숭상함을 깨닫고 중국어와 중국 문학을 철저하게 배웠다. 시계와 세계 지도를 중국에 소개하고, 서양의 천문학과 수학이 중국보다 앞선 것을 증명하여 왕의 신임을 얻었으며, 백성들의 환심을 샀다.

마태오 리치는 1595년 『천주실의』를 중국어로 펴내고, 십계명과 교리문답을 중국어로 번역하였으며, 조상 숭배가 기독교의 마리아 숭배와 유사하다고 가르침으로 중국인의 민속 신앙과 타협하였다. 이러한 적응식 선교는 그레고리 대제 이후에 천주교가 취해 온 선교 정책이었다. 그는 공자를 위대한 윤리교사로 인정하였고, 조상 숭배를 사회적인 미풍양속으로 취급하였다. 타협의 결과로 개종자가 늘어나, 17세기말에는 30만 명의 신자를 얻게 되었다. 그러나 집단개종운동에 대해 관료들의 불평이 일어나자, 왕은 박해 정책을 폈다. 천주교도들의 거주 이전을 제한하였고, 19세기 중엽부터는 선교사들을 추방하기 시작하였다.

마태오 리치가 죽은 후, 아담 샬(Adam Shall)에 의하여 중국 선교는 계속되었다. 그는 철저하게 천문학을 연구한 후 이슬람 계통의 천문학이 부정확하다는 것을 증명함으로 왕실의 인정을 받았고, 중국 천문대 소장이자 수학 담당 대신으로 일하였다. 중국어로 대수(代數)와 기하(幾何) 교과서를 여러 권 썼고, 대포를 제작하는 등 선진 문화를 소개함으로 천주교회를 중국에 심는데 일조했다.

일본은 선교 역사 50년 만에 100만 명의 신자를 얻었다. 이는 사비에르, 후안 페르난데스(Juan Ferdinandes)의 공이었다. 1549년 사비에르가 천주교를 전파한 이후, 예수회 선교사들이 나가사키에 도착하여 선교 운동을 펼침으로 1579년 이미 천주교인이 10만 명이 되었다. 1587년에는 개종자 수가 20만 명, 240개의 교회, 2개의 예수회 대학, 그리고 귀족 자녀들을 위한 1개의 학교가 세워질 정도였다.

코르도바의 비단장사로 평신도 선교사였던 페르난데스는 일본어와 일본 문화를 배워 선교하였고, 규슈 지역에서 많은 결신자를 얻었다. 그의 선교를 통해 천주교인이 된 사람 가운데는 임진왜란 때 일본군을 이끌고 한국에 왔던 고니지 유키나가(小西行長)가 있다. 그와 함께 한국에 왔던 군인 중에는 천주교도가 많았고, 그들을 통하여 천주교회가 우리나라에 소개되었다.

16세기 말에 이르러 더욱 많은 사람들이 천주교회에 귀의하자, 다수의 일본인과 정부 관리들은 못마땅하게 여겼다. 그들은 천주교도를 국가에 불충스러운 집단으로 보고, 선교사들과 군대와 무역상들이 작당하여 일본을 스페인과 포르투갈에 넘겨주려 한다는 의혹을 품었다. 이와 같은 오해로 인하여 박해가 시작되면서 1598년 26명의 천주교도가 십자가형을 받았고, 1614년 지배자인 도쿠가와 이에야스는 반역죄와 사설을 전한다는 이유로 선교사들을 일본에서 추방했다. 이때부터 수많은 천주교인의 순교가 이어졌는데, 어떤 이는 참수되거나 화형을 당하였고, 더러는 큰 가마솥에서 서서히 익어 죽었고, 더러는 분뇨 구덩이에 거꾸로 매달린 채 머리에 상처를 입고 여러 날 피를 흘리면서 고통을 당하다가 죽었다. 특히 1637년과 1638년에는 무수한 천주교도가 규슈의 시마바라 성에서 농민 반란에 가담했다가 죽임을 당하였다. 천주교인임을 부인하는 자는 목숨을 건졌으나 나머지는 다 처형됨으로, 희생자는 37,000명에 이르렀다.

인도차이나에서는 선교사들 간의 치열한 경쟁으로 선교가 이루어지지 않았다. 이곳에서의 초기 사역은 프랑스 선교사들이 주도하였다. 1627년 알렉산더 드 로즈(Alexander de Rhodes)가 도착하여 전도한 후 7년 만에 3만 명이 개종하였다. 그러나 이러한 집단개종 현상은 예수회 회원들의 시기로 오래가지 못하였다. 예수회는 음모하여 로즈를 추방하였고, 결과적으로 인도차이나 선교 운동은 약화되었다.

태국 선교도 초기에는 서광이 비치는 듯 했다. 프랑스의 루이 14세가 1684년 태국 왕에게 선교사를 받아들이라고 요청하자, 왕이 허락하면서 천주교 포교가 시작되었다. 그러나 불교 신앙으로 뭉쳐있던 태국인들은 선교 운동을 외제의 간섭으로 간주하였고, 1692년 프랑스에 머리를 숙인 왕과 신하들을 살해함으로 천주교의 전도를 금하였다. 그 후 태국에서의 선교는 어렵게 되었다.

필리핀에서의 선교는 성공적이었다. 스페인 선교사들에 의해 전도 받은 필리핀인들은 1585년 40만 명이 세례를 받았고, 1620년에는 신자가 2백만 명으로 늘어났다. 마닐라는 1579년에 주교좌, 1595년에는 대주교좌가 세워졌고, 1619년에는 도미니칸 파가 운영하는 대학이 설립되었다.

인도 선교는 예수회 회원 로버트 노빌리(Robert De Novili)에 의해 이루어졌다. 그는 1606년 인도의 마두라(Madura)에 도착하여 최고의 카스트 신분인 브라만(Braman)처럼 노란색 옷을 입고, 삭발하고 귀걸이를 한 채 채소만 먹었고, 은둔자처럼 초막에서 생활하면서 상류계층을 상대로 선교하였다. 카스트 제도를 인정해서 신분이 낮은 사람이 자기 몸을 만지는 것을 허락하지 않았으며, 그들에게 성찬을 베풀 때는 작은 작대기 끝에 빵을 꽂아 내밀었다. 노빌리는 적응식 선교를 채택하였는데, 원주민이 이방 여신을 추모하는 행렬과 성모 마리아를 추모하여 벌이는 행렬이 동일한 것이며, 그 안에서 춤추는 사람들은 똑 같다고 가르쳤다.

예수회 선교 중 가장 괄목한 것이 1583년 시작된 남미의 파라과이 선교이다. 예수회 회원들은 1610년 현지인들을 특정 장소나 마을에 모아놓은 후 신앙으로 지도하고, 농사 기술을 가르쳤다. 그러나 주민들이 선교사에게 전적으로 의존하게 만들었기 때문에 인디오들이 자립할 수 있는 능력을 키워주지 못하였다. 결국 1767년 예수회 회원들이 떠나자, 독립심이 없던 인디오들은 천주교회로부터 떨어져 나갔다.

천주교는 종단(宗團)간에 선의의 경쟁을 통해 온 세상 끝까지 그들의 신앙을 전파하였으나 많은 부작용이 뒤따랐다. 선교지 내에서의 알력과 비리, 그리고 비인권적인 선교가 행해졌던 것이다. 이에 교황 그레고리 15세(Gregory XV, 1621~1623)는 선교 사역을 효과적으로 감독하기 위해 '신앙 전파회'(Congregatio de Propaganda Fide)를 조직하고, 이를 통해 전 세계의 선교 현장을 개관하고 감독함으로 새로운 천주교회의 선교 시대를 열었다.

4. 동방정교회와 종교개혁

종교개혁은 동방정교회에도 영향을 미쳤다. 1453년 오스만 터키에 의해 콘스탄티노플이 함락되면서 동방정교회의 영역은 축소되었고, 세력도 약화되었다. 터키는 1526년에 이르러 발칸 반도, 에게 해, 크림 반도, 베오그라드, 그리고 헝가리의 3분의 2를 정복하였다. 동방정교회 지역의 대부분이 이방 종교의 지배를 받게 된 것이다.

당시 유럽의 정치 지도자들은 터키로부터 동방의 교회를 해방할 것을 역설하였다. 교황 레오 10세는 모슬렘에 대해 성전(聖戰)을 선포하고, 침묵 설교를 하면서 터키를 칠 것을 주장하였고, 신성로마제국의 카알 5세와 프랑스의 프랑수아 1세도 터키의 정복을 정치적 목표로 삼고, 백성을 선동하였다. 그러나 그들은 터키보다는 서로를 두려워하여 터키로 나아가지 못하였다.

모슬렘 치하의 동방교회

모슬렘 치하에서 동방교회의 지식인들은 서방으로 망명하였고, 주민들은 무거운 세금을 물어야 했다. 터키의 지배자 술탄은 콘스탄티노플 총대주교를 지배했다. 1453년 콘스탄티노플이 함락될 때만 해도 총대주교와 술탄의 관계가 수직적이 아니었지만, 1466년부터 상납금 제도가 생겨나서 1537년에는 3,000 다카르를 바쳐야 했다. 총대주교로 나선 사람들이 술탄에게 보다 더 큰 액수를 제시하여 성직을 사는 일도 있었고, 술탄은 총대주교가 마음에 안 들면 축출하는 등 교회를 마음대로 주물렀다.

터키는 정복지의 백성들이 모슬렘 신앙을 고백하도록 강요했으며, 어린이들은 의무적으로 모슬렘 교육을 받게 했다. 교회당을 징발하여 이슬람 사원으로 개조하였고, 개조되지 않은 교회당은 파괴해 버렸다. 터키인들은 기독교인을 하층민으로 대했고, 콘스탄티노플의 대주교를 기독교인의 우두머리 정도로 간주했다.

종교개혁과 동방교회

모슬렘 치하에서도 동방정교회의 신실한 청년들은 이탈리아로 건너가서 신학을 공부하여 신학의 맥을 이어갔다. 그들은 스콜라 신학의 방법론과 용어를 공부하고, 나름대로 최상의 교리 형식을 배웠으나 7성례를 가감 없이 수용했고, 화체설을 받아들였다. 어떤 이는 독일로 건너가서 튀빙겐 대학에서 루터의 신학을 배웠고, 1559년에는 『아우구스부르크 신앙고백서』를 그리스어로 번역하여 콘스탄티노플의 총대주교 예레미야 2세에게 전하기도 했다.

동방정교회 교인으로 종교개혁 사상을 가장 잘 이해한 인물은 키릴 루카리스(Cyril Lucaris)였다. 그는 그리스인으로 베네치아와 파두아에서 공부한 후 이탈리아어와 라틴어를 구사하였고, 폴란드에서 논객으로 활동하였다. 1602년 알렉산드리아 총대주교가 되었고, 1620년 콘스탄티노플의 총대주교가 되어 캔터베리 대주교에게 아랍어 모세 5경을 선물했고, 제임스 1세에게는 알렉산드리아 사본을 선물하는 등 종교 지도자들과 우호 관계를 강화했다.

루카리스는 유능한 사제들을 옥스퍼드, 헬름슈테트, 제네바로 유학 보냈고, 제네바에서 자신의 신앙고백서를 출판하였다. 이 신앙고백서에는 칼빈의 사상이 많이 나타나 있어 개혁주의자들을 고무시킨 것으로 유명하다. 그는 동방정교회가 성경의 권위 아래 있을 뿐만 아니라 오류를 범할 수 있고, 피택자는 선행과 관계없이 영생을 얻도록 예정되었다고 주장하였다. 또한 복음서는 두 가지 성례만을 인정하며, 성찬의 의미는 영적 임재에 있다고 논하였다.

동방정교회의 우두머리가 프로테스탄트적인 신앙고백서를 출판했다는 사실에 유럽은 크게 놀랐지만, 1638년 음모로 루카리스가 교수형에 처해지면서 그 기대감은 사라졌다. 루카리스의 시신은 보스포루스 해협에 던져졌으며, 그의 신앙고백서는 그가 죽은 직후 열린 두 번의 교회회의에서 정죄 당하였다. 1672년 예루살렘에서 열린 교회회의는 프로테스탄트 종교개혁을 이단적이라고 선언함으로 루카리스의 종교개혁 사상을 전적으로 부인하였다.

그리스 정교회는 16세기 이후 러시아로 확산되었다. 러시아는 1505년 이반(Ivan)에 의하여 세워진 나라로, 이반은 동로마의 마지막 황제의 질녀와 결혼하면서 동로마 기독교 유산의 상속자로 자처하였다. 1589년 모스크바 총대주교구가 세워지면서 러시아인들은 모스크바를 제3의 로마로 간주하였다. 러시아는 동방에서 정교회를 국교로 받아들이며 이슬람의 지배를 받지 않는 유일한 기독교 국가가 되었다. 러시아의 지리적 확장과 함께 정교회도 커져갔다.

제11장

종교개혁의 확산

루터에 의해 시작된 종교개혁은 유럽 전역으로 확산되었고, 츠빙글리와 칼빈에 의해 발전된 개혁신학은 칼빈과 화렐의 고국인 프랑스에도 뿌리내리게 되었다. 프랑스의 종교개혁은 인문주의자들에 의하여 시작되어 16세기 중반 칼빈주의자들에 의하여 절정에 이르렀지만 박해로 인하여 막을 내렸다. 반면에 네덜란드는 비록 작은 나라였지만, 종교개혁을 성공적으로 이끌어서 유럽에서 가장 강력한 개혁주의 국가가 되었다. 그러면 먼저 프랑스의 종교개혁에 대하여 살펴보자.

1. 프랑스의 개혁운동

16세기 초반 프랑스는 절대 왕권의 면모를 가진 강력한 국가 형태를 이루고 있었다. 발루와(Valois) 왕조는 북부 이탈리아의 지배권을 놓고 신성로마제국과 전쟁을 벌였고, 프랑수아 1세가 이탈리아와의 전쟁에서 승리한 후 교황 레오 10세와 볼로냐 정교협약(1516)을 체결하였다. 이 조약에 의해 왕은 프랑스 교회의 모든 고위직을 임명할 수 있게 되었다. 10곳의 대주교직, 82곳의 주교직, 527곳의 대수도원, 그리고 수많은 소규모의 수도원과 성당 참사회직의 임명과 각종 기부금의 시여자로서 교회 재산을 통제할 수 있었다. 왕은 교회를 그의 영향력 아래 놓음으로 절대적인 권세를 행사할 수 있게 되었고, 이러한 체제는 1789년의 프랑스 혁명 때까지 계속되었다.

프랑스에서의 종교개혁은 정치 세력과 밀접한 관계를 가졌으며, 전개 과정을 크게 세 시기로 나눌 수 있다. 제1기는 종교개혁이 뿌리를 내리기 시작한 때로, 교황이 주교와 수도원장의 임명권을 프랑스 왕에게 양보하기로 정교협약을 맺은 1516년부터 칼빈이 『기독교 강요』를 출판한 1536년까지의 시기이다. 이 때에 프랑스 개혁운동의 불을 지핀 인물로 르페브르, 부처, 화렐과 같은 인문주의자들이 있었다. 그들은 루터의 종교개혁에 힘입어 1521년부터 1527년 사이 모(Meaux)에서 종교개혁을 시도하였지만 실패하였다.

제2기는 칼빈주의자들에 의하여 주도되었다. 칼빈의 영향을 받은 위그노들이 1536년부터 1560년까지 고국으로 돌아와 개혁운동을 이끌었다. 1559년 파리에서 전국 총회가 열리고, 신앙고백서와 권징규칙서가 채택되는 등 절정을 이루었다. 개혁자들은 성직자와 평신도라는 천주교회의 이분법적 교회구조를 거부하고, 성경의 가르침을 따라 만인제사장주의를 주장하면서 평등과 자율에 근거한 교회를 세웠다. 이 시기에 교인 수가 급증했으며, 개혁자들은 정치적으로나 경제적으로 강력한 힘을 가졌다.

마지막 시기는 제3기로 박해와 살육의 시기였다. 1560년 이후 프랑스의 교회는 천주교의 공격과 박해로 수많은 순교자를 내었다. 결국 17세기에 이르러서 위그노 교회는 문을 닫게 되었고, 종교개혁의 흔적은 거의 사라지게 되었다.

칼빈 이전의 개혁운동

프랑스 종교개혁은 파베르 스타풀렌시스(Faber Stapulensis)라는 라틴어 이름을 가진 르페브르(Jacques Lefèvre d'Étaples, 1455~1537)에 의하여 시작되었다. 그는 프랑스에서 자란 후, 여러 나라를 여행하였고, 수많은 학자들을 만나 교제하면서 자신의 사상을 세워갔다. 이탈리아에서 몇 해 동안 생활하면서 피코 델라 미란돌라(Pico della Mirandola)의 영향을 받아 인문주의자가 되었고, 그리스의 아기로포울로스(John Argyropoulos) 밑에서 헬라어를 배워 성경을 읽었다. 이들을 통해서 중세의 신비주의를 받아들여 제도적인 천주교회에 대하여 회의를 가졌고 종교개혁자로 나서게 되었다. 르페브르가 발견한 신비주의는, 파커가 지적한 것처럼, 그의 삶을 풍성하게 해 주는 믿음이었고, 성경을 푸는 열쇠였다(Parker 1986, 15).

르페브르는 중세 말엽의 스콜라 철학자들의 유명론에서 떠나 원전의 가르침으로 돌아가고자 하였다. 그는 고대 철학을 연구하면서 역사 비평을 시작하였다. 고대 신화에 대한 연구를 통해서 성경만이 참된 지식과 지혜의 원천이라는 것을 확신하였다. 그는 성경 연구를 통해서 천주교회의 과오가 성경을 그릇되게 해석하여 적용해 온 데 있다는 것을 깨달았고, 이러한 확신에 기초하여 1509년 그의 첫 번째 성경 주석 작업인 『5중 시편』을 출판하였다.[54]

---

54. 이 책은 루터에게 큰 영향을 준 것으로 보인다. 1885년 드레스덴에 소재한 루터의

르페브르는 중세의 신비주의를 통해 그의 신학적 입장을 설명하였다. 인간의 구원을 "정죄와 조명이라는 신비적인 길을 따라감으로 성취되는 것"으로 보았고, "정죄를 조명과 칭의에 이르는 준비 단계"라고 일컬었다(Parker 1986, 15). 신비적 신앙을 통하여 사람이 의롭다함을 받게 되는데, 이는 선행이 아닌 믿음으로 된다고 하였고, 이러한 신념을 1512년 출판한 『바울 서신 주석』(Commentary on St. Paul's Epistles)을 통해 발표하였다.

그는 1522년 출판한 『복음서 주석』(Commentary on the Gospels)에서 성경의 권위, 복음, 자유, 희락, 그리스도를 통한 구속과 그리스도 안에서의 풍성한 삶에 대하여 찬양하였으며, 루터의 종교개혁을 극찬하였다. 성경에 대한 무지가 미신을 초래한다고 확신한 그는 1523년 프랑스어로 신약성경을 번역하였고, 성경을 널리 보급함으로 교회개혁을 이루고자 하였다.

르페브르의 영향으로 많은 젊은 지성인들이 성경을 신앙과 삶의 표준으로 삼기 시작하였다. 기욤 화렐(Guillaume Farel), 기욤 브리소네(Guillaume Briçonnet), 피에르 카롤리(Pierre Caroli), 제라르 루셀(Gerard Roussel)과 같은 지성인들이 그의 사상을 받아들여 종교개혁을 이끌면서 초대교회의 순수하고 단순한 신앙을 회복할 것을 소망하였다. 그들은 천주교회의 고질적인 악습이었던 분별없는 성인숭배와 성물숭배를 비판하였고, 성부와 성령 하나님을 그림으로 그리는 것을 정죄하였다(그러나 성자 예수님의 지상 생활에 대한 성화는 인정하였다). 종교개혁은 점차 힘을 얻었고, 보다 광범위한 계층으로 확산되었다.

서재에서 이 책을 발견하였는데, 거기에는 루터가 손으로 쓴 성경에 대한 해석들이 가득하였다.

1520년 루터의 라틴어 논문들이 파리에 소개되고, 종교개혁이 확산되자, 강력한 천주교회의 지지자였던 소르본느대학 교수들은 1521년 4월 루터의 사상을 신학적으로 반박하기 보다는 루터를 불경건한 자, 성령을 훼방하는 분리주의자, 이교도의 우두머리, 에비온파, 아리안파, 카타리파, 위클리프파, 후스파의 후예, 교회의 악한 대적이라고 혹평하는 선언문을 공포하였다. 루터를 정죄함으로 프랑스 종교개혁을 막으려고 한 것이다. 그들은 같은 해 11월 르페브르의 신학이 이단적이라고 비판하여 프랑스 종교개혁에 대한 경계심을 내보였다. 이러한 분위기 속에서 베디에(Bèdier)는 르페브르의 주석에 루터의 이단적인 사상이 143군데나 나타난다고 비판하였고(Parker 1986, 15), 1525년 교회 당국은 르페브르가 번역한 프랑스 성경을 불에 던질 것을 명하였다.

그러나 프랑스 왕 프랑수아 1세(Francis I)와 그의 누이 마그리트(Marguerite d'Agoulême, 1492~1549)는 종교개혁에 대해 비교적 관대하였다. 프랑수아는 1516년 볼로냐 정교협약을 맺은 후로 인문주의자들을 격려하고, 성경 연구를 장려하였다. 특히 마그리트는 교회 당국자들이 종교개혁자들의 척결을 외칠 때에 르페브르와 그의 추종자들을 보호하였다. 끌레망 마로(Clement Marot, 1496~1544)는 마그리트를 "여자의 몸과 남자의 심장, 천사의 얼굴을 가진 인물"이라고 평하였는데, 이러한 그녀의 든든한 후원에 힘입어 르페브르와 그의 제자들은 모(Meaux)에서 종교개혁을 전개할 수 있었다.

인문주의자들에 의하여 종교개혁은 점차로 퍼져나갔다. 많은 무리가 천주교회의 미신적인 예배와 폭정을 개혁할 것을 촉구하면서 급진적인 개혁이 이루어졌다. 미사에 프랑스어를 사용하였으며, 성상 사용이 비판을 받았다. 1523년 이후 루터의 글들이 프랑스어로 번역되었고, 이에 영향을 받은 설교자들은 초대교회와 당시의 교회 사이의 괴리를 설교하였다.

루터의 종교개혁이 많은 사람들에 화두에 오르면서 개혁운동은 점차 발전하였다.

1525년 프랑수아 1세가 스페인과의 전쟁에서 패하면서 종교개혁은 시련을 맞게 되었다. 마드리드 감옥에 갇혀 있던 프랑수아가 1526년 3월 석방되자, 많은 재산을 소유하고 있던 고위 성직자들이 종교개혁자들에 대한 박해를 요청하였기 때문이다. 재정적인 도움이 필요했던 프랑수아 1세는 교회 당국의 요구를 거절할 수 없었고 박해정책을 폈다.

이러한 상황에서 종교개혁의 후원자였던 마그리트가 나바르의 여왕이 되기 위해 네락(Nerac)으로 이주함으로, 종교개혁자들은 의지할 대상을 잃게 되었다. 1525년 브리소네가 소르본느에서 열린 종교재판에 회부되자, 수많은 개혁자들이 박해를 피해 국외로 떠났다. 화렐은 도피네를 거쳐 바젤로 피하였고, 르페브르와 루셀은 스트라스부르로 피신하였다.

그러나 프랑스 종교개혁은 중단되지 않았다. 천주교회의 부패와 우상숭배에 대한 비판이 점점 강해졌다. 종교개혁을 지지하는 군중은 성상을 파괴하였고, 1528년에는 성모 마리아상의 목을 자르는 사건이 있었으며, 강론하는 신부를 거짓말쟁이라고 모욕하는 일도 있었다. 이러한 격렬한 요구는 1534년 10월 18일에 절정에 이르렀다. 종교개혁자들은 가정집과 공공건물에 개혁을 촉구하는 전단을 뿌리며 시위하였고, 심지어 샤또 드 발루와(Chateau de Blois) 궁전에 있는 왕의 침실까지 들어가서 전단을 갖다 놓았다.

전단은 "유일하신 중보자요, 구세주이신 우리 주님의 성찬을 반대하여 만들어진 미사의 무섭고 용납할 수 없는 남용에 대하여"라는 제목으로 뇌샤텔(Neuchatel)의 목사 앙뜨앙느 마르코르트(Antoine Marcourt)가 작성한 것으로, 다음과 같이 기록되어 있었다. "나는 온 천지에 이 무섭고 오만한 교황주의자의 미사에 대항하며, 진리로 증거해 주기를 호소한다.

만일 하나님이 고치지 않는다면, 이 미사로 인해 온 세상은 지금도 그렇지만 앞으로도 전적으로 황폐하게 될 것이고, 붕괴되며, 파멸되고, 마침내는 우리 주님께서 심한 모욕을 받으시며, 사람들은 이 미사에 속아 눈이 어두워지게 될 것이다.… 누가 이 이상 더 미사를 지지할 수 있으며, 그와 같은 조롱거리가 되며, 유해하고 불법적인 적그리스도적인 것을 그대로 방치할 수 있겠는가? 건방지고 오만한 저들이 바로 성경과 정반대의 결론에 도달하려고 대담하게 행동한 자들이 아닌가? 이점이 바로 하나님과 성경의 원수인 저들이 극도의 증오 대상이 되어야 하는 이유이다. … 참람한 이단자들아! 아니 이 지구상에서 가장 악독한 이단자들아! 그대들은 장작불에 우리를 태울 것이 아니라 그대들을 태우라! 우리는 그대들의 우상과 그대들이 새롭게 창안한 신과 짐승을 믿지 않으며, 그대들과 같이 나눌 수 있는 새로운 그리스도를 믿는 것을 원하지 않는다" (Calvin 1988, 27~28). 또한 (1) 미사가 신성모독이며, (2) 성찬 때에 떡과 포도주가 그리스도로 변한다는 것은 그리스도의 승천을 가르치는 성경의 교훈에 위배되기 때문에 악마의 교리라고 밝히면서 개혁을 촉구하였다.

프랑수아 1세는 이처럼 격렬한 어조로 미사를 비난하고 자신의 침실까지 습격하여 전단을 놓고 간 종교개혁자들의 무례에 대해 대노하였다. 이 소동에 관련된 자들을 색출하여 엄벌할 것을 명령하였고, 수백 명의 종교개혁자들을 체포하여 그 가운데 35명을 화형에 처했다. 칼빈의 하숙집 주인이던 에띠엔 드 포르쥬(Etienne de la Forge)와 개혁자 바델르미 밀론(Barthelemy Milon)도 희생되었다.

가혹한 박해로 인해 피난민이 늘어나자, 프랑스에 대한 국제 사회의 비판이 거세게 일어났다. 교황 바울 3세도 프랑수아 1세에게 비인간적인 행동을 중지하라고 촉구하였다. 내적·외적인 압력에 직면한 프랑수아는 1535년 7월 15일 '꾸시 칙령'(Edict of Coucy)을 내려 종교개혁자들에게 관용을 베푸는 정책을 폈다. 종교개혁을 철회하고 귀국하는 자들을 용서할 것이며, 츠빙글리파를 제외하고는 박해하지 않겠다고 선언하였다.

그러나 아무도 천주교회로 돌아간 자는 없었고, 오히려 더 많은 이들이 종교개혁자 진영으로 몰려왔다. 실책을 깨달은 프랑수아는 1538년 종교적 관용을 철회하고, 신성로마제국의 카알 5세와 담합하여 개혁자들을 다시 탄압하기로 하였다. 1540년 종교개혁자들을 재판하고 처형할 수 있는 법적인 장치를 마련하고, 1545년에는 왈도파 교인 수백 명을 처형하였다. 1546년 모(Meaux)에 최초의 프로테스탄트 교회가 세워졌으나, 박해로 인하여 곧 폐쇄되었다.

칼빈주의적 개혁운동

칼빈은 제네바 망명 때에도 동족에 대한 관심을 버리지 않았다. 그는 1536년 프랑수아 1세에게 『기독교 강요』를 헌정하면서 개혁자들에게 박해 대신 종교적 관용을 베풀 것을 호소하였고, 프랑스가 성경이 다스리는 국가로 개혁되도록 기도하였으며, 수많은 제자들을 프랑스로 파송하였다. 그는 종교개혁을 호응하거나 이미 종교개혁자 편에 서 있는 시민과 귀족들, 곧 나바르의 왕자 앙리(Henry IV), 콩드의 왕자(Prince of Condé), 콜리니 제독(Admiral Coligny) 등에게 편지를 보내어 종교개혁을 격려했다.

프랑수아 1세가 죽고, 앙리 2세(Henry II, 1547~1559)가 왕위에 오른 후, 종교개혁자들에 대한 탄압은 더욱 심해졌다. 프랑스 전역에서 성직자들, 종교재판소, 세속 법정이 힘을 모아 종교개혁자들을 색출하고 투옥시켰다. 특히 최고법원인 빨레망(Parlement)은 500여명의 개혁자들을 화형에 처하여 '화형재판소'(la Chambre Ardente)라는 별명을 얻었다. 앙리 2세는 1551년 '샤토브리앙 칙령'(the Edict of Chateaubriand)을 내려 성경과 관련 있거나 제네바에서 출판된 책들은 모두 금서로 규정하였고, 종교개혁자들이 화형 당할 때 소리를 지르지 못하도록 혀를 자르기도 하였다.

극심한 박해에도 불구하고 교회는 나날이 성장하였다. 1550년경부터 제네바에 망명 중이던 칼빈의 제자들이 귀국하여 종교개혁을 전개함으로 많은 이들이 동참하였다. 칼빈의 교훈을 따라 개혁운동을 전개했던 프랑스의 개혁자들을 위그노(Huguenots)[55] 라고 부르는데, 위그노 운동은 농민보다는 지식층을 중심으로 확산되었다. 무지하고 미신적이던 농민들은 종교개혁에 대하여 적대적이었으나, 대학 교수, 의사, 변호사와 같은 전문 직종에 속하는 계층은 종교개혁이 프랑스를 살릴 수 있는 유일한 대안이라고 믿고 적극적으로 지지하였다.

위그노 거주 지역은 주로 프랑스 남부의 대도시나 중소 도시였다. 일부 고위층을 포함하여 귀족들의 참여로 위그노들의 정치적 세력이 강해졌고, 숫자도 엄청나게 늘어나서 교회 당국이 창이나 칼, 또는 법률로서 다스리는 것이 불가능하게 되었다.

위그노들은 천주교회의 공격을 두려워하여 야간에 헛간, 수풀, 들, 동굴, 또는 인적이 없는 곳에서 모였다. 목사의 지도 없이 개인 집에서 성경 공부와 예배를 드리곤 하던 가운데 교회 설립 논의가 시작되었다. 파리에 사는 라 페리에(La Ferriere)라는 사람이 아이를 출산하여 천주교 신부가 아닌 목사에 의해 유아세례 받기를 원하였다. 그러나 파리에는 목사가 없어 300마일 떨어진 제네바에 가야만 했다(Loetscher 1978, 29). 유아에게 세례

---

55. 스피츠는 위그노라는 용어의 기원을 다음과 같이 말했다: "아마도 이는 스위스에서 연맹을 뜻하던 아이트게노쎈(Eidgenossen)이 변형된 것으로 보인다. 사보이(Savoy)가문에 저항하던 이들을 아이그노스(Aignos)라고 하였는데, 이들은 아이트게노쎈과 친밀한 관계를 유지하고 있었다. 이 명칭은 후에 제네바의 개혁자들에게도 적용되어 1562년경에 이미 나타나고 있었다." (Spitz 1983, 230~231).

를 베풀기 위하여 페리에는 1555년 9월 동료들과 함께 모여 신중하게 교회 조직의 필요성을 타진하였다. 그들은 회중 가운데서 목사, 장로, 집사들을 선택하고, 목사로 하여금 유아에게 세례를 베풀도록 하였다. 이 일로 프랑스 안에 최초의 위그노 교회가 세워졌다.

교회 설립과 함께 교인 수가 늘어나자, 위그노 지도자들은 칼빈에게 더 많은 목회자를 파송하여 줄 것을 요청하였다. 제네바는 1555년에서 1562년 사이 최소한 88명의 목사들을 프랑스로 보냈고, 베른과 뇌샤텔도 여러 명의 목사를 파송했다. 그들은 칼빈의 사촌 올리베탕이 번역한 프랑스어 성경, 제네바에서 출판한 시편, 칼빈의 글들을 가지고 프랑스로 들어왔다.

위그노 운동은 모(Meaux), 뿌아띠에(Poitiers), 부르쥬(Bourges), 뚜르(Tour)와 같은 지역으로 퍼져 나갔고, 교회마다 제네바에서 잘 훈련받은 목사들로 채워졌다. 참신한 목사들이 교회를 담임하게 되자, 지도적인 사회 인사들이 속속 교회로 돌아왔다.

1559년 앙리 2세(Henry II)가 마상 시합에서 당한 부상으로 죽자, 앙리의 부인 캐더린 메디치(Catherine de' Medici)가 국정을 맡았다. 당시 프랑스는 통화 팽창과 유럽의 신용 위기로 경제적 파산 상태에 처해 있었으며, 그해 3월 프랑스 왕실은 샤토 캉브레지(Cateau-Cambrésis)에서 굴욕적인 평화회의에 서약했다. 패전국이었던 프랑스는 스페인의 펠리페 2세와 영국의 엘리자베스와 평화조약을 맺음으로 이탈리아에서의 주도권 싸움을 포기하였고, 10년간의 시민 봉기와 종교전쟁을 거쳐 국가 운명의 급격한 쇠퇴를 경험해야 했다. 대외 경쟁력을 상실한 프랑스 왕실은 국내 문제 해결에 주력하기 위해 교회에 대한 간섭을 강화하였으나, 위그노들은 굳건한 조직체를 구성하여 대항하였다.

종교적 갈등 시대

박해자 앙리 2세의 죽음은, 칼빈이 지적한 것처럼, 프랑스를 향한 "하나님의 자비로운 섭리"였다. 앙리의 죽음으로 프랑스 안에서 종교개혁이 힘 있게 전개될 수 있었기 때문이다. 개혁운동이 활발하게 전개되자, 칼빈은 잘 훈련받은 목사들을 프랑스로 보냈다. 위에서 지적한 것처럼, 1555년에서 1562년 사이에 88명, 1562년부터 1572년 사이에 32명의 설교자들이 프랑스에 도착하여 최소한 120여명 이상이 활동하였고(Lingle 1977, 30),[56] 1572년에는 2,150개의 위그노교회가 생겨났다.

위그노들은 1559년 파리에서 최초의 전국 대회를 결성하였다. 대회의 구상은 이미 1557년 크리스마스 때 칼빈의 제자인 앙뜨앙느 샹듀(Antoine de Chandieu)에 의하여 마련되었다. 그는 뿌아띠에를 방문하여 대회 조직의 필요성을 강조하였고, 그의 노력으로 1559년 5월 26일부터 28일까지 파리에서 50여 개의 교회 대표들이 참석하여 대회를 개최하였다. 대회에서 신앙고백, 권징조례, 교회정치 체제를 초안하여 프랑스개혁교회(the French Reformed Church)를 설립하였다.

파리 대회는 샹듀의 『신앙고백』과 『권징규칙서』를 프랑스 교회의 신조와 헌법으로 채택하였다. 『신앙고백서』는 칼빈의 『35개조 신조』, 『권징규칙서』는 『기독교강요』와 칼빈이 목회하던 제네바와 스트라스부르 교회의 모형을 따라 작성되었다. 40개 항으로 된 신앙고백서에는 칼빈의 영향이 잘 나타난다. 제5조는 성경의 권위에 대하여, 제8조는 섭리에 대

---

56. 1561년 프랑스에 와 있던 베니스 대사는 프랑스에 칼빈의 교리를 전하는 이가 50명이 된다고 보고하였다. 그러나 로버트 킹돈(Robert Kingdon)은 1561년 프랑스에는 142명이 제네바에서 와서 선교하고 있었다고 하였다.

하여, 제12조는 예수 안에서의 선택에 대하여, 제36조는 성찬에 대하여 진술하였다. 정치체제로 장로교 정치 원리인 대의정치를 채택하였고, 교인들이 장로와 집사를 선출하도록 만들었다.

『권징규칙서』는 교회회의제도에 대해 규정하였다. 지역교회의 목사와 장로로 구성된 당회(Consistory)가 있고, 당회들이 모여 노회를 구성하도록 하였다. 노회(Colloquy)는 매년 분기별로 지역 교회에서 파송한 목사와 한 명의 장로로 구성하고, 지역 교회의 감독을 중요한 사명으로 명시하였다. 노회는 지방대회(Provincial Synod)의 결정에 복종해야 하며, 지방대회는 한 교회에서 목사 1인과 2명의 장로가 참석하여 1년에 1~2번 모이도록 했다. 교회의 최고 권위는 각 지방대회가 2명의 목사와 2명의 장로들을 파송하여 구성된 전국대회(National Synod)에 있었다.

권징서에는 교인들이 월급을 빌미로 목사를 괴롭히는 것을 막기 위하여 선불로 사례를 지불하도록 규정하였다. 권징을 온건하게 실시하고, 잘못을 시인할 경우에는 범죄기록에서 삭제하고, 참회자들의 사적인 고백에 대해서는 비밀을 보장하게 하였다. 성적(性的)인 것과 연루된 게임들, 시간을 낭비하는 것, 복권, 결투는 견책의 대상이 되었고, 정당한 사유 없이 교회 법원에 소환하는 일이 없도록 규정하였다.

교회의 조직과 함께 위그노 운동은 프로방스(Provence), 도핀느(Dauphine), 노르망디(Normandy), 오를레앙(Orléans), 나바르(Navarre) 등으로 확산되었다. 위그노들은 1561년경부터 공개적인 모임을 가졌고, 목사들은 매주 4회 이상 설교할 수 있게 되었다. 1560년 봄 루앙(Rouen)에 있는 한 위그노 교회는 신도 숫자가 10,000명에 달했고, 4명의 목사와 27명의 장로를 세울 정도로 성장했다. 그러나 로마천주교도의 예비 없는 습격에 대비해 총과 창으로 무장한 수비를 두고서 예배를 드렸다. 위그노 교회는 주로 영국이나 네덜란드에 가까운 리용(Lyon)과 브리타니(Brittany)에서도 더욱 흥왕하였다.

위그노의 교세가 확장되면서 천주교도와의 갈등도 깊어갔다. 두 세력의 갈등은 레일 위에서 한 정점을 향해 서로 달리는 두 대의 기관차와 같이 충돌을 피할 수 없는 상태였다. 이를 염려하던 칼빈은 위그노 지도자들에게 무력시위를 자제할 것을 권하였다. 무력시위는 정부로 하여금 개혁자들을 반역자로 오해할 소지가 있기 때문이다. 칼빈은 1557년 9월 17일 위그노들에게 보낸 편지에서 "하나님의 복음이 반역과 폭동으로 사람들을 무장한다고 고소당하기보다는 차라리 우리 모두가 죽는 편이 나을 것이다. 왜냐하면 하나님은 언제나 그의 종들의 죽음의 재를 통하여 열매를 맺으며, 폭력은 폭력을 낳기 때문이다"라고 무장 항거를 경고하였다(Reid 1982, 81). 위그노들은 이러한 칼빈의 충고를 받아들이는 데 주저하였다.

이처럼 종교적인 갈등이 가장 심하던 시기에 기즈 가문이 프랑스를 다스렸다. 교황 클레멘트 7세의 질녀요 앙리 2세의 왕비였던 캐더린 메디치는 그녀의 친정식구인 기즈 가문에 국정을 일임했다.57 국정은 기즈 가문의 공작으로 뛰어난 군인이었던 프랑수아 기즈(Francis Guise), 로레인의 추기경이며 랭스의 대주교로 프랑스 성직자의 수장인 샤를(Charles) 등 두 형제가 맡았다. 기즈 가에 적대적인 세력은 부르봉(Bourbon)가로, 서열상 우두머리인 방도므의 앙뜨앙느(Antoine of Vendome)는 유약하고 우유부단하였으나 그의 동생 콩드(Condé)의 영주 루이(Louis)는 유능하였다. 기즈 가문과 맞선 또 다른 가문은 샤틸롱(Chatillon)가로 해군 제독 가르파르 콜리니(Gaspard de Coligny, 1519~1572)가 이끌었다. 이들 귀족들은 절대 왕권을 막기 위해 종교개혁을 받아들였고, 귀족의 전통적 자유를 침해하는 왕

---

57. 기즈 가문은 스페인 지역인 로레인(Lorraine) 출신이었으므로, 많은 프랑스 귀족들은 그들을 외국인처럼 여겼다.

실에 대해 적대적이었다. 1560년 귀족의 절반 정도가 로마에 충성을 철회하자, 콩드를 중심한 귀족들은 프랑수아 2세를 사로잡고 정부를 부르봉으로 이전하려고 하였으나 실패하였다. 콩드는 이일로 투옥되었다.

프랑수아 2세는 왕위에 오른 지 일년도 못된 1560년 12월 6일에 죽고, 그의 동생 샤를 9세(Charles IX, 1560~1574)가 계승하였다. 기즈 가문은 궁정에서 힘을 잃었지만 여전히 교회를 대표하였으며, 스페인의 펠리페 2세와 결탁하여 위그노들을 소탕하고자 하였다. 겨우 11세에 불과한 샤를 9세를 대신하여 그의 모친 캐더린 메디치가 직접 섭정에 나섰다. 캐더린은 내란을 피하고 발루와 왕조를 보존하기 위해 종교적·정치적으로 화해정책을 실시하였다. 미쉘 로피탈(Michel de L'Hôpital, 1507~1573)을 재상으로 등용하고, 두 파벌 귀족간의 화해를 추진하며 콩드를 석방하는 등 로마가톨릭과 위그노 사이의 화해를 시도했다.

화해를 위한 회담이 1561년 9월 푸아시(Poissy)에서 열리자, 천주교회 측에서는 로렌의 추기경과 신학자들, 그리고 44명의 주교가 참석하였다. 위그노 측에서는 시오도어 베자와 프랑스의 개혁자들, 이탈리아의 개혁자 피터 마터가 참석하였다. 위그노들이 믿음에 의한 칭의를 강조하고 교회의 전통에 대해 비판하였을 때 천주교회 측은 침묵하였다. 그러나 베자가 성찬이 단지 영적인 의미를 가진다고 주장하자, 천주교 측이 신성모독이라고 응수하면서 회의는 표류하게 되었다.

회담을 주의 깊이 관찰하던 캐더린은 위그노의 세력이 막강하며, 기즈가의 권력도 만만치 않음을 깨닫고 1562년 1월 생 제르멩 앙 레이(St Germain-en-Laye)에서 두 세력의 화해를 촉구하는 칙령을 선포하였다. 칙령을 통해 위그노들이 점령하고 있는 교회당들을 반환할 것을 명하고, 위그노들이 도시 밖에서는 예배를 드릴 수 있지만 도시 안에서는 사적인 예배만 드리도록 허용하였다. 위그노들은 칙령을 받아들였지만, 천주교 측은 거부하였다.

천주교도들은 스페인의 지원을 약속 받은 뒤, 기즈 가문의 사람들과 합세하여 위그노를 공격하였다. 1562년 3월 1일 200여명의 무장 병력과 함께 파리로 가던 기즈 공이 샹파뉴 지방의 바시(Vassy)에서 600~1,000여명이 모여 주일예배를 드리던 위그노 교회당을 습격하여 60명을 죽이고 200여명에게 상해를 가하였다. 이일을 기점으로 본격적인 천주교도의 공격이 시작되어, 툴루즈에서 여자와 아이를 포함한 3,000명이 살해되었다. 이어 위그노와 가톨릭 사이에 3차례에 걸친 야만스런 전쟁이 전개되었다 (1562~1563, 1567~1570, 1572~1576).

위그노들은 콜리니 제독, 나바르의 앙리와 콩드를 중심으로 무력 항쟁을 개시하였다. 그들은 칙령 준수를 요구하였고, 캐더린과 샤를 9세를 기즈 가문에서 벗어나게 하려고 애썼다. 한편, 다가올 전쟁에 대비하여 "지역 교회 책임자를 대위, 노회의 책임자를 대령, 각 지역의 최고 책임자를 장군으로 명하여 교회를 군사 조직화하였다"(Neal 1960, 31).

내란의 조짐이 보이자, 캐더린은 스위스와 독일 출신의 용병들을 고용하고, 스페인의 펠리페 2세에게 도움을 청하여 위그노 소탕 전쟁을 시작하였다. 위그노들은 오를레앙, 리용과 같은 도시들을 함락하였고, 1563년 개혁의 거침돌이 되던 기즈 가문의 프랑수아 공을 살해하였다. 그러나 전쟁을 통해 상호 이득이 없음을 깨달은 위그노와 프랑스 정부는 1563년 암보아즈 평화조약(Peace of Amboise)을 맺음으로 일시 휴전하였다.[58]

---

58. 1569년 베네치아의 대사 코레로(Correro)는 이렇게 썼다: "... 전쟁이 없었더라면 프랑스는 위그노 국가가 되었을 것이다. 사람들은 빠르게 그들의 신앙을 바꾸고 있었고, 목사들은 크게 존경을 받았고, 그들 사이에 권위를 행사하였다. 그들이 칼을 쥐고, 약탈하고, 파괴하고, 살인하기 시작할 때, 사람들은 말하기 시작했다. "이것이 어떤 종류의 종교인가?"(Chadwick 1999, 168).

암보아즈 조약에 따라 위그노 귀족들은 그들의 영지에서 예배드리며, 일반 시민들도 자신들의 소속 교회를 섬길 수 있게 되었다. 칼빈과 콜리니는 화해의 내용에 대하여 비판적이었고, 교황과 샤를 9세도 불만을 감추지 못하였다. 이러한 불만으로 1567년에 제2차 전쟁이 일어났다. 3만 명의 위그노들이 전쟁에 참여하였지만, 콩드가 1569년 3월 쟈르낙(Jarnac) 전투에서 사망하였다.

전쟁의 와중에서도 위그노들은 성경적 교회를 세우기 위해 교회정치를 개혁하려고 하였다. 1564년에서 1572년 사이 장로정치와 회중정치에 관한 토론이 이어졌다. 팽팽한 의견 대립으로 분열의 순간까지 갔지만, 설득과 타협에 의하여 장로정치를 채택하였다. 교회의 안정과 함께 교인 수가 급속히 늘어나 1572년에는 2,000만 명의 인구 가운데 3백만 명이 위그노 신앙을 고백하였다(Dennison 1986, 70). 콜리니 제독은 라 샤리테(La Charité), 라 로쉘(La Roschelle), 몽토방(Montauban), 코냑(Cognac) 등의 요지를 점령하여 위그노의 영역을 확장하였다.

위그노의 세력이 커가자, 캐더린은 콜리니를 암살함으로 위그노의 구심점을 없애려고 하였다. 1572년 8월 22일에 음모를 시도했지만, 콜리니는 간단한 부상만 입었다. 위그노들이 암살 진상조사를 요구하자, 궁지에 몰린 캐더린은 대학살을 계획했고, 이틀 후에 참극을 자행하였다.

학살 계획은 캐더린의 딸 마그리트(Marguerite de' Valois)와 위그노 지도자 나바르의 왕자 앙리(Henry of Navarre)의 결혼과 함께 추진되었다. 두 사람의 결혼이 선포되자, 천주교인과 위그노를 포함한 모든 프랑스인들은 내란이 끝나고 평화가 올 것을 기대하였다. 전쟁 종식을 고대하는 수많은 인파가 결혼 축하를 위하여 몰려들었다. 섭정 메디치는 8월 24일 결혼축하예배가 한창 진행 중이던 바돌로뮤 축제일 밤, 생 제르멩(St. Germain l' Auxerrois) 교회 종소리를 신호로 하여 모든 위그노를 살해하도록 명하였다. 위그노에 대한 대대적인 살육이 시작된 것이다.

살인자들은 교회당 주변을 포위하여 위그노들을 처참하게 살해했다. 콜리니를 비롯하여 약 30,000명에서 70,000명이 죽임을 당하였다(Lingle 1977, 32).[59] 이로써 위그노의 개혁운동은 기가 꺾였으나, 원수들은 축배를 높이 들었다. 캐더린은 "하나님과 샤를 9세에게 반항하던 자들을 전멸하였다"고 환호하였고, 교황 그레고리 13세는 축하기념으로 메달을 주조하였다. 그러나 위그노들이 제4, 5, 6, 7차의 전쟁(1572~73, 1574~76, 1577, 1580)을 일으켜서 저항하였기 때문에 새로운 내전이 재개되었다.

앙리 4세와 낭트 칙령

캐더린은 위그노를 소탕함으로 발루와 왕조를 굳건히 세우고자 했지만 뜻대로 되지 않았다. 캐더린의 아들들이 한결같이 단명하였기 때문이다. 프랑수아 2세에 이어 1574년 샤를 9세가 사망하자, 그의 동생 앙리 3세(Henry III)가 폴란드에서 귀국하여 왕위에 올랐다. 우둔하고 유흥과 쾌락만을 추구하던 부랑아였던 앙리 3세가 개혁자들을 박해하자, 위그노들은 나바르의 왕자 앙리의 지도아래 조직을 강화하였다. 이때 폴리티크(Poletieken)가 조직되어 프랑스 안에서 종교적 평화를 도모하기 시작했다.

1585년 9월 교황 식스투스 5세(Sixtus V)는 교서를 내려 앙리 3세가 사망할 경우, 나바르의 앙리가 왕위를 계승하지 못하게 하는 조처를 내렸다. 이 소식에 격분한 위그노들이 항거함으로 제8차, 곧 마지막 위그노 전쟁(1585~1589)이 일어났다. 이는 앙리 3세, 천주교 연맹의 우두머리인 기즈 가문의 앙리, 그리고 나바르의 앙리 등 '3명의 앙리 사이에 일어난 전쟁'

---

59. 어떤 이는 2만 명에서 3만 명이 살해된 것으로 예측하기도 한다(Malherbe 1998, 3).

이었다. 1588년 나바르의 앙리 편이었던 파리 시민들은 앙리 3세에게 파리를 떠나도록 요구하였다. 앙리 3세는 위그노를 박해한 자신의 실수를 깨닫고, 민심을 수습하기 위해 그해 12월 기즈의 앙리를 반역죄로 처형하였다. 이로서 기즈의 앙리의 동생인 샤를이 천주교 연맹의 수장이 되었다. 앙리 3세는 나바르의 앙리와 조약을 맺고 파리를 포위하였다. 그러나 1589년 8월 로마 교황청이 보낸 도미니칸 수도사에 의해 발루아의 마지막 왕 앙리 3세가 살해됨으로 발루와 왕조는 막을 내렸다.

바돌로메 축제일 이후 발루와 왕조가 몰락할 때까지 약 25년간 기독교인의 수는 3분의 2 정도 감소되었다. 배교자와 순교의 제물이 된 자들이 허다했다. 이 때 장렬하게 순교한 성도들의 이야기는 장 크리스팽(Jean Crispin)이 1554년에 쓰고, 시몽 굴랏(Simon Goulart)이 1619년에 보완한 『순교자 열전』(Martyrology)에 기록되어 있다. 크리스팽은 이 책을 통하여 789명이나 되는 성도들의 순교 과정을 상세하게 기록하였고, 사형 선고를 받은 2,120명이 영웅적으로 신앙을 지킨 이야기를 썼다(Reid 1982, 78).

발루와 왕조가 몰락하자, 왕권은 앙리 3세의 유언대로 캐더린의 사위요 나바르의 왕자인 앙리 4세에게로 돌아갔고, 그와 함께 부르봉(Bourbon) 왕조가 시작되었다. 앙리는 프랑수아 1세가 패전하면서 프랑스가 스페인에게 지배권을 양도한 나바르의 안소니(Anthony) 왕의 아들로, 그의 어머니는 프랑수아 1세의 여동생 마그리트의 딸, 쟌느 달베르(Jeanne d'Albert)였다.

파리를 비롯한 다수의 지역들이 그의 왕권 계승을 반대하자, 앙리는 1593년 천주교로 개종하였다. 물론 명목적인 개종으로 순전히 정치적인 것이었으나 백성들의 환영을 받았다. 앙리는 파리를 정복한 후, 폴리티크의 지원으로 1594년 왕위에 오르면서 앙리 4세(Henry IV)라고 불려졌다.[60] 그는 종교 문제로 사분오열된 나라를 통일하고자 하였다. 과거의 신앙 동지들을 결코 잊지 않고, 1598년 4월 13일 '낭트 칙령'(the Edict of Nantes)을 발표함으로 그들을 품어 안았다.

낭트 칙령으로 위그노들은 완전한 종교적 자유를 얻었다. 성경을 소유할 수 있고, 더 이상 신앙적인 이유로 차별 대우를 받지 않게 되었다. 대학과 일반 학교에서 공부할 수 있게 되었고, 참정권의 회복으로 일체의 공직에 오를 수 있게 되었으며, 병원 혜택도 받게 되었다. 위그노 대표들이 법원에 상주함으로 더 이상 위그노라는 이유로 차별을 받지 않게 되었고, 완전한 집회의 자유를 보장받았다. 국왕의 허락아래 정치적인 문제에 대하여 토의할 수 있는 권리, 200여 개의 도시를 다스릴 수 있는 자치권, 3,000명이 넘는 귀족들의 영지와 그 외의 지정된 장소에서 공적으로 예배할 수 있는 자유를 얻었다.

낭트 칙령으로 문화적, 교육적, 정치적인 자유를 마음껏 누릴 수 있게 된 위그노들은 교회 조직에 열정을 보였다. 그들은 곳곳에 교회를 재건하고, 세당(Sedan), 소뮈르(Saumur), 몽또방(Montauban), 님므(Nimes)와 기타 지역에 학교들을 세웠다.

그들에게 주어진 자유는 항구적인 것이 아니었다. 1610년 5월 14일 교황청이 보낸 자객에 의해 앙리 4세가 살해되자, 앙리의 미망인 마그리트(Marguerite de' Medici)가 그녀와 앙리의 아들인 루이 13세(Louis XIII, 1610~1643)를 도와 섭정하였다. 루이 13세는 1624년 추기경 리슐리외(Cardinal Richelieu)를 수상으로 임명하여 절대 왕정을 추구하고, 위그노에 대해 차별 정책을 실시하였다. 왕권신수설을 부정하는 위그노와 왕실과의 정면

---

60. 앙리 4세는 부르봉(Bourbon)왕가의 나바르의 안소니(Anthony)와 프랑수아 1세의 누이인 마그리트의 딸 쟌느(Jeanne) 사이에서 태어났다. 그의 외할머니 마그리트는 여러 번 개혁자들을 돌보아주었고, 어머니 쟌느는 칼빈주의자였다.

적인 대결이 불가피하게 되자, 1626년 왕실은 위그노 지역을 공격했다. 위그노들은 1628년 14개월의 저항 끝에 라 로셸(La Rochelle) 요새를 빼앗겼고, 이때부터 위그노의 반(半)정치적 독립 상태는 종말을 고하게 되었다.

루이 14세(Louis XIV) 치하에서 위그노들은 더 가혹한 수난을 겪었다. 왕이 절대 왕정을 실현하기 위해서 종교와 정치의 통일을 역설하자, 위그노들은 왕에게 저항했다. 위그노가 절대 왕조 건설의 가장 큰 장애물이라고 생각한 루이 14세는 1665년 위그노 자녀들을 천주교도 밑에서 교육받게 했고, 폭도를 동원하여 위그노를 협박하고 천주교회로 개종하도록 강권하였다.

루이 14세에 의한 탄압이 강화되자, 위그노 귀족들과 학자들, 그리고 상인들이 종교의 자유를 찾아 스위스, 네덜란드, 영국과 미국 등으로 떠났다. 30여만 명의 고급 인력이 해외로 유출되자, 프랑스는 인적 자원과 경제적 손실의 타격을 입었다. 그럼에도 불구하고, 루이 14세는 위그노 탄압정책을 계속하였고, 1685년 10월 17일 위그노가 없다는 구실로 낭트 칙령을 폐지하였다. 곧 '퐁텐블로 칙령'(Edict of Fontainebleau)을 내리면서 "최선의 일은 이 거짓 종교의 확산으로 우리 왕국에 일어난 고통과 혼란, 악의, 그리고 악한 기억을 잊고, 소위 낭트 칙령을 폐지하는 것이다"라고 선언하였다(Richard 1994, 124).

위그노와 정치사상

이제 프랑스인들이 추구하던 정치사상에 대해 살펴보도록 하자. 프랑스의 종교개혁은 정치사상과 밀접한 관계를 가지고 있었다. 16세기 중반의 프랑스에는 교황권을 옹호하던 교회 법률가들과 군주론을 주장하던 인문주의자들에 의해 절대왕권사상이 널리 퍼져 있었다. 곧 왕의 권세가 하나님이 주신 것이라는 왕권신수설에 기초하여 절대 왕조 사상이 득세하였던 것이다. 인문주의자 기욤 부데(Guillaume Budé)는 왕도 이성, 정의와 법에 어긋나게 행동한다면 대역죄로 처벌되어야 하지만, 왕이 법을 다스리는 자이므로 왕권은 절대적일 수밖에 없다고 주장하였다. 캐더린이 섭정할 때의 수상 미쉘 로피탈(Michel de L' Hôpital)도 왕이 사법·입법·행정의 삼권을 장악할 때 국가의 안정이 온다고 하면서 절대 왕정을 옹호하였다. 이러한 왕권신수설에 근거하여 "짐은 곧 국가"라는 루이 14세의 절대 왕조 사상이 나오게 되었다.

위그노들은, 교권주의자 또는 인문주의자들과 달리, 왕권신수설을 부인하고 왕권이 상대적인 권한만 갖는다고 주장하였다. 왕이 법을 어기고 죄 없는 위그노들을 살해하자, 그들은 왕권의 적용 범위에 대해 연구하고, 왕의 권한을 제한하고자 하였다. 대표적인 인물로 쟝 보뎅(Jean Bodin, 1529~1596), 포네(Ponet)와 프랑수아 호트만(François Hotman) 등이 있다.

보뎅은 국가의 통치 원리를 가정에서 찾았다. 1566년에 출판한 『역사를 쉽게 이해할 수 있는 방법』(The Method for the Easy Comprehension of History)에서, 국가는 가정 제도에 기초한다고 서술하였다. 가정이 모여 국가를 이루므로, 가정은 사회의 모델이 된다는 것이다. 그는 국가의 사명은 가정의 영적·육적인 복리 증진을 위하여 노력하는 것이지만, 군주의 권력이 가정에까지 미칠 수 없다는 점은 국가의 권세가 제한적임을 보여주는 것이라는 논리를 전개하였다. 1568년 10월 3일 동료 듀 포르(Du Faur)에게 보낸 편지에, "왕이라도 백성의 동의 없이는 세금을 부과할 수 없다는 것보다 더 민주적인 일이 있겠는가? 백성들이 지켜야 할 법보다도 더욱 엄한 계율인 하나님 그리고 자연의 법에 왕이 묶여 있다는 것보다 더 중요한 것이 무엇인가? 한 마디로 말한다면, 왕도 일반 시민들과 마찬가지로 계약에 묶여 있다"(Reynolds 1931, 185~186)고 썼다. 위그노들의 이러한 계약 사상은 전통적으로 '하나의 왕', '하나의 국가', '하나의 신앙' 이라는 도식을 견지하고 있던 프랑스 왕정에 대한 노골적인 도전이었다.

위그노의 정치사상은 존 칼빈에게서 온 것이다. 칼빈은 선한 군주가 다스릴 때, 백성은 그를 세우신 하나님께 감사해야 하나, 악한 군주는 백성의 범죄에 대한 하나님의 심판의 도구이므로 백성은 왕을 위하여 기도하며 명령에 복종하여야 한다고 주장했다. 한 걸음 더 나아가, 왕이 법을 무시하고 폭정을 행할 때 그리스도인 개개인의 항거는 안 되나, 왕의 치하에 있는 행정 관료들이 그에게 항거할 수 있다고 가르쳤다. 이러한 사상은 폭력에 대한 불복종의 가능성을 제시하였다는 점에서 특별한 것이었다.

칼빈의 정치사상은 베자(Theodore Beza)에 의하여 한층 더 발전하였다. 베자는 『이단에 관하여』(*De Haereticis*, 1554)라는 책에서 악정을 일삼는 폭군이 나타났을 때 하위관직에 있는 관료들이 그에 저항할 수 있다고 하였다. 1574년에 쓴 『통치자의 권리』(*De Jure Magistratum*)에서도 슈말칼드 전쟁 때 카알 5세에 대항하여 싸운 마그데부르크 시를 그 예로 들어 폭군에 대한 백성의 저항권을 옹호하였다.

칼빈의 동역자 피에르 비레(Pierre Viret, 1511~1571)는 백성들에게 왕, 행정 관료, 그리고 법에 복종할 것을 종용하면서도 하나님의 뜻에 어긋나는 전제적 정치 칙령들에 대해서는 "의로운 불복종"으로 저항하라고 권하였다. 이와 같이 종교개혁자들은 폭군에 대한 수동적인 저항의 가능성을 교훈하였다.

칼빈주의자들의 폭군에 대한 저항 사상은 위그노에 의하여 더욱 발전되었다. 칼빈주의자였던 포네(Ponet) 주교는 다음과 같이 주장하였다: "이것(폭군에 대한 저항)은 사람들의 정서에 뿌리박혀 있다. 왕, 영주, 기타 통치자들이 치유될 수 없을 정도라면 잘라내는 것이 당연함을 모든 이의 양심이 증언한다. 비록 그들이 정치집단의 머리이긴 하지만 집단 전체는 아니다. 그들이 비록 중요한 부분이긴 하지만 오직 사회 구성원의 일부분일 뿐이다. 국민이 그들을 위해 존재하는 것이 아니라 그들이 국민을 위해 임명되었기 때문이다"(Bainton 1993, 216). 그러므로 포네는 법 위에 군림하는 폭군의 제거야 말로 합법적인 것이라고 단언하였다.

위그노 법학자였던 프랑수아 호트만(François Hotman)은 1573년 제네바에서 『프랑코갈리아』(Francogalia)를 출판하여 모든 주권이 백성에게 있다는 주권재민 사상을 발표하였다. 프랑스가 로마에 점령당하기 전에는 백성을 대표하는 기관이 있어서 나라를 다스렸으며, 그때부터 국민에 의한 주권이 실현되었다고 보았다. 곧 천주교회의 영향을 받기 전에는 전체 국민을 대표하는 기관이 법을 만들고, 관리를 임명하며, 왕이 법을 어길 경우에 왕위를 박탈하였다는 것이다. 프랑스에서의 왕권은 초기부터 제한적이었으며, 국정을 바로 세우려면 대의기관을 통한 통치가 이루어져야 한다고 주장하였다. 이러한 호트만의 민족성에 대한 호소와 민주주의적 사상은 폭정 가운데 있던 프랑스인들로 하여금 천주교로부터의 독립을 더욱 간절히 추구하게 만들었다(Reynolds 1931, 185~186).

익명의 한 위그노는 1579년 출판된 『독재자에 대한 항거를 옹호함』(Vindiciae Contra Tyrannos)에서, 통치자의 권한이 무제한적이 아니고 백성들과의 계약에 매어 있다고 썼다. 그는 다음과 같이 기술했다: "계약은 하나님과 왕 사이, 그리고 하나님과 백성 사이의 이중적인 것이다. 각자는 교회가 훼손되지 않도록 주의해야 한다. 예를 들어, 이스라엘 백성이 하나님을 떠나는 데도 불구하고 왕이 모른 체 한다면, 왕은 이스라엘 백성의 범죄에 책임을 져야 했다. 마찬가지로, 왕이 이방 종교와 우상을 따르는데 백성이 왕의 반역을 막지 않았다면 왕의 잘못은 그들의 것이 되었다. 그러나 백성 전체가 아니라면 누가 왕을 징벌하겠는가? 국민 전체가 왕에 대하여 충성을 서약한 바로 그 장본인이며, 왕이 백성 앞에 맹세할 때 왕의 의무를 확인한 이들이 백성이 아닌가? 요시야 왕이 모든 백성과 함께 하나님의 율법과 법령을 지키기로 하나님과 약속을 맺은 것은 바로 그러한 예이다"(Bainton 1983, 215).

위그노는 백성과 통치자를 계약 관계로 보고, 지위 고하를 막론하고 계약을 파기하거나 범할 수 없다고 생각했다. 합법적으로 통치권을 가진 자라고 하더라도 계약을 깨고 법과 정의와 진실을 무시할 때, 백성은 그에 대항해야 한다는 것이다. 이러한 위그노의 정치사상은 영국 청교도에 의하여 국가 계약 사상으로 발전하였고, 후에 이는 존 로크(John Locke)의 사회계약설로, 루소의 민약론으로 발전하여, 현대 민주주의 사상의 기초를 마련하였다. 이런 관점에서 역사가 존 모틀리(John L. Motley)는 "프랑스, 영국, 네덜란드, 북아메리카가 누리고 있는 정치적 자유는 칼빈주의에서 비롯된 것임에 틀림이 없다"고 지적한 바 있다(Motley 1900, 431).

2. 네덜란드의 개혁운동

종교개혁 이전의 네덜란드는 17개 지역으로 구성된 연방제 국가로 카알 5세의 지배아래 있었다. 정치적으로 지방 자치가 잘 이루어졌고, 경제적으로 상업과 제조업이 번창했으며, 백성들은 기존의 관습이나 생활의 방해물에 반항하는 기질이 있었다.

카알 5세는 네덜란드에서 절대 군주 또는 황제로 불려졌지만, 1555년 아우구스부르크 평화회의 때에 폐위되었고, 그의 아들 펠리페 2세(Philip, 또는 Felife II, 1556~1598)가 왕위를 계승하였다. 스페인의 여왕 이사벨라와 카알 5세 사이에 태어난 펠리페 2세는 부덕한 군주로, 대륙의 중부에서 막강한 영향력을 행사하던 합스부르크가(家)를 상속하여 스페인, 독일, 포르투갈을 지배하였고, 서남 아프리카, 인도, 동남아시아 등을 식민지화 하였으며, 막강한 힘을 가진 터키 군대를 무찔렀다.

종교개혁과 정치적인 상황

네덜란드의 종교개혁은 독립운동과 맞물려 있었다. 독립운동은 1555년 가을 스페인의 펠리페 2세가 과중한 세금을 부과하면서 시작되었다. 프랑스와 전쟁하기 위하여 전비가 필요하던 펠리페 2세는 막중한 세금을 고지하였고, 네덜란드인들은 이에 저항하였다. 설상가상으로 펠리페 2세가 네덜란드의 종교를 가톨릭으로 삼으려하자, 백성들의 저항은 더욱 커졌다.

펠리페 2세는 1559년 그의 이복누이요, 파르마 공작의 부인이던 마가레트(Margaret, 1522~1586)를 섭정으로 삼아 네덜란드 국회의 권한을 빼앗았다. 1560년 네덜란드 교구청을 재편성하여 11개의 새 교구와 3개의 대교구를 신설했다. 새 교구가 왕이 임명한 사람들로 채워지자, 교회를 장악하고 있던 귀족들이 격렬하게 반대하였다. 또한 펠리페가 종교개혁자들을 속출하기 위해서 종교재판소를 설치하자, 평민들의 반발은 더욱 심해졌다.

백성들은 과도한 세금으로 경제가 악화되고, 기근까지 겪게 되자 불만을 표하였다. 1565년 4월 침묵자 빌헬름의 동생인 나싸우의 루이(Louis of Nassau)를 비롯한 귀족과 상인들은 가혹한 과세제도와 종교 정책을 완화하고 종교재판을 종식시켜 줄 것을 섭정에게 청원하였으나 거부당하였다. 청원자들에게는 '바다 거지들'(Sea Beggars)이라는 경멸스러운 별명이 붙여졌고, 이 때부터 스페인에 대한 조직적인 항거가 시작되었다.

바다 거지들은 네덜란드 남부에서 1566년 8월 스페인의 학정과 교황청의 우상숭배 정책에 대항하는 대대적인 폭동을 일으켰다. 폭동은 6주 안에 네덜란드 전역으로 확산되었다. 그들이 1567년 2월 스페인의 통치 중심지인 블리씽겐(Vlissingen)과 앤트워프(Antwerp)를 공격하자, 펠리페 2세는 알바 공(Ferdinand Alvarez)을 보내어 소요를 잠재우고자 하였다. 9,000여명의 정예 군대와 함께 도착한 '철의 공작' 알바는 귀족들과 시민들을 체포하고 다수를 처형하였다. 잔인한 피의 숙청이 시작된 것이다. 1568년 6월 1일 하루 동안 18명의 귀족들이 목 베임을 당했고, 그의 통치 기간에 1,000명 이상이 무참하게 처형되었다. 네덜란드인들은 알바의 잔인함에 놀라 공포로 떨었다.

스페인의 학정으로부터 백성들을 해방시킨 사람이 바로 네덜란드의 영웅 오랑헤의 빌헬름(Wilhelm of Orange, 1533~1584)이었다. 왕을 보좌하던 한 귀족의 아들로 태어나, 저지대(Low Country) 땅을 소유하고 있던 그는 원래 종교적인 인물이 아니었고 단지 평화를 사랑한 평화주의자요, 종교적인 관용을 주장한 관용론자였다. 그러나 1559년 펠리페 2세와 프랑스의 앙리 2세가 모임을 갖고 종교개혁자들을 섬멸하기로 결정하자, 빌헬름은 이를 네덜란드의 독립에 커다란 위협으로 간주하고 종교개혁을 지지하였다. 독립을 위해서는 무력을 사용할 수밖에 없다는 결론에 이른 그는 프로테스탄트 세력의 연합을 꾀하였다. 1561년 작센의 루터파 공주와 결혼하여 독일의 지지를 얻어냈고, 1564년에는 네덜란드의 칼빈주의자와 연합하여 독립 운동을 이끌었다.

빌헬름은 1568년 5월 독일 쪽에서 네덜란드로 진격하였지만 노련한 스페인 군대에게 대패하였다. 알바는 빌헬름과 백성의 관계를 이간하려고 모든 매매 행위에 대해 10%의 세금을 부과하였다. 이는 상인들의 불만으로 이어졌고, 네덜란드인들이 단합하는 결과를 가져왔다. 국민 여론이 모아지자, 바다 거지들은 1572년 3월 무방비의 브릴 성을 공격하여 점령하였고, 얼마 후에는 홀란드와 질랜드 지방을 손에 넣었다. 그 해 7월 홀란드, 질랜드, 프리스란드, 우트레흐트 등의 주요 도시들이 독립을 결의하고 빌헬름을 지지하였다.

빌헬름은 네덜란드의 독립을 이루기 위해 외국의 원조를 얻고자 하였다. 독일에 요청하였을 때, 독일인들은 아우구스부르크 신조에 따를 것을 서명하라고 요구함으로 사실상 거절하였다. 실망한 빌헬름은 프랑스에 도움을 구하여 승낙을 받았지만, 성 바돌로뮤 축제일에 수많은 위그노가 처형되면서 무위로 끝났다. 마지막으로 영국에 원조를 요청하였지만, 영국은 도덕적인 것 외에 다른 도움을 주지 못하였다. 외국의 도움을 통하여 독립을 쟁취하는 것이 불가능하다는 것을 깨달은 빌헬름은 스페인이 네덜란드인에 대한 정책의 갱신을 유도하면서, 그들과 싸워 독립을 쟁취하려고 하였다. 그는 스페인에게 종교적인 관용을 허락할 것과 새로운 역사적 상황에서 정책의 다변화를 요구하였으며, 스페인의 제국주의에 반대하면서 민족주의를 역설하였다.

빌헬름과 바다 거지들은 스페인에 대항하기 위해 힘을 모았다. 1576년 11월 북부와 남부의 주들이 겐트 평화조약을 맺고, 스페인 군의 추방, 펠리페 2세의 이단 칙령 정지, 칼빈파 영토 밖에서 반(反)가톨릭 활동을 억제할 것을 결의하였으며, 스페인 당국에게는 홀란드(Holland)와 질랜드(Zealand)에 예배의 자유를 줄 것을 요구하였다.

한편 칼빈의 사상이 브라방(Brabant)과 플랜더스(Flanders)에서 절대적인 지지를 받았으나, 1577년과 1578년에 성상 파괴 등 과격한 행동을 보임으로 남부의 지지를 잃게 되었고, 네덜란드는 종교문제로 두 개의 세력으로 나뉘어졌다.

남부의 주들은 북부의 급진적인 개혁을 싫어하였다. 그들은 1579년 1

월 천주교 신앙을 옹호하고 사회 질서를 유지하기 위한 아라스 연맹(League of Arras)을 만들었다. 흠칫 놀란 북부의 주들은 우트레흐트 동맹을 맺음으로 대응했다. 남부에 살던 수천 명의 개혁자들이 북부로 떠났고, 반면에 천주교 신자들은 남부로 내려갔다.

남과 북이 서로 다른 입장을 취한 이유를 살펴보면, 언어적으로 북부의 저지대 사람들은 독일어를 사용하였고, 남부는 프랑스어를 사용하였다. 경제적으로 남부의 겐트(Ghent)와 브루게(Bruges) 등은 중세 때에 상업의 중심지였으나 16세기에는 낙후된 상태에 있었고, 북부의 앤트워프 등은 한창 흥왕하였다. 이러한 차이로 인해 갈등하던 차에 종교적 입장이 달라지면서 남과 북이 분리된 것이다.

남북으로의 분리는 스페인에게 유리하게 작용했다. 네덜란드를 지배하던 파르마 공은 외교와 군사적 작전을 통해 남부인들의 인심을 샀다. 결국 남부의 10개 주들은 스페인에 대한 항거를 포기하였는데, 이들로 구성된 것이 오늘날의 벨기에이다. 그리고 홀란드, 질랜드, 우트레흐트, 헬더란드(Gelderland), 프리스란드(Friesland), 오베리셀(Overijssel), 흐로닝겐(Groningen) 등 북부의 7개 주와 플랜더스와 브라방은 1581년 스페인으로부터의 독립을 선포했고, 이것이 네덜란드가 되었다.

네덜란드인들은 지도자 없이 전쟁을 승리로 이끌 수는 없다고 생각하고 빌헬름을 왕으로 옹립하고자 하였으나 국왕제도를 싫어하였던 빌헬름의 거부로 성사되지 못했다. 이 때부터 그에게 침묵자 빌헬름(William the Silent)이라는 별명이 붙여졌다. 네덜란드는 그의 정치 이론에 따라 공화정치를 채택하였다.

스페인은 네덜란드의 독립을 막기 위해 아주 비열한 방법을 사용했다. 펠리페 2세는 1584년 7월 10일 한 첩자를 칼빈주의자로 변장시켜 델프트에 보내 빌헬름과 그의 큰 아들을 살해하였다. 그러나 빌헬름의 둘째 아들 마우리스(Maurice)가 그를 계승하여 독립 운동을 지도하였다. 마우리스는 1609년 스페인과의 12년에 걸친 전쟁을 끝냈으며, 이는 네덜란드의 독립을 의미하였다.

네덜란드의 종교개혁

네덜란드의 종교개혁은 루터란 시대(1520~1525), 성례주의자 시대(1525~1530), 재세례파 시대(1530~1540)를 거쳐 칼빈주의자들에 의하여 완성되었다. 중세 말기로부터 네덜란드는 공동생활형제단(Brethren of Common Life)의 영향을 받아왔다. 이는 1378년 헤라드 흐루테(Gerad Groote, 1340~1384)와 플로렌티우스 라데빈스(Florentius Radewins)에 의하여 세워진 단체로 교육 현장에서 박애 정신을 실현하였다. 단원들은 생계유지의 수단으로 성경을 복사하였고, 헬라어 성경, 초대 교부들의 글 등 고전을 연구하면서 학문 활동을 펼쳐나갔다. 그들의 신학은 아우구스티누스적으로, 토머스 아 켐피스, 베셀 간스포르트, 에라스무스와 같은 걸출한 인물들을 배출함으로 종교개혁의 기초를 다졌다. 특히 아 켐피스의 실천적 경건 생활, 간스포르트의 이신득의 사상, 에라스무스의 성경적 경건 실천 운동은 종교개혁으로 향하는 대로를 닦아놓은 셈이었다.

종교개혁은 루터와 아주 절친하였던 앤트워프의 아우구스티누스파 부수도원장이었던 주트펜의 헨리(Henry of Zutphen)에 의하여 소개되었다. 그는 루방(Louvain), 겐트, 앤트워프와 같은 도시에서 루터의 글들을 보급하고, 종교개혁을 전파하여 많은 지지자를 확보하였다. 루터의 사상이 퍼지자, 천주교회 당국과 신학자들은 종교개혁을 비난하고, 종교개혁의 확산을 막는 데 전념하였다. 1519년 루방대학교의 교수들이 루터를 이단으로 정죄하고 루터의 글들을 불에 태웠다. 그러나 종교개혁은 저지대를 중심으로 번져 대중적 종교운동으로 발전하였다.

　네덜란드에서 종교개혁은 엘리트들에 의하여 퍼져갔고, 대학 교수들과 지성인들의 지지를 받았다. 이를 못마땅하게 여기고 억압하려던 천주교회 당국은 루터의 사상을 전파하던 아우구스티누스파 수도승 보우(Henry Voes)와 에쉬(John Esch)를 이단으로 정죄하고, 1523년 7월 1일 브뤼셀에서 화형에 처하였다.

　루터란 시대를 지나, 1525년부터 성만찬 논쟁 시대가 전개되었다. 이 시대는 인문주의자 코넬리우스 호엔(Cornelius Hoen)에 의하여 시작되었다. 그는 1523년 예수께서 최후의 만찬을 떼면서 "이것은 나의 몸이다"라고 하신 말씀을 "이것은 나의 몸을 상징하는 것이다"라는 의미로 해석하였다. 호엔의 영향으로 지성인들은 미신적인 천주교회의 화체설을 비판하였고, 성찬을 영적인 상징으로 보기 시작하였다.

　성찬에 대한 논쟁이 잠잠해진 후, 네덜란드에는 재세례파 운동이 일어났다. 재세례파들은 혁명을 통해 기성교회를 전복하고 성경에서 보여주는 초대교회를 회복하고자 하였다. 이들의 개혁운동은 최초의 전국 규모의 운동이었지만, 천주교의 박해로 사라지게 되었다. 다음에는 칼빈주의자에 의하여 새로운 장이 열렸다.

　칼빈주의 운동은 카알 5세의 탄압정책과 함께 시작되었다. 카알 5세는 1550년 네덜란드에서 "루터, 외콜람파디우스, 츠빙글리, 부처, 칼빈, 혹은 거룩한 교회가 이단으로 지정한 자들의 책이나 글을 인쇄하거나 보급하는 자를 화형에 처한다."는 칙령을 내렸고, 종교재판소를 설치하여 경건한 신자들을 탄압하였다. 1561년 십만 명이 넘는 개혁자들이 단지 성경적인 신앙을 고백한다는 이유로 종교재판소에서 처형되었다. 카알 5세의 잔인한 박해에도 불구하고, 종교개혁은 수그러들지 않고 네덜란드 전역으로 번져 나아갔다.

칼빈주의적 개혁운동

칼빈주의적 종교개혁은 칼빈이 직접적으로 개입하여 일어났다. 그의 네덜란드인에게 대한 깊은 관심은 가족적인 배경에서 나온 것이다. 칼빈의 어머니는 네덜란드에서 가까운 프랑스의 국경지대 사람이었고, 그의 아내 이델레트는 네덜란드 남부 왈룬(Walloon) 사람으로 리제(Liege)에서 첫 남편과 스트라스부르로 피난 왔던 재세례파였다. 칼빈은 스트라스부르에서 네덜란드 출신의 개혁자 요한 스트룸(John Strum)과 개인적으로 교제하였고, 네덜란드에 편지 또는 사람을 보내어 그들에 대한 애정을 표현하였다. 특히 그는 1543년 친필로『교황주의자 사이에 있을 때 복음 진리를 아는 신실한 그리스도인이 행해야 할 것을 보여주는 소논문』(*A Short Treatise Showing What a Faithful Man Knowing the Truth of the Gospel Ought to Do When He is Among the Papists*)을 써서 네덜란드의 종교개혁을 고무하였다. 1544년에는 네덜란드의 복음화를 위하여 설교자 피에르 브룰리(Pierre Brully)를 파송하였고, 1545년에는 라틴어 교리문답을 써서 "동프리슬란드 전역에 있는 그리스도의 신실한 종들에게" 헌정하였다.

칼빈의 도움으로 네덜란드 교회는 무지와 미신적인 천주교회를 떠나 성경적인 바른 신앙으로 돌아왔다. 이와 함께 바른 신앙을 고수하고 신앙공동체를 유지하기 위해서는 동일한 신앙 안에서 연합해야 한다는 의식이 일어났다. 칼빈의 제자 드 브레(Guy de Brès, 1522~1567)는 1561년 "네덜란드 전역에 흩어져 있는 신자들을 위해"『벨직 신앙고백서』(Belgic Confession)를 작성하였다.

브레는『벨직 신앙고백서』를 통하여 개혁주의 신앙과 재세례파의 신조와의 차이를 밝혔다. 1559년 나온『프랑스 신앙고백서』(*Gallican Confession*)를 참고하여 작성된『벨직 신앙고백서』는 교회의 중요성과 권징을 강조한 것이 프랑스 신앙고백서와 다른 점이다. 『벨직 신앙고백서』는 1563년 5월 앤트워프에서 열린 대회에서 네덜란드 교인들의 신앙적 표준 문서로 채택되었고, 1571년 엠덴(Emden)에서 열린 네덜란드 개혁교회 총회에서 하나님의 말씀을 가장 잘 해석한 신앙고백서로 인정받았으며, 1619년 도르트 회의에서 약간의 수정을 거쳐 37개조 신조로 개역되었다.

1563년 4월 23일 투코잉(Turcoing)에서 네덜란드 최초의 대회가 조직되었고, 그 후 교회의 성장과 함께 여러 지방 대회와 전국 대회가 개최되었다. 1568년 베셀(Wesel)에서 전국 대회가 열렸고, 1571년 엠덴에서 제2차 대회가 개최되었다. 엠덴 대회는 교회정치와 신앙고백을 채택하여 네덜란드 교회의 신앙적 성격을 결정하였다.

엠덴 대회에서 네덜란드 교회는 목사와 장로와 집사의 의무 등 교회의 직제, 그리스도인의 결혼, 가정 문제, 나그네의 접대, 성례의 시행 등을 다루었다. 교회 행정 문제를 논하면서, "어느 교회, 그리고 어떤 목사, 장로, 집사가 다른 교회나 다른 목사, 장로, 집사를 지배하거나 우월한 자세를 취해서는 안 된다."고 선언하여 평등의 원리를 채택하였고, 프랑스어를 사용하는 교회들을 위해 『제네바 요리문답서』를, 네덜란드어를 사용하는 네덜란드인을 위해서는 『하이델베르크 요리문답서』를 사용하도록 결의하였다.

아르미니우스 논쟁과 도르트 신조

16세기 후반에 이르러 네덜란드는 정치적으로 스페인으로부터 독립을 쟁취하였고, 종교적으로는 칼빈주의적 종교개혁을 이루었다. 그러나 17세기에 접어들면서 신학 논쟁으로 어려움을 겪게 되었다. 특히 예정론, 교회와 국가 관계에 대한 문제로 논란이 벌어져서 교회의 분열을 맞이하게 되었다.

칼빈주의자들은 예정과 무조건적 선택 교리를 고수하고, 치안 유지를 위한 정부의 역할을 강조하면서도 교회의 자율을 주장했다. 그들은 신앙적인 문제에 대한 정부의 간섭을 거부하고, 신학에 있어서는 베자의 견해를 따랐다. 베자는 칼빈의 예정론을 엄격한 논리와 조직적 구조로 설명하였다.

이러한 칼빈주의 신학과 다른 입장을 취한 부류가 아르미니우스파였다. 그들은 하나님의 선택과 유기의 작정이 개인의 행위에 대한 하나님의 예지에 근거한다고 보았다. 또한 행정 관료는 하나님으로부터 세속적인 문제와 영적인 문제에 대해 다룰 수 있는 권세를 받았으므로 정부가 교회 정책에 관한 법의 제정과 목사의 임명과 감독도 참여할 수 있다는 입장을 취했다.

그 대표적인 인물이 바로 아르미니우스(Jacob Arminius, 1560~1609)였다. 그는 1560년 네덜란드의 오우더바터(Oudewater)에서 개혁파 신앙 가문에서 태어났다. 그가 공동생활형제단에 의해 설립된 성 제롬학교에 진학하여 수학하고 있을 때 그의 어머니와 형제자매, 그리고 친척들이 스페인군에 의하여 살해당하였다. 그는 로테르담으로 피신하여 목숨을 구하였다. 친구들의 도움을 받아 마르부르크대학에서 공부하였고, 1576년부터 1581년 사이에 라이덴대학에서 수학하였다. 라이덴대학은 1575년 오란헤의 빌헬름이 설립한 학교로 아르미니우스는 1회 졸업생이었다.

아르미니우스는 암스테르담 상인 조직인 길드의 도움으로 제네바에 유학하였고, 1583년부터 1584년 사이 베자 밑에서 신학을 공부하였다. 그리고 1583년부터 1584년까지 1년간 바젤에 가서 공부하였다. 이탈리아 여행 후 1587년 암스테르담으로 돌아와 이듬해에 목사 안수를 받았다.

1589년 교회 당국으로부터 신학적으로 문제의 소지가 있던 쿠른헤르트(Dirk Coornhert)의 글을 논박하는 글을 써 달라는 부탁을 받았고, 글을 읽는 가운데 쿠른헤르트의 주장이 자신의 생각과 일치한다는 것을 확인한 후 침묵하였다.

아르미니우스는 1590년부터 예정론에 반대하는 입장을 표명하였다. 그 때 로마서를 강해하고 있었는데, 그는 로마서 7장과 9장의 예정 교리에 대하여 의문을 제기하였다. 특히 태아의 구원 문제와 인간의 구원이 창세전에 예정되었다는 칼빈주의의 주장에 대하여 회의를 나타냈다. 그러나 이때까지만 해도 그의 영향력은 미미한 정도였으므로, 그의 주장은 묵인되었다.

아르미니우스는 1603년 프랜시스 유니우스(Francis Junius, 1545~1602)의 후임으로 라이덴(Leiden)대학교의 신학교수로 임명받았다. 1602년 네덜란드를 휩쓴 전염병으로 유니우스를 비롯한 라이덴대학의 교수들이 병사하였기 때문이다. 아르미니우스는 전염병이 만연할 때 도시를 떠나지 않고 시민들을 간호하여 암스테르담 관료들로부터 존경을 받았다. 그러나 아르미니우스의 사상을 잘 알고 있던 호마루스(Francis Gomarus, 1563~1641)가 그의 신학에 이의를 제기하면서 아르미니우스의 사상이 온 세상에 알려지게 되었다.

호마루스는 부르게에서 태어나서 스트라스부르, 노이슈타트(Neustadt), 옥스퍼드, 케임브리지와 하이델베르크에서 개혁주의 신학을 공부하였다. 그는 1587년 프랑크푸르트에 있던 네덜란드 교회의 목사로 부임하였고, 1594년부터 라이덴대학의 신학 교수로 일하였다. 호마루스는 윌리엄 에임스(William Ames)와 윌리엄 퍼킨스(William Perkins)와 같은 영국 청교도의 영향을 받은 인물이었다. 에임스는 1600년대 초반 박해를 피하여 네덜란드로 건너가 프라네커대학에서 칼빈주의 신학을 강의함으로 개혁신학 형성에 큰 공헌을 하였고, 퍼킨스는 베자의 예정론을 계승하여 타락전예정론(supralapsarianism)을 발전시켰다.

호마루스는 청교도들의 가르침을 따라 하나님이 세상을 창조하기 전에 선택을 작정하시고, 인간의 타락 이전에 구원받을 자를 선택하였으며, 인간의 타락은 하나님의 영원하신 계획의 일부이며, 타락으로 인하여 인간은 본래의 선 가운데 아주 작은 흔적만 남기고 모든 것을 상실하였다고 주장하였다. 그러나 하나님은 자비로 그의 택하신 자들을 구원하시고, 나머지는 죄악 가운데 내버려둠으로 그의 경륜을 이루신다고 하였다. 호마루스는 아르미니우스가 예정론과 이신득의 교리를 부정한 짓을 지적하면서 아르미니우스의 신학 사상이 모호하다고 지적하였다.

호마루스의 지적에 대하여, 아르미니우스는 자신이 타락후예정론자(Infralapsarian)라고 밝히면서, 호마루스를 당시 소수에 불과하던 타락전예정론자(Supralapsarian)라고 비난하였다. 곧 하나님은 타락이 일어날 것을 허락하시고, 다음에 개개인의 선택과 유기를 작정하였다는 것이다. 1608년 그는 『감상적인 선언』(Declaration of Sentiments)을 써서, (1) 하나님은 인간에게 구원을 주시기 위한 중보자로서 예수 그리스도를 임명하기로 작정하셨고, (2) 회개하고 예수 그리스도를 믿겠다고 한 모든 자를 용납하시며 구원하시고, 완고한 불신자들을 유기하기로 작정하셨다. (3) 회개하고 믿는 자를 위하여 필요한 수단을 제공하기로 작정하셨다. 그리고 (4) 하나님은 어떤 특정한 개인들을 구원하기로 작정하셨는데, 그들이 끝까지 믿고 참을 것을 예견하였기 때문이라고 진술하였다.

한 걸음 더 나아가, 아르미니우스는 바울, 아우구스티누스, 루터와 칼빈에 의하여 발전되어 온 예정 교리를 부인하고, 복음에 대한 사람의 응답 여부에 따라 구원이 주어진다고 주장하였다. 곧 하나님의 은총은 구원을 가능하게 할뿐이지 결정적이게 하지 못하므로 구원에 관한 궁극적인 책임은 사람의 선택에 달려 있다고 하였다. 아르미니우스에 의하면, 선택 교리는 하나님의 주권적인 선택이 아닌 인간의 선택의 결과로 인한 하나님의 예지(豫知)에 있게 되는 것이다.

아르미니우스파는 시민운동가요 네덜란드 연방의 지도자인 올덴바네벨트(Johan van Oldenbarnevaldt, 1547~1619)와 『전쟁과 평화의 법에 관하여』(De jure belli ac pacis, 1625)를 써서 '국제법의 창시자' 라는 칭호를 얻었던 저명한 법률학자인 그로티우스(Hugo Grotius, 1547~1619)의 지지를 받았다. 이들은 종교적으로는 관용 정책을, 정치적으로는 공화정을, 교회와 국가 관계에서는 행정 관료에 의한 교회의 사법 관할권 행사를 주장했고, 계속되는 남과 북 사이의 싸움에서 스페인과의 휴전을 원했다.

아르미니우스파가 출교권이 정부에 예속됨을 주장하자, 네덜란드 정부는 아르미니우스파의 손을 들어주었다. 이에 격분한 칼빈주의자들은 정부에 불만을 표하였고, 정부의 관할 아래 있던 네덜란드 개혁교회로부터 탈퇴하여 새로운 교회를 세우려고 함으로 교회의 분열이 가시화 되었다.

아르미니우스가 죽자, 위텐보개르트(Johannes Uytenbogaert, 1557~1644)와 에피스코피우스(Simon Episcopius, 1583~1643)가 아르미니우스파를 이끌었다. 46명의 아르미니우스주의자들은 1609년 신학적 입장을 표명하기 위해 고우다에 모였고, 오랜 토론 끝에 『항거』(Remonstrance)라는 문서를 발표하였다. 그 내용은 다음과 같다. (1) 하나님은 개개인을 선택한 것이 아니라 그를 믿고 순종할 자들을 단체로 선택하셨다. (2) 그리스도는 모든 사람을 위해 위하여 죽으셨다. (3) 믿음은 하나님의 선물이다. (4) 그러나 인간이 그 선물을 거절할 수 있다. (5) 성도의 견인에 대한 교리는 모호하다. 이때부터 아르미니우스주의자들은 '항론파' 라고 일컬어지게 되었다.

칼빈파와 항론파 사이에 팽팽한 긴장이 고조된 가운데 정부의 아르미니우스파 비호는 계속되었다. 네덜란드교회가 윤리적으로 문제가 되던 헤르베르츠(Herberts)라는 아르미니우스파 목사를 출교 하였을 때, 네덜란드 정부가 그를 옹호함으로 칼빈파의 분노를 유발하는 사건이 일어났다. 칼빈파는 더 이상 정부와 손잡는 것을 거절하고, 항거함으로 폭동을 일으켰다.

네덜란드 정국은 두 정치 지도자 마우리스와 올덴바네벨트의 개입으로 더 미묘하게 전개되었다. 독립을 위해 스페인과 전쟁도 불사해야 한다는 마우리스와 평화주의자 올덴바네벨트 사이에 의견 차이가 생기면서 정치적 긴장이 감돌게 되었다. 유산 계급을 대표하는 올덴바네벨트가 항론파에 대한 지지를 표하자, 칼빈파들은 마우리스와 손을 잡았다. 마우리스 일행은 단호하게 아르미니우스파에 반대했고, 중앙집권체제와 장로교적 교회정치를 실시할 것을 촉구했다. 1618년 7월 마우리스는 네덜란드 주요 도시에서 쿠데타를 일으킨 후 8월 29일 올덴바네벨트를 체포하고, 도르트 회의(Synod of Dordtrecht)를 소집하였다. 올덴바네벨트는 1619년 5월 참수되었고, 그로티우스는 종신형을 받았으나 아내의 도움으로 1621년 탈옥하였다.

마우리스는 당면한 교회 문제를 해결하기 위하여 1618년 11월 도르트(Dordtrecht 또는 Dort)에 교회회의를 열었다. 도르트 회의는 1619년 5월까지 계속되었다. 마우리스는 회의에서 논쟁의 공정성을 유지하기 위하여 영국, 스코틀랜드, 팔라티네이트, 나싸우, 헤세, 브레멘, 스위스 대표들을 초청하였고, 항론파들도 토론에 참여토록 청하였다.

회의에 참석하였던 신학자들은 항론파의 위험성을 지적한 다음, 개혁파의 입장을 천명하였다. 그들은 아르미니우스주의를 정죄하고 93개의 엄격한 칼빈주의적 조항을 채택했다. 항론파의 주장을 조목별로 심의하여 그에 대항하는 교리를 확정하였다. 항론파의 셋째와 넷째 교리를 하나로 정리하였고, 그에 대한 답변을 작성하였다. 이와 같은 과정을 통하여 작성된 것이 도르트 신경, 곧 칼빈주의 5대 강령이다.[61]

도르트 회의의 쟁점은 속죄론이 주종을 이루었다. 학자들은 그리스도의 속죄 효과에 대한 다양한 입장을 개진하였다. 첫째 그룹은 그리스도의 속죄 사역이 모든 인류를 위할 만큼 충분하지만, 그 효과는 선택받은 자들에게만 적용된다고 보았다. 둘째 그룹은 베자의 제자들로, 그리스도의 구속 사역의 적용 범위를 전자보다 더 엄격하게 제한하였다. 그리스도밖에 있는 사람들도 그리스도께서 만인을 위하여 죽으셨다고 생각할 수 있기 때문에 "충분히"라는 단어는 적절하지 못하며, 그리스도의 죽음은 오직 선택자만을 위한 것이라고 주장하였다. 셋째 그룹은 보편적 속죄론을 내세웠다. 대부분이 사람들은 첫째 그룹에 속하였다. 회의의 결과, 제한 속죄설이 채택되었고, '충분하다'는 단어는 그리스도의 생애의 가치, 또는 모든 사람에게 주시는 은혜, 또는 복음의 가치에 대해서만 조심스럽게 사용하도록 하였다.

도르트 회의에는 아르미니우스의 제자 에피스코피우스(Simon Episcopius, 1583~1643)도 참석하였다. 암스테르담에서 태어난 그는 라이덴대학에서

---

61. 칼빈주의 5대 강령은 다음과 같다. (1) 인간은 전적으로 타락하여 부패와 속수무책 상태에 놓여 있고, 그가 가진 생래적인 빛은 구원에 아무런 도움을 주지 못한다(Total depravity). (2) 선택의 기초는 인간의 행위에 있지 않고 창세전부터 섭리해 오신 하나님의 무조건적인 의지에 달려있다(Unconditional election). (3) 그리스도의 속죄 효과는 선택자에게만 미친다(Limited atonement). (4) 거듭남은 영혼과 의지의 내적인 갱신이며, 강력하고 놀랍고 즐겁고 신비하고 지울 수 없는 하나님의 은혜로운 역사이다(Irresistible grace). (5) 하나님은 선택자들의 회개와 인내와 겸손과 감사와 선행을 새롭게 하심으로 그들을 보존하셔서 그들의 죄에도 불구하고 궁극적으로 은혜에서 떨어져 나가지 않게 하신다(Perseverance of the saints). 이와 같은 강령의 첫째 단어의 영어 첫 문자를 따라 Tulip이라고 부른다.

아르미니우스의 가르침을 받았다. 1612년 라이덴대학의 신학 교수로 취임하였고, 도르트 회의에서 정죄 받은 뒤 벨기에로 가서, 『고백과 선언』(Confession and Declaration, 1622)이라는 아르미니우스파의 신앙고백서를 출판하였다. 이는 1610년에 나온 『항거』를 변증한 논문으로 아르미니우스주의의 해설서라고 할 수 있다. 그는 예정론이나 원죄와 같은 사변적인 교리에 얽매이지 말고 사회 속에서 인간의 책임을 다함으로 경건한 사회를 건설할 것을 주장함으로 기독교를 실천적인 종교로 만들고자 하였다.

도르트 회의 이후 아르미니우스파는 네덜란드를 떠났다. 그러나 1625년 마우리스가 죽고, 항론파를 지지하던 마우리스의 동생 하인리히가 다스리면서 아르미니우스주의자에 대한 조치가 사문화되자, 많은 항론파들이 다시 귀국하였다. 1630년에는 암스테르담에 교회를 세울 수 있도록 허락 받았고, 1634년에는 신학교를 설립하였다. 그러나 그들의 신앙은 1795년까지 공인받지 못했다.

에피스코피우스는 교회 지도자들을 서서히 이성주의자들로 만들어 갔다. 그 결과 아르미니우스주의자들은 모든 신조들과 신앙고백에 대하여 반(反)교리적 태도를 취했고, 소지니주의자들과 친밀하게 교제하였다. 이들이 배출한 인물로 게하르트 보스, 위고 그로티우스, 진 레클레크 등이 있다.

3. 대륙에서 칼빈주의 운동

칼빈의 사상은 루터 신학의 중심지인 독일 지역에도 보급되었다. 남부에서 종교개혁을 이끌던 팔라티네이트의 선제후 프리드리히 3세(Frederick III, 1559~1576)는 칼빈의 성례 교리가 가장 바르고 진실한 교리라고 극찬하면서 제네바에서 교육받은 칼빈파 신학자들을 하이델베르크에 초청하여 대학교수로 임명하였다. 이로써 독일 남부 지역에 개혁주의 신학이 자리를 잡게 되었다.

『하이델베르크 요리문답서』

프리드리히 3세는 신학 논쟁을 잠재우기 위해 1562년 12월 하이델베르크에 노회를 소집하고, 그의 영지에 사는 백성들을 위한 신앙고백서를 작성하고자 하였다. 그의 영지인 하이델베르크대학에는 극단적인 루터파, 온건한 루터파, 그리고 칼빈주의자 사이의 신학적인 대립이 종종 있었다. 이러한 대립이 자칫 정치적인 분열로 비화될 것을 두려워한 프리드리히는 다양한 신학적 견해를 조정할 수 있는 신앙고백서의 필요를 절감한 것이다.

신조화 작업은 하이델베르크대학의 20대의 젊은 신학자 우르시누스(Zacharias Ursinus, 1534~1583)와 올레비아누스(Kaspar von Olevianus, 1536~1587)에게 맡겨졌다. 우르시누스는 비텐베르크에서 멜랑히톤의 영향을 받아 종교개혁에 적극 참여하였고, 1560년 멜랑히톤이 죽자 취리히로 건너가서 피터 마터(Peter Martyr) 아래서 수학하던 중 그의 추천으로 하이델베르크로 와서 신학 운동을 전개하였다. 올레비아누스는 파리에서 고전어를 공부한 후 제네바 아카데미에서 수학하고, 취리히에서 피터 마터의 가르침을 받은 신학자요, 설교자였다. 이들에 의해 완성된 신앙고백서를 『하이델베르크 요리문답서』라고 부른다.

『하이델베르크 요리문답서』는 1562년 12월에 모인 하이델베르크 교회회의에서 만장일치로 통과되어 대륙 계통의 칼빈주의 신학의 가장 핵심적인 신조가 되었다. 이 신앙고백서는 1563년 프리드리히 3세의 승인을 받았고, 1568년에서 1571년까지 네덜란드 개혁교회, 라인강 하류 지방, 헝가리, 체코, 폴란드에 있는 개혁교회들에 의해 신앙의 표준 문서로 채택되었으며, 네덜란드 개혁파 교회에서는 오늘날도 청소년 신앙 교육과 주일저녁 설교의 주제로 사용되고 있다.

문답서는 129개 조항의 질문과 답변으로 구성되어 있고, 크게 세 부분으로 내용을 나눌 수 있다. 첫째 부분은 죄와 인간의 비참한 상태에 대하여(1~11문), 둘째 부분은 인간의 구원에 대하여(12~85문), 셋째 부분은 그리스도인의 감사생활에 대하여 다루고 있다(86~115문). 특히 둘째 부분은 사도신경을 중심으로 칭의 문제를 논한 후 세례와 성찬을 다루었는데, 성찬을 그리스도의 영적 임재로 설명하였다. 마지막 부분에서 그리스도인의 감사생활에 대하여 개괄적으로 서술하고(86~91문), 십계명과 주기도를 해설하였다. 문답서는 (1) 1년 52주에 맞추어 교육할 수 있도록 배려하였고, (2) 간결하고, 운율적이며, 연역적으로 논리를 전개하였으며 (3) 그리스도인의 봉사생활을 강조하였고, (4) 질문에 답할 때 단수 1인칭을 사용하여 답하도록 작성된 점이 특징이라고 할 수 있다.[62]

칼빈주의는 독일의 천주교도와 루터파에 의해 오랫동안 배척을 받아 왔다. 1555년 아우구스부르크에서 열렸던 평화협정에서 가톨릭과 루터파는 칼빈주의를 인정하지 않았고, 칼빈주의자들에 대한 관용을 반대했다. 그럼에도 불구하고 칼빈주의는 독일 남부 지역에서 영향력을 얻었다. 억압을 받던 "멜랑히톤주의자"들이 칼빈파로 전향하였기 때문이다. 1577년 나싸우, 1581년 브레멘, 1597년 안할트와 헤세의 일부가 칼빈주

---

62. 이 요리문답서에 대하여 미국 웨스트민스터 신학대학원의 교회사 교수인 클레어 데이비스(Clair Davis)는 "가장 간편하게 표현된 칼빈주의적인 신조"라고 지적한 바 있다.

의를 받아들였으며, 브란덴부르크의 선제후도 1613년 칼빈주의를 고백하였다. 이들은 교리와 예배에서 칼빈의 가르침을 따랐지만 교회정치적인 면에서는 정부가 교회를 다스리는 체제를 취하였기 때문에 칼빈주의와 차이점이 있었다.

기타 지역에서의 칼빈주의 운동

칼빈주의 신학은 폴란드에서 호응을 얻었고, 백성은 물론 황제까지도 심취하였다. 폴란드의 황제 지기스문트 2세는 적극적으로 종교개혁을 지지하였고, 칼빈의 『기독교 강요』를 애독한 후 칼빈과 서신을 교류할 정도로 친밀한 관계를 유지하였다. 그는 각 지역 및 전국적 조직에 평신도의 참여를 허용하는 장로정치 체제에 큰 매력을 느꼈다.

폴란드의 종교개혁은 존 아 라스코(John à Lasco)의 영향 때문이다. 그는 철저한 천주교도였지만, 루터교로 개종한 후 프로이센의 종교개혁에 앞장섰고, 프랑크푸르트와 엠덴 지방에서 피난민 목회를 하는 가운데 칼빈의 영향을 받아 칼빈주의자가 되었다. 그는 잠시 영국에 들렀다가 에드워드 6세 아래서 3년간 망명자들을 위한 교회를 맡아 목회하였다. 이 때 장로 제도를 교회에 소개하였는데, 이는 나중에 영국장로교회 운동의 효시가 되었다. 다시 폴란드로 돌아온 라스코는 칼빈주의적인 교회를 조직하려고 노력하였으나 성공하지는 못하였다.

칼빈의 개혁사상은 리투아니아에도 소개되었다. 칼빈은 리투아니아의 정치가요, 총리였던 니콜라스 라지윌(Nicholas Radziwill)에게 여러 차례 편지를 보내어 종교개혁을 받아들일 것을 촉구하였다. 칼빈은 천주교회가 적그리스도의 교회이며, 교황은 그 머리이므로 진정한 교회개혁은 이와 같은 적그리스도적인 체제로부터 해방될 때 가능하다고 주장했다. 칼빈의 설득으로 라지윌은 개혁주의를 리투아니아에 소개하는 역할을 하였다.

헝가리에서도 마자르 족을 중심으로 칼빈주의가 번성하였다. 맛디아스 비로(Mathias Biró)는 데브레센(Debrecen) 시를 헝가리의 제네바로 만들었다.

스페인에서는 종교재판소 때문에 칼빈주의만이 아니라 루터파도 뿌리를 내리지 못했다. 1537년 종교재판소는 에라스무스의 저서들을 금서로 공포하고, 그의 라틴어판 저서에서 문제되는 부분들을 삭제하고, 로마천주교회에 대해 비판적인 문서들은 불에 태울 것을 명하였다. 1558년에서 1560년 사이 수많은 이들이 화형에 처해졌다.

한편, 스페인 출신인 후안 발데스(Juan de Valdés, 1500~1541)와 쌍둥이 동생 알퐁스(Alfonso de Valdés, 1500~1530)는 종교개혁을 받아들여 이탈리아에서 종교개혁을 전개하였다. 인문주의자로 카알 5세의 비서였던 알퐁스는, 1527년 로마가 카알 5세에 의하여 함락되자, 세속권의 로마 교황청 봉쇄를 정당화하면서 교황정치체제를 비판하였다. 그는 1529년 출판한 『머큐리와 카론의 대화』(The Dialogue of Mercury and Caron)에서 그리스도의 속죄를 가정적 만족으로 설명하여 이단으로 정죄되었다. 알퐁스에 의하면, 그리스도의 희생은 하나님의 공의를 충족시키기 위함이 아니라 죄의 값을 지불하지 않으면 용서도 없으리라고 가정한 나머지 하나님께 감히 나올 엄두도 내지 못하는 인간들의 유치한 생각을 만족시켜 주기 위한 것이다. 따라서 하나님은 신적인 공의에 관한 인간들의 염려를 진정시키기 위해 당신의 아들을 속죄 제물로 보냈다. 이는 그리스도의 대속적인 죽음을 부인하는 사상으로, 결국 그는 이 일로 인하여 체포되어 처형되었다.

인문주의자이며 교육 철학자였던 후안 발데스는 1531년 이탈리아로 건너가서 2년간 교황 클레멘트 7세의 시종으로 일했고, 1533년에는 영구적으로 이탈리아에 귀화하여 나폴리에 정착했다. 그는 지식인들을 모아 성경을 가르칠 뿐만 아니라 히브리어와 헬라어 성경 일부를 스페인어로 번역하였고, 고린도전후서와 로마서 주석을 썼다. 발데스의 영향으로 1542년 피에트로 카네세치(Pietro Carnesecchi, 1508~1567)와 베르나르디노 오키노와 피터 마터 등이 개종하였다.

천주교의 프랜시스칸 수도원에 속한 카푸친 종단의 책임자였던 오키노(Bernardino Ochino, 1487~1564)는 프로테스탄트로 개종한 후 이신득의 교리를 설교하였다. 이신득의 신앙 때문에 종교재판소에 소환된 오키노는 제네바로 피신하여 자신이 복음적 신앙으로 개종하게 된 과정을 변증하는 6권의 책을 썼다. 1544년 아우구스부르크에 있던 이탈리아인 교회를 맡아 목회하던 중 카알 5세가 아우구스부르크를 점령하자, 스트라스부르를 거쳐 영국으로 피신하였다. 영국에서 『비극, 또는 로마 감독의 부당한 우월성에 대한 대화』(A Tragedy, or Dialogue of the Unjust Usurped Primacy of the Bishop of Rome, 1549)라는 책을 출판하였다. 그는 그리스도의 나라가 확장되는 것에 놀란 악마 루시퍼가 모든 마귀들을 모아 교황을 적그리스도로 즉위시킴으로 교회에 대항하게 하였고, 사탄과 적그리스도가 승리하려고 할 때 하나님이 헨리 8세와 에드워드 6세를 일으켜서 그들을 폐하였다고 썼다. 피의 메리가 영국의 여왕으로 즉위하여 프로테스탄트에 대한 박해를 시작하자, 오키노는 영국을 떠나 취리히로 가서 이탈리아로부터 피신해 온 성도들을 섬겼다. 그곳에서 쓴 『30개의 대화록』(Thirty Dialogues)에서 일부다처제를 옹호하고, 삼위일체에 관한 비정통적인 교리를 주장하다가 취리히에서 쫓겨나 모라비아 지방에서 마지막 삶을 마감했다.

발데스의 친구인 피터 마터(Peter Martyr Vermigli, 1500~1562)는 사보나롤라를 영적인 아버지처럼 흠모하였던 플로렌스 출신의 종교개혁자였다.

그는 피에솔에 소재한 아우구스티누스파 수도원과 파두아의 수도원에서 교육을 받았고, 브레스시아, 베니스, 로마 등지에서 설교하였다. 1530년 스폴레토에 소재한 아우구스티누스파 수도원장으로, 1533년에는 나폴리에 있는 수도원 부원장으로 임명되기도 하였다. 1538년부터 1541년 사이에는 로마에서 카푸친 종단의 수장 대리로 봉직했다.

당대 이탈리아의 유명한 설교자였던 피터 미터는 오키노와 발데스의 영향으로 성경 연구에 몰두하였고, 츠빙글리와 부처의 글을 읽었다. 교회 당국의 의혹을 받아 소환을 받자, 취리히와 바젤을 거쳐 스트라스부르로 피신하였고, 1547년 토머스 크랜머의 초청을 받아 영국으로 가서 옥스퍼드대학의 왕립 교수로 일하였다. 메리 여왕이 즉위하자, 오키노와 함께 취리히로 건너가 히브리어를 강의하다가 생애를 마쳤다.

종교개혁사상은 이탈리아의 베니스에도 전파되어 다수의 시민들이 루터와 츠빙글리 같은 개혁자들의 글을 접했다. 특히 이탈리아의 개혁자 베네데토 루치노(Benedetto Luchino)가 쓴 『십자가에 못 박히신 예수 그리스도의 은혜에 관한 가장 유용한 논문』(Most Useful Treatise on the Benefit of Jesus Christ Crucified)은 개혁교회의 신앙을 알리기 위해 주로 칼빈의 저작을 번역하여 편찬한 책으로 많은 이의 사랑을 받았다.

제12장
스코틀랜드의 종교개혁

스코틀랜드의 종교개혁을 논하기 전에 먼저 그 이전의 정치적 상황에 대해 살펴보자. 16세기 초반의 스코틀랜드는 봉건제도 아래 있어 왕권은 매우 약하였고, 영주들이 권력을 장악하고 있었다. 영토의 반이 교회의 소유였지만, 귀족들이 성직을 그들의 자녀에게 물려주었기 때문에 많은 교회 재산이 귀족의 수중에 있었다. 수도원은 일반적으로 쇠퇴 일로에 있었고, 무식하고 가난한 주교 대리들이 교회를 운영하였으므로 사회만이 아니라 교회에서도 변화가 요구되고 있었다.

스코틀랜드 사회는 매우 불안정했다. 그 요인 중 하나가 영국의 침입이었다. 영국과의 전쟁은 영국의 헨리 7세의 딸 마거릿 튜더(Margaret Tudor)가 스코틀랜드의 제임스 4세(James IV)와 결혼하면서 시작되어 16세기에 절정을 이루었다. 1513년 제임스 4세는 마거릿의 결혼지참금이 적다는 이유로 영국을 침입하였으나, 플로든(Flodden) 전투에서 패배하여 많은 귀족들과 함께 사망하였다. 그를 이어 생후 18개월밖에 안된 제임스 5세(James V)가 왕위에 오르자, 대주교 제임스 비튼(James Beaton)이 국사를 맡아 프랑스와의 관계를 강화함으로 영국과의 관계는 더욱 멀어졌다.

당시 스코틀랜드 귀족들은 영국과 프랑스의 양편으로 나뉘어져 있었다. 스코틀랜드의 명문가인 더글라스 가문(the Douglas)은 영국 편, 해밀턴 가문(the Hamilton)은 프랑스 편에 섰다. 세인트 앤드류스의 대주교 제임스 비튼(James Beaton, ?~1539)과 그의 조카인 추기경 데이비드 비튼(David Beaton, 1494~1546)은 프랑스를 지지하였다.

제임스 5세는 영국 왕 헨리 8세의 조카였지만, 영국의 침략을 두려워하여 프랑스와 동맹을 맺고 프랑수아 1세의 딸과 결혼하였다. 그 후 왕비가 사망하자, 프랑스 기즈 가문의 메리(Mary of Lorraine)와 결혼하는 등 반(反)영국 정책을 폈다. 양국의 적대감은 결국 전쟁으로 이어졌고, 1542년 제임스 5세가 솔웨이모스 전투에서 죽자, 태어난 지 5일밖에 안 된 그의 딸 메리(Mary of Stuart)가 왕위에 올랐다.

국제 정치적 역학 관계를 통하여 살펴 볼 때, 스코틀랜드의 교회개혁은 영국과 전 유럽 역사에 있어 중요한 의미를 가지고 있었다. 즉 스코틀랜드가 종교개혁을 받아들인다면 이미 종교개혁을 이룬 영국과의 화해를 의미하는 것이요, 반면에 로마가톨릭으로 남아 있게 된다면 프랑스와의 친선을 유지하지만 영국과는 적대적인 관계를 뜻하는 것이었다.

1. 개혁의 선구자들

스코틀랜드의 종교개혁은 선구자들의 헌신에서 비롯하였다. 1407년에는 영국의 위클리프파 신부였던 제임스 레스비(James Resby)가 퍼스(Perth)에서 복음을 전하다가 화형에 처하여졌고, 1433년에는 보헤미아 출신의 의사요 후스파 선교사인 폴 크라바르(Paul Crawar)가 성경을 가르치던 중 세인트 앤드류스에서 처형되었다.

16세기에 접어들어서 루터의 종교개혁 사상이 번져나가자, 1525년 스코틀랜드 의회는 종교개혁 사상을 "추하고 악한 교훈"이라고 비난하고, 종교개혁의 확산을 금하는 법을 제정하였다(Knox 1982, 4). 그럼에도 불구하고, 1526년부터는 조심스럽게 영국의 개혁자 윌리엄 틴데일(William Tyndale)의 종교개혁 사상이 소개되기 시작하였다.

패트릭 해밀턴 스코틀랜드의 종교개혁

스코틀랜드의 종교개혁은 "스코틀랜드 종교개혁의 계명성"이라고 불리는 패트릭 해밀턴(Patrick Hamilton, 1504~1528)에 의하여 본격적으로 시작되었다. 그는 왕손 계통의 귀족으로, 14살의 어린나이에 페른(Fern)의 수도원장이 되었다. 파리에 유학하여 루터의 종교개혁에 대하여 알게 되었고, 귀국한 후에 세인트 앤드류스 대학교에서 루터의 사상을 소개하였다. 1526년부터 루터의 종교개혁을 공개적으로 옹호하였고, 1527년에는 믿음으로 의롭게 된다는 이신득의 사상을 설교하여 교회 당국의 소환을 받았다.

패트릭 해밀턴은 소환을 피해 대륙으로 갔다. 비텐베르크에서 루터와 멜랑히톤을 만났으며, 종교개혁자들에 의하여 새로 세워진 대학을 살펴보기 위해 마르부르크를 방문하였다. 그곳에서 잠시 머무는 동안 프랑수아 랑베르(F. Lambert)와 교제하였고, 그의 유일한 저서로 "패트릭의 탄원"이라 불리는 『신학개론』(Loci Communes)을 저술하였다. 그는 복음적인 신앙에 고무되어 죽으면 죽으리라는 각오로 1527년 말경 다시 귀국하였다.

해밀턴은 귀국과 함께 공개토론을 벌이고 설교하는 등 종교개혁사상을 널리 보급하였다. 그의 토론 대상자는 알레시우스(A. Alesius)라는 천주교도였으나, 결국 그는 해밀턴에게 설득당해 종교개혁자로 돌아섰다. 해밀턴은 설교를 통하여 "성지 순례, 연옥, 성자에게 기도하는 것과 죽은 자를 위해 기도하는 것"을 비판하고, 순수한 초대교회 신앙으로의 환원을 주장하였다(Knox 1982, 5). 이 일로 1528년 교회 당국의 두 번째 출두명령을 받았고, 2월 28일 24살의 젊은 나이에 세인트 앤드류스대학교 정문 앞에서 "하나님의 진리를 증거한다는 이유로" 화형에 처하여졌다(Ibid., 6).

복음을 사랑했던 순교자 해밀턴의 죽음은 헛되지 않았다. 그를 태우던 연기는 세인트 앤드류스대학을 소위 '이단의 보금자리'로 만들었다. '순교자의 피는 교회의 씨앗'이라고 한 교부 터툴리안(Tertullian)의 말처럼, 패트릭의 순교 이후 지성인 사이에 그의 처형 이유를 밝히려는 움직임이 일어났고, 난폭한 주교에 대한 항의가 거세어졌다. "도미니칸 수도사와 탁발 수도사들이 공개적으로 주교의 교만과 나태한 생활, 교회 재산의 남용에 대하여 추궁하는 설교를 시작했고"(Ibid., 8), 점차로 사회 각층에서 주교의 탐욕에 대한 비난이 높아졌으며, 성경에 비추어 교회를 개혁하려는 시도들이 나타났다.

1534년 영국 왕 헨리 8세가 수장령을 선포함으로 교황청 편에 서있던 스코틀랜드와의 평화가 깨어지자, 많은 종교개혁자들이 박해를 두려워하여 영국과 대륙으로 피신하였다. 대주교 제임스 비튼은 데이비드 스트라턴(David Stratton)과 노만 굴레이(Norman Gourlay)와 같은 종교개혁자를 화형에 처하였다. 그럼에도 불구하고, 탁발 수도사 시튼(Alexander Seton)은 천주교의 부패한 교리를 비난하였고, 대륙을 나다니던 상인들과 선원들은 과감히 종교개혁을 소개하였다. 개혁자에 대한 박해는 계속되었고, 성화 손상과 개인적 예배를 금하는 법이 1540년에 통과되었다.

1542년 제임스 5세가 전사하자, 백작 에런(Earl of Arran)이 섭정하였다. 종교개혁에 대해 호의적이었던 섭정은 복음적인 설교를 허용하였고, 의회는 성경을 번역하고 자유롭게 읽을 수 있도록 허락하였다. 섭정의 지도 아래, 1543년 3월, 영국과 스코틀랜드의 동맹이 맺어졌고, 메리 여왕이 영국에 유학할 수 있게 되었으며, 메리와 에드워드 6세의 약혼이 추진되었다.

그러나 추기경 데이비드 비튼의 반대로 영국과의 동맹 관계가 깨어졌고, 메리와 에드워드의 결혼도 파혼으로 끝나게 되었다. 진노한 헨리 8세는 1544년 스코틀랜드를 침입하여 에든버러와 남부 스코틀랜드 도시들을 불태웠다. 영국의 침략으로 사회가 혼란해지고 추기경 비튼의 학정이 계속되자, 사회는 프랑스와 천주교회를 지지하는 무리와 영국과 종교개혁을 지지하는 이들로 양분화 되어 갈등이 더욱 심해졌다. 이러한 시기에 개혁의 횃불을 높이 든 인물이 바로 조지 위샤트이다.

조지 위샤트

조지 위샤트(George Wishart, 1513~1546)의 소년 시절에 대하여는 알려진 것이 거의 없다. 그는 1538년 몬트로즈(Montrose)에서 헬라어를 가르친 일로 교회 당국에 소환되었고, 1539년 영국으로 피신하였으나 동일한 이유로 정죄를 받아 스위스로 건너갔다. 그곳에서 츠빙글리와 하인리히 불링거(Heinrich Bullinger)의 영향을 받고, 스위스 신앙고백을 영어로 번역하였다. 그 후 영국으로 가서 케임브리지의 코르푸스 크리스티대학(Corpus Christi College)에서 연구했으며, 1544년 스코틀랜드로 돌아와 몬트로즈와 던디(Dundee)에서 종교개혁을 이끌었다. 생명의 위협을 무릅쓰고 스코틀랜드 지역을 순회하며 천주교회 당국의 교권 남용에 대하여 비판하였다. 이 일로 1546년 1월 체포되어 에든버러 감옥에 투옥되었고, 1546년 3월 1일 세인트 앤드류스에서 추기경 데이비드 비튼에 의하여 화형에 처하여졌다.

위샤트의 처형은 시민들의 봉기로 이어졌다. 시민들은 위샤트가 하나님의 말씀만을 전했음에도 범죄자처럼 살해되자 추기경에게 항의하였다. 시민들의 항거는 시간이 흐르면서 "귀족, 지주, 고위직에 있던 사람들 가운데로 확산되었다. 공공연하게 조지 선생의 피에 보복해야 한다거나, 생명에는 생명으로 갚자고 하는 맹세들이 행해졌다"(Knox 1982, 65). 1546년 5월 시민들이 추기경의 관저를 습격하고 추기경을 살해함으로 맹세가 실행으로 옮겨졌다. 이는 위샤트의 죽음에 대한 보복일 뿐만 아니라 비튼 가문의 친(親)프랑스 정책에 대한 반발이기도 하였다.

2. 낙스와 스코틀랜드 종교개혁

시위대들은 세인트 앤드류스 성을 점령하고, 동지들을 규합했다. 이들을 지도하면서 시민운동을 주도한 인물이 바로 존 낙스(John Knox, 1513?~1572)였다. 낙스는 1505년에서 1513년 사이에 에든버러에서 가까운 하딩톤(Haddington)에서 빈농의 아들로 태어나,[63] 글라스고우대학교에서 수학한 후 천주교회에서 신부 서품을 받았다. 1545년까지 고향에서 공중인 일과 롱니드리(Longnidry)의 더글라스 가문과 오미스턴(Ormiston)의 코크번(Cockburn) 가문의 가정교사로 일하던 중(Knox 1982, 57n), 순회 설교자 조지 위샤트를 만나 종교개혁사상을 받아들였다. 그 후 위샤트의 지지자가 되어 그가 설교할 때면 검을 들고 호위하곤 하였다.

---

63. 낙스가 태어난 하딩톤은 영국과 스코틀랜드의 국경에 위치하여 늘 전쟁이 빈번하였다. 낙스는 영국과의 관계 개선을 주장하였는데, 이는 그가 자라난 환경이 영국과 스코틀랜드의 전쟁터였기 때문이라고 볼 수 있다.

낙스의 초기 개혁운동

낙스는 위샤트가 순교한 뒤로 시민운동의 지도자가 되어 세인트 앤드류스 수비대를 조직하여 왕실과 교회 당국에 항거하는 등 스코틀랜드 종교개혁을 이끌었다. 세인트 앤드류스 성이 종교개혁자들의 손에 들어가자, 왕실과 교회 당국이 프랑스에 원병을 요청함으로 낙스와의 일전이 불가피하게 되었다. 수비대원은 세인트 앤드류스를 방어하면서 프랑스에 대항하였다. 1547년 7월 말경 프랑스 함대가 세인트 앤드류스를 점령하였고, 수비대원들은 모두 체포되었다. 낙스는 프랑스로 잡혀가 갤리(Galley)선에서 19개월 이상 노를 젓는 형벌을 감수하였다.

종교개혁자들이 프랑스의 포로가 되었다는 소식이 전해지자, 영국은 그들을 돕기 위해 1547년 스코틀랜드를 침입하였다. 그러나 핑키(Pinkie) 전투에서 섭정 에런에게 대패함으로 양국 관계는 더욱 악화되었다. 영국의 재침입을 막기 위해 프랑스의 힘을 이용할 수밖에 없었던 스코틀랜드는 1548년 프랑스와의 관계를 강화하기 위해 5살밖에 안된 메리를 프랑스로 보냈다.

스코틀랜드에 대한 프랑스인의 약탈도 만만치 않았다. 메리를 프랑스에 보낸 바로 그 해에 프랑스 군인들이 수많은 에든버러 사람을 학살하는 만행을 벌였다. 1549년 에든버러에서 열린 사제회의에서는 국가적 불행이 교회의 부패 때문임을 밝히고, 부패의 원인이 "교회 직원들의 부패와 더러운 음란과 무지에 있다"고 지적하여 자성하였다(Knox 1982 92). 그러나 종교개혁자들에 대한 박해는 계속되었다.

1549년 초반, 낙스 일행은 영국 왕 에드워드 6세의 도움으로 극적으로 석방되었고, 영국에 도착하여 따뜻한 환영을 받았다. 영국 추밀원(Privy Council)은 낙스의 인물 됨됨이와 개혁사상에 감화를 받아 대주교 토머스 크랜머(Thomas Cranmer)와 윌리엄 세실(William Cecil)의 동의를 얻은 후, 그를 스코틀랜드와 가까운 곳에 위치한 버위크(Berwick)의 설교자로 임명하였다.

낙스는 버위크에서 종교개혁을 이루었다. 성찬을 행할 때 성경에서 보여준 대로 참석자들로 하여금 성찬상에 둘러앉게 하였고, 상을 향하여 무릎을 꿇는 것을 금하였다. 예배의 개혁과 복음적인 설교로 인해 낙스의 이름이 널리 알려졌고, 1551년에는 에드워드의 궁정 설교자로 임명되었다. 영국 교회의 개혁에도 적극적으로 앞장서서 『제이 공동기도서』 작성 작업에 직접 참여하였다. 1552년 에드워드에 의해 영국의 4대 주교 교구 가운데 하나였던 로체스터(Rochester)의 주교에 임명되었으나, 주교직이 성경적이 아니라고 생각한 그는 왕의 호의에 정중하게 사양하였다.

프랑크푸르트 논쟁

1553년 에드워드가 사망하고, 메리(the Bloody Mary)가 왕위에 오르면서 개혁자들을 박해하자, 낙스는 1554년 영국을 떠나 프랑크푸르트(Frankfurt)로 향하였다. 그곳에서 영국 피난민들을 위한 교회를 세웠고, 보다 더 개혁된 예배를 드리고자 하였다. 그는 예배개혁을 주도하면서 청교도와 국교도의 중간적인 입장이라고 할 수 있는 타협 예전(compromise liturgy)을 도입하였다. 그러나 영국의 피난민 리처드 콕스(Richard Cox, 1500~1581)가 『공동 기도서』에 따라 예배할 것을 고집하며 낙스에 반대함으로 예배 논쟁이 일어났다.

콕스는 케임브리지의 킹스 대학(King's College)을 졸업한 영국 국교회의 지도자였다. 1548년 『성찬 규례』를 초안하였고, 1549년과 1552년 『공동기도서』 작성에 참여하였으며, 1547년에서 1552년 사이에는 옥스퍼드대학의 총장으로 봉직하였다. 그러나 메리의 등극과 함께 투옥되었고, 석방되자 프랑크푸르트로 피신하여 낙스와 함께 영국 피난민교회를 섬겼다. 보수적인 영국 국교도였던 그는 낙스의 예배개혁에 반대하였고, 영국에서처럼 『공동 기도서』에 따라 예배할 것을 주장하였다.

낙스는 성경이 명한 대로 예배할 것을 내세워, 성경에 금하지만 않았다면 얼마든지 인간의 고안품으로 예배할 수 있다는 콕스의 주장을 거부하였다. 예배는 성경에 기초하여 그리스도께서 정하신 대로 드려져야 한다는 낙스의 사상은 엘리자베스 여왕 때에 『공동 기도서』에 따라 예배하기를 거부하고 성경에 따라 보다 충실한 개혁을 주장하였던 청교도의 예배 원리가 되었다.

프랑크푸르트를 떠나 제네바에 도착한 낙스는 칼빈과 함께 일하였다. 그는 칼빈에 의하여 개혁된 제네바를 살펴보고, 제네바야말로 "사도 시대로부터 지금까지 있었던 것 가운데 가장 완전한 그리스도의 학교"라고 극찬하였다(McNeill 1979, 295). 칼빈의 도움으로 낙스는 제네바에서 영국 피난민들을 섬기면서 장로정치를 실현하였다. 곧 교회 직분을 목사, 장로, 집사로 나누고, 평등과 자율과 연합을 근간으로 한 장로정치를 시행하였다.

낙스가 대륙에 피신하여 있던 1554년 섭정 에런이 떠나고, 메리 여왕의 어머니인 기즈의 메리(Mary of Guise)가 스코틀랜드를 다스렸다. 기즈의 메리는 영국 여왕 메리가 개혁자들을 박해하자, 영국과 반대되는 정책을 취하려고 개혁자들에게 관용을 베풀었다. 이 때 영국에서 종교개혁을 이끌던 존 윌록(John Willock) 등 여러 명의 설교자들이 귀국했다.

스코틀랜드 귀족과 국민들은 프랑스의 지배를 받는 것을 영국에 복종하는 것만큼 싫어했다. 낙스가 스코틀랜드의 국민적 지도자가 된 것은 이러한 스코틀랜드인의 민족적 성향과 무관하지 않다.

낙스는 1555년 담대히 귀국하여 6개월간 전국을 순회하면서 종교개혁을 고무하고, 천주교회의 미사 제도와 그 오류를 지적하였다. 메리 여왕의 이복형제인 제임스 스튜어트 경(Lord James Stewart)을 비롯하여, 그렌케인 백작(Earl of Glencairn), 아가일 백작(Earl of Argyle), 레싱톤의 윌리엄 메이트랜드(William Maitland of Lethington) 등 스코틀랜드의 귀족들과 교제를 나누면서 종교개혁을 장려하였다. 그러나 여전히 종교개혁을 이룰 수 있는 분위기는 조성되지 않았다.

제네바에서의 낙스

낙스는 1556년 제네바에 돌아왔고, 영국 피난민 교회를 돌보았다. 이 때 스코틀랜드 교회 당국은 그의 허수아비를 만들어 불사르고, 이단으로 정죄하였다. 낙스의 동지들, 곧 스코틀랜드의 정치적 지도자들은 1557년 12월 "하나님의 위엄 앞에서 … 하나님의 말씀과 그의 회중을 위하여" 모든 권력, 재산, 생명을 바치겠다고 엄숙하게 선언하면서 낙스 편에 설 것을 다짐하는 『제일 스코틀랜드 언약』(The First Scottish Covenant)을 맺었다.

1558년 스코틀랜드의 메리 여왕이 프랑스의 프랑수아 2세와 결혼하려고 하자, 많은 귀족과 종교개혁자들은 반대하였다. 그들은 한 걸음 더 나아가, 섭정 기즈 가문의 메리에게 양심에 따라 하나님을 예배할 수 있는 자유를 달라고 청원하였다. 당국은 종교개혁자들의 소리에 침묵하고, 오히려 종교개혁을 주장하던 82세의 늙은 주교 월터 마일(Walter Myln)을 처형함으로 종교개혁자들에 대한 적대감을 나타냈다.

1558년 낙스는 기즈 가문의 메리와 귀족과 백성들에게 종교개혁을 촉구하는 편지를 보냈다. 그는 섭정 기즈의 메리에게 종교개혁에 앞장설 것을 권하고, 만일 뒷짐 지면 하나님이 심판하실 것이라고 경고하였다. 귀족들에게는, "귀족은 하부 통치 계층으로 우상 숭배를 방지할 책임이 있으며, 국왕의 뜻을 거스를지라도 진정한 기독교를 지원해야 할 사명이 있다"고 단언하였다. 백성에게는 백성도 정부에게 종교개혁과 올바른 설교자를 보내줄 것을 요청할 권리가 있고, 만일 정부가 진실한 설교자들을 세우지 않는다면 교인들은 불의한 성직자를 헌금으로 부양하는 것보다는 교회 나름대로 목회자를 세워서 섬기는 것도 합법적이라고 편지하였다. 상부의 권세에 복종해야 하지만 통치자가 불법을 행한다면 무장 반란도 가능하다는 내용도 썼다(Reid 1984, 188~189).[64]

첫 번째 나팔소리

낙스는 1558년 영국과 스코틀랜드에서 여성에 의하여 가해지는 종교적 탄압을 혐오하여, 이에 반대하는 『괴물 같은 여성 통치에 대한 첫 번째 나팔 소리』(First Blast of a Trumpet Against the Monstrous Regiment of Women)를 저술하였다. 그는 "자연의 빛에 확실히 비추어본 규칙과 법률들에 의하여, 하나님이 창조하신 만물이 질서에 의하여, 여인들을 향한 저주와 비하에 의하여, 하나님의 율법과 법규의 해석자인 성 바울의 가르침에 의하

---

64. 낙스의 시민불복종 사상은 크리스토퍼 굿맨(Christopher Goodman)의 사상과도 일맥상통한다. 굿맨은 1558년에 쓴 『어떻게 위에 있는 권세에 복종할 것인가?』(How Superior Powers Ought to be Obeyed)에서 다음과 같이 말했다: "이렇게 모든 인간에게 부여된 하나님의 율법과 법령을 지키려는 열정은 모든 사람 안에서 권장되어야 할 뿐만 아니라 그 율법과 법령을 통한 재판이 모든 유형의 사람들에게 예외 없이 시행되는 것을 모든 사람에게 보게 해야 한다. 그리고 만약 그것이 고위층이 찬성과 도움에 의해 시행되지 않는다면, 국민이 일어나서 모든 썩은 부분을 도려내는 것이 합법적이다. 사실 이것은 지배자와 공직자들만이 아니라 다른 형제들에게 부여된 의무인 것이다"(Bainton 1993, 216).

여, 하나님의 교회에서 가장 존경받아 온 저자들의 지혜에 의하여, 여인들의 지배는 자연에 어긋날 뿐만 아니라 하나님의 뜻과 율법에 역행하는 것임이 분명하다. 여인이 국가와 제국을 손에 넣고 지배한다거나, 국가, 영지, 지방, 도시의 통치자가 된다는 것은 하나님을 모욕하지 않고는 행해질 수 없는 행위이다"라고 지적하였다(Reid 1984, 186). 영국에서 '피의 메리'의 통치와 스코틀랜드에서 기즈의 메리의 지배를 비정상적인 것으로 간주하여 괴물 같은 것으로 비유하였고, 이러한 통치에 대한 백성의 각성을 촉구한 것이다. 그는 다음과 같이 주장했다: "(1) 단지 왕가에 태어났다는 것 때문에 왕이 그리스도인 백성을 다스릴 수 없으며, 하위 재판관들을 선거에 의해 뽑도록 하고 있는 하나님의 법처럼 왕의 경우도 선거에 의해 선출되어야 한다. (2) 일단 예수 그리스도를 주로 인정한 나라에서는 공개적인 우상 숭배자를 공직에 임명할 수 없다. (3) 하나님과 양심을 거스르면서 폭군들에게 복종하거나, 폭정을 계속 유지하고자 할 경우 서약을 지킬 필요가 없다. (4) 만약 국민이 모르고 우상 숭배자를 통치자로 선출하였다고 하더라도 나중에 사실이 드러나면, 백성은 그의 지위를 박탈하고 처벌할 수 있다"(Reid 1984, 190). 이와 같이 낙스는 왕권신수설에 대항하여 통치권의 제한, 탄핵의 정당성, 법치주의를 주장하였다.

1558년 11월 17일 영국의 메리(Mary of Tudor)가 죽자, 로마 교황청과 스코틀랜드 조정은 여왕 메리(Mary of Stuart)가 헨리 7세의 증손임을 들어 영국에서의 왕위 계승권을 주장하였다. 그러나 엘리자베스가 왕위에 오르게 되었고, 영국과 스코틀랜드의 관계는 더욱 악화되었다.

1559년 영국이 종교개혁자들에 대하여 관용정책을 펼치자, 당황한 스코틀랜드 당국은 예외적인 조치를 취하였다. 정부의 안정을 위해서는 개혁자들을 처단해야 했지만, 민심을 얻기 위해 종교적 관용을 선포한 것이다. 스코틀랜드 의회는 낙스에게 사절단을 파견하여 귀국을 요청하였다.

칼빈은 낙스에게 "하나님께서 공개적으로 반대하시거나 조국을 사랑하는 마음이 없지 않은 한" 이 부름에 응하라고 강권하였다.

"스코틀랜드를 주시든지 아니면"

낙스는 1559년 5월 2일 귀국하였다. 그는 당장 스코틀랜드에 팽배하던 미신과 우상 숭배, 그리고 폭정을 제거할 것을 설교하였다. 귀국할 때 "오 하나님! 나에게 스코틀랜드를 주시든지 아니면 죽음을 주십시오!"라고 기도한 대로, 그의 주요 관심은 오직 스코틀랜드를 하나님의 말씀이 다스리는 나라로 만드는데 있었다. 낙스는 퍼스(Perth)에서 설교 운동을 시작하여, 가는 곳마다 종교개혁의 필요성을 역설하였다.

1559년 기즈의 메리가 선포한 종교적 관용은 제한적인 자유만 허락한 것이었다. 주교의 동행 없이 설교하거나 성례를 시행할 수 없는 상황이었다. 윌록을 비롯한 종교개혁자들이 설교 운동을 전개하자, 섭정은 이들을 소환하여 반역죄로 정죄하고 파문하였다.

정부가 종교적 관용을 선언한 것과는 달리 종교개혁자들을 박해하자, 성난 군중은 3개의 수도원을 약탈하고 교회당을 파괴하였으며 스쿤(Scone)에 있던 왕궁을 불태웠다. 섭정이 종교개혁자들을 폭도로 선언하자, 프랑스의 지지를 받는 섭정과 영국의 지원 아래 있던 종교개혁자 사이에 내전이 시작되었다.

아가일의 백작 제임스 스튜어트 경, 레싱톤의 메이트랜드는 섭정에 대한 지지를 철회하고 종교개혁자 진영에 합류하였다. 결국 기즈의 메리는 10월 섭정에서 물러났다(Knox 1982, 173). 이에 힘을 얻은 낙스 일행은 설교 운동에 박차를 가했다. 그는 대주교 해밀턴의 반대에도 불구하고 설교 운동을 전개하여 수많은 지지자를 얻었다. 한편 여왕 메리의 남편 프랑수아 2세가 섭정을 돕기 위해 군대를 파견하자, 종교개혁자들의 입지가 아주 좁아졌지만 1560년 1월 엘리자베스 여왕이 배와 군대를 보내 스코틀랜드를 지원하였다.

종교개혁자들과 영국군은 천주교회의 중심지 리스(Leith)를 공격하여 함락시켰다. 1560년 6월 섭정이 사망하면서 프랑스의 지배도 막을 내리게 되었다. 1560년 7월 6일 에든버러 협정(Treaty of Edinburgh)이 스코틀랜드, 영국과 프랑스 사이에 이루어졌고, 영국군과 프랑스군이 스코틀랜드에서 퇴각하였다.

낙스와 스코틀랜드의 개혁

스코틀랜드는 종교개혁자들의 수중에 들어왔다. 낙스 일행은 7월 19일 세인트 자일스 교회당(St. Giles Church)에서 프랑스군 퇴각 감사예배를 드렸고, 8월에는 왕실의 반대에도 불구하고 의회를 소집하여 종교개혁에 박차를 가하였다. 의회는 천주교회의 모든 집회를 불법으로 간주하고, 프랑스와 외교 단절을 선언하였다. 교황의 관할권을 폐기하였고, 미사를 금하고 세 번 이상 이를 위반하면 사형에 처하도록 하였다. 또한 계급 구조적인 교회 제도의 악습과 오류를 비판하고, 교육 개혁과 빈민 구제를 결의하였으며, 권징서와 신앙고백서를 마련하기 위하여 낙스를 비롯하여 윌록(John Willock), 스포티스우드(John Spottiswood), 더글라스(John Douglas)와 로우(John Row) 등 6명의 존(John)으로 신조작성위원회를 구성하였다.

신조작성위원회는 4일 만에 『스코틀랜드 신앙고백서』(*The Scot Confession*)를 작성하였다. 25개 조항으로 구성된 신앙고백서는 의회의 승인을 얻어 스코틀랜드의 신앙고백으로 채택되었다. 종교개혁자들은 신앙고백서 서문에, "오랫동안 우리가 고백한 교리의 요약을 세상에 알리고 싶어 했고, 그것 때문에 불명예와 위험을 당하여" 왔지만, 이제 성경에 근거한 신조를 작성하게 되었다고 서술했다. 신앙고백서 작성자들은 신조 작성의 원칙으로, 하나님의 말씀에 일치하지 않는 것은 배척하고 성경에 근거한 것은 무엇이든지 채택할 것을 다짐했다.

신조는 모든 시대, 지역, 인종 중에 선택자로 구성된 하나의 참된 교회가 있음을 고백하면서, 그러한 교회를 불가견적이라고 선언하였다. 또한 개혁주의 규범에 따라 말씀의 참된 전파, 성례의 바른 시행, 정당한 권징의 실시라는 교회의 참된 표지를 채택하였다: "그리스도의 흠이 없는 신부와 지독한 음녀, 곧 거짓된 교회는 서로 구별된다. … 곧 참된 교회의 특징이 다음과 같다고 믿고, 고백하며, 공언하는 바이다. 첫째로 하나님 말씀의 참된 전파이다. 하나님께서 우리에게 자기 자신을 계시하신 것 가운데 선지자와 사도들의 글이 선포한 대로 전파하는 것이요, 둘째는 그리스도 예수께서 세우신 성례들을 바르게 시행하는 것이다. 그것은 우리 마음에 하나님의 말씀과 약속으로 인을 치시고 확증하시는 것과 관련이 있다. 마지막으로, 정당하게 집행된 교회의 권징인데, 이는 하나님의 말씀이 정하는 대로 시행함으로써 악이 억제되고 덕이 조성되는 것이다"(18장).

신앙고백서는 성경 해석과 교회론에서 칼빈의 가르침을 채택하였다. 성경은 교회의 권위가 아닌 성령의 조명 가운데 해석되어야 하고, 교회회의가 유용하지만 오류의 가능성이 있으므로 신뢰할만하지 못하며, 성경만이 무오하며 절대적 권위를 가진다고 진술하였다. 교회 의식 가운데 미신적인 것이 많으므로 성경적 근거가 없는 것들을 제거할 것을 주장하였고, 칼빈의 가르침대로 성찬을 영적 임재로 해석하였다.

낙스는 1561년 12월 5명의 목사와 36명의 장로와 함께 스코틀랜드장로교총회를 조직하였다. 스코틀랜드 역사상 최초의 장로교 총회가 시작된 것이다. 총회는 『제일 권징서』(*The First Book of Discipline*)를 채택하여 스코틀랜드 교회개혁의 지침서로 삼았다. 『제일 권징서』는 교인들의 도덕 문제를 다루면서 "죄 없는 사람들을 구원하고, 폭정을 억제하며, 억눌린 자를 옹호하고, 우리의 몸을 정결하고 거룩하게 보존하며, 진지하고 절제있게 생활하고, 언행에서 모든 사람에게 공평하게 대하며, 우리 이웃을 해하려는 죄성을 억누르기 위한 것"이 목적이었다.

『제일 권징서』는 장로교회 정부형태를 채택하였고, 교회 직원을 목사, 장로, 집사로 나누었으며, 장로와 집사는 일년에 한번씩 선거하도록 하였다. 목사의 자격은 학문적인 자질을 갖추고, 설교와 변증의 능력을 소유해야 했고, 목사와 장로회의 공개심사를 거친 후 회중의 선거에 의해 선별되는 등, 임직 과정을 거치도록 하였다. 만일 목사가 가르치는 일과 설교하는 일을 소홀히 할 때 시찰장과 노회가 치리하게 하였으며, 교회가 충분한 자격을 갖춘 목사를 구하지 못할 때는 임시적으로 낭독자가 기도문과 성경을 낭독함으로 예배를 인도할 수 있도록 하였다.

낙스는 프랑스개혁교회의 예를 따라 『제일 권징서』에 주교직을 변형한 10여명의 '감독자'(Superintendent)를 두도록 명시하였다. '감독자'는 총회의 관할 아래 있는 자로, 그의 주요 직무는 말씀을 전파하며 교인을 심방하는 일이었고, 직무에 태만할 경우 직위와 상관없이 해직 당하였다. '감독자' 제도는 낙스가 주교제도를 옹호하고 있다는 오해의 소지를 제공할 수 있지만, 낙스가 제안한 '감독자'와 주교의 역할이 판이하게 다름을 주지해야 한다. 주교직은 종신직이지만, '감독자'는 임시직으로 그 권세가 제한적이었고, 사명을 감당하지 못할 때는 물러나야 했기 때문이다.

낙스가 언제나 감독주의를 배척하였다는 점을 생각한다면 이러한 오해는 불식된다. 낙스는 에드워드 6세로부터 로체스터(Rochester) 주교직을 제안 받았을 때 주교직이 성경에 기초한 것이 아님을 내세워 거절하였으며, 그의 동료 존 더글라스(John Douglas)가 세인트 앤드류스의 주교직에 취임하려고 할 때 반대하는 등 반(反)감독정치 사상을 분명하게 표명하였다.

『제일 권징서』에서는 설교, 교리 공부, 성찬 참석의 자격, 기도, 가정교육에 대한 지침을 제공하였고, 기독교 교육을 위한 제안도 곁들였다. 모든 교회는 라틴어와 문법과 교리를 가르칠 교사를 두고, 마을마다 고등교육 기관을 세워 기독교 교육을 실시하도록 권장하였으며, 교구마다 교사를 배치하고, 시골의 경우에는 목사나 낭독자가 어린이를 교육하도록 하였다. 각 교구에는 단과대학을 둘 것과, 교회 재산은 목사의 생활비, 빈민 구제와 교육을 위하여 사용하도록 하였다. 제안대로 전국에 고등학교와 대학들이 세워짐으로 스코틀랜드는 종교개혁 이후의 유럽에서 가장 문맹률이 낮은 나라가 되었다.

1561년 스코틀랜드 귀족들이 에든버러에 모여, 메리 여왕의 남편 프랑수아 2세가 사망한 것을 확인한 후, 종교개혁을 논의하기 위해 제임스 스튜어트 경을 파리에 있던 메리에게로 보냈다. 스튜어트 경은 스코틀랜드의 상황을 여왕에게 보고하고, 귀국하여 종교개혁에 동참할 것을 권하였다. 메리는 종교개혁에 대하여 소극적인 입장을 표하였지만, 귀국하는 데는 동의하였다.

낙스와 메리의 대결

메리 여왕은 출국한 지 13년만인 1561년 8월 20일 귀국하였다. 귀국과 함께 홀리루드하우스(Holyroodhouse) 궁전에서 의회가 국법으로 금한 미사를 드림으로 스코틀랜드가 천주교 국가임을 천명하였다. 낙스는 여왕의 경솔함을 꾸짖고, '한번의 미사는 10,000명의 군대가 쳐들어오는 것보다도 더 두렵다' 고 설교함으로 여왕과의 전쟁을 선언하였다. 여왕은 낙스를 소환하여 법의 제정권과 집행권이 자신에게 있음을 주지시켰지만, 낙스는 입법권이 백성을 대표하는 의회에 있으며, "왕이라도 법을 지키지 않으면 저항을 받게 될 것"이라고 경고하였다. 백성과 군주를 묶어 놓는 것은 법이므로, 왕이 법을 다스리려고 할 것이 아니라 법이 왕을 다스리도록 해야 한다는 것이었다.

    1562년 메리 여왕이 종교개혁을 방해하고 교황정치를 회복하려고 하자, 낙스는 여왕의 정책을 비난하였다. 여왕에게 다시 소환 된 낙스는 모레이의 백작(제임스 스튜어트 경), 모톤의 백작과 여왕의 비서 렉싱턴 앞에서 메리와 제2차 면담을 가졌다. 메리가 일개 시민이 왕을 비난하는 것은 옳지 않다고 꾸짖자, 낙스는 예수께서도 세례 요한의 목을 벤 헤롯 왕을 여우라고 비난했음을 들어, 왕으로서의 처신을 바르게 하라고 맞섰다. 그는 이렇게 외쳤다: "하나님의 권세를 남용하는 이 세상의 군왕들이 최고의 심판자이신 그 분 앞에서 어떠한 심판을 받게 될까요? 왕 앞에 살인자, 박해자, 악한 자들이 대담하게 서며 가련한 하나님의 성도들이 추방되고 있다면, 악한 자들이 두려워 떨며 억압받는 순결한 성도들의 피신처가 되어야 할 하나님의 보좌가 사탄에 의해 장악되었다고 말할 수밖에 없습니다. 어떻게 이렇게 될 수 있습니까? 왕이 하나님의 법을 무시하고, 그 율례와 거룩한 법을 모르고, 하나님의 아주 복된 말씀을 읽는 것보다 노래하며 춤추는 것을 좋아하고 있기 때문입니다" (Knox 1982, 303~304). 낙스는 여왕의 경거망동을 책망하면서 교회의 개혁을 도모할 것을 촉구하였다.

    1563년 메리 여왕은 교황 피우스 4세(Pius IV)에게 스코틀랜드의 종교적 상황을 설명하고, 반동종교개혁의 가능성을 알리는 편지를 보냈다. 글라스고우의 대주교가 종교개혁자들을 억압하였고, 47명이 천주교회로 회복할 것을 결의하였다는 등, 구체적인 예를 들면서 아직도 스코틀랜드가 천주교로 복귀할 희망이 있음을 시사한 것이다.

메리는 1564년 스페인의 펠리페 2세의 아들 환 칼로스(Don Carlos)와 재혼하고자 하였다. 그들이 결혼한다면, 스코틀랜드는 천주교 국가로 환원될 것이 분명했으므로 낙스는 여왕의 결혼을 적극적으로 반대하였다. 그는 편지하면서, "여왕 폐하! 제가 공개적으로 외쳤던 사실 그대로 직고하지 않을 수 없습니다. 만일 귀족들이 폐하께서 불신자와 결혼하는데 동의한다면, 이는 그리스도를 부정하고, 진리를 버리며, 왕국의 자유를 배반하는 것이며, 폐하 자신을 위해서도 아무런 이익이 되지 않을 것입니다." 라고 외쳤다(Reid 1984, 286). 그 후 낙스는 스코틀랜드의 시민들에게 종교개혁에 적극적으로 동참할 것을 권하다가 메리에 의해 반역자로 정죄되었으나, 장로교 총회가 낙스를 적극적으로 지지함으로 메리의 위협은 줄어들었다.

낙스는 1564년 예배 개혁을 위한 조치를 취하였다. 『공동 예배 의식서』(The Book of Common Order)의 초안을 작성하였고, 찬송을 활성화하기 위해 전 시편을 4부로 곡조화하여 출판하였다. 특히 예배에서 설교의 중요성을 강조하여 설교 중심적인 종교개혁을 전개함으로, 낙스는 세인트 자일스에서 훌륭한 설교자로 인정받았다. 앤드류 멜빌은 열정적으로 설교하던 그의 모습을 다음과 같이 묘사했다: "그는 몸을 약간 구부정하게 한 채 설교를 시작했지만, 마지막에서는 어찌나 생동감과 힘이 넘쳤는지 마치 설교단을 산산조각으로 부수고, 그 속에서 날아오르려는 것처럼 보였다. 그가 다니엘서를 강의할 때, 나는 너무나 동요되어서 펜을 잡고 필기할 수 없었다"(Spitz 1983, 295).

메리는 환 칼로스와 결혼하려던 계획이 실패로 끝나자, 1565년 그녀의 사촌 헨리 스튜어트(Henry Stuart), 곧 단리 경(Lord Darnley)과 재혼하였다.

단리는 이전에 종교개혁을 지지하였으나 천주교도로 자처하였으므로, 가톨릭교도들에게 인기가 높았다. 두 사람의 결혼은 영국의 엘리자베스를 위협하였고, 스코틀랜드에서는 천주교도들을 응집시켰다. 충성스럽던 여왕의 신하 모레이 경은 두 사람의 결혼을 반대하다가 쫓겨났다. 여왕은 모레이 경에 동정적이던 귀족들에게 더 이상 종교개혁을 지지하지 말 것을 경고하였다.

단리는 질이 나쁜 사람으로, 그들의 결혼은 순탄하지 못했다. 이런 와중에 메리가 이탈리아인 음악가 데이비드 리치오(David Riccio)에 대해 호의를 베풀었다. 리치오는 여왕이 고용한 외교 비서로, 종교개혁을 지지하던 귀족들의 대적으로, 교황청에서 보낸 밀사라는 의혹을 받고 있었다. 리치오와 메리 사이가 심상치 않다는 소문이 나돌자, 남편 단리는 1566년 3월 질투심에 불타서 리치오를 청부살해하였다.

리치오가 살해된 후, 메리는 보즈웰의 백작(Earl of Bothwell)과 사랑에 빠졌다. 그는 거칠고 방탕하지만 용감하고 충성스러운 사람이었다. 보즈웰과 단리 경은 메리를 차지하기 위해 반목을 계속하던 중 단리가 천연두를 앓고 요양해야 되는 일이 생겼다. 단리는 1567년 2월 메리에 의해 조용한 시골집으로 옮겨졌고, 메리가 그와 함께 밤을 지냈다. 그 다음 날 이른 아침 단리가 거처한 집이 폭파되었고, 단리의 시체가 발견되었다. 사람들은 보즈웰을 의심하고 투옥했으나 메리는 그의 무죄를 선언하고 석방하였다. 그 후 보즈웰이 그의 아내와 이혼한 후 메리와 결혼하자, 귀족들은 메리의 도덕성에 더욱 의문을 제기하였다. 이들의 몰염치한 행동은 스코틀랜드 국민의 분노를 불러 일으켰으며, 영국과 대륙의 천주교인들의 동정심도 사라지게 만들었다. 종교개혁자들은 물론 천주교도도 그녀를 탄핵하였다. 메리는 폐위되었고, 그의 한 살 밖에 안 된 아들 제임스 6세(James VI)가 왕위에 올랐으며 모레이 경이 섭정으로 임명되었다. 낙스는 1567년 7월 제임스 6세의 대관식에 설교하였다.

메리의 몰락과 함께 종교개혁은 성공적으로 추진되었다. 1568년 5월 메리는 로크레븐에서 탈출하여 영국으로 피신하였다. 그곳에서 그는 천주교 운동을 전개했지만, 1587년 2월 엘리자베스의 살해를 음모했다는 죄로 정죄되어 런던 타워(London Tower)에서 처형되었다.

3. 앤드류 멜빌과 계약파

메리의 폐위 이후 스코틀랜드의 종교개혁은 활기를 더해 갔다. 그의 아들 제임스 6세(James VI)는 장로교도인 조지 뷰캐넌(George Buchanan) 밑에서 양육되었다. 1567년 의회는 1560년 낙스와 개혁자들에 의해 결정된 종교 정책을 재확인하였고, 감독주의의 상징인 주교 대신 목사를 임명하는 등 교회의 개혁을 주도하였다.

1572년 11월 24일 낙스가 사망하자, 스코틀랜드의 종교개혁은 다시 한 번 위기를 맞았다. 섭정을 맡고 있던 모톤 백작(Earl of Morton)은 낙스가 죽자, "여기 인간을 두려워하거나 어떤 자에게도 아첨하지 않은 사람이 누워있다"고 말할 정도로 그를 존경한 인물이었지만, 인간 낙스를 좋아하였지 그의 정치사상까지 지지한 것은 아니었다.

모톤 백작은 스코틀랜드 전역에 주교를 세움으로 감독정치를 부활시켰다. 통치자가 교회를 다스리는 데는, 지역 교회의 자율과 목사와 목사 사이의 평등을 주장하는 장로정치보다는 최고의 통치자에게 오직 복종만 존재하는 감독정치가 더 유용하다고 생각하였기 때문이다. 이러한 위기 상황에 처한 장로교회를 수호한 인물이 앤드류 멜빌이다.

멜빌의 개혁운동

낙스에 이어 스코틀랜드 교회를 개혁하고 신학적으로 발전시킨 앤드류 멜빌(Andrew Melville, 1545~1623)은 1545년 볼도비(Baldovie)에서 태어났다. 그는 세인트 앤드류스대학에서 공부한 후, 1564년 동양어를 공부하려고 파리로 갔고, 1566년에는 뿌아띠에에서 시민법을 공부하였다. 프랑스가 종교 문제로 내란 상태에 빠지자, 1569년 제네바로 가서 베자와 교제하였고, 그의 배려로 제네바 아카데미의 교수로 일하였다. 그는 아우구스부르크 은행가 푸거(Ulrich Fugger)의 도움으로 헬라어와 히브리어 사본들을 구해 연구하였고, 나중에는 제네바 아카데미의 시민법 과장이 되었다.

낙스가 죽은 후 스코틀랜드의 종교적 상황이 어렵게 되자, 멜빌은 1574년 귀국하였다. 이때 베자(Theodore Beza)는 스코틀랜드 교회의 지도자들에게 편지를 보내 "제네바 교회가 스코틀랜드에 보여 줄 가장 큰 사랑의 표시는 앤드류 멜빌이다"(Dennison 1986, 65)라고 소개했다. 멜빌은 귀국과 동시에 글라스고우대학 총장에 취임하였고, 칼빈의 제네바의 대학교육 제도를 스코틀랜드에 접목시켰다. 그는 대학에 신학, 언어, 과학, 철학 등의 강좌를 개설함으로 교육개혁을 성공적으로 이루어냈다.

멜빌은 교회행정에서 감독주의적인 요소를 제거함으로 종교개혁을 추진하고자 하였다. 이를 위하여 낙스가 작성한 『제일 권징서』를 1575년 개정하여 『제이 권징서』(The Second Book of Discipline)를 출판하였다. 『제이 권징서』는 세 가지 직분론, 곧 교회에는 성직자인 감독, 평신도의 대표인 장로, 그리고 집사가 있다는 감독주의를 배제하였다. 감독과 장로는 명칭만 다를 뿐 같은 직분으로, "감독, 목사, 그리고 목회자들은 동일한 용어"이며, 성경이 제시하는 참된 교회는 장로와 집사로 구성된 두 가지 직분에 근거한다는 이론을 전개하였다. 곧 장로의 범주에 치리 장로만이 아니라 목사와 교사를 포함시킴으로 교회 직분을 장로와 집사의 두 가지로 보았다. 목사는 "교인들의 적법한 선거와 동의"를 얻은 후 임직되고, 그의 중요한 업무는 교인의 신앙 상태를 돌보는 것이며, 교사 또는 박사는 교리적인 것을 다루는 것이 중요한 업무이고, 장로는 교인들을 살피며 감독하는 직분이라고 진술하였다. 집사의 직분은 구제와 병든 자를 돌보는 것을 주된 사역으로 보았다.

『권징서』에 의하면, 국가의 중요한 업무는 사회에서 악의 억제와 건전한 종교의 양육이다. 국가는 노회의 설립과 교구의 개혁을 증진하는 일을 하여 하나님이 주신 사명을 감당해야 한다. 지상 교회는 불완전하므로, 모든 지역 교회들은 서로 협력하여 그리스도의 장성한 분량에 이르러야 하는데, 이를 위해서는 교회 제도가 필요하다고 하였다. 『권징서』에서는 지역 교회의 당회, 지방 교회들로 구성된 노회, 그리고 노회의 대표로 구성된 총회를 두고, 다양한 국가들로 구성된 국제적인 교회 협의체가 있을 수 있다고 명시하였다. 『제이 권징서』는 1581년 스코틀랜드 장로교 총회에 의하여 채택되었고, 1592년 6월 의회에서 인준됨으로 스코틀랜드의 교회행정 지침서가 되었다.

멜빌은 1580년 세인트 앤드류스의 세인트 메리대학(St. Mary' College)의 학장에 취임하였고, 1582년 장로회 총회장에 피선되었다. 그는 툴칸 주교(Tulchan bishop)[65]들이 렌녹스 공작(Duke of Lennox)으로부터 세금 납부

---

65. 툴칸 주교는 1572년 리스 계약(Leith Covenant) 이후로 스코틀랜드 장로교회 안에 생겨난 명목상의 주교를 일컫는데, 그들은 총회에 참석할 수 있었으나 교회 일에 간여할 수 없었고, 평신도 귀족들이 영지에서 세금을 거둘 때, 그들을 도와주는 단순한 도구에 불과하였다.

의 조건으로 글라스고우의 교구를 맡자, 그 가운데 하나인 몽고메리(R. Montgomery)를 부패 혐의로 기소하였다. 이는 부패한 감독주의에 대한 도전이었다. 이 일로, 그는 제임스 6세와 불편한 관계를 가지게 되었고, 1584년 반역을 꾀한다는 죄목을 얻어 스코틀랜드를 떠나야 했다.

멜빌은 1585년 다시 귀국하여 교회개혁에 최선을 다하였다. 1587년 총회장으로 다시 선출되었고, 1590년 세인트 앤드류스대학교 총장에 취임하였다. 그는 교회와 세속정치 영역을 구분하여 군주가 교회 문제를 관장할 수 없도록 조처하였다. 그의 노력으로 제임스 6세와 스코틀랜드 의회는 1592년 장로교회 체제를 합법적인 것으로 수용하였다. 그러나 제임스 왕이 교회 일에 계속적으로 관여하자, 이를 비판하다가 1597년에 총장직에서 물러났다. 그의 막강한 영향력 때문에 정부가 축출하지 못했고, 당국은 1599년 그를 세인트 앤드류스대학의 신학과 과장으로 임명하였다. 제임스가 영국 왕이 되자, 멜빌은 교회 문제에 관한 왕의 개입을 다시 반대하다가 1606년 런던으로 소환되었다. 그는 영국국교회 예배를 비꼬는 투의 라틴어 시를 낭송한 일로 추밀원에 의하여 정죄되었다.

멜빌은 감독정치를 추구하는 제임스 1세에게 여러 번 경고하면서 장로정치의 실현을 호소하였지만, 왕권신수설 신봉자였던 제임스는 교회 일을 직접 주관하려고 하였다. 멜빌은 제임스의 옷자락을 잡으면서 다음과 같이 말하였다: "제가 전에 여러 번 말씀드린 대로 지금도 말씀드립니다. 스코틀랜드에는 두 개의 왕국이 있고, 두 명의 왕이 있습니다. 이 나라의 머리인 제임스 왕과 교회의 머리인 예수 그리스도입니다. 제임스 왕은 그의 백성이요, 그의 왕국에서 왕도, 주도, 머리도 아니며, 하나의 지체일 뿐입니다. 우리는 귀하를 왕으로 섬기며, 귀하에게 합당한 예우로 대할 것입니다. 그러나 귀하는 결코 교회의 머리가 아닙니다." 교회와 정부 사역의 구별을 주장하였던 것이다.

멜빌은 이 일로 정죄되어 1607년 런던 타워(London Tower)에 투옥되었다가 1611년에 석방되었다. 그 후 추방되어 프랑스의 세단(Sedan)으로 가서, 성경을 가르치다가 1622년 그곳에서 생을 마감했다. 교회개혁 때문에 많은 어려움을 겪었지만, 스코틀랜드 대학 교육과 교회개혁에 대한 그의 공로는 참으로 괄목 할만했다. 멜빌의 저서로는 성경 주제에 따라 쓴 라틴어 시(詩) 『카르멘 모시스』(Carmen Mosis, 1573), 『자유의지에 관한 논문』(Treatise on Free Will, 1597), 『로마서 주석』(A Commentary on the Romans, 1850) 등이 있다.

1612년 영국과 스코틀랜드의 통합 의회가 구성되면서 스코틀랜드는 영국의 종교정책에 영향을 받았다. 제임스 1세는 1621년 의회를 동원하여 스코틀랜드 장로교 총회를 협박하였고, 영국국교회 예배와 감독주의 정치사상을 받아들일 것을 강요했다. 곧 성찬을 받을 때 무릎을 꿇을 것, 주교에 의한 견신례의 시행, 사순절과 대강절 같은 교회 절기의 준수, 순교자의 생일이나 기일을 기념하는 축일의 성수, 사적인 성찬과 세례의 시행을 요구하였다. 스코틀랜드 안에는 종교적 불만이 비등하게 되었다. 이 점에 대해서는 14장에서 더 살펴보도록 하자.

제13장

영국의 종교개혁

　유럽 대부분의 나라에서는 성경을 통하여 각성한 사람들에 의하여 종교개혁이 시작되었지만 영국에서는 통치자의 결단에 의하여 일어났다. 스코틀랜드의 개혁이 귀족과 교회 지도자들을 중심으로 왕실에 대항하여 종교개혁을 전개하고 성경을 교회에 적용하려한 대중운동이었다면, 영국의 교회개혁은 왕이 교회의 보호자요 머리로서 군림하며 계급구조를 유지하려한 왕실 중심의 개혁운동이었다.
　영국의 종교개혁은 로마와 제네바의 중간 입장을 취한 중용적인 개혁(via media)이었다. 영국 교회는 교황청과 단교하고 칼빈의 신학을 수용하였지만, 여전히 천주교회의 방식을 그대로 유지하였다. 따라서 영국 교회의 종교개혁을 바로 이해하려면 먼저 왕들의 종교정책을 이해하고, 종교개혁을 추구하던 개혁자들과 현상 유지를 주장하던 국교회의 신학자들의 입장을 살펴보아야 할 것이다.

1. 헨리 8세의 개혁운동

영국의 종교개혁은 헨리 8세에 의하여 시작되었다. 헨리 8세는 헨리 7세(Henry VII, 1491~1547)의 아들이었다. 헨리 7세는 튜더 왕조(the Tudor)의 설립자로, 1485년 10월 왕위에 오른 후, 프랑스와 웨일스의 도움으로 요크(York)의 리처드 3세(Richard III)를 로스워스 전쟁(Rosworth battle)에서 물리쳐서 내란을 종식시켰고, 영국의 통일을 이루었다. 그는 정국 안정을 위하여 웨일스의 에드워드 4세의 장녀인 엘리자베스 공주와 결혼하는 등 전력을 기울였지만, 그의 생애 동안 모반과 반역의 사건이 끊이지 않았다.

헨리 8세, '신앙의 옹호자'

1509년 헨리 7세가 죽자, 헨리 8세(HenryVIII,1491~1547)가 왕위에 올랐다. 헨리 8세는 1503년에 교황 율리우스 2세(Julius II)의 주선으로 7살 연상이었던 캐더린(Catherine of Aragon)과 결혼하였다. 캐더린은 스페인에 속한 아라곤 왕국의 공주로, 헨리의 형 아서(Authur)의 아내였다. 영국교회 지도자들은 캐더린과 헨리의 결혼에 반대하였지만, 교황 율리우스 2세가 스페인의 영향력을 의식하여 두 사람의 결혼을 성사시켰다.

헨리 8세는 이기적이지만 행정 능력이 있는 임금이었다. 독서를 즐겼고, 스콜라 철학에 관심이 많았으며, 인문주의에 동조적이었다. 그는 임기 초기에 뛰어난 외교가였던 추기경 울지(Thomas Woolsey, 1474~1530)를 기용하여 정부와 교회 영역을 두루 다스렸다.

울지는 중산층 집안에서 태어나 옥스퍼드대학교에서 공부하고, 1498년 옥스퍼드의 막달린(Magdalen) 대학의 연구원이 되었고, 1502년에 캔터베리 대주교, 1511년 추밀원장, 1514년부터 수석 사제, 그리고 1515년에는 교황 레오 10세에 의하여 추기경에 올랐고, 1529년 몰락할 때까지 국정을 운영했다.

울지는 탐욕적이었고, 부도덕한 사람이었다. 대주교의 월급만이 아니라 대주교 관할 교구로부터 검은 돈을 받았고, 재산이 많았던 성 알반스 수도원의 수입을 사유화하였으며, 많은 수수료와 뇌물을 받아 부를 축적하였다. 또한 첩을 두어 여러 명의 자녀를 낳았고, 학생 신분이었던 어린 아들을 웰스 대성당의 주임 사제로 임명하는 등 사리사욕을 채우기 급급했다.

울지는 종교보다는 정치에 관심이 많은 인물이었다. 스페인의 페르디난트, 교황 율리우스 2세와 신성 동맹을 맺어 적대적이던 프랑스를 고립시켰으나, 1515년 프랑수아 1세가 즉위하자 프랑스와 국교를 정상화하였고, 1516년 독일에서 카알 5세가 등장하자 프랑스와 국교를 단절하는 등 원칙이 없는 외교정책을 폈다. 울지의 무원칙한 외교정책으로 카알 5세의 영향력이 커지자, 헨리는 동맹국들로부터 위협을 받았다. 수출 감소로 국가 재정이 고갈되었고, 하원이 재정지원 요청을 부결시킴으로 왕궁의 경제적인 상황이 매우 어렵게 되었다.

이때만 해도 헨리 8세는 철저한 교황청의 시녀였다. 1520년 루터가 『교회의 바벨론 포로』를 써서 천주교회의 화체설을 비판하자, 그는 『7성례에 관하여』(Assertoi septem sacramentorum)라는 책을 써서 레오 10세에게 헌정하였고, 교황청은 1521년 그에게 '신앙의 옹호자'라는 칭호를 주었다. 그는 영국을 강력한 천주교회 국가로 만들고자 하였지만, 1525년경부터 종교개혁 사상이 소개되기 시작하였고, 요하네스 부겐하겐(Johannes Bugenhagen)과 같은 독일의 지도층은 그에게 편지를 보내 종교개혁을 받아들일 것을 권면하였다.

교회의 부패와 인문주의 운동

영국교회는 성직 겸임, 공석목회, 성직 매매 등 부정과 부패로 만연해 있었다. 목회자들은 무지하여 성경을 가르치거나 설교할 수 없었다. 16세기 중반 복장 논쟁을 일으켰던 존 후퍼(John Hooper)의 보고는 당시 사제들의 무지함을 잘 보여준다. 글로스터(Gloucester) 교구에 살았던 "사제 311명 가운데 168명이 십계명을 암송할 줄 몰랐고, 31명은 십계명을 어디서 찾아야 하는지 알지 못하였다. 40명은 주기도문이 성경 어디에 있는지 몰랐고, 그 가운데 31명은 주기도문의 저자를 몰랐으며, 10명은 아예 암송하지 못하였다"(Knappen 1970, 100). 무지한 사제들은 교회법을 지키지 않았고, 경건에도 힘쓰지 않았다. 그들의 생활은 평신도보다 나은 점이 없었고, 오히려 더 악하고 세속적이었다. 정부가 사제들에게 세금을 부과하고 수도원 재산을 처리하기 위해 사법권을 행사하자, 반(反)사제적이던 백성들은 정부의 정책을 지지했다. 이는 역설적으로 영국 종교개혁의 풍토를 마련하였다.

교회의 부정과 부패, 사제들의 무지는 인문주의자들의 공격의 표적이었다. 영국에서 인문주의 운동은 15세기 후반부터 고위 성직자와 귀족, 유력한 법조계 인물들을 중심으로 일어났으며, 대표적인 인물이 존 콜렛(John Colet 1467~1519)과 토머스 모어(Thomas More)였다.

콜렛은 1496년 바울서신을 강해하면서 성경대로 생활하여 경건을 이루자는 실천적 경건을 주장했고, 1512년에는 사제들의 세속적이고 세상적인 생활을 비난하면서 개혁 프로그램을 제시하였다. 인문주의는 에라스무스에 의해 더욱 강화되었다. 그는 1499년과 1506년 영국을 방문하여 지성인들에게 영향력을 미쳤고, 1511년부터 1514년 사이에는 케임브리지대학교에서 강의하였으며 콜렛의 실천적 경건운동을 후원했다. 인문주의 운동은 로체스터의 주교 존 피셔(John Fisher)와 재상이었던 토머스 모어 경을 통해 더욱 확산되었다.

토머스 빌니

인문주의 운동과 함께 1520년대에 이르러 제1세대의 종교개혁자들이 배출되었다. 이들은 로버트 반스(Robert Barnes), 토머스 빌니(Thomas Bilney), 휴 라티머(Hugh Latimer), 마일스 코버데일(Miles Coverdale), 존 프리스(John Frith), 토머스 크랜머(Thomas Cranmer), 니콜라스 리들리(Nicholas Ridly), 매튜 파커(Matthew Parker), 그리고 윌리엄 틴데일(William Tyndale) 등으로 주로 케임브리지대학교 출신들이었다.

그 가운데 주목할 만한 이가 토머스 빌니(1495~1531)이다. 그는 케임브리지대학의 교수로, 1519년에 에라스무스의 헬라어 신약성경을 연구하다가 종교개혁자로 변신한 후 케임브리지의 화이트호스 인(White Horse Inn)에서 성경을 강해하여 많은 젊은이들을 신앙으로 이끌었다. 특히 완고하게 종교개혁을 반대하던 휴 라티머를 개종시켰고, 나중에 캔터베리의 대주교가 된 매튜 파커에게도 큰 영향을 주었다. 빌니에 의해 복음적인 신앙으로 돌아온 라티머는 리들리(Nicholas Ridley, 1502~1555)를, 리들리는 크랜머를 개종시켰다. 1527년 빌니는 이단 사상을 전한다는 이유로 정죄되자, 종교개혁사상을 포기하겠다고 선언함으로 죽음을 면했다. 그러나 수년 후 롤러드(Lollard) 사상을 전한다는 죄목으로 체포되어 1531년 8월 19일 노르위치에서 화형에 처해졌다.

윌리엄 틴데일

영국 종교개혁의 기틀을 마련한 인물로 성경 번역자인 윌리엄 틴데일

(1490~1536)이 있다. 그는 1490년 글로스터에서 태어나, 1510년 옥스퍼드대학교의 막달린 홀에 입학하여 1515년 문학 석사학위를 받은 후 성경을 연구하려고 1519년 케임브리지로 옮겼다. 토머스 빌니를 통해 성경의 진수를 깨닫고 로마천주교회의 오류를 발견한 틴데일은 성경의 가르침을 따라 영국을 개혁하고자 하였다. 그는 성경을 "하나님의 말씀, 가장 진기한 보석, 지상에 남아 있는 가장 거룩한 유물"이며, 신앙의 안내자요, 지침서라고 주장하였고, "성경은 우리를 하나님께로 인도한다. 하나님에게서 나와서 그리스도에게로 흘러가며, 그리스도에게 이르도록 해준다. 그러므로 귀하는 인생의 목표요, 안식처인 그리스도께로 인도될 때까지 성경 한 구절 한 구절의 가르침에 따라 살도록 하라"고 외쳤다 (Hughes 1965, 9).

틴데일은 성경 지식을 보급함으로 종교개혁이 가능하다고 믿고, 성경을 영어로 번역하고자 하였다. 1522년 런던 주교를 찾아가서 성경 번역의 도움을 요청하였지만, 주교는 청원을 받아들이지 않았다. 당시 영어로 번역된 성경은 부정확한 필사본인 『위클리프 역』(Wycliffe Bible) 뿐이었으므로 틴데일은 더 많은 성경 사본을 구하기 위하여 대륙으로 건너갔다. 1524년 루터를 만났고, 에라스무스의 헬라어성경과 루터의 독일어성경을 구하여 1525년 신약의 영역 작업을 마쳤다. 같은 해, 쾰른에서 성경을 출판하려고 하였지만 행정 관료의 방해로 무산되고, 천신만고 끝에 보름스에서 신약성경을 펴냈다. 성경 번역작업을 계속하여 1530년 앤트워프에서 모세 오경을 출판하였다.[66] 틴데일은 앤트워프에서 신약성경 번역 수정 작업을 하면서 다수의 저서를 저술했다. 1526년 『로마서 서론』(A Prologue on … Romans)을, 1528년 『악한 맘몬의 비유』(Parable of Wicked Mammon)와 『그리스도인의 순종』(The Obedience of a Christian Men) 등을 출판했다. 『악한 맘몬의 비유』는 루터의 종교개혁사상을 소개한 것으로, 이신득의 교리를 주장하면서 천주교회의 공로 사상과 재정적 타락을 비판했다. 『그리스도인의 순종』은 그리스도인이 하나님께 충성해야하는 것처럼 정부에도 복종해야 하며, 종교생활에서 성경의 절대적인 권위를 인정하고, 성찬을 기념으로 설명하였다.

1526년 틴데일의 번역 성경이 도착하자, 런던의 상인들과 위클리프의 추종자들, 곧 롤러드(Lollards)의 환영을 받았다. 그러나 캔터베리 대주교 위램(W. Warham), 교황주의자였던 존 피셔(John Fisher)와 토머스 모어(Thomas More)는 성경 보급을 혐오했고, 이를 방해하기 위해 종교개혁자에 대한 박해를 결의했다. 수상이었던 토머스 모어는 틴데일을 "모든 이단의 우두머리"라고 정죄하였고, 그의 저서들과 성경을 거두어 성 바울 교회당 앞에서 불태웠다.

틴데일은 현상 수배되었다가 결국 앤트워프에서 체포되어 1536년 10월 6일 브뤼셀에서 화형에 처하여졌다. 그는 화형에 앞서 "주님이여, 영국 왕의 눈을 뜨게 하소서"라고 기도하였고, 그의 기도는 에드워드 왕 때에 드디어 이루어졌다.

틴데일의 순교 후 영국의 종교개혁은 그의 신실한 제자였던 사이먼 피쉬(Simon Fish)에 의하여 계속되었다. 그는 1529년 헨리 8세에게 편지하면서 민족주의를 도구로 교회개혁을 호소하였다. 곧 영국 교회는 원래 성경적인 전통에 서 있었지만, 7세기 초반 선교사 아우구스티누스가 영국에 천주교회를 소개한 후로부터 "사탄의 권세와 간교"로 적그리스도적인

---

66. 틴데일은 화형에 처하여졌지만, 그의 성경은 영국 종교개혁의 기초가 되었다. 헨리 8세가 영어 성경을 각 교회에 비치하도록 하였을 때 영역 작업을 벌인 사람이 마일스 코버데일이다. 그는 틴데일의 번역본을 근거로 하여 영역하였고, 나중에 코버데일의 성경은 King James Version의 기초가 되었다. KJV의 287절을 추출하여 틴데일 역과 비교해 본 결과, 242절이 동일하였다(Bainton 1993, 190).

교회로 부패하게 되었고, 그 후 "주교, 수도원장, 수도원의 부원장, 집사, 주교, 부주교, 사제, 수사, 수녀, 면죄부 판매사, 설교가 등" 양의 옷을 입은 굶주린 늑대들이 나타나 영국 영토의 3분의 1을 지배하게 되었다. 로마천주교회는 백성들에게 곡물, 목초, 잔디, 가축과 노임의 10분의 1을 바칠 것을 부당하게 요구하며, 그 요구에 응하지 않으면 이단으로 정죄하는 등 엄청난 죄악을 범하고 있으므로, 영국이 영적으로나 물질적으로 부강한 나라가 되려면 먼저 불의한 집단을 영국에서 축출해야 한다고 역설하였다(Furnivall 1871, 1~15).

헨리 8세와 교황청과의 결별

헨리 8세는 유능한 정치를 도모하여 경제적·사회적 안정을 이루었지만, 통치 중반기부터는 후계자 문제로 교회와 갈등을 겪었다. 당시 국제적인 상황이 막강한 지도력을 갖춘 통치자를 요구했지만, 그에게는 계승할 남아가 없었기 때문이다. 그는 캐더린과의 사이에서 6명의 자녀를 낳았으나 메리를 제외하고는 사산하거나 유아기에 죽었다. 캐더린이 여자의 구실을 할 수 없게 되자, 헨리는 그녀와 이혼하고 새 왕비를 통해 건장한 남자 아이를 얻어서 왕실을 상속시키고자 하였다.

헨리는 1527년부터 교황청에 이혼을 청하였다. 그의 결혼이 레위기 20장 21절을 위반한 것이며, 그들 사이에 왕위를 계승할 수 있는 왕자가 없다는 것은 부당한 결합에 대한 하나님의 심판이라고 주장하였다. 그러나 교황 클레멘트 7세(Clement VII)는 이혼을 허락할 수 없었다. 그의 결혼이 잘못했다고 선언할 경우 전임자의 오류를 인정하게 되므로 교황의 권위를 실추시킬 수 있었고, 이혼을 허락함으로 로마를 위협하고 있던 캐더린의 조카요 신성로마제국의 황제인 카알 5세의 진노를 불러일으킬 수 있기 때문이었다.

　이혼소송이 기각되자, 헨리는 교황청과 단교하는 길을 택하였다. 그는 1530년 11월 추기경 울지를 면직하고, 인문주의자들의 지지를 받고 있던 토머스 모어를 대장상에 임명했다. 영국의 독립을 위해 불가피하게 내린 조치였지만 모어가 종교개혁자들을 색출하고 토머스 빌니와 존 프리스를 화형에 처하는 등 친(親)로마정책을 펴자, 헨리의 입장은 난처하게 되었다.

　헨리 8세는 궁지로부터 벗어나기 위해 반(反)로마 정책을 강화하였다. 사제들이 면죄의 대가로 거금을 착취하고, 교황을 황제보다 높이는 등 반역을 일삼는 현상을 지적하고, 1531년 요크와 캔터베리 대주교회의를 열어 자신이 "영국 교회와 성직자들의 유일한 보호자요 머리"라고 선언하였다. 하원은 주교회의의 결정을 받아들여 1532년 5월에 왕이 교회를 다스릴 수 있다고 결의하였고, 대주교회의는 왕의 허락 없이는 새로운 교회법을 만들 수 없다고 선언하였다. 헨리의 입장이 강화되자, 천주교도였던 모어가 대장상 직을 사임하였다.

　헨리 8세는 1532년 토머스 크랜머를 캔터베리 대주교에 임명하고, 1533년에는 토머스 크롬웰(Thomas Cromwell)의 통솔 아래 로마에 상소하는 것을 금하였고, 교황에게 상납해 온 성직자의 임직세를 보내지 못하게 하는 등 개혁정책을 폈으며, 교황에게 파문당한 성직자도 성례를 집전할 수 있게 하였다. 이처럼 로마와의 결별을 차근히 준비해 나갔던 셈이었다.

　헨리 8세는 1534년 11월 의회를 설득하여, 왕이 "영국교회의 유일한 최고의 머리"이고, 이단과 악습을 교정할 수 있는 권세를 가진다고 선언하는 '수장령'(Act of Supremacy)을 통과시켰다. 교황의 지배권을 부인하고 자신이 교회의 머리됨을 선언하였으며, 교황권을 주장하는 자를 반역자로 처벌하였다. 1535년 6월과 7월, 교황권을 옹호하던 토머스 모어와 로체스터의 주교 존 피셔(John Fisher)를 참수형에 처했다. 헨리 8세는 세속권만이 아니라 교회도 장악하게 되었다.

토머스 크롬웰

헨리 8세의 개혁은 토머스 크롬웰의 헌신적인 지원을 통하여 이루어졌다. 크롬웰은 헨리 8세의 집권 후기에 헨리의 수족처럼 종교개혁을 지원한 인물로, 다양한 이력을 가진 사람이었다. 군인, 은행가, 상인으로 일하다가 울지의 눈에 들어, 1531년 추밀원의 회원, 1534년에는 헨리 8세의 수석비서, 1535년에는 왕의 섭정 보좌역과 총주교 대리가 되었고, 헨리 8세의 왕권 강화를 위해 충성하였다.

크롬웰은 영국이 당면하고 있는 정치·경제적 어려움이 유언, 결혼, 이혼, 십일조, 성찬 등에 대해 로마에 항소함으로 생겨난다고 보았다. 로마에 항소하는 것은 통치자와 백성을 불안, 초조, 곤혹스럽게 할 뿐만 아니라, 교회 문제를 해결할 때 신속하고 정당한 판결을 내리지 못하게 한다고 지적하였다. 로마가 지역적으로 상당히 멀리 떨어져 있어 죄증의 수집이나 상황 파악을 할 수 없고, 또 증언을 검증하기 어렵기 때문에 로마에 항소하는 것은 교회를 혼란 가운데로 몰아간다고 주장하였다.

크롬웰은 왕권과 함께 의회를 중시하였다. 하나님의 권세 바로 다음에 왕권이 있다고 주장하여 교황권을 경시했으며, 의회를 통해서 국정을 이루고자 하였다. 그의 노력으로 영국은 의회 중심의 나라가 되었다. 그는 루터파 신학을 수용하여 정부가 교회를 다스리게 하였고, 1535년 교회 재산을 왕에게 헌납하기 위해 수도원의 실태를 파악하여 그 부패상을 의회에 보고하였다.

의회는 1년 수입이 200파운드 미만이 되는 모든 수도원들을 폐쇄하고, 그 재산을 왕실에 영원히 헌납할 것을 결의했다. 당시 해체된 수도원은 300여개에 이르렀고, 1536년과 1540년 사이 800개의 수도원이 자발적으로 해체했으며, 약 9,000명의 수도사들이 수도원을 떠났다. 수도원 재산의 대부분이 왕에게 귀속되었고, 나머지는 전직 수사와 수녀들을 위한 연금이나 결혼지참금으로 지불되었으며, 일부는 대학 교육 기금으로 맡겨져 옥스퍼드와 케임브리지에 몇 개의 대학들이 설립되거나 정비되었다. 왕은 연간 10만 파운드 이상의 수입을 얻게 되었다.

크롬웰은 성경번역과 보급운동을 후원했다. 1535년 카버데일이 취리히에서 성경을 영어로 번역하여 출판하고, 1537년 존 로저스(John Rogers)가 토머스 매튜(Thomas Matthew)라는 가명으로 '매튜 성경'(Matthew Bible)을 출판하자, 헨리 8세에게 요청하여 그것들을 국내에서 판매하게 하였다. 1538년 평신도들이 성경을 읽을 수 있게 하고, 영어성경을 교회당에 비치하라고 주교들에게 편지하였으며, 1540년 4월에는 커버데일의 대작인 소위 '대 성경'(Great Bible)의 출판에 지원을 아끼지 않았다.

헨리의 수장령 선언과 크롬웰의 개혁은 급진적이라서 교황청과의 적대적인 관계를 초래할 여지가 있었다. 곧 교황청의 지지 세력인 스페인과 프랑스의 공격을 두려워하였다. 그래서 헨리 8세는 종교개혁이 진행중인 독일과의 관계를 강화하고, 천주교도들에게는 영국이 천주교 신앙을 아주 버리지 않았음을 밝히고자 하였다. 그는 1636년 사절단을 비텐베르크에 보내어 루터파 지도자들과 교리 토론을 벌이고, 영국이 독일과 같은 신앙을 고백함을 보여주기 위해 '10개 신조'를 작성하였다. 그 내용은 다음과 같다: (1) 신자의 신앙생활에서 권위 있는 기준은 성경, 3개의 초대 교회 신조, 그리고 최초의 4개 교회회의의 결정이다. (2) 성례는 세례, 참회, 성찬 등 세 가지다. (3) 그리스도에 대한 믿음으로만 의로워지나, 고백과 사면, 자선 행위도 필요하다. (4) 그리스도는 성찬에 육체적으로 임하신다. (5) 성상은 존중되어야 하지만 예배의 대상은 아니다. (6) 성자들에게 기도할 수는 있으나 "주님보다 먼저 듣기 때문"은 아니다. (7) 죽은 자를 위한 미사는 바람직하나, 로마 주교가 연옥으로부터 영혼을 구출한다는 생각은 옳지 않다. 이러한 노력을 통해, 헨리 8세는 독일의 지원을 얻을 수 있었다.

헨리 8세는 교황청의 적대감을 무마하기 위해 1539년 6월 천주교회의 냄새가 물씬 나는 『6개 신조』(Six Articles)를 공포하였다. 그 내용은 (1) "주 예수 그리스도의 피와 살이 떡과 포도주의 형태로 임하신다; (2) 성찬을 받을 때 "떡의 형태를 취하는 몸속에 있는 것이 피이므로" 교인들이 반드시 포도주를 마실 필요가 없다; (3) 성직자는 독신으로 살아야 한다; (4) 사제는 청빈 서약을 엄격히 지켜야 한다; (5) 개인적으로 미사를 드릴 수 있다; (6) 비밀 고해성사를 유지해야 한다는 것 등이다. 이 신조를 부정하는 자는 화형에 처함이 합당하다고 선언하였다. 헨리는 이처럼 영국이 로마와 비텐베르크의 중간에 서 있음을 밝힘으로 천주교 세력으로부터 소외당하지 않으려고 권모술수를 썼다.

헨리 8세는 앤이 엘리자베스(Elizabeth)를 낳자, '계승령'(Act of Succession)을 내려 그녀의 왕위 계승권을 확정하였다. 그러나 남아를 얻으려는 욕심이 사라진 것은 아니었다. 앤에 대한 사랑이 식자, 1536년 5월 18일 앤을 간통죄로 몰아 처형하였고, 그 달 30일 제인 세이모어(Jane Seymour)와 세 번째로 결혼하였다. 세이모어가 1537년 10월 에드워드(Edward VI)를 낳고 12일 만에 죽자, 1540년 1월 크롬웰의 주선으로 독일 작센의 선제후 요한 프리드리히의 처형인 클레브스의 앤(Anne of Cleves)과 결혼하였다. 이는 독일의 정치적인 지원을 받기 위해 크롬웰이 주선한 것이었다. 클레브스의 앤은 미모도 매력도 없는 여인으로, 헨리는 크게 실망하고 이혼을 요구하였다. 크롬웰이 이혼 처리에 늦장을 부리자, 이단과 반역을 꾀한다는 혐의로 구속하고 1540년 7월 처형하였다.

헨리는 8월 캐더린 하워드(Catherine Howard)와 다시 결혼하였다. 그러나 새 왕비가 간통죄를 범하자, 1542년 그 여인마저도 사형에 처하였다. 1543년 6월 캐더린 파(Catherine Parr)와 결혼하였으나 자녀를 두지 못하였다. 1547년 1월 28일 헨리 8세가 죽고, 그의 아들 에드워드 6세가 그를 승계하였다.

2. 에드워드 6세의 개혁운동

헨리의 사망과 함께 개혁 세력이 국정을 장악하였다. 9세의 어린 왕인 에드워드 6세(Edwards VI, 1547~1553)를 대신하여 크랜머의 친구이며 종교개혁의 지지자였던 섭정 에드워드 세이모어(Edward Seymour)가 다스렸다. 그는 대비 캐더린 파의 지지를 받아 종교개혁을 이끌고, 추밀원과 궁정을 종교개혁자로 채워서 개혁의 기틀을 마련했다.

세이모어의 집권이 가능했던 것은 왕비 캐더린 하워드의 굴욕적인 죽음과 함께 천주교회의 마지막 정치적 보루였던 하워드 가문이 몰락했기 때문이다. 에드워드는 1547년 1월 서레이(Surrey)의 백작 헨리 하워드를 반역죄로 참수하고, 1548년 6월 주교 가드너를 투옥한 후 1551년 그의 주교직을 박탈하였다. 에드워드 왕은 세이모어를 서머셋(Somerset) 공작에 임명하고, 호민관(Protector)이라고 칭하였다.

세이모어의 집권으로 복음적인 설교자와 출판인들이 널리 활동하게 되었다. 부처, 츠빙글리, 불링거와 칼빈과 같은 독일 남부와 스위스의 종교개혁자들의 글들이 소개되었고, 칼빈의 영향력이 점점 강해졌다. 칼빈은 영국 교회에 대해 특별한 관심을 보였다. 1548년 6월 『디모데전서 주석』을 써서 서머셋 공작에게 헌정하였고, 10월에는 서머셋에게 설교, 예배, 권징에서의 철저한 개혁을 촉구하는 편지를 보냈다. 칼빈의 특사 니꼴라 데 갈라(Nicolas des Gallars)의 보고에 의하면, 칼빈의 편지에 대해 서머셋 공작과 에드워드 왕은 아주 우호적이었다. 1550년 칼빈의 『요리문답』이 런던에서 영어로 출판되었고, 1552년 3월 크랜머와 영국 교회 지도자들은 성찬에 대한 합의문 작성을 하기 전에 칼빈의 도움을 구하였다(McNeill, 1990, 355).

토머스 크랜머

이 같은 개혁운동의 중심에는 토머스 크랜머(Thomas Cranmer, 1489~1556)가 있었다. 그는 케임브리지의 예수대학에서 수학하고, 1523년 사제 안수를 받았다. 1529년 헨리와 캐더린의 이혼 문제를 해결하기 위해 로마에 갔으며, 1532년 뉘른베르크에서 종교개혁자 오시안더(Andreas Osiander)의 조카딸 마가레트(Margaret Osiander)와 비밀리 결혼하였고, 그 해 캔터베리 대주교가 되었으며, 1533년 5월 헨리 8세와 앤 볼린(Anne Boleyn)의 결혼을 성사시켰다.

크랜머는 에라스투스주의자(Erastian)[67]로 예배와 정치에서 중용을 강

---

67. 이는 스위스의 신학자 에라스투스(Thomas Erastus, 1523~1583)에게서 유래한 용어로, 에라스투스는 취리히에서 불링거에게 교육받았다. 그는, 한 종교를 국교로 인정하는 한, 공적이든 교회적인 일이든 행정 당국이 사법권을 행사할 수 있고, 교회에서 출교 처분을 내릴 경우 행정 당국의 승인이 필요하다고 주장하였다. 출교가 시민들을 처벌하기 위한 것이라면 그 시행은 정부 당국자에게 주어져야 한다는 것이다. 이러한 사상은 초대교회 당시 교권이 세속권보다 우위에 있다고 주장한

조하는 등 성공회 신학의 기초를 마련했다. 하루의 4분의 3의 시간을 학문 연구에 바치고 나머지 시간을 사격, 산보, 장기, 승마에 할애한 학자였다. 그는 초대교부에 대해 폭넓게 연구하였고, 대륙의 종교개혁자들과 교류하여 학문적 업적을 쌓았다. 그는 성경만이 신앙의 기초가 되고, 믿음으로 의롭게 된다는 것, 하나님의 은혜의 충분함, 성례를 통한 그리스도의 임재, 평등과 자율을 근거로 한 교회정치의 운영을 주장한 교회행정가였다.

크랜머는 1533년 『마태 성경』(Matthew's Bible)과 『대 성경』(Great Bible)을 출판하였고, 1540년 『대 성경』의 서문을 쓰면서 성경 중심의 개혁을 피력했다. 그는 각계각층의 사람들이 성경을 통해 "무엇을 믿어야 하며, 믿어서는 안 되며, 전능하신 하나님만이 아니라 인간에 대하여도 배울 수 있다"고 하였다. 성경을 읽는 사람은 누구나 "먼저 전능하신 하나님을 경외하고, 말씀에 따라 자신을 개혁하고자 하는 굳건한 목적을 가져야 하며, 계속하여 발전하고, 날로 굳건해져서 스스로 참된 열매를 맺는 신앙인임을 보여야 한다."고 강조하였다(Spitz 1990, 258, 260).

크랜머는 교회개혁을 위해 대륙의 종교개혁자들을 초청하여 대학에서 강의하게 하였다. 이탈리아의 종교개혁자 피터 마터(Peter Martyr Vermigli, 1500~1562)와 오키노(Bernardino Ochino, 1487~1564), 폴란드의 종교개혁자 라스코(John à Lasco, 1499~1560), 그리고 스트라스부르의 종교개혁자 마틴 부처(Martin Bucer) 등이 영국에서 종교개혁을 지원하였다. 마터는 크랜머의 초청으로 1547년 영국에 도착하여 1548년부터 옥스퍼드대학에서 흠정교수(Regius professor)로 활동하였고, 부처는 케임브리지대학에서 흠정

밀라노의 감독 암브로스(Ambrose)의 교황황제주의와 반대되는 것이며, 초대교회 초기 유행하던 황제교황주의(Caesaropapism)와 같은 것이다.

교수로 임명받아 개혁주의 신학을 소개하였다. 부처는 1551년 영국교회의 개혁을 기대하면서 『그리스도의 나라에 관하여』(De Regno Christi)라는 책을 써서 에드워드 6세에게 헌정하면서 말씀의 바른 선포, 성례의 바른 시행과 철저한 권징의 실시를 통하여 초대교회를 회복할 것과, 행정 관료가 교회개혁에 관심을 가질 것을 역설하였다.

영국교회는 크랜머의 노력에 의해 크게 개혁되었다. 1547년 천주교 냄새가 나는 『6개 신조』를 백지화하였고, 성경을 인쇄하거나 읽고 가르치는 것을 금했던 모든 교회법, 성찬에서 그리스도의 실재적 임재의 상징으로 불렀던 '하나님의 어린 양'이라는 찬송을 폐지하였다. 연옥을 지칭하는 일체의 문구나 죽은 자를 위한 기도를 금했고, 성의(聖衣) 가운데 장백의 · 대법의 · 제의의 사용을 금지했으며, 사제는 목사로, 제단은 성찬대로, 성체는 기념만찬이라고 개칭하고, 기념만찬에서 평신도에게도 떡과 잔을 주었다. 또한 기부금을 낸 자의 영혼을 위해 미사 드리던 부속예배당(chantries)을 폐지하였다. 1548년 초에는 교회로부터 성화(聖畵)를 제거하였고, 1549년에는 성직자의 결혼을 승인하였으며, 라틴어 대신 영어를 사용하여 예배하였다.

에드워드는 1549년 '통일령'(Act of Uniformity)을 선포하여 예배의 통일을 시도했다. 통일령은 『공동 기도서』(Book of the Common Prayer)에 따라 모든 백성이 예배할 것을 명하였다. 『공동 기도서』는 13명의 신학자의 작품으로, 전통적인 천주교회의 교리를 대체로 따르고 있으나, 예배 때 영어를 사용하고 성경을 읽을 것과 회중의 참여를 강조한 점이 천주교회와 다른 점이다. 예배가 사람들에 의해 이해되어야 하고, 회중 중심적이어야 하며, 예배하는 자는 관망자가 아니라 참여자가 되어야 한다고 주장한 점도 특기할만하다.

『공동 기도서』는 영국 신학자들의 독창적인 작품은 아니었다. 천주교회의 추기경 페르난데즈(Fernandez de Quinones)가 1535년 출판한 천주교회의 일과(日課) 기도서와 루터의 신학을 반영한 쾰른의 대주교 비드(Herrmann von Wied)의 『권면』(1543)을 많이 참고하였다. 기도서를 통해 예배 예식이 단순화 되었지만 여전히 의식을 지나치게 강조하고, 전통적인 사제의 복장 제도를 유지하였으므로 보수적인 사람들은 너무 급진적이라고 하였고, 개혁자들은 너무 형식적이라고 비난했다.

공동기도서와 42개조 신조

종교개혁은 정치적인 안정이 없이는 불가능하였다. 영국이 정치적인 안정을 얻으려면 이웃 국가인 스코틀랜드와 친밀한 관계가 이루어져야 했다. 섭정 서머셋 경은 스코틀랜드의 메리와 에드워드 왕의 결혼을 성사시키기 위해 군대를 이끌고 스코틀랜드로 진군하였으나 1547년 9월 참패하였고, 양국 관계는 더욱 악화되었다. 결국 스코틀랜드의 메리는 영국의 에드워드 6세 대신 프랑스의 프랑수아 2세와 약혼하였고, 프랑스 군대가 스코틀랜드에 진군하게 되었다.

무익한 스코틀랜드 원정으로 정치적인 불안이 초래되었고, 막대한 재정 지출로 심각한 물가 상승과 농민들의 불만이 고조되었다. 이 일로 1549년 서머셋이 물러나고, 1550년 와위크(Warwick) 공이 그를 계승하였다. 와위크 공은 1551년 노섬벌랜드 공작(Duke of Northumberland)에 봉해졌고, 종교개혁을 후원하였으므로, 영국은 그 이전의 어떤 시대보다 성경적인 개혁을 체험할 수 있었다.

개혁운동의 첫 번째 작업은 『제일 공동기도서』에 대한 손질로 시작되었다. 피터 마터, 오키노, 라스코, 부처와 같은 대륙 출신의 종교개혁자들은 기도서가 천주교적 관행을 다분히 내포하고 있다고 주장하면서 철저한 개정을 요구했다. 부처는 1549년 기도서가 갖는 신학적 문제성을 제시했고, 1551년에는 『검열』(Censura)이라는 책을 써서 성찬상 앞에서 무릎을 꿇는 행위, 사제의 복장, 죽은 자를 위한 기도, 세례 때 흰옷의 착용, 머리에 기름을 붓는 의식, 귀신 쫓아내는 의식 등 기도서의 문제성을 다시 한번 지적했다. 이에 힘입어 다른 개혁자들도 이의를 제기하자, 섭정은 기도서의 수정을 명령했다. 크랜머와 그의 동료들, 그리고 대륙의 종교개혁자들은 기도서의 개정 작업에 들어갔고, 1552년 『제이 공동기도서』(Second Book of Common Prayer)를 완성하였다.

『제이 공동기도서』는 고대 예배의식을 대부분 폐지하였고, 칼빈주의적인 분위기가 감돌았다. 귀신을 쫓아내는 의식, 머리에 기름을 붓는 의식, 세례를 베풀 때 목사가 흰색 가운을 입는 것, 견신례 때에 기름을 바르고 십자가를 사용하는 것, 장례 때에 죽은 자를 위해 기도하는 것, 비밀고해성사, 성체 예배 등을 폐지하였다. 미사라는 단어가 삭제되었으며, 제단이라는 말은 식탁으로, 사제는 목사로 명칭이 바뀌었으며, 성찬 때 특별한 제병(wafer) 대신 보통 빵이 사용되었다. 그렇지만 성찬을 받을 때 무릎을 꿇는 행위는 유지하였다. 1552년 에드워드에 의하여 '신 통일령'(New Act of Uniformity)이 선포되면서 『제이 공동기도서』는 영국교회의 예배 지침서가 되었고, 엘리자베스 여왕에 의하여 약간 수정되어 오늘날까지 영국국교회(성공회)[68] 의 예배 지침서로 사용되고 있다.

노섬벌랜드 공작의 후원아래 종교개혁자들은 신조를 작성하였다. 크랜머는 리들리(Nicholas Ridley), 낙스(John Knox)와 같은 신학자와 함께 영

---

68. 영국국교회라는 말이 성공회(Anglican Church)로 바뀌어 사용된 것은 1836년 이후의 일이다. 영국국교회(성공회) 신학은 왕실과 종교개혁자가 연합하여 만들어낸 것으로, 천주교의 감독주의적인 정치체계와 칼빈주의적인 교리를 강조한다.

국교회가 지켜야할 신앙고백으로 『42조 신조』(42 Articles)를 만들었다. 내용을 보면 전통적인 천주교와 극단적인 재세례파의 입장을 거부하였고, 예정론을 강조하고, 성례에 관하여 칼빈주의적인 입장을 취했다. 1553년 에드워드의 공인을 받아 선포되어 영국교회의 신조가 되었고, 모든 성직자와 교사, 학생들이 학위를 취득할 때 반드시 이 신조를 따르겠다고 서약함으로 신앙적 통일성을 이루게 하였다. 이 신조는 메리의 천주교 정책으로 잠시 빛을 보지 못하였지만, 엘리자베스 여왕이 개정하여 『39조 신조』를 작성한 후로 영국국교회(성공회) 교리의 기초가 되었다.

3. 메리의 박해 정책

1553년 에드워드의 사망이 임박하자, 섭정 노섬벌랜드 공은 헨리 8세의 여동생 메리(Mary)의 손녀인 그레이 제인(Gray Jane)을 후임으로 세우고자 하였으나 이 계획은 실패로 끝났다. 백성들의 지지 가운데 헨리 8세와 캐더린의 딸 메리가 왕위를 계승하였고, 노섬벌랜드는 반역죄로 참수되었다. 메리는 천주교 신앙 때문에 투옥되어 있던 가드너를 석방하여 주교에 복직시킨 후 대장상에 임명하였고, 추기경 레기날드 폴(Reginald Pole)을 등용하여 천주교회를 재건하였다. 메리에 의해 에드워드 6세가 만든 교회법들이 철폐되었고, 예배는 헨리 8세의 말년의 형태로 복원되었다.

박해와 순교

메리는 1554년 7월 천주교도인 스페인의 펠리페 2세와 결혼하여 자신이 천주교 신자임을 온 유럽에 알렸고, 대륙에서 일어나던 반동종교개혁에 힘입어 종교개혁자들을 혹독하게 박해하였다. 그해 12월 종교개혁을 금하는 명령을 내려 수많은 목회자들을 체포했고, 2,000여명의 목사들을 결혼했다는 이유로 추방하였다. 1555년 2월 4일 런던에서 성경 번역자 존 로저스(John Rogers)를 화형에 처한 후로 300여명에 가까운 종교개혁자들을 스미스필드(Smithfield)에서 화형에 처하였다. 그들 대부분은 영국 남동부 출신의 노동자 계층으로, 50명 이상이 여성이었고 젊은이들도 다수였다. 이러한 피비린내 나는 탄압으로 인하여 메리 여왕에게 '피의 메리'(Bloody Mary)라는 악명이 주어졌다.

순교자들 가운데는 크랜머, 라티머, 리들리, 카버데일, 그리고 후퍼와 같은 종교개혁자들이 포함되어 있었다. 라티머와 리들리의 순교 이야기는 후대의 신앙인들에게 큰 감명을 주고 있다. 휴 라티머는 사형장에서 니콜라스 리들리에게 "리들리 선생! 위로 받으시오! 그리고 남자답게 처신합시다. 우리는 오늘 하나님의 은혜로 영국에 영원히 꺼지지 않는 횃불을 점화하게 될 것입니다."라고 격려하였다. 그 두 사람은 1555년 10월 16일 함께 순교의 제물이 되었다. 죽음의 공포를 이기지 못하여 배교하였던 크랜머는 순교한 동료들에 대한 부끄러움과 배교로 인한 양심의 가책으로 괴로워하다가, 결국 왕에게 나아가 비열하게 신앙을 부정한 것을 취소한다고 말한 후, 1556년 3월 순교의 제물이 되었다. 신앙을 철회할 때 서명하였던 오른 손이 불에 타서 재가 될 때까지 인내하였고, 찬송 중에 하나님의 품에 안겼다.

존 후퍼와 복장 논쟁

존 후퍼(John Hooper, 1495~ 1555) 역시 순교자가 되었다. 그는 서머셋에서 태어나 옥스퍼드대학에서 신학 수업을 받은 후 시토 수도원에 들어가 생활하던 중 수도원이 해체되자, 런던으로 가서 대륙의 종교개혁자 츠빙글리와 불링거의 글을 읽고 연구하였다. 그 후 옥스퍼드에 가서 종교개혁 사상을 전하다가 이단으로 정죄되어 추방된 후, 몇 해 동안 유럽을 여행하였다. 1547년에서 1549년 사이 취리히에서 불링거와 함께 생활하였고, 불링거의 지지자가 되었다. 그는 스위스에서 마틴 부처, 존 아 라스코 등과 교제를 나누고, 1549년 영국으로 돌아와 에드워드 6세의 섭정 서머셋 백작의 종군 목사가 되었다.

뛰어난 설교자요, 말씀의 사람이었던 후퍼는 교회 지도자들의 인정을 받아 1550년 글로스터의 주교로 임명을 받았다. 주교로 취임하기 전, 그는 성직자의 복장 착용이 성경적인지 의문을 제기하게 되었다. 후퍼는 성직자의 복장이 아론의 에봇에서 기인한 것이 아니라 천주교회의 전통에 기초한다고 주장하고, 주교복의 착용을 거부하여 복장 논쟁을 일으켰다. 후퍼에 의하면, 4세기에서 9세기 사이 복장 제도가 변할 때, 일반인들은 로마인들이 입던 겉옷과 망토를 벗어버렸지만, 사제들이 옛 복장을 고수하여 사제복으로 고정되었고, 그 후 10세기에 의식용 복장이 등장하게 되었으며, 13세기까지 약간의 수정을 거쳐 오늘날 천주교회에서 보는 다양한 성직자의 복장이 생겨나게 되었다. 후퍼는 사제복 착용이 성경에 근거한 것도, 초대교회의 전통에 따른 것도 아니라고 역설하였다.

사도 베드로는 신약시대의 그리스도인을 "왕 같은 제사장"(벧전 2:9)이라고 불렀으며, 루터와 칼빈은 부패의 근원을 사제주의에서 찾고, 성경대로 만인제사장주의를 회복하여 교회를 개혁하고자 하였다. 그러므로 후퍼는 복장으로 평신도와 성직자를 구별하려는 것이 성경의 가르침만이 아니라, 종교개혁자들의 사상과도 배치되는 것이요, "적그리스도의 복장"이며 "우상에 바친 음식"과 같다고 비난하였다.

복장 논쟁으로 후퍼는 투옥되었다가 크랜머의 도움으로 풀려났다. 크랜머의 회유로 그는 주교 임직에는 복장을 착용하되, 그 후로는 입지 않겠다는 것을 약속했다. 후퍼의 타협에 대해 대륙의 종교개혁자들은 다양한 반응을 보였다. 칼빈과 부처와 마터는 중백의 착용을 반대했으나 후퍼의 견해를 지지하였고, 아 라스코와 불링거는 실망을 표하였다. 후퍼는 임직식 때에 성직자의 복장을 입음으로 글로스터의 주교로 봉해졌고, 나중에 워체스터에서도 목회하였다. 열정적인 설교자였던 후퍼는 가난한 자들에게 너그러웠고, 사랑과 은혜로 목회하였으며, 대륙의 개혁주의적 관습을 소개하였다. 메리의 등극과 함께, 1553년 투옥되었고, 1555년 이단으로 정죄를 받아, 같은 해 2월 9일 출교처분을 당한 뒤 화형에 처하여졌다.[69]

대륙에서의 신학훈련

메리의 박해를 피해 800여명이 넘는 종교개혁자들이 대륙으로 건너가 루터파보다는 개혁신앙을 고백하는 도시들로 피난하였다. 루터파들은 영국 교회가 성찬을 영적인 임재로 해석하자, 이를 이단적인 입장으로 간주하고 영국 피난민들에게 불친절하게 대하였으나 개혁신앙을 고백하는 도시들은 환영하였기 때문이다. 영국의 종교개혁자들은 칼빈의 제네바, 불링거의 취리히, 바젤, 스트라스부르, 또는 프랑크푸르트에 머물면서 신학 훈련을 받았다.

---

69. 그의 대표적인 저술로는 *A Godly Confession and Protestation of the Christian Faith*(1551)와 *A Brief and Clear Confession of the Christian Faith, Containing an Hundred Articles According to the Order of the Creed of the Apostles*(1581) 등이 있다.

영국 피난민들이 대륙에서 이룬 가장 큰 업적은 '제네바 성경'(Geneva Bible)을 출판한 것이다. 제네바 성경은 마일스 커버데일(Miles Coverdale)과 윌리엄 횟팅햄(William Whittingham)에 의해 번역되어 1557년 신약이 출판되고, 1560년 4월 신구약이 완간되었다. 이 성경은 베자의 라틴어 본문을 토대로 하여 '대 성경'을 신중하게 개역한 것이다. 성경 해석에서 칼빈주의적 색채를 띠고 있고, 성경 옆면에 성경 해석을 가미하여 평신도들이 쉽게 성경을 이해할 수 있도록 한 것도 특징이다. 이 성경은 청교도 가정에서 널리 사용되었고, 청교도 신앙을 확산하는 도구가 되었다. 청교도에 적대적이던 제임스 1세가 이 성경을 "매우 편파적이고, 선동적이며, 위험하고, 반역적이며, 독단적이고, 가장 좋지 않은 성경"이라고 폄하한 것을 보면, 역으로 청교도들이 얼마나 이 성경을 애용했는지를 추정할 수 있다.

4. 엘리자베스의 중용 정책

1558년 11월 메리 여왕이 죽자, 그의 남편인 스페인의 펠리페 2세와 스코틀랜드의 여왕 메리 스튜어트(Mary of Stuart)가 왕위 계승권을 주장하였으나, 엘리자베스(Elizabeth, 1559~1603)가 왕위에 올랐다. 엘리자베스는 헨리 8세와 앤 볼린의 딸이었지만, 교회법과 실정법이 헨리와 앤의 결혼을 불법으로 규정하였으므로 왕위계승권의 서열에서 밀려 있었다. 그러나 귀족들의 후원으로 왕위를 계승하게 되었다.

엘리자베스의 등장

엘리자베스는 햇필드 하우스(Hatfield House)에서 에드워드 왕자와 함께 궁정교육을 받으면서 자라났다. 에드워드가 왕위에 오르자 캐더린 파(Catherine Parr)의 보호 가운데 지냈고, 메리가 왕으로 있을 때는 천주교인으로 가장하여 목숨을 부지하였다. 1554년 일어난 토머스 왓트(Thomas Wyatt)의 반란이 그녀와 연루되었다는 소문이 나돌면서 투옥되었다가 무혐의로 밝혀지면서 석방되었다. 그 후 메리가 죽을 때까지 햇필드에서 은거하였다.

엘리자베스가 왕위에 올랐을 때 국고는 바닥나 있었고, 재난에 대해 무방비한 상태에 있었다. 프랑스는 스코틀랜드의 메리에게 왕위계승권이 있음을 주장하고 있었고, 국민의 3분의 2가 되는 천주교도들은 엘리자베스 여왕이 프로테스탄트 정책을 취하는 것을 싫어했다. 이러한 상황에서 엘리자베스는 영국이 낳은 가장 사려 깊고 통찰력이 있는 정치가 가운데 하나인 윌리엄 세실(William Cecil, 1520~1598)을 등용하여 국정을 운영하였다.

당시 영국은 천주교도가 다수였지만, 칼빈주의자들이 만만치 않은 세력으로 천주교회를 위협하고 있었다. 엘리자베스는 천주교회가 자신을 적법자로 인정하지 않고, 칼빈주의자들은 감독주의를 부인하므로 두 세력을 다 싫어하였다. 그는 세속 군주의 우위를 강조하는 에라스티안적 정치사상과 천주교의 감독정치체제를 채택하고, 성직자의 독신제도 고수, 교회에서 십자가와 성상의 사용을 주장하는 등 중용정책을 실시하였다. 그러나 대부분의 주교들은 왕위 즉위식에 참가하지 않을 정도로, 엘리자베스의 타협 정책에 반대하였다.

엘리자베스는 그녀의 모친 앤 볼린의 궁정목사였던 매튜 파커(Matthew Parker, 1504~1575)를 캔터베리 대주교에 임명하여 교회개혁을 시작하였다. 파커는 1559년 12월, 교황에 의해서가 아니라 여러 명의 주교에 의하여 대주교로 서임받았다. 이렇게 시작한 영국교회의 주교제도는 빠르게 정착하였다. 파커는 학구적이었으나 사교적이지 못하여서 천주교도는 물론 청교도에게도 비판을 받았다.

엘리자베스는 1559년 1월 수장령을 내려 왕이 교회와 국가의 최고 책임자임을 선언하였다. 의회는 수장령을 통과시키면서, "영적 또는 세상적인 모든 외국의 권세와 권위가 이 나라 모든 분야에서 영원히 종식되고, … 무력화시키는 것이 폐하의 뜻"이라고 선언하였고, 누구도 국왕의 뜻에 반하는 법률, 법령, 관습, 제도를 주장할 수 없도록 조처하였다. 신앙과 관련된 결정은 왕에게 위임하였고, 교직자와 왕의 녹을 받는 행정 관료는 그들의 신분, 위엄, 권세에 상관없이 성경에 손을 얹고 다음과 같이 서약하도록 하였다: "나는 양심을 걸고, 여왕 폐하가 영적으로, 교회적으로, 또는 세속적으로 이 나라의 유일한 통치자임을 서약합니다. 따라서 외국의 군주, 성직자, 권력자, 그리고 외세가 이 땅에서 교회적으로나 영적으로 지배하거나, 권세를 부리며, 통치권을 행사하거나 통솔할 수 없다는 것을 고백합니다. 나는 모든 외국의 지배권, 권력, 통솔권 등을 부인하며, 그들에게 충성하지 않으며, 이후로는 여왕과 그 후손과 합법적인 승계자에게만 진정한 충성을 바칠 것을 분명히 선언합니다"(Spitz 1990, 268, 269).

공동기도서와 39개조 신조

영국 의회는 이처럼 엘리자베스에 대한 충성을 확인한 후, 에드워드 6세의 『제이 공동기도서』를 수정·보완하여 1559년 6월 통일령을 통과시켰다. 통일령은 영국 국교회의 의례, 예배 의식, 기도, 성례 등을 시행함에 있어서 통일된 규범을 제시하였고, 이를 위반했을 때 엄벌을 받도록 규정하였다. 그 일례로, 교회의 장식이나 사제들의 복장은 에드워드 6세의 즉위 2년째 해인 1549년의 형식을 따를 것을 명하였고, 예배에 참석하지 않는 자들에게 벌과금을 물리도록 하였다.

엘리자베스는 『39조 신조』(Thirty Nine Articles)를 작성하여 신앙의 통일성을 유지하였다. 『39조 신조』는 『42조 신조』의 개정판으로, 캔터베리 대주교 매튜 파커에 의하여 주로 작성되었다. 파커는 『42조 신조』를 칼빈의 가르침에 비추어 수정하여 『39조 신조』로 만들었다. 『39조 신조』는 1563년 의회에 의하여 영국의 신조로 채택되었고, 성직에 임하는 모든 자의 서명을 요구하였으며, 1571년 약간의 수정을 거친 후, 현재의 영국 국교회(성공회)의 신조로 확정되었다.

『39조 신조』에 나타나는 칼빈의 영향은 부정할 수 없다. 그 중 몇 가지 중요한 것을 살펴보자. 제6조는 구원 교리를 다루면서 성경 계시의 충족함을 논하였다: "성경은 구원에 필요한 모든 것을 포함하고 있다. 그러므로 성경에서 이해되지 않고 입증되지 않은 것은 수용될 수 없다. 불확실한 것이 신앙의 한 조문으로 채택된다든가, 구원에 필수적인 것으로 간주되어서는 안 될 것이다." 제10조에서는 구원이 인간의 선행에 기인한 것이 아니라 하나님의 전적인 은혜임을 강조하였고, 제11조는 이신득의 교리를 논하면서, "우리는 믿음으로 말미암아 우리의 주요, 구세주이신 예수 그리스도의 공로로만 의롭다함을 받으며, 자신의 행위나 공로로 의롭게 되지 않는다."고 하였다. 제17조는, "생명으로의 예정은 하나님의 영원한 작정이다. 하나님은 세상의 기초를 놓기 전에 그리스도 안에서 택정한 자들을 저주와 파멸에서 구하시어, 질그릇을 존귀하게 만드는 것처럼, 그리스도에 의하여 영원한 구원으로 인도받도록 그의 비밀스런 경륜 가운데, 변함없이, 우리를 작정하셨다."고 하였다. 제20조는, 성경은 교회회의의 결정보다도 우위에 있다고 선언하여 성경의 권위를 강조하였고, 제24조는 사람들이 알아듣지 못하는 라틴어로 기도하거나 성례를 거행하는 풍습은 말씀에 위배된다고 지적하였고, 제25조에는 성례를 세례와 성찬으로 규정하면서, "세례는 신앙고백의 표와 구별의 인증이므로, 그리스도인들은 세례에 의해 불신자와 구별된다. 표와 인증은 바르게 세례를 받은 자들이 교회에 접붙여지는 거듭남 또는 신생의 표시로, 성령으로 말미암는 죄 사함의 약속과 하나님의 자녀가 되는 양자의 약속이 가시적으로 나타나고, 인을 치는 것이며, 하나님께로 향하게 함으로 마음이 확고해지며 은혜가 더해진다. 유아에 대한 세례도 그리스도께서 세우신 의도와 합치하도록 교회 내에서 변함없이 시행되어야할 것이다"(27조)라고 서술하였다.

반로마정책

엘리자베스의 중용적 개혁운동은 성공적으로 정착되어 갔지만 도전도 만만치 않았다. 첫째는 로마의 도전이었고, 둘째는 청교도의 저항이었다. 청교도의 저항에 대해서는 다음 장에서 다루도록 하고, 먼저 천주교도의 도전에 대해 살펴보도록 하자. 1569년 가톨릭 지지자였던 노섬벌랜드와 웨스트몰랜드의 백작이 스페인의 지원을 받고 교황으로부터 받은 12,000 크라운의 자금으로 반란을 일으켰다. 그들은 더럼 주교좌성당의 성찬상을 훼손하고, 영어 성경을 찢어버린 후 미사를 거행함으로 엘리자베스의 개혁운동에 항거했다. 그러나 반란은 속히 진압되었다.

반란이 진압된 줄 모르던 교황 피우스 5세(Pius V)는 1570년 엘리자베스에 대한 출교를 선언하고, 영국인들에게 그녀를 폐위하라고 종용하였다. 1571년에는 이탈리아의 상인 리돌피(Ridolfi)가 엘리자베스를 암살하고, 스코틀랜드의 메리를 국내의 최고 귀족인 노퍽(Norfolk) 공과 결혼시켜 왕으로 옹립하려고 음모를 꾸몄지만 그것도 실패로 끝났고, 노퍽 공은

1572년 처형되었다.

 로마의 위협에 대해 엘리자베스는 침묵하지 않았다. 1584년 비서 윌리엄 세실을 통하여 로마에 소송하는 것을 금하였고, 천주교회의 사제나 예수회 회원은 "반역자로 정죄될 것이며, 그에 상응한 벌을 받을 것"이라는 법을 공포하였다(Oh 1987, 75). 1586년 엘리자베스의 목숨을 노리는 또 다른 음모가 천주교회 세력과 스코틀랜드의 여왕 메리에 의해 일어나자, 엘리자베스는 1587년 2월 메리 스튜어트를 참수하였다. 여왕은 이어 천주교 사제와 예수회 회원 123명을 반역죄로, 그들을 숨겨주거나 지원한 60명은 범인 은닉죄로 처형하였다.

 엘리자베스의 반로마 정책에 충격을 받은 교황은 죽은 메리의 남편이요, 스페인의 황제였던 펠리페 2세를 부추겨 영국을 침략하게 하였다. 펠리페는 엘리자베스와의 전쟁을 주저했으나, 1585년 영국 제독 프랜시스 드레이크(Francis Drake)가 카리브 해와 멕시코만의 스페인 정착지를 약탈하고, 엘리자베스가 그의 아내인 스코틀랜드의 메리를 처형하자, 침략을 결심하였다. 그에게 있어 영국 침략은 두 마리 토끼를 잡을 수 있는 방안처럼 보였다. 영국을 점령하면 영국과 스코틀랜드가 천주교 국가가 될 것이고, 스페인으로부터 독립하려는 네덜란드의 반란을 성공적으로 진압할 수 있기 때문이었다.

 펠리페는 1588년 5월 130척의 배와 3만 명의 무적함대(the Armada)를 영국에 보냈지만 스페인의 군함은 영국에 비해 보잘 것이 없었다. 배는 기동력이 떨어졌고, 대포는 중포였으나 사정거리가 짧았다. 영국 함대는 빠르고 기동력이 있었고, 대포는 경포였으나 사정거리가 길고 명중률이 높았다. 스페인의 공격을 받은 영국은 함대를 향해 살인적 포화를 퍼부었다. 8월이 되면서 영국의 승세가 굳어졌고, 무적함대는 칼레(Calais)에서 퇴각하였다. 무적함대의 반 이상의 격파되었고, 3분의 2가 넘는 군인이 죽임을 당하였다.

    영국군이 무적함대를 무찌르면서 교황청의 마지막 보루도 무너졌다. 승전 후 엘리자베스는 네덜란드와 프랑스의 종교개혁자들을 도와 천주교회에 대항하였다. 이로써 영국은 유럽에서 지도적인 역량을 발휘할 수 있게 되었고, 스페인의 세력은 점차 약화되었다.

제14장

청교도 운동과 스코틀랜드 계약파

　청교도 운동은 영국 종교개혁의 결실이었다. 청교도 운동을 통하여 현대적 민주주의 사상이 나오게 되었고, 자본주의 정신이 발전하게 되었으며, 경건한 가정을 중시하는 풍조가 만연함으로 근대 사회의 길을 열어 놓았다. 청교도 운동에 의해 영국은 신사의 나라가 되었고, 또한 미국이라는 나라가 세워지게 되었다.

　청교도 운동의 시점에 대해서는 다양한 의견들이 제시되고 있다. 어떤 학자는 1215년 영주들이 세인트 베리 에드먼드(St. Bury Edmund)에 모여 "대표 없이는 세금도 없다"는 주장을 펴면서 존 왕(King John)으로부터 대헌장(the Magna Carta)을 받아 낸 사건에서 그 기원을 찾고, 다른 이는 위클리프(John Wycliffe)의 성경적 개혁운동에서 그 뿌리를 찾는다. 그러나 일반적으로 학자들은 청교도 운동이 엘리자베스의 통치 기간에 시작되었다고 본다. 메리 여왕의 박해로 대륙으로 피신하였던 많은 종교개혁자들이 엘리자베스의 등장과 함께 귀국하여 개혁운동을 전개한 것을 그 기원으로 보기 때문이다.

1. 청교도 운동

메리 여왕의 압제를 피해 대륙으로 피신갔던 800여명의 개혁자들은 제네바, 취리히, 프랑크푸르트에서 신학 훈련을 쌓았다. 그 가운데 230여명이 제네바에서 칼빈의 가르침을 받았는데, 그들은 엘리자베스가 중용 정책을 펴자 성경적 교회개혁을 꿈꾸며 귀국하여 영국을 성경이 다스리는 나라로 만들고자 하였다. 영국 국교회로부터 분리보다는 그 안에 있으면서 개혁하려고 하였던 것이다.

개혁자들은 먼저 영국교회 안에 있는 비성경적인 요소를 제거하고자 하였다. 곧 세례 받을 때 대부(god-father)를 세우는 것, 성자를 기념하는 축성일(祝聖日)을 지키는 것, 십자가 성호를 긋는 것을 미신으로 보았다. 특히 목회자의 복장 착용이 만인제사장주의 원리에 어긋난다는 이유로 반대하였고, 성찬을 받을 때 무릎을 꿇는 것을 우상숭배라고 비난하였다. 또한 결혼식에서 반지의 사용은 혼인을 성례로 인정하는 것이라고 하며 반대하였다. 종교개혁자들은 영국교회 안에 남아 있는 천주교회의 잔재를 제거하고 성경적인 교회를 세우고자 하였으므로, 이들에게 성경만을 주장하는 '고지식한 사람들'(Precisians), 또는 '청교도'(Puritan)라는 별명이 붙여졌다.

토머스 카트라이트

　청교도들은 1563년 교회개혁의 청사진을 영국교회의 최고 입법기관인 캔터베리 성직자회에 발송하였다. 그러나 개혁안은 불행하게도 단 한 표 차이로 받아들여지지 않았다. 청교도들은 움츠러들지 않고, 성직자의 복장 거부 운동을 전개하는 등 그들의 주장을 밀고 나갔다. 대륙에 피신한 바 있는 로렌스 험프리(Laurence Humphrey)와 토머스 샘슨(Thomas Sampson) 등을 중심으로 소위 '복장 논쟁'(Vestiarian Controversy)을 이끌어 개혁운동을 주도한 것이다.

　정부 당국은 청교도의 개혁운동을 탐탁하게 생각하지 않고 오히려 방해하였다. 대주교 매튜 파커는 1566년 모든 설교자들에게 통고문을 보내, 설교할 때는 주교의 허락을 받을 것, 논쟁적인 설교를 금할 것, 성만찬을 받을 때 무릎을 꿇을 것, 성직자는 사제 복장을 착용할 것을 명하였다. 청교도들이 이에 불복하자, 당국은 그들을 교회로부터 추방하거나 지위를 박탈하였다.

　청교도들은 성경적으로 근거가 없고 인위적으로 만들어진 예배를 신성모독적인 것으로 보았다. 성경에 명한 바 없는 사제복 착용을 거부하였다고 하여 목사들을 면직하는 교회 당국의 처사가 정당한지, 그리고 이러한 교권제도를 후원하는 주교 제도가 성경적인 것인지 연구하고, 그릇된 제도를 고수하고 있는 당국의 처사에 항의하였다. 이 같은 항거 운동의 배경에는 토머스 카트라이트(Thomas Cartwright, 1535~1603)가 있었다.

　카트라이트는 1550년 케임브리지에 있는 세인트 존스대학(St. Johns College)에서 공부하던 중 종교개혁을 알게 되었고, 메리의 박해가 뒤따르자 잠시 피신하였다. 엘리자베스가 등극하여 중용정책을 펴자, 1560년 세인트 존스대학에 복학하여 학문 활동을 계속하였다. 1563년에 트리니티대학의 연구원에 임명을 받았지만, 청교도 운동을 지지한 일로 당국의 미움을 받았고, 1565년부터 1567년까지 아일랜드에 은둔하였다.

정부의 종교정책에 대한 청교도의 불만이 고조되자, 당국은 1569년 이를 잠재우기 위해 카트라이트를 케임브리지대학의 레이디 마거릿 석좌 교수(Lady Margaret professor)로 임명하였다. 카트라이트는 교회의 부정과 부패가 교계제도(敎階制度) 곧 계급적인 구조에서 온다고 보고, 교계제도가 성경적인지 연구하였다. 그 결과, 성경은 교계주의를 인정하지 않고, 오히려 교직자 사이의 평등과 봉사를 강조하고 있음을 발견하였다(마 20:25). 그 후 1570년부터 사도시대의 교회정치를 알기 위해 사도행전을 연구하여, 초대교회가 지역 교회의 자율(autonomy), 교직자와 교직자 사이의 평등(equality), 지역 교회 사이의 연합(unity)을 통해 운영되어 왔음을 확인하였다.

이 때부터 카트라이트는 교회의 모든 제도를 초대교회 때의 제도로 축소할 것, 각 교구 안에 치리를 위한 장로들을 세울 것, 설교할 능력이 없는 자를 목사로 세우지 말 것, 교인에 의한 목사의 선택, 대주교좌와 부주교좌 등 성경에 근거하지 않은 교직의 폐지를 주장하였다. 성찬을 받을 때 무릎 꿇는 것은 우상숭배이며, 이를 강요하는 것은 양심을 거스르게 하는 죄를 범하게 하는 것이고, 성찬을 받기 위하여 서거나 앉거나 하는 것도 마찬가지라고 가르쳤다. 성찬은 사적으로 시행되어서는 안 되고, 평신도가 세례를 베푸는 것은 바람직하지 않으며, 세례를 줄 때 십자가를 긋는 것은 미신적이며, 유아세례 때에 대부(代父)나 대모(代母)를 세우는 것은 부모만이 계약의 대상이기 때문에 세례를 제정하신 분의 뜻에 어긋나는 것이라고 비판하였다. 일년 가운데 결혼할 수 없는 날을 지정하는 것은 옳지 않으며, 사순절을 지키고, 금요일이나 토요일을 성스럽게 여기는 것도 미신적이라고 지적하였다.

카트라이트의 주장은 케임브리지대학의 부총장 존 위트기프트(John Whitgift, 1530~1604)에 의해 비판을 받았다. 위트기프트는 신학적으로는 칼빈주의자였으나 교회 정치에서는 감독주의자였다. 그는 성경에는 확정적인 교회정치 모형이 없으므로 교회의 판단에 따라 교회정치 체제가 결정되어야 한다고 주장하였다. 카트라이트는 위트기프트에 의해 1570년에 교수직, 1571년에 대학평의원 직위를 박탈당한 후, 네덜란드로 피신하였다.

카트라이트는 네덜란드에서 잠시 머문 후 제네바로 가서 시오도어 베자(Theodore Beza)와 교제를 나누었다. 그러나 엘리자베스가 천주교 신자와 결혼한다는 소문을 듣자, 영국이 천주교회로 돌아갈 것을 염려하여 1572년 11월 서둘러 귀국하였다.

카트라이트의 교회정치 사상은 런던의 존 필드(John Field)와 토머스 윌콕스(Thomas Wilcox)에 의해 계승되었다. 그들은 1572년 『의회에 주는 권면』(Admonition to the Parliament)을 써서 장로정치는 영국교회가 채택해야 할 정치체계라고 주장하였다. 책을 본 대주교 위트기프트가 다시 장로정치 사상을 비판하자, 카트라이트는 그의 동료들과 장로정치를 옹호하였다. 결국 카트라이트는 위트기프트에 의해 1574년 공직을 박탈당하고 다시 추방되었다.

카트라이트는 10여년의 추방생활을 감수하였고, 1585년에 다시 귀국하였다. 고등종교 법원은 1590년 그를 소환한 후 장로정치사상을 포기할 것을 명하였지만 그가 포기하지 않자 다시 투옥했다. 2년간의 옥살이를 끝내고 석방된 카트라이트는, 1603년 엘리자베스가 죽고 제임스 1세가 등극하자, 천인의 청원(the Millenary Petition, 1603)을 초안하였다. 그러나 청원서를 다룬 햄턴 코트(Hampton Court)에는 참석하지 못하였다. 오랜 기간의 추방 생활로 건강이 약화되어 회의가 열리기 전에 죽었기 때문이다.

카트라이트의 장로정치사상은 월터 트래버스(Walter Travers, 1548~1635)에 의해 널리 확산되었다. 트래버스는 『교회 권징에 대한 충분하고 평이한 선언』(A Full and Plain Declaration of Ecclesiastical Discipline)을 통해 교회가 회중으로부터 당회로, 당회에서 노회로 올라가는 상향적인 구조로 이루어져야 한다고 역설하고, 총회는 노회를, 노회는 지역 교회를 섬겨야 한다고 주장하였다. 교회와 교회 사이는 상하 관계가 아니며, 모든 교직자는 왕이신 그리스도 앞에서 평등하며, 지역 교회는 연합하여 교회의 이익을 도모함으로 이 땅에 그리스도의 나라를 실현해야 한다고 가르쳤다. 그 결과 1583년부터 장로정치 사상은 영국 청교도들의 주류를 이루게 되었다.

윌리엄 퍼킨스

1576년 매튜 파커가 죽고, 에드먼드 그린달(Edmund Grindal)이 캔터베리 대주교가 되자 청교도 운동은 활기를 찾았다. 그린달은 청교도의 설교 모임인 '예언'(Prophesying)[70] 을 후원하는 등 청교도를 지원하였으나, 별로 대중의 지지를 받지 못하였다. 일부에서 교회개혁의 미미함을 내세워 영국국교회로부터의 분리를 추구하였기 때문이다. 그들은 지체 없는 개혁을 주장하면서 1567년 7월 결혼식을 가장한 예배를 드리며 분리주의 교회를 세웠다. 이러한 움직임은 정부 당국에 의해 발각되었고, 분리주의자들은 투옥되었다.

대부분의 청교도들은 교회 분리에 소극적인 입장이었다. 그들은 칼빈의 가르침을 따라, 비록 교회가 타락했을지라도 교회의 표지가 남아 있다

---

70. 예언 운동은 신비적 은사 운동이 아니라 설교 운동으로, 설교자들이 모여 상대방의 설교를 듣고 평가해 줌으로 설교의 발전을 꾀했다.

고 한다면 그러한 교회로부터 떠나지 않고 그 안에서 개혁하고자 하였다. 이러한 칼빈의 개혁사상을 발전시켜서 영국 청교도 운동의 초석을 다진 인물이 바로 윌리엄 퍼킨스(William Perkins, 1558~1602)이다.

퍼킨스는 1577년 케임브리지에 있는 크라이스트대학(Christ' College)에 진학하였고, 1580년대 초반 흐트러진 생활을 정리하고, 열심히 연구하여 1584년부터 1594년까지 교수로 봉직하였다. 그는 말씀 중심의 경건생활을 추구하여 영향력 있는 설교자가 되었고, 1584년 케임브리지대학 안에 있는 성 앤드류 교회(Great St. Andrew's Church)의 설교자가 되어 1602년 세상을 떠날 때까지 괄목할 만한 영향력을 행사하였다. 그가 남긴 다수의 저술 가운데는 교황청에 대항하여 쓴 『개혁적 가톨릭』(The Reformed Catholic), 기독교의 핵심 교리인 예정론을 다룬 『황금 사슬』(A Golden Chain, Or the Description of Theologie), 『지난 시대의 우상 숭배에 대한 경고』 (A Warning Against the Idolatry of the Last Times), 『소명론』(A Treatise of the Vocations, Or Calling of Men, With the Sorts and Kinds of Them, and Right Use Thereof) 등이 있다.

퍼킨스는 『황금 사슬』에서 타락전예정론을 주장하였고, 양심에 관한 특수한 사례를 일반 윤리의 원리에 적용하는 결의론을 도입하여 회심의 중요성을 강조하였다. 그의 회심 사상은 나중에 슈페너(Philip Spener)와 같은 경건주의자, 존 웨슬레(John Wesley)와 같은 부흥운동가들에게 큰 영향을 주었다. 그는 『구원에 이르거나 이를 수 있는 한 겨자씨, 또는 은혜의 최소량』(A Grain of Mustard Seed or the Least Measure of Grace That is Or Can Be Effectual to Salvation)이라는 책에서, 다음과 같이 회심을 논하였다: "비록 내적으로 신령하다기보다는 세속적일지라도, 단지 회심을 시작한 바로 그 순간에 하나님의 자녀가 된다. …… 우리 안에 구원에 포함된 은혜가 없다는 것을 우리 스스로 느끼거나 그로 인해 비탄에 젖게 되는 것은 은혜 그 자체이다. …… 그리스도와 그의 말씀에 스스로를 복종시킨 사람은, 비록 아직은 신앙적으로 여러 면에서 무지하고, 지식의 증대와 지식의 내용을 실천하는 일에 있어서 보살핌을 받는다 하더라도, 참신한 신자로 하나님께 받아들여진다. … 만일 그것들이 입증되지 않는다면 전술한 은혜가 가짜인 것이다"(Perkins 1626, 1:637~642).

퍼킨스는 교회개혁이 경건 훈련과 목회적 양육을 통하여 가능하며, 교회개혁을 통하여 사회의 개혁이 이루어질 수 있다고 믿었다. 그의 저서 『기독교 가정』(Christian Oeconomy)에 보면, 가정의 개혁이 교회와 사회 개혁의 기초가 된다고 서술하였다. 최초의 가정이 인간의 정욕에서 기인한 것이 아니라 창조주 하나님의 섭리 가운데 시작되었으며, 가정을 세운 목적은 남편과 아내가 서로 도와 하나님이 주신 각자의 소명을 이루도록 하는데 있다. 남편은 아내의 필요를 따라 돕고, 아내는 가정의 관리자로 섬기며, 부모는 자녀를 영과 육으로 보호하고 먹을 것과 입을 것을 공급하며 말씀과 기도 가운데 양육할 사명이 있다. 이와 같이 상호 사명을 감당함으로 하나님의 말씀과 성령이 가정을 다스릴 수 있고, 그러한 곳에 하나님의 나라가 이루어질 것이라고 주장하였다.

퍼킨스는 교회개혁이 설교를 통하여 가능하다는 확신으로 『설교의 기술』(The Art of Prophesying)을 썼다. 설교는 말씀의 선포와 권면으로 구성되고, 설교의 목적은 영혼을 구원하는 데 있다. 설교자는 청중이 알아들을 수 있는 말로 설교해야 하며, 난해한 말이나 외국어로 자신의 학문을 과시해서는 안 된다고 진술하였다. 그는 설교를 본문 해석, 교리 유추, 논증, 적용으로 구성할 것과 청중의 이해를 돕기 위해 설교를 대지와 소지로 나눌 것을 주장하였다. 퍼킨스의 설교 이론을 평이체(Plain style)라고 하는데, 이는 나중에 영국과 미국 청교도의 핵심적인 설교체가 되었다.

퍼킨스는 『소명론』을 통하여, 모든 사람은 하나님을 영화롭게 하기 위해 자신에게 주어진 소명에 충성할 것을 주장하였다. 그는 소명을 구원으로 초대하는 일반적 소명(general calling)과 직업으로 부르시는 특별한 소명(particular calling)으로 나누었다. 직업으로의 부르심을 위해 하나님은 각 사람에게 고유한 은사를 주셔서 일하게 하므로, 모든 사람은 자신에게 주어진 은사를 따라 직업을 갖고, 하나님을 섬겨야 한다. 모든 직업은 하나님을 섬긴다는 면에서 신성하지만, 거지나 수도승과 같이 사회에 유익이 되지 않은 직업도 있으므로, 소명은 가정과 신앙과 사회에 동시에 유익이 되어야 합당한 소명이라고 할 수 있다. 소명의 목적은 부의 축적이나 명예와 권세를 높이는 것이 아니라 이웃을 섬겨 하나님을 영화롭게 하는 데 있다. 그러므로 교회만이 아니라 병원이나 군대, 또는 작은 가게에서 일하는 것도 하나님을 섬기는 것이라고 강조하였다.[71] 퍼킨스의 소명 사상은, 막스 베버(Max Weber)가 『프로테스탄트 윤리와 자본주의 정신』(Protestant Ethics and Spirit of Capitalism)에서 지적한 것처럼, 현대 자본주의 정신의 기초가 되었다.

---

[71] 17세기의 청교도들은 성경을 중심으로 생활하고 있었다. 그 대표적인 예로, 체서(Cheshire)주의 타빈에 살았던 부루엔(Bruen)이라는 사람을 살펴보자. 그는 겨울에는 아침 5시에 일어났고, 여름에는 3시에서 4시 사이에 일어나 성경을 묵상하고, 가족을 위한 중보기도를 드리곤 하였다. 그 후 종을 울림으로 식구들을 깨워 가정예배를 드렸다. 기도는 기도문을 가지고 하지 않고 즉흥적으로 하였다. 두 권의 큰 성경을 사서 현관 마루와 응접실의 탁자 위에 두어서 하인들과 방문객이 읽을 수 있게 하였다. 주일이 되면 1마일이 떨어진 교회에 갔는데, 이웃 사람들과 소작인을 불러서 같이 교회로 가면서 시편 84편을 찬양하였다. 그는 자비로 타빈 교회의 스테인드글라스를 제거하고 무색의 유리를 끼웠다. 소작인에게 관대하였고, 높은 임대료를 요구하지 않았으며, 노동을 장려하였고, 해마다 겨울옷을 사도록 가난한 자들을 배려했다. 항상 일찍 일어나고, 금식일을 지키고, 절제하고, 내핍을 실천하였고, 자신의 안락함보다는 공동체의 번영을 위해 기도했다(Chadwick 1999, 186~189).

윌리엄 에임스

퍼킨스의 신학을 이어받아 영국 청교도 사상을 발전시킨 인물로 윌리엄 에임스(William Ames, 1576~1633)가 있다. 그는 서포크 주, 입스위치(Ipswich)의 한 경건한 청교도 가정에서 태어나, 케임브리지대학에 들어가 퍼킨스의 가르침을 받았다. 1607년 문학 석사학위를 받고, 크라이스트대학(Christ College)에서 강사가 되었으며 1609년 교수가 되었다.

에임스는 청교도 사상을 고집하다가 교수직을 면직 당하였고, 1610년 박해를 피해 네덜란드로 갔다. 그는 명성 있는 설교자였지만 가난하게 생활하였다. 영국 교회 당국이 외교권을 발동하여 네덜란드에 있던 그의 목회사역을 방해했기 때문이다. 에임스는 아르미니우스 논쟁이 일어나자, 1618년 도르트 회의에 참석하여 4길더의 월급을 받으면서 사회자의 자문위원으로 활동하였고, 1622년부터 플라네케대학교 신학부에서 교수로 일하였다. 존 윈스럽(John Winthrop)의 초청을 받아 신대륙으로 이주하려고 하였으나 수포로 돌아갔고, 1632년 로테르담으로 가서 휴 피터(Hugh Peter)의 동사목사로 일하던 중, 1633년 10월 홍수 때에 열병을 얻어 사망하였다.

에임스는 1623년에 『신학의 정수』(The Marrow of Sacred Theology)를 라틴어로 출판하였다. 이 책은 1620년에서 1622년 사이 라이덴에서 상인들의 자녀들에게 행한 강의를 편집한 것으로, 1623년 암스테르담에서 라틴어로 출판된 후 영국, 뉴잉글랜드, 유럽에서 12판 이상 출판되었고, 영국과 뉴잉글랜드 청교도의 기본 교과서가 되었다. 뉴잉글랜드 청교도 토머스 후커(Thomas Hooker)는 후배들에게 "다른 책들이 전혀 없어도 이 책을 가지고 있다면, 여러분은 능히 훌륭한 목사가 될 것"이라고 소개하였고 (Mather 1979, 1:339~40), 코튼 매더도 한 목사의 임직식 설교에서 목사의 필독서로 추천하였다. 『신학의 정수』는 뉴잉글랜드 청교도의 교본과 같았다(Horton 1960, 434~435).

에임스는 『신학의 정수』에서 신학을 앎과 행함으로 나누었다. 인식의 근원을 성경으로 보았고, 성경에서 가르치는 대로 사는 것이 바로 그리스도인의 삶이라고 하였다. 이러한 전제에 기초하여 기독교의 기본적인 교리를 설명한 후, 그것을 삶의 현장에 적용하고자 하였다. 일례로 그는 아우구스티누스의 '정당한 전쟁론'을 논하면서, 성경의 가르침에 비추어 볼 때, 행동을 명령하는 정당한 권위, 정당한 의도, 정당한 방식, 적법한 강령이 존재한다면 그러한 전쟁에 참여하는 것은 합법적이라고 서술하였다(Ames 1992, 32).

에임스는 양심을 기능으로 본 퍼킨스와는 달리, 실천적 판단 행위로 이해하였다. 그리스도인은 양심에 따라 살아야 하며, 특히 재정 문제에서 깨끗해야 한다고 강조하였다. 그는 부당한 고리 대금을 정죄했으나, 대출 시 따르는 모든 형태의 이자나 소득을 금하지는 않았다. 왜냐하면 구약시대에 유대인들이 이방인에게 이자를 받고 돈을 빌려주었고, 신약에서 달란트 비유가 비록 영적인 교훈을 시사하지만 이자 증식을 허락하기 때문이다. 대부에서 발생하는 이자는 채무자의 사업에서의 성패에 따라 책정되어야 하며, 은행업은 기본적으로 직업이라기보다는 이웃을 도와주는 방식으로 이해되어야 한다고 설명하였다(Ames 1992, 34).

감독주의의 도전

청교도의 적수였던 위트기프트에 이어 캔터베리 대주교에 취임한 뱅크로프트(Richard Bancroft)는 교회의 위계질서를 내세워 감독정치를 내세웠다. 그는 감독정치가 하나님에게서 나왔으며, 역사에 의해 입증되었다고 주장하며 장로주의를 비판하였다. 이렇게 시작된 감독주의 옹호 운동은 네덜란드 왈룬의 신학자인 사라비아(Saravia), 영국의 신학자인 윈체스터의 주교 토머스 빌슨(Thomas Bilson)과 리처드 후커(Richard Hooker, 1547~1616)에 의하여 발전되었다.

감독주의의 대표적인 인물인 리처드 후커는 장로교도 월터 트래버스를 만나면서 감독주의 사상 옹호에 앞장섰다. 1584년 런던 성당의 책임자로 임명받았을 때 그 교회의 설교자요 보좌신부였던 월터 트래버스가 회중의 초청 없이는 설교하지 않는 것이 옳다고 충고하자, 후커가 이를 거부하면서 캔터베리와 제네바의 대결이 시작되었다. 후커는 이 때부터 감독주의를 옹호하는 8권으로 된 『교회 정치에 관한 법』(The Laws of Ecclesiastical Polity)을 쓰기 시작했다.[72]

이 책에서 후커는 하나님이 직접 명하신 분야를 제외하고는, 정부가 자연법에 따라 교회와 국가를 운영해야 한다는 논리에 근거하여 감독주의를 변호하였다. 곧 자연법은 인간의 보편적인 이성으로 알 수 있고, 교회법이나 실정법은 이 자연법의 실질적인 표현이어야 한다는 것이다. 교회와 국가는 교회적이며 편리한 법을 정해야 하므로, 국왕이 정한 법이 자연법과 조화를 이루며 성경에 위배되지 않는다면, 국왕은 시민법만이 아니라 교회법을 제정할 수 있는 권한과 의무가 있음으로 감독주의는 타당하다고 하였다. 성경이 감독주의를 주장한 것이 아니라 이성적 판단에 기초해 볼 때 감독정치가 가능하다는 것이다. 이러한 논리에 기초하여, 주교직이 그리스도에 의해 보증된 성직의 일부이며, 성경과 사도적인 관습에 의하여 입증된 직무라고 주장하였다.

---

72. 『교회 정치에 관한 법』은 1593년에 1~4권이 나왔고, 1597년에 5권, 나머지는 그의 사망 후인 1662년에 출판되었다.

후커는 감독주의를 비판하거나 부정하는 자들을 고등종교법원(High Commission)에 소환하여 징계할 것을 주장하였다. 고등종교법원은 헨리 8세 때부터 세워져서 왕의 교회 업무와 지도자를 통제하는 중요한 수단으로 악용되고 있었다. 이 제도는 1587년 뱅크로프트에 의하여 더욱 확대·강화되면서 피고인에 대한 죄의 추정이 가능해졌고, 증거를 제시하지 않아도 정죄할 수 있었다. 심문과 투옥이 가능했으므로 고등종교법원은 감독의 권위를 확장하는 가장 중요한 수단이 되었다.

분리주의 운동

교권을 강조하는 감독주의 운동은 교회의 제도화를 낳았고, 이에 대한 반발로 분리주의 운동이 일어났다. 분리주의 운동은 급진적인 개혁을 촉구하던 로버트 브라운(Robert Brown, 1550~1633)에 의하여 시작되었다. 그는 1572년 케임브리지의 코르푸스 크리스티대학(Corpus Christi College)을 졸업한 후 순수한 성경적 교회를 설립할 뜻을 갖고 1581년 그의 친구 로버트 해리슨(Robert Harrison)과 함께 노르위치(Norwich)에서 독립교회를 세웠다. 이 일로 투옥되었지만, 먼 친척이며 엘리자베스의 비서였던 윌리엄 세실의 도움으로 풀려난 후, 1582년 노르위치 교인들과 함께 박해를 피해 네덜란드의 미델부르크로 갔다.

브라운은 네덜란드에서 『모든 참된 그리스도인의 생활과 자세를 보여 준 한 권의 책』(A Book Which Shewth the Life and Manner of All True Christian, 1582)과 『지체 없는 종교개혁』(A Treatise of Reformation Without Tarrying For Any, 1582)을 저술했다. 이 책들을 통하여, 그는 교회를 자발적으로 모인 신자들로 정의한 후 참된 교회의 모습을 설명했다. 내용을 살펴보면, 참된 교회는 자발적인 계약에 의하여 그리스도와 함께 또는 상호간에 연합된, 경험할 수 있는 신자들의 지역적인 단합에 의해 이루어진다. 이러한 교회는 그리스도를 머리로 하고, 그리스도가 임명한 교역자와 법에 의해 다스려지고, 신약성경이 정한 대로 목사, 교사, 장로, 집사 및 과부들[73] 을 자율적으로 선출하고, 회중은 목사를 임의로 선택하고 해임할 수 있는 곳에 세워진다. 한 교회가 다른 교회를 지배할 수 없고, 다만 교회 상호간 형제애로 도움을 주어야 한다. 세속 통치자가 교회의 일에 간여할 수 없으므로 세속 통치자의 권위에 기초해 세워진 감독주의 제도는 옳지 않다고 하였다. 브라운의 분리주의 사상은 재세례파의 견해와 유사한 면이 있지만, 그 연관성은 확인할 수 없다.

극단적인 분리주의자였던 브라운은 분파적인 성격 때문에 미들부르크에 있던 성도들과 다투었고, 몇 달 후에 스코틀랜드로 건너갔다. 그곳에서도 환영받지 못하자, 분리주의 운동의 한계를 인식한 그는 귀국하여, 1585년 캔터베리 대주교에게 복종할 것을 서약한 후 영국국교회로 복귀하였고, 48년간 성공회 신부로 일하다가 1633년 타계했다.

브라운 이후 분리주의 운동은 사라지는 듯 하였으나 1587년 헨리 바로우(Henry Barrow)와 존 그린우드(John Greenwood)에 의하여 다시 일어났다. 바로우는 교회 일에 정부의 간여를 반대하며 정교 분리 운동을 벌이다가 체포되어 1593년 사형에 처해졌다. 프랜시스 존슨(Francis Johnson)도 분리주의 사상을 받아들여 1592년 런던에 회중교회를 세웠다. 이 교회는 존슨을 목사, 그린우드를 교사로 임명하였다.

정부 당국의 분리주의자들에 대한 박해는 점차 강해졌다. 1593년 의회는 교회로부터 분리주의자들을 추방할 것을 명하였다. 왕에 의한 교회 지배를 반대하는 자, 영국국교회 예배출석을 거부하는 자, 공적인 예배 외

---

73. 과부는 우리 교회의 권사와 같은 직분이라고 보아야 할 것이다.

에 사적인 예배를 만들거나 참석하는 자들을 추방하였다. 영국에 설 자리가 없어지게 된 분리주의자들은 암스테르담으로 가서 프랜시스 존슨을 목사, 헨리 에인스워스(Henry Ainsworth)를 교사로 삼고 교회를 세웠다.

비록 영국 국교회가 교회 정치면에서 감독주의를 지지했지만, 교리적인 면에서는 칼빈주의를 유지하고 있었다. 칼빈주의적 교훈에 반대되는 사상을 일체 허락하지 않았다. 16세기 말엽 피터 바로(Peter Baro)라는 사람이 구원 문제에서 신인협동설을 주장한 일이 있었다. 이 때 교회지도자들은 그 위험성을 간파한 후 『람버스 신조』(Lambeth Articles)를 출판함으로 칼빈주의 신학을 재확인했다. 그렇지만 교회 당국의 청교도에 대한 박해는 여전히 계속되었다.

2. 스튜어트 왕조 아래서의 개혁운동

1603년 엘리자베스가 혈통을 남기지 않은 채로 죽자, 헨리 7세의 증손이었던 스코틀랜드의 제임스 6세가 왕위를 계승하였다. 그는 1567년 스코틀랜드의 왕이 되었으나, 1603년 엘리자베스를 이어 영국 왕위에 오르면서 제임스 1세(James I, 1603~1625)로 불려졌고, 그의 등극과 함께 영국에서 스튜어트 왕조(the Stuart)가 시작되었다.

제임스 1세와 천인의 청원

제임스 1세의 등장은 영국의 모든 종파에 새로운 기대감을 안겨주었다. 천주교도들은 그가 천주교도인 메리(May of Stuart)의 아들이라는 점 때문에, 국교도들은 그의 왕권신수설과 고교회적인 사상과 장로교의 권징에 대한 적대감 때문에, 청교도들은 그가 존 낙스(John Knox)와 조지 뷰캐넌(George Buchanan)과 같은 장로교도에게 교육을 받았기 때문이었다. 카트라이트를 비롯한 1,000명의 목사들은 교회개혁에 대한 기대감을 갖고, 1603년 4월 제임스 1세에게 교회개혁을 위한 '천인의 청원'(Millenary Petition)을 제출하였다. 제임스는 이를 처리하기 위하여 1604년 1월 햄턴 코트(Hampton Court)에 회의를 소집하였다.

제임스 1세가 장로교도의 수중에서 자라났다고 하지만, 그는 장로정치보다는 감독정치를 선호하고 있었다. 햄턴 코트에서 참석자들이 장로주의를 강조하자, 제임스는 "주교 없는 교회도 없다"(No Bishop, No Church)고 외치면서 회의를 정회시켰고, 성경을 영어로 번역하는 일 외의 교회개혁에 대한 모든 요청을 거부하였다.[74] 햄턴 코트 회의는 청교도들의 기대와는 달리 개혁을 막는 다수의 선언들과 관행들을 교회법으로 법제화함으로 청교도의 불만을 고조시켰다.

제임스는 왕권신수설에 기초하여 절대 왕조를 세우려고 하였고, 1604년 천주교회와의 적대 관계를 청산하기 위하여 스페인과 평화조약을 맺는 등 반개혁적인 입장을 내보였다.

청교도 딜레마

제임스의 반(反)개혁정책으로 청교도들은 딜레마에 빠졌다. 교회개혁

---

74. 이 때 출판된 것이 King James Version (1611)이다. 교회 당국은 1568년 나온 『주교성경』(Bishop's Bible)을 따라 번역할 것을 요청하였으나, 번역자들은 『제네바 성경』을 주로 참고하였다. 번역 작업에 47명의 학자들이 6개조로 나누어 참여하였다. 이 성경은 학문성과 문학 형식에서 뛰어났기 때문에 영국인의 인정을 받아 널리 애용하였다.

을 방해하는 영국 교회 안에 있으면서 개혁운동을 계속할 것인지, 아니면 영국 교회를 떠나서 하나님의 말씀이 요구하는 새로운 교회를 세울 것인지 결심해야 하는 기로에 놓였다. 대부분의 청교도들은 교회의 표지가 있음에도 불구하고 교회를 떠나는 것은 개혁이 아닌 개악이라고 생각하고 그 안에서 개혁을 하고자 하였다. 그러나 헨리 야곱(Henry Jacob, 1563~1624)을 비롯한 분리주의자들은 그릇된 교회를 떠나 바른 교회를 세우는 것이 하나님의 뜻이라고 주장하면서 분리 운동을 전개하였다. 그들은 회중에 의한 지역교회의 목사 선택, 정책 결정에 있어서의 지역 교회의 자율성, 교회와 교회 사이의 평등을 외치면서 영국교회를 떠나 성경적인 교회를 세울 것을 주장하였다.

존 스미스(John Smyth)를 중심으로 하는 분리주의자들은 게인스보로(Gainsborough)에서 영국국교회와 무관한 첫 번째 분리주의교회를 세웠다. 1606년 스크루비(Scrooby)에서 윌리엄 브류스터(William Brewster)와 존 로빈슨(John Robinson, 1575~1624)을 중심으로 두 번째 교회가 세워졌다. 교회 당국은 분리주의를 좌시하지 않았다. 분리주의자들에 대한 체포령이 내려지자, 1608년 스미스가 이끌던 게인스보로 교인들은 암스테르담으로 떠났고, 1609년 스크루비 교인들도 네덜란드의 라이덴으로 떠났다.

순수성을 정체성으로 삼는 자들은 그에 대한 지나친 집착 때문에 자신보다 못한 자를 포용하지 못하는 경우가 많다. 이러한 현상은 네덜란드에 피신해 있던 분리주의자들 사이에서도 나타났다. 암스테르담에 도착한 스미스 일행은 이미 그 곳에 정착해 있던 프랜시스 존슨과 교회의 순수성 논쟁을 벌였고, 손잡기를 거절하였다.

스미스는 교인의 자격을 강화하였다. 교회의 입교 기준을 세례로 정하고, 회개한 후 그리스도에 대한 신앙을 고백한 자에게만 세례를 베풀었으며, 재세례를 실시하여 암스테르담에 영국 최초의 침례교회를 세웠다. 스미스는 신학적으로 아르미니우스와 메노나이트의 사상을 수용했으며, 그리스도께서 택한 자 뿐만 아니라 모든 인류를 위해 죽으셨다고 주장하였다. 스미스의 교인 가운데 일부가 1611년 영국으로 귀국하여 침례교회를 세운 후 종교적 관용을 열정적으로 옹호하였다. 이들을 일반침례교도(General Baptists)라고 부른다.

헨리 야콥을 비롯한 사람들은 네덜란드에서 비분리주의적 교회 운동을 전개하면서 회중교회 운동을 전개했다. 이들 가운데 일부는 유아 세례를 부인하고 성인의 세례만이 성경적이라고 주장하면서 제2의 침례교 노선을 취하였다. 또한 그리스도의 십자가상의 죽음이 신자들만을 위한 것이라고 주장하며 제한 속죄를 지지하였다. 이들을 특수침례교도(Particular Baptists) 혹은 칼빈주의적 침례교도(Calvinist Baptists)라고 칭한다. 그들은 1641년 세례를 베풀 때에 물에 잠기는 제도(immersion)를 채택하였는데, 이때부터 침수예식은 영국의 모든 침례교회에 보편적으로 시행되었다. 1640년 당시에 런던에 7개, 영국 전역에 47개의 침례교회가 있었다.

메이플라워와 추수감사

침례교 성향을 보인 암스테르담 그룹이 비교적 네덜란드 생활에 잘 적응한 것과는 달리, 라이덴 그룹은 그렇지 못하였다. 네덜란드는 스페인과의 독립 전쟁을 마친 직후였기 때문에 영국에서 피신해 온 그들에게 있어 네덜란드 생활은 아주 힘들었다. 네덜란드에서 가장 잘 사는 사람의 생활 수준이 영국의 최하층민보다 낮았기 때문이다. 라이덴 그룹은 경제적 시련과 함께 자녀들의 교육에서도 어려움이 있었다. 자녀들이 안식일을 쉽게 범할 뿐만 아니라, 영어를 잊고 네덜란드 사람처럼 행세하였다. 라이덴 그룹이 탈출구를 찾은 것이 바로 신대륙으로의 이민이었다.

1618년부터 박해가 줄어들자, 라이덴 그룹의 순례자들은 귀국하여, 통제가 없는 곳에서 자유롭게 신앙 생활하기 위해 신대륙 이민 계획을 세웠다. 그들은 미국 남부의 버지니아를 목적지로 삼고, 식민지에 투자할 이들을 모은 후 필요한 물품을 구입하고 스피드웰(the Speedwell)과 메이플라워(the Mayflower) 2척의 선박을 마련하여 1620년 6월 신대륙으로의 항해를 시작하였다. 항해 도중 스피드웰에 물이 스며들어 회항해야 하였다. 배를 수리할 시간적 여유가 없자, 그 배에 타고 있던 30명 가운데 18명이 런던으로 돌아갔고 12명이 메이플라워에 합승하여 102명이 신대륙으로 떠났다. 3개월 이상 거센 파도와 싸우며 항해하여, 마침내 1620년 11월 11일 신대륙에 도착하였다. 그러나 그들이 도착한 곳은 따뜻한 버지니아가 아니라 춥고 황량한 뉴잉글랜드의 케이프 캇(Cape Cod)이었다.[75]

메이플라워호의 신대륙 도착과 함께 신대륙은 청교도 중심지가 되었다. 그들은 메이플라워 선상에서 계약(Mayflower Compact)을 맺고, 존 카버(John Carver)를 주지사로 선택하였으며, 넓은 땅을 찾기 위해 탐험대를 보내어 답사한 후, 12월에 플리머스에 정착하였다. 그러나 그들을 맞이한 것은 추위, 굶주림, 그리고 인디언의 공격이었다. 1621년 1월과 2월 사이에 50여명이 추위와 굶주림, 영양실조, 그리고 괴혈병으로 죽었다. 3월이

---

75. 영국인이 신대륙에 최초로 이주한 곳은 버지니아였다. 버지니아 식민지는 국교도들이 건설했는데, 그들은 1606년 왕으로부터 식민지에 대한 특허장을 얻고 버지니아에 도착하여 영국을 재현하고자 했고, 성경이 식민지 주민들과 이방인들 모두에게 전파되어야 한다고 생각했다. 예배 시에는 『공동기도서』를 사용했다. 모든 농장은 예배 처소를 마련해야 했으며, 예배에 참석하지 못한 자들에게는 처벌이 있었다. 성직자들은 십일조 형태로 지원을 받았고, 각 성직자는 그의 교구민으로부터 담배 1,500 파운드와 옥수수 16 배럴을 받았다. 나중에는 회중이 성직자를 통제하는 쪽으로 나아갔는데, 이는 주교에 의해 다스려지지 않았기 때문이다. 곧 장로정치가 영향을 미쳤던 것이다.

되면서 영국에서 가져온 보리를 심었지만 싹이 나지 않았다. 절망에 빠져 있을 때, 한 인디언 부족이 옥수수를 갖다 주며 재배법을 알려 주었다. 가을이 되자 도움을 준 인디언을 초청하여 추수감사절(Thanksgiving Day)을 지켰다. 아무 것도 감사할 수 없는 상황에서 추수감사절을 지킨 것이다. 이들을 분리주의적인 청교도라고 부르며, 영국에서 네덜란드로, 네덜란드에서 영국으로, 영국에서 뉴잉글랜드로 신앙적 순례를 다녔기 때문에 '필그림 파더스'(Pilgrim Fathers)라고 칭한다.

청교도의 신대륙 이주

분리주의적인 청교도와 달리, 대부분의 청교도들은 영국 교회 안에 있으면서 성경의 가르침을 사회 전반에 적용하고자 하였다. 그들은 십계명을 신앙생활의 지침으로 삼았고, 특히 주일 성수를 강조하였다.[76] 1618년 제임스 1세가 『운동경기에 관한 책』(Book of Sports)을 발행하여 주일에도 오락과 댄스를 할 수 있게 하자, 청교도들은 이를 예배를 방해하려는 정부의 장난으로 보고 분노했다.

영국 교회는 당국의 방해로 차거나 뜨겁지도 않은 라오디게아 교회처럼 되어갔고, 로마와 제네바 사이에서 방황하고 있었다. 이러한 상황에서, 토머스 브라이트맨(Thomas Brightman)이 『요한계시록 주해』(Apocalypsis Apocalypseos, 1609)에서 경고했던 것처럼, 영국에 대한 하나님의 심판이 점점 가까이 다가오고 있었다. 대륙에서 30년 전쟁이 일어나 천주교도들이 프로테스탄트 지역을 점령해 왔고, 영국에서는 1620년 이

---

76. 청교도의 주일성수에 대한 강조는 1595년 바운드(Nicholas Bound)가 『안식일론』(Doctrine of the Sabbath)을 출판하면서 나타났다.

후 방직 산업이 몰락하여 실업자가 늘어났다(Oh 1987, 84~86). 이러한 현상을 교회개혁을 더디 하는 영국에 대한 하나님의 심판 징조라고 본 청교도들은 새로운 고민에 빠지게 되었다. 교회를 개혁하여 하나님의 진노를 피하든지 아니면 영국을 떠나야 한다고 생각했다. 그러나 교회개혁이 불가능하였으므로, 그들이 선택할 수 있는 유일한 길은 영국을 떠나 신대륙으로 이민하는 것이었다.

청교도들은 교회가 부정하며 부패했다는 이유로 교회를 떠나 새로운 교회를 세우려는 모든 시도를 정죄하였다. 교회의 표지가 있는 한, 그러한 교회로부터의 분리는 그리스도로부터의 떠남을 의미하였기 때문이다. 분리주의자가 되지 않고 영국을 떠나려면 교회의 최고 책임자인 왕의 허락을 받아야 했으므로, 그들은 영국 교회의 머리인 왕의 허락을 받고 축복 가운데 신대륙으로 이민할 수 있는 길을 모색해야만 했다.

이주 운동은 존 윈스럽(John Winthrop)과 존 코튼(John Cotton)과 같은 청교도에 의해 주도되었다. 윈스럽은 1628년 신대륙으로 이민할 사람들을 모아 매사추세츠만 식민회사(Massachusetts Bay Company)를 설립하고, 왕의 허락을 받아 1630년 3월 아르벨라(Arbella)호를 타고, 850여명과 함께 신대륙으로 출항했다. 이때 청교도 지도자였던 존 코튼이 환송 설교를 하였다. 코튼은 이민자들에게 신대륙이 약속의 땅이요, 새로운 가나안이라고 설명하면서 뉴잉글랜드에 성경적인 거룩한 국가를 세우라고 부탁했다.

청교도들은 뉴잉글랜드 황무지를 성경이 다스리는 거룩한 나라(Holy Commonwealth)로 만들어 유럽의 모든 나라들을 비추는 '언덕 위의 도시'(City on a hill)를 건설하고자 하였다. 구약의 시민법을 실정법의 기초로 삼았고, 악한 자의 통치를 막기 위하여 참정권을 교인으로 제한하였다. 교인의 자격으로 신앙의 고백, 바른 생활, 그리고 회심을 요구하였고, 이러한 조건을 갖춘 자만을 교인으로 간주하고 참정권을 주었다. 이와 같은 조처에 의하여, 뉴잉글랜드 사회는 성경이 다스리게 되었고, 죄악이 사라지면서 마치 하나님의 왕국처럼 되어갔다. 이민자들이 급증하면서 1643년에는 15,000명의 매사추세츠에 정착했고, 그 가운데 1,708명의 참정권을 가진 사람들이 생겨났다.

청교도의 신대륙으로 이민은 해가 갈수록 증가했다. 이는 영국에서 영향력을 미치던 청교도 지도자들이 이민에 동참하면서 더욱 가세했다. 존 코튼(John Cotton), 리처드 매더(Richard Mather), 존 엘리엇(John Eliot) 등 청교도 지도자들이 신대륙에 도착하여 보스턴, 도르체스터, 그리고 럭스보로우를 세웠고, 존 대븐포트(John Davenport)는 뉴헤이븐 식민지를 건설하였다. 이민자들이 늘어나자, 청교도들은 코네티컷, 뉴햄프서, 로드아일랜드 등으로 지경을 넓혀갔다. 토머스 후커(Thomas Hooker)는 1635년 그의 동료들과 함께 코네티컷의 하트포드에 도착하여 정착촌을 세웠고, 교회 회원이든 아니든 훌륭한 인격을 가진 사람에게 투표권을 주어 다스리게 하였다. 로저 윌리엄스(Roger Williams)는 1636년 극단적인 분리주의를 주장하다가 매사추세츠에서 추방된 후 로드아일랜드를 세웠다. 그는 종교적 관용을 주장하면서 침례교회 운동을 전개하였다.

3. 웨스트민스터 총회와 청교도 혁명

1625년 제임스 1세가 죽고, 그의 아들 찰스 1세(Charles I, 1625~1649)가 왕위에 오르면서 청교도에 대한 탄압이 더욱 심해졌다. 그는 1633년 윌리엄 로드(William Laud)를 캔터베리 대주교로 임명하여 종교의식을 중요시하는 고교회(High Church)정책을 펴면서 신학 논쟁이나 교회개혁을 억제하였다.

찰스의 성공회 정책

대주교 로드는 천주교회가 하나님의 진정한 교회이며, 보편적인 공교회라고 주장하면서 친(親)천주교 정책을 실시하였다. 그는 스테인드글라스, 십자가, 심지어 그리스도의 수난상 등을 교회에 도입하였고, 교회로부터 사라졌던 파이프 오르간을 다시 설치하였다. 교회 중심에 제단을 만들어 놓았고, 그 둘레에 가로대를 설치하여 제단을 성역화 하였다. 그가 로마천주교 의식을 강화하자, 교황청은 그에게 두 차례 이상 추기경 직을 제의하였다.

찰스의 고교회주의 정책은 국민의 저항을 초래했으나, 찰스는 자신의 종교정책에 반대하는 자들을 죽이거나 귀를 자르는 등, 잔인하게 처벌하였다. 그 대표적인 예로, 프라인(Prynne)이라는 사람이 찰스 1세가 천박하게 극장, 가면무도회, 춤추기를 좋아한다고 비난하자, 찰스는 그를 옥스퍼드대학에서 추방하면서 5000 파운드의 벌금형을 내렸고, 나중에 귀를 자르고 볼과 이마에 화인을 친 후 종신형을 선고했다. 찰스의 잔인한 반(反)청교도 정책으로 백성들의 마음은 완전히 그를 떠났다.

찰스의 실정은 종교적인 것에 국한되지 않았다. 그는 왕권신수설을 주장하면서 국회를 가볍게 여겼고, 30년 전쟁으로 억압받는 독일 프로테스탄트들을 지원하지 않음으로 영국인들의 반발을 샀으며, 그의 아들과 스페인 공주와의 결혼을 주선하다 실패하는 등 민심을 잃을 행동을 일삼았다. 그는 1633년 스코틀랜드를 방문하고 1637년 7월에는 스코틀랜드에서 장로정치를 폐지하고 성공회를 채택할 것, 공동 기도서를 스코틀랜드 장로교도들이 받아들일 것을 명령하는 등 실정을 거듭하였다.

찰스의 반장로교 정책에 대한 스코틀랜드의 반발도 만만치 않았다. 백성들의 저항을 억누르기 위해 찰스는 전쟁을 준비하였다. 전비를 마련하기 위해 의회를 소집하였으나, 의회원에 당선된 자들은 청교도가 다수였다. 찰스가 의회를 해산하고 재선거를 명하였으나, 이번에는 더 많은 청교도가 의회에 진출하였다. 찰스는 다시 의회를 해산할 것을 명령하였으나 의회 지도자들이 저항하자, 체포 명령을 내림으로 의회군과의 내란을 초래하였다.

웨스트민스터 총회

찰스 1세와 의회의 갈등이 첨예화하고 있을 때, 청교도 중심의 의회는 1640년 12월 캔터베리 대주교 로드(William Laud)를 체포하여 런던 타워(London Tower)에 감금하였고, 1641년에는 스타 체임버(Star Chamber)와 고등종교법원을 폐지하였다. 같은 해, 아일랜드에서 천주교도들이 수천 명의 프로테스탄트 주민을 살해하자, 찰스는 교황청과 손을 잡고 영국과 스코틀랜드의 반란자들을 진압하고자 하였다. 찰스가 교황에게 돈과 무기를 보내어 협상을 시작하자, 격분한 의회는 1642년 주교 추방 법안을 통과시키고, 주교, 수석 사제, 참사회원직을 폐지한 후 그들의 재산을 몰수하였다. 1643년 5월 의회는 윌리엄 로드를 의회의 제반 권위를 무시한 죄, 선박에 불법 세금을 부과한 죄, 종교개혁을 막고 영국국교회와 천주교회의 화해를 주선한 죄목으로 재판에 회부한 후 처형하였고, 교회개혁을 위해 웨스트민스터 교회당(Westminster Abbey)에 전국적인 총회를 소집하였다.

찰스의 반대와 위협에도 불구하고 1643년 7월 1일 역사적인 웨스트민스터 총회가 개회되었다. 참석자는 상원(House of Lords)에서 10명, 하원(House of Commons)에서 20명, 전국에서 뽑힌 121명의 신학자와 목회자로 구성되었다. 구성원의 대부분이 장로교도였고, 2명의 감독주의자, 5~6

명의 독립파, 소수의 에라스투스주의자들이 있었다.

　웨스트민스터 총회가 열리자, 영국 의회는 1643년 9월 스코틀랜드의 도움을 확보하기 위해 '엄숙한 동맹과 계약'(Solemn League and Covenant)[77]을 체결했고, 스코틀랜드 대표단을 웨스트민스터 총회에 초청하였다. 스코틀랜드 대표단은 3명의 프랑스개혁교회 대표와 함께 참석하였다. 스코틀랜드 대표단은 투표권이 없었지만 강력한 영향력을 행사하였다.

　신조 개정의 필요성을 확인한 총회는 1643년 7월 8일부터 10월 12일까지 『39조 신조』의 첫 15개 조항을 수정하였다. 그러나 신조의 수정보다는 전면적으로 개정하자는 의견이 많아지자, 새로운 신앙고백서를 만들기로 결의했다. 총회는 1643년에서 1644년까지 『장로교회 정부 형태』(Form of Presbyterian Church Government)와 『공 예배지침서』(Directory for the Publick Worship of God)를 작성하여 의회에 제출하였다. 1645년 1월 의회는 『공동기도서』를 폐지하고 『공 예배지침서』로 대체하였다.

　총회는 1644년 8월 신앙고백서 작성위원회를 조직하고, 1646년 11월 『웨스트민스터 신앙고백서』(The Westminster Confession of Faith)를 완성하여 의회에 제출하였다. 1647년 10월 성인들을 위해 『대요리문답서』(The Larger Catechism), 11월 어린이 교육을 위해 『소요리문답서』(The Shorter Catechism)를 작성하였다. 신앙고백서는 1647년 8월 스코틀랜드 의회의 승인을 받았고, 1648년 6월 영국 의회가 승인한 후 스코틀랜드와 미국 장로교회의 표준문서가 되었다. 대소요리문답서는 영국 의회와 스코틀랜드 총회에 의해 1648년 승인되었다. 수년에 걸쳐 괄목할만한 업적을 이루고, 1649년 2월 22일 1,163번째의 모임을 끝으로 총회는 해산되었다.

---

77. 계약은 영국과 스코틀랜드와 아일랜드의 3국이 동일한 신앙을 고백하며, 감독주의에 대항하여 싸울 것을 그 주요 내용으로 삼았다.

웨스트민스터 표준 문서는 다양한 신학의 영향을 받았다. 첫째는 모든 것을 성경적인 시각에서 보려고 하였던 영국교회의 신학적 전통을 들 수 있다. 곧 초대교부 아우구스티누스(Augustine of Hippo)의 신학, 안셈(Anselm), 브래드워딘(Thomas Bradwardine), 존 위클리프(John Wycliffe) 등 중세의 영국 신학자들이 이루어 낸 성경 중심적인 사고가 웨스트민스터 표준문서의 근간을 이루었다. 둘째로, 츠빙글리와 불링거의 사상, 칼빈의 『기독교 강요』가 신조의 작성에 미친 영향을 지적할 수 있다. 셋째로, 엘리자베스에 의해 작성된 『39조 신조』, 1595년 작성된 『람버스 신조』(Lambeth Articles)와 1615년 아일랜드의 주교 어서(James Ussher)가 작성한 『아일랜드 신조』(Articles of Irish) 등 당시 개혁주의적인 신앙고백서의 영향이 있었다. 신조 작성에 절대적인 영향을 준 것은 성경이었다. 웨스트민스터 총대들은 회의에서 성경에 기록된 것은 따르되, 성경적인 근거가 없는 것은 주장하지 않을 것을 서약하였다. 결과적으로 신조는 성경에서 모든 권위를 찾았고, 성경이 교훈하는 대로 작성되었다.

이렇게 마련된 『웨스트민스터 신앙고백서』는 제1장에서 계시의 필요성, 특별 계시의 충족성, 천주교회가 권위의 근거로 주장하는 외경의 허구성을 지적하였다. 하나님에 대하여, 타락 전 아담과의 행위 계약과 은혜 계약의 관계, 하나님과 교회의 관계를 계약 사상으로 설명하였다. 『신앙고백서』 7장 2절을 살펴보자: "사람과 맺어진 최초의 언약은 행위 언약이었다. 그리고 완전하고 인격적인 순종을 조건으로 아담 안에서 아담과 그의 모든 후손에게 생명이 약속되었다. 사람이 타락함으로 그 언약에 의하여 스스로 생명을 얻을 수 없게 되었을 때, 하나님은 기쁘신 뜻대로 은혜 언약이라 칭하는 둘째 언약을 맺으셨다. 은혜 언약을 가지고 하나님은 죄인들에게 예수 그리스도에 의한 생명과 구원을 값없이 제공하셔서, 구원 얻기 위해 그 분을 믿을 것을 요구하고, 생명을 얻기로 정해진 모든 사람들에게 성령을 주어 그들로 하여금 믿기를 원할 뿐만 아니라 믿을 수 있게 하신다." 『신앙고백서』는 아르미니우스주의자들의 보편 속죄론을 배척하고 제한 속죄를 주장하였고(8:5), 천주교회의 형식적인 신앙과 개혁교회의 바른 신앙을 구별하기 위해 역사적인 신앙과 체험적인 신앙을 구별하기도 하였다(18:3). 그리고 칼빈의 교훈을 따라 교회를 유형 교회와 무형 교회로 구분하였다(25:1~2).

올리버 크롬웰

웨스트민스터에서 신학적 토론이 한창 진행되고 있을 때, 내란은 초기 단계를 넘어서고 있었다. 1644년 찰스의 군대는 마스턴 모어(Marston Moor) 전투에서 올리버 크롬웰(Oliver Cromwell, 1599~1658)에 의해 대패하였다. 크롬웰은 1616년 케임브리지에 있는 시드니 써섹스(Sidney Sussex) 대학에 입학하여 청교도가 되었다. 그는 1640년 의회원이 되면서 정치에 참여하였고, 1642년 내란이 일어나자 신식군대(New Model Army)를 조직하여 의회군을 지도하고 1644년 마스톤 무어 전투와 1645년의 네이스비(Naseby) 전투를 승리로 이끌었다. 의회군에 대패한 찰스는 스코틀랜드에 투항했으나, 스코틀랜드는 '엄숙한 동맹과 계약'에 따라 찰스를 영국의회에 인도했다.

크롬웰의 신식군대는 계급주의를 경멸하는 종교적 열성주의 집단이었다. 로마교황청과 감독제도를 반대하는 자는 모두 신식군대의 환영을 받았다. 신식군대를 이끈 그룹이 독립파였고, 침례교와 분파주의자들도 가세하였다. 그러나 의회의 다수파였던 장로교도들은 신식군대의 혐오 대상이었다. 크롬웰이 등장한 후 장로교 중심의 의회와 독립파 중심의 군대 사이에 갈등이 나타나기 시작하였다.

찰스 1세는 장로교회를 지지하는 체하면서 스코틀랜드 군대의 영국 침입을 유도하였다. 1648년 8월 그의 음모대로 스코틀랜드 군대가 영국을 침입하였으나, 신식군대에 의해 대패하였다. 찰스와 스코틀랜드 장로교도가 공모했다는 소식을 들은 독립파는 격분하였으며, 그해 12월 의회를 열고 장로파를 숙청하는 '교만의 숙청'(Pride's Purge)을 개시하였다. 찰스 1세는 재판에 회부되었고, 반역과 모반의 죄목으로 1649년 1월 처형되었다.

크롬웰은 1649년 아일랜드를 정복하였고, 스코틀랜드를 진압하였다. 1653년 호민관(Lord Protector)에 올랐으며, 왕으로 추대를 받았지만 공화정에 대한 소신 때문에 제안을 거절하였다. 크롬웰은 유능하고 양심적인 정치가였지만 군인의 권위를 자주 드러내고, 장로교도와도 갈등하여 국민들의 불만을 샀다. 올리버 크롬웰이 죽은 후 그의 아들 리처드(Richard Cromwell)가 호민관이 되었으나 리처드의 무능은 영국 정국을 무정부 상태로 이끌었다.

왕정복고

크롬웰 치하에서 박해 받던 왕당파와 장로교도들은 왕정복고를 위해 연합하였다. 찰스 2세가 1660년 4월 네덜란드에서 양심의 자유를 선언하면서 장로교회를 지지하자, 이들의 움직임은 더욱 활발해졌다. 한 달 후 찰스 2세는 장로교도의 환영을 받으며 런던에 입성하여 왕정을 복고하였다.

찰스 2세는 1661년 사보이 궁에 주교들과 장로교도들을 초청하였지만, 장로교도를 달래기 위한 정치적 제스처에 불과한 것이었다. 정치적 안정이 이루어지자, 찰스 2세는 1662년 5월 통일령을 내려 『공동기도서』에 따라 예배할 것을 명하였고, 명령을 따르지 않는 자들에게 과중한 벌금을 부과했다. 한 걸음 더 나아가, 의회는 왕을 대적하여 무기 드는 것을 금하는 법을 통과시켰다. 찰스의 정책에 대해 1,800여명의 목사들이 반발하고 비국교도의 길을 걸었다. 결국 장로교도와 독립파는 찰스 2세에 의하여 토사구팽이 되었다.

찰스 2세는 1664년 '제1 집회령'(First Conventicle Act)을 내려 『공동기도서』를 따르지 않거나, 사적으로 5인 이상이 모여 예배하는 자에게 벌금을 물리거나 감금하고, 심한 경우는 국외로 추방하였다. 1665년 '5 마일령'(Five Mile Act)을 내려 비국교도 목사가 이전에 목회하던 장소에서 5 마일 이내의 지역에서 살 수 없게 하였고, 1670년 '제2 집회령'을 내려 비국교도들을 더욱 압박하였다.

찰스 2세는 임종 때 천주교 신앙을 고백할 정도로 천주교에 빠져있었다. 그를 이어 왕위에 오른 그의 동생 제임스 2세도 천주교도였다. 그는 군대와 정부의 고위 공직에 천주교도를 임명하였고, 예수회 회원들과 수도사를 우대하였다. 1686년 고등종교법원을 폐지하였고, 1687년 4월 '사면령'(Declaration of Indulgence)을 내려 천주교도를 비롯한 모든 종파에게 완전한 종교적 자유를 허락했다. 이는 백성의 저항을 초래하였고, 결국 제임스 2세는 1688년 명예혁명으로 권좌에서 물러나야 했다. 제임스가 물러나자, 그의 사위인 네덜란드의 총독 윌리엄(William)이 다스리면서 영국은 근대 사회로 나아가게 되었다.

오웬과 백스터

크롬웰을 도와 공화정을 이끌고, 왕정복고 이후 박해받던 청교도들을 지도하던 인물 가운데 한 사람이 바로 존 오웬(John Owen, 1616~1683)이다. 그는 1616년 옥스퍼드 근교에서 태어나, 옥스퍼드의 퀸즈대학(Queen's College)에서 신학공부를 하였다. 1637년 윌리엄 로드의 성공회

정책에 반대하다가 대학에서 추방되었고, 1642년부터 에섹스(Essex)에 거주하던 중, 1647년 한 교회의 청빙을 받아 목회를 시작하였다. 뛰어난 설교자였던 그는 장로정치주의자였으나 존 코튼(John Cotton)의 영향을 받아 회중주의자가 되었다.[78] 크롬웰의 종군 목사로 활동하다가 1651년에는 옥스퍼드대학의 부총장에 부임하여 옥스퍼드를 청교도 학교로 만들었으며, 1654년 의회의원으로 피선되었고, 1658년 런던에서 모인 독립파 모임인 사보이 총회(Savoy Conference)를 이끌었다. 그는 1660년 왕정복고로 옥스퍼드를 떠나 1683년 사망할 때까지 설교와 저술 활동을 계속하였다.

오웬은 아르미니우스주의자와 성공회주의자들과 자주 논쟁을 벌였지만, 항상 공정하며 관용적인 자세를 취하였다. 그는 철저한 칼빈주의자로, 아르미니우스주의자들의 만인구원설을 비판하고 그리스도의 제한 속죄를 옹호하였다. 1647년 쓴 『그리스도의 죽음에서의 죽음』(Death in the Death of Christ)에서 보편 속죄론을 비판하면서, 제한 속죄는 선택자의 구원을 가능하고 확실하게 한다고 하였다. 그는 다음과 같이 주장하였다: "하나님께서 몇 사람에게 믿음을 주시고, 다른 이들에게는 안 주신다는 말에 답해야 한다면, 나는 다음과 같이 말한다. 예수께서 이 특별한 은혜를 받을만한 자들에게 주신 것이지, 그렇지 않을 자를 위해 주신 것이겠는가? 만일 그렇다고 한다면, 예수께서는 차별 없이 만인을 위하여 죽으신 것이

---

78. 17세기의 회중정치사상은 오늘날의 장로정치사상과 매우 유사하다. 오늘날 회중교도들이 교회의 자율과 교직자의 평등만을 강조하고 교회의 연합을 부인하는 것과는 달리, 17세기의 회중교도들은 교회 연합과 노회와 대회 제도를 인정했기 때문이다. 17세기 장로교회와 회중교회의 차이점은 교회 회원권에 대한 것으로 회중교회는 교회 계약을 강조하고, 교회 회원의 자격을 회심을 체험한 자들에게 주었다. 곧 입교 절차를 통해 교회 회원 자격을 부여했다. 그러나 장로교회는 교회계약을 강조하지 않았고, 유아세례를 받고 교회에서 자라난 사람을 조건 없이 신자로 인정함으로 교인의 자격을 넓혔다.

아니다. 왜냐하면 그 분은 몇 사람이 믿음을 가지도록 하기 위하여 죽으셨지, 다른 자를 위하여 죽으신 것이 아니기 때문이다"(Owen 1978, 10:243).

오웬은 성경의 영감과 권위에 대하여 확신하였고, 성경의 가르침에 따라 교회와 목회를 혁신하고자 하였다. 목사가 되려면 은사가 있어야 하며, 방언이나 예언과 같은 특별한 은사보다는 사랑의 은사가 있어야 함을 강조하였다(Ferguson 1987, 185~208). 세례를 하나님과의 언약 관계로 들어가는 과정으로 보았고, 성찬을 은혜 계약의 인장(印章)으로 이해하였다. 또한 복음적인 교리, 생활, 예배로부터 떠나는 것이 배교라고 지적하면서, 배교를 그리스도인이 범할 수 있는 가장 큰 죄악이라고 가르쳤다(Ibid., 215~244).

오웬과는 달리, 장로교 신앙을 고수했던 인물로 리처드 백스터(Richard Baxter, 1615~1691)가 있다. 그는 영국 청교도 가운데 가장 뛰어난 인물 가운데 하나로 170권이 넘는 저술을 남겼다. 목회자의 자기 성찰과 교인에 관한 관리를 다룬 『참 목자상』(The Reformed Pastor), 내세의 영광을 그린 『성도의 영원한 안식』(Saint's Everlasting Rest), 불신자들의 회개를 촉구한 『회심치 않은 자들을 부르심』(Call to the Unconverted) 등이 대표적인 저서이다. 그의 신학적 입장은 종종 칼빈주의 정통으로부터 벗어나서 아르미니우스와 칼빈의 중간 위치에 서 있다고 평가되어 왔다. 이는 그가 대학에서 신학 공부를 정상적으로 한 것이 아니라 독자적으로 하여 신학적 분별력을 갖추지 못하였기 때문이다.

침례교회운동과 존 번연

크롬웰의 종교관용정책은 침례교회와 같은 군소 교단들이 발전하는 계기를 마련하였다. 침례교회는 영국에서 소수의 운동으로 시작하였으나 지역 교회의 자율성을 주장하던 회중교회와 교류하면서 크게 발전하였다. 그들은 회중교회주의자처럼 교회를 신자들의 자발적인 모임으로 여겼지만 재세례파의 세례관을 버리지 않았고, 대륙의 재세례파처럼 유아세례를 부정하고 신앙을 고백한 자들에게만 세례를 베풀었다.

침례교회 운동은 왕정복고와 함께 더욱 확산되었다. 찰스 2세가 성공회 정책을 펴면서 장로교회나 회중교회를 박해했지만, 침례교회에 대하여는 큰 관심을 기울이지 않았기 때문이다. 침례교도들은 1677년 『제2 런던 신앙고백서』를 만들었는데, 이는 1644년 런던의 7개 침례교회들이 장로교회나 성공회와의 차이점을 밝히려고 작성한 『제1 런던 신앙고백서』를 수정한 것이었다. 『제2 런던 신앙고백서』는 왕실의 감시 때문에 공식적으로 침례교도에 의해 채택되지 못하였지만, 1689년에 100여개의 교회가 수용함으로 영어권의 가장 권위 있는 침례교의 신앙고백이 되었다. 이 신앙고백서는 1742년 미국 필라델피아에서 모인 침례교도들에 의하여 채택되면서 『필라델피아 신앙고백서』로 알려지게 되었다.

17세기 침례교도들은 16세기의 재세례파처럼 유아세례와 국교제도를 부정하였다. 그렇지만 재세례파와는 달리, 그리스도인의 참정권, 맹세와 전쟁 참여를 인정하였다. 침례교도의 변화는 청교도의 영향으로 보이는데, 그들은 청교도와 교류하면서 개혁파의 신학을 겸허하게 수용하였다. 그 대표적인 예가 세례에 관한 것으로, 그들은 세례를 구원의 표시로 본 재세례파와는 달리 구원의 징표로 보았다. 『제2 런던 신앙고백서』 29장에서 다음과 같이 세례를 정의하였다: "세례는 예수 그리스도에 의하여 제정된 신약의 한 의식이며, 세례 받는 쪽에서는 구원의 징표(seal)가 된다. 즉, 세례를 받는 이가 그 분께 접붙여지는 것이요, 죄 용서를 받는 것이요, 예수 그리스도로 말미암는 새로운 삶을 살기 위하여 하나님께로 향하는 자기 부정이다. 실로 하나님에 대한 회개와 우리 주 예수 그리스도에 대한 믿음과 순종을 분명히 고백하는 자들은 이 의식에 합당하며 유일한 대상들이다." 이와 같이 영국 침례교회는 개혁주의 신학을 수용하여 주관적인 신학의 오류에서 벗어나, 보다 성경적인 신학을 발전시킬 수 있게 되었다.

침례교적인 청교도 가운데 대표적인 인물이 존 번연(John Bunyan, 1628~1688)이다. 그는 1628년 베드포드(Bedford) 근교에서 가난한 용접공의 아들로 태어났으며, 1644년에서 1646년 사이 의회군에 종군하였고, 1649년에 경건한 한 여성과 결혼하면서 하나님을 알게 되었다. 그는 아내에게서 아서 덴트(Arthur Dent)의 『평범한 사람의 천국 가는 오솔길』(Plain Man's Pathway to Heaven), 루이스 베일리(Lewis Bayly)의 『경건의 실천』(Practice of Piety)과 같은 경건서적을 소개받아 읽고, 큰 감명을 받은 후 신앙생활을 시작했다. 성경과 존 폭스(John Foxe)의 『순교사기』(Book of Martyrs)를 통하여 천주교회를 증오하게 되었고, 성경 중심적인 신앙을 세워갔다.

번연은 1653년부터 베드포드에서 독립파 목사 기포드(John Gifford)의 교회에 출석하였고, 그의 도움으로 신앙적 발전을 이루었으며, 1657년부터 평신도로 설교하기 시작하였다. 1660년 왕정복고 이후 설교하다가 체포되어 사형 언도를 받았고, 1672년까지 베드포드의 감옥에서 생활하였다.

번연은 감옥에 있는 동안 많은 책을 저술하였고, 성경의 가르침을 보통 사람의 일상적인 문제와 관련시켜서 해석하였다. 곧 알레고리를 저술에 적극 활용하여 감동적인 글들을 써냈다. 그가 쓴 작품 가운데는 그의 영적 자서전인 『죄인 괴수에게 넘치는 은혜』(Grace Abounding to the Chief of Sinners, 1666), 성도들이 구원받은 후 천국까지 가는 신앙 여정을 묘사한 『천로역정』(The Pilgrim's Progress, 1678), 성도들의 영적 투쟁을 서술한 『거룩한 전쟁』(Holy War, 1862), 1692년 유고로 출판된 『적그리스도와 그의 몰락』(Antichrist and Her Ruin) 등이 있다. 이 책에서, 그는 천주교회를 적그리스도의 교회로 묘사하고, 적그리스도가 멀지 않은 장래에 몰락할 것임을 예언하였다.

번연은 1678년 『천로역정』의 제1부를, 1684년에 제2부를 출판했다. 제1부에서 그리스도인들이 세상을 살아가는 과정에서 당하게 되는 여러 가지 시험과 유혹을 설명하였고, 제2부에서는 그의 아내 크리스티아나가 천국을 향해 가는 모습을 그렸다. 그리스도인이 세상 가운데서 빛과 소금으로 살면서 세상을 변혁 시켜야 한다는 비분리주의적인 청교도 사상과는 달리, 그는 세상을 장망성(將亡城)으로 이해하고, 그리스도인은 그러한 세상으로부터 떠나야 한다고 주장하였다. 세상과 교회를 전적으로 구별한 것이다. 『천로역정』은 지금까지 약 100여 개의 언어로 번역되어 출간되었다. 우리나라에는 1890년 호레이스 언더우드(Horace Underwood)가 번역하여 소개하였는데, 그의 영향으로 한국 교회는 신자가 세상을 등지고 살아가야 한다는 배타적 문화관을 가지게 되었다.

4. 스코틀랜드의 장로교도

전제적인 임금이었던 찰스 1세는 왕권신수설에 근거하여 교회를 장악하려고 하였고, 아버지 제임스 1세보다 극심하게 스코틀랜드 개혁자들을 박해하였다. 그는 칼빈주의자를 증오하였고, 영국과 스코틀랜드에 전통적인 천주교 신앙의 재건을 도모하였다.

성공회 정책과 장로교도의 반발

찰스 1세는 영국과 스코틀랜드에서 성공회 정책을 추구하면서 청교도와 스코틀랜드의 장로교도를 박해하였다. 그는 1633년 에든버러에서 대관식을 거행함으로 스코틀랜드인들에게 로마천주교회의 의식을 소개한 후 감독주의 정책을 본격적으로 펼쳤다. 1635년에는 대주교를 세웠고, 1636년에는 주교들에게 스코틀랜드 교회법의 제정을 명하였다. 이 법을 보면, 국왕의 수위권을 부정하는 자를 파문에 처한다고 명시하였고, 성찬상을 제단으로 대체하도록 하는 등 성공회 예배 의식이 드러나 있다. 찰스는 1637년 스코틀랜드의 장로교도들에게 장로교회의 예배 모범을 버리고 영국 국교회의 기도서를 채택할 것, 영국 고교회(High Church)의 의식에 따라 예배드릴 것, 장로정치를 폐지할 것, 교회 문제에서 캔터베리의 지시를 받을 것, 그리고 자신이나 로드의 지시를 받는 스코틀랜드 감독의 명령에 따를 것을 명하였다.

그러나 왕의 명령대로 진행되지 않았다. 1637년 7월 23일 에든버러의 사제장(Dean)이 세인트 자일스 교회당(St. Giles Church)에서 성공회 의식에 따라 예배를 집전하려고 하였다. 낙스에 의하여 시작된 종교개혁이 막을 내리고 스코틀랜드 교회의 성공회화(聖公會化)가 시작되려는 순간, 교인들이 항의함으로 예배는 산회되었다. 이 사건을 계기로 스코틀랜드 전역에 걸쳐 찰스에 대한 항거가 시작되었다.

스코틀랜드의 장로교도들은 1638년 2월 28일 에든버러의 그레이프라야 교회당(Greyfriar's Church)에 모여 장로교회 정치와 예배의 사수를 결의하고, 찰스 1세에 대항하여 전쟁을 벌일 것을 선언하면서 국가 계약을 맺었다. 장로교 총회는 성공회 예배 의식으로 더럽혀진 교회를 정화하고, 장로교 원리에 따라 예배를 드리기로 결의하였으며, 12월에는 주교를 면직시키고, 제임스와 찰스가 임명한 전체의 교직 구조를 거부함으로 찰스 1세에 대항하였다. 당시 스코틀랜드 교회를 지도한 인물이 바로 알렉산더 헨더슨과 사무엘 러더포드였다.

헨더슨과 러더포드

알렉산더 헨더슨(Alexander Henderson, 1583~1646)은 세인트 앤드류스(St Andrews)대학에서 교수로 일하다가, 1612년경 화이프샤(Fifeshire)의 로이챠(Leuchars) 교구 목사가 되었고, 1618년에는 철저한 장로교도로 변신하였다. 그는 천주교의 잔재가 남아있는 『퍼스 5개 신조』와 1637년 찰스 1세에 의해 강요된 『공동기도서』의 사용을 반대하는 데 앞장섰다. 1638년 장로교 총회장에 피선되어 국가 계약을 초안하면서 찰스에 대한 전쟁을 선언하였고, 1643년에는 영국과 스코틀랜드 지도자들이 감독정치에 반대하고 장로교 신앙을 옹호하겠다는 서약한 '엄숙한 동맹과 계약'(Solemn League and Covenant)을 초안하였다. 런던에서 웨스트민스터 총회가 열리자, 스코틀랜드 장로교회 대표로 참석하여 『공 예배 지침서』(Directory for Public Worship)를 작성하는 등 큰 공헌을 하였다.

사무엘 러더포드(Samuel Rutherford, 1600~1661)는 에든버러대학에서 공부한 후, 1623년부터 1626년 사이 고전문학 교수로 일하였다. 그 후 성경을 연구하여 열렬한 장로교인이 되었고, 1627년 한 시골 교회의 목사로 부임하였다. 1636년에는 구원 사역에서 하나님의 은혜를 강조한 『하나님의 은혜에 대한 변증』(Exercitationes Apologeticae pro Divina Gratia, 1636)을 암스테르담에서 출판하였다. 이 일로 고등종교법원에 의해 고소당했고, 고등종교법원은 그가 철저한 칼빈주의자임을 지적하면서 목사직을 해임하였다. 그 후 1638년까지 애버딘에서 생활하던 중 국가계약 운동에 적극 참여하여 장로교도의 전폭적인 지지를 받았고, 이를 계기로 1639년에 세인트 앤드류스대학의 신학교수로, 1647년에는 세인트 메리대학의 학장이 되었다.

철저한 장로교 신자였던 러더포드는 1642년 『장로회를 위한 탄원』

(*Plea for Presbytery*)을 써서 장로정치를 옹호하였고, 1643년에는 스코틀랜드를 대표하여 웨스트민스터 총회에 참석하여 장로정치를 확산시켰다. 1644년에 찰스의 왕권신수설에 대항하여 『법이 왕』(*Lex Rex, a Dispute for the Just Prerogative of King and People*)이라는 책을 저술하여, 왕이 아닌 법이 나라를 다스려야 하며, 백성은 법 위에 군림하는 폭군에 대항해야 한다고 가르쳤다. 이러한 사상으로 그는 스코틀랜드를 대표하는 신학자요, 정치 이론가로 명성을 얻었다.

러더포드는 1646년에는 『교회 정부의 신적 권리와 출교』(*The Divine Right of Church Government and Excommunication*)를 써서 장로교회의 신적 기원을 주장하였다. 1648년에는 영국의 독립파가 종교적 관용을 내세우자, 이에 대항하여 『양심의 자유를 가장하는 자들에 대한 자유스런 논박』(*A Free Disputation against Pretended Liberty of Conscience*)을 출간하여 종교관용을 주장하는 것은 양심을 하나님과 성경보다 위에 놓는다고 주장하면서 독립파를 비판하였다.

계약파 운동

스코틀랜드의 선전포고로, 찰스는 전비를 마련하기 위해 의회를 소집하였다. 의회가 청교도로 채워지자, 찰스는 의회를 해산하였다. 이러한 틈을 타서 스코틀랜드가 영국을 침입하자, 무방비 상태였던 찰스는 스코틀랜드와 평화 조약을 체결하기 위해 전비를 지불하려고 1640년 다시 의회를 소집하였다. 그러나 의회와의 갈등으로 내전이 일어나면서 북부와 서부 지역은 왕을, 남부와 동부 지역은 의회를 지지하였다. 스코틀랜드인들은 영국의 청교도들과 연합하여 찰스와 싸웠다.

1649년 찰스가 죽자, 스코틀랜드를 다스리던 올리버 크롬웰(Oliver

Cromwell)이 독립파를 편애함으로 성공회교도와 장로교도의 반발을 샀으며, 스코틀랜드인들의 민족주의를 부추겼다. 오래 전부터 영국은 앵글로색슨(Anglo-Saxon)족, 스코틀랜드는 스코트(Scottish)족으로 나누어져 있었고, 두 민족 간에는 감정의 골이 깊었다. 민족주의가 대두되면서 스코틀랜드인들은 영국인들이 스코틀랜드 출신의 찰스를 처형하고, 그들의 종교인 장로교회를 말살한다고 생각하였다. 이러한 상황에서 크롬웰이 죽자, 스코틀랜드인들은 1660년 찰스 2세(Charles II, 1660~1685)를 귀국하게 하여, 그가 스코틀랜드 국가 계약에 서약함으로 왕정을 복고하였다.

그러나 왕정복고는 경솔한 행동이었다. 찰스 2세는 왕위에 오르자마자, 스코틀랜드인의 기대와는 달리, 성공회 정책을 실시하였고 장로교도들을 억압하였다. 찰스 2세의 배신행위에 충격을 받은 스코틀랜드인들은 국가 계약을 재확인하고, 찰스 2세에 대해 항전을 개시하였다. 계약파(Covenanters)라고 불리는 그들 대부분은 정부 당국에 의해 살해되었다. 찰스 2세는 국가계약을 주장하거나 장로교회 신앙을 고백하는 자들을 모두 고문하고 처형하였기 때문에 스코틀랜드 장로교도들은 최고의 위기를 맞게 되었다.

1685년 찰스 2세가 사망하고, 그의 아우 제임스 2세(James II)가 영국과 스코틀랜드의 왕이 되었다. 그러나 그는 1688년 명예혁명으로 왕좌에서 쫓겨났고, 그의 딸 메리(Mary)와 사위인 윌리엄(William) 공이 귀국하여 처참하던 살육의 시기를 종식시켰다.

스코틀랜드 의회는 1690년 장로교회를 스코틀랜드 안에서 회복시켰다. 총회가 소집되면서, 총회는 정부와 교회 문제에 대한 논쟁의 장소가 되었고, 총회를 통하여 점진적인 개혁이 이루어졌다. 이러한 개혁의 배후에는 윌리엄의 궁중목사였던 윌리엄 카스테어스(William Carstares)의 수고가 있었다. 그는 오렌지 공 윌리엄을 설득하여 스코틀랜드에서 장로교 예배와 정치를 회복하게 하였다. 1707년 5월 1일 영국과 스코틀랜드는 한 의회, 한 왕실로 연합하였다. 이 때부터 영국은 감독주의가 지배하였고, 스코틀랜드는 장로교회 국가가 되었다.

제15장
종교적 관용과 다원화

한 문명의 정점은 몰락의 출발점을 의미하는 것과 같이, 종교개혁은 17세기에 그 절정에 이르면서 쇠퇴하기 시작했다. 종교개혁자들의 자만과 신앙적 정통성 논쟁으로 인한 분열에 기인한 것이기도 하지만, 종교의 관용정책, 신비주의적 운동의 부흥, 그리고 반동종교개혁으로 재기한 예수회 수사들과 천주교 영주들의 공격, 특히 30년 전쟁과 함께 시작한 처참한 종교 전쟁 때문이기도 하다.

1. 30년 전쟁

30년 전쟁은 16세기 중반 아우구스부르크 평화회의가 만든 결과였다. 아우구스부르크 평화회의가 세운 '통치자의 종교가 백성의 종교' 라는 원칙은 통치자와 백성의 종교가 같을 경우에는 문제가 없었지만, 다를 때는 갈등과 분쟁이 따를 수밖에 없었다. 통치자들은 그들의 종교를 백성에게 강요하였고, 따르지 않을 경우 억압함으로 백성과의 종교적·정치적 갈등을 초래했다. 천주교도였던 바바리아의 공작 알브레흐트 5세는 프로테스탄트였던 백성들을 탄압하였고, 마인츠, 트리에르, 쾰른에서도 동일한 일들이 벌어졌다. 심지어 짤스부르크 주교는 신앙이 다르다는 이유로 그의 영지에서 15,000명의 프로테스탄트를 추방하는 일까지 있었다.

종교적 갈등이 심각한 상황에서 천주교 대표들이 1608년 레겐스부르크에서 모임을 갖고, 1555년 이래 프로테스탄트에게 빼앗긴 모든 교회재산의 회수를 요구하였다. 이와 함께 프로테스탄트와 천주교회의 갈등이 노골화되자, 1608년 5월 프로테스탄트 영주들은 팔라티네이트 선제후 프리드리히 4세(Frederick IV, 1583~1610)의 주도로 방어 동맹인 기독교 연합(The Evangelical Union)을 맺었다. 천주교회측도 1609년 7월 바바리아의 막시밀리안(Maximilian)을 중심으로 천주교영주연맹(The Catholic League)을 결성하였다. 따라서 천주교회와 기독교회의 대립이 불가피하게 되었다.

당시 보헤미아에서의 종교적 갈등은 위험 수위에 있었다. 보헤미아는 1609년에 전 인구의 9할 이상이 종교개혁을 지지하였으나, 왕은 철저한 천주교도였다. 보헤미아의 왕 페르디난트 2세(Ferdinand II)는 "천주교회가 멸시 당하는 것을 보는 것보다 차라리 내 몸이 여러 개로 쪼개어 죽는 것을 택하겠다."고 선언할 정도의 열성적인 천주교도로, 백성의 뜻과 달리 천주교 우호 정책을 폈다. 천주교 세력이 커지고 그들에 의한 법령 위반이 늘어나자, 두 세력 간에 갈등의 골이 깊어갔다.

1618년 종교적 갈등으로 내란의 위기에 처하게 되자, 페르디난트 2세는 특사를 보내 백성들을 설득하고자 하였다. 그러나 보헤미아 사람들이 특사를 창밖에 내던짐으로 '프라하의 창문 투척 사건'이 일어나게 되었다. 왕이 이를 반란으로 간주하고 진압을 명하자, 백성들은 왕에 대한 충성을 거부하고 칼빈파 선제후인 팔라티네이트의 프리드리히 5세 (Frederick V, 1610~1632)를 왕으로 세움으로, 천주교도와 프로테스탄트 사이에 30년 전쟁이 시작되었다.

30년 전쟁의 전개 과정

'프라하의 창문 투척 사건'이 일어났을 때, 작센과 그 밖의 루터파 제후들은 프리드리히에 대한 시기심으로 그의 지지를 표명하지 않았다. 프리드리히는 프로테스탄트들로부터 완전히 소외당하였으나, 페르디난트는 천주교 영주들과 바바리아의 막시밀리안, 그리고 스페인의 지원을 받아 신성로마제국의 황제가 되었다. 이러한 상황은 결국 천주교와 기독교의 초기 싸움에서 천주교회 측의 승리로 이끌었다.

페르디난트는 프리드리히와 한판 전쟁을 준비했고, 페르디난트의 군대는 1620년 프리드리히의 군대를 격파하였다. 프리드리히가 네덜란드로 도망하자, 프로테스탄트의 모든 재산을 몰수하여 예수회 손에 넘겼고, 30,000여 세대의 프로테스탄트들은 엄청난 피의 보복을 당했다. 이로써 오랫동안 후스파의 본거지였고, 프로테스탄트 진영이었던 보헤미아는 천주교 국가가 되어버렸다.

보헤미아를 점령한 천주교도들은 1620년 팔라티네이트를 침략했다. 팔라티네이트가 천주교도의 수중에 들어가자, 북서 독일 지역이 함락되는 것은 시간 문제였다. 이에 덴마크 왕 크리스티안 4세(Christian IV, 1588~1648)가 영국과 네덜란드의 지원을 받아 프로테스탄트를 돕기 위해 참전하였으나 프로테스탄트는 페르디난트의 군대에 의해 1626년 4월 헝가리까지 내몰렸고, 그해 8월 크리스티안이 루테르 전투에서 무참하게 패하였다. 1627년과 1628년에 하노버, 브룬스빅, 실레지아를 빼앗겼고, 이어서 홀슈타인, 쉴레스빅, 포메라니아, 멕클렌부르크가 천주교회의 수중에 넘어갔다.

페르디난트는 작센과 브란덴부르크를 제외한 발트 해에 이르는 독일 북부를 점령하고, 1629년 3월 '복구령'(Edict of Restitution)을 내렸다. 복구령은 1552년 이후 프로테스탄트 교도들이 차지한 교회재산을 천주교회에 모두 반환할 것, 천주교 영지에서의 프로테스탄트교도를 추방할 것, 루터파를 제외한 모든 프로테스탄트 종파를 허용하지 말 것, 칼빈주의자들에게 제국의 공민권을 박탈할 것을 선언하였다. 이와 함께 5개의 주교구와 100개의 수도원, 수백 개의 교구 교회가 천주교회로 환원되었다.

복구령이 점차 확대되어 시행될 경우, 마그데부르크와 할베르슈타트와 브레멘과 같은 거대한 주교구가 천주교 세력권에 들어가고, 독일 프로테스탄트 진영은 와해되었을 것이다. 그러나 그들을 돕는 구원자가 나타났다. 스웨덴의 왕 구스타푸스 아돌푸스(Gustavus Adolphus)가 1630년 6월 18,000명의 병사와 함께 발트 해를 건너 독일에 도착한 것이다. 위협 받는 프로테스탄트를 보호하기 위해 참전한 구스타푸스는 포메라니아 전투에서 천주교 군대를 물리쳤다. 그는 그를 지원하는 동맹 세력이 없어 더 이상 전진하지 못하고 있었다. 그때 그를 도운 것이 바로 프랑스의 추기경 리슐리외이었다. 리슐리외는 천주교도였지만 프랑스의 국익을 위해 스페인과 오스트리아의 합스부르크 왕가에 대한 적대정책을 취하면서 구스타푸스를 재정적으로 지원한 것이다.

1631년 5월 마그데부르크가 천주교 군대에 의해 무참하게 파괴되자, 위협을 느낀 브란덴부르크의 선제후는 구스타푸스와 공동 전선을 펴고, 8월에는 작센이 가세함으로 프로테스탄트 세력이 강화되었다. 그해 9월 프로테스탄트 연합군은 라이프치히에서 대승을 거두고 북부 독일을 회복한 후, 파죽지세로 라인 지방으로 진격하여 마인츠에 진을 쳤고, 1632년 프라하를 점령하고, 바바리아의 수도 뮌헨을 함락하였다. 그해 11월 스웨덴 군이 라이프치히 근처에서 천주교도와 싸워 대승한 후, 북부 독일에서 복구령이 사문화되었다. 이러한 과정을 거쳐 북부 독일은 루터파, 남부 독일은 천주교의 세력이 지배하게 되었다.

전쟁이 오랫동안 지속되자 전쟁에 대한 혐오감도 극도에 달했다. 전쟁에 지쳐있던 천주교의 페르디난트 2세와 프로테스탄트의 작센 제후는 1635년 6월 프라하에서 평화협정을 맺었다. 1627년 11월 12일을 모든 판단의 결정적인 기준일로 채택하고, 교회 재산은 기준일 당시의 소유권자에게 속하게 하고, 재산권에 대한 모든 문제는 천주교와 기독교 동수의 판사로 구성된 법정에서 판결하도록 결의하였다. 독일 교회가 즉시 이 평화협정에 동의함으로 종교전쟁이 막을 내리는 것처럼 보였지만, 전쟁은 13년이나 더 계속되었다. 종교적인 문제로 시작한 전쟁이 국제적인 이해관계로 발전하였기 때문이다. 스페인, 프랑스, 스웨덴이 세력 확장을 위해 독일 내의 정파의 도움을 얻으며 전쟁을 계속하다가, 1648년 베스트팔렌(Westphalia) 조약에 의해 종교전쟁은 막을 내렸다.

30년 전쟁의 결과

베스트팔렌 조약으로 근대 유럽 국가들의 종교 노선이 확정되었다. 스웨덴, 노르웨이, 덴마크, 아이슬란드, 그리고 독일의 북부와 중부의 지역들은 루터교가 국교가 되었고, 스코틀랜드, 네덜란드, 헤세, 팔라티네이트, 독일 서부의 몇몇 도시들은 칼빈주의 교회들로 세워졌으며, 스페인, 이탈리아, 오스트리아, 바바리아, 그리고 독일 서부 나머지 지역들은 가톨릭의 진영에 속하게 되었다.

　베스트팔렌 조약은 1555년의 아우구스부르크 평화조약의 원리를 재확인하고, 조약의 보호 대상을 천주교도와 루터파만이 아니라 칼빈주의자까지 포함시켰다. 토지 문제에 대한 타협도 이루어져, 1624년 1월 당시의 프로테스탄트들이 차지하고 있던 주교구의 토지들은 프로테스탄트 진영에 소속되었고, 마그데부르크, 브레멘, 할베르슈타트 같은 대교구들에 대한 프로테스탄트 진영의 국유화를 인정하였다. 의회는 프로테스탄트와 천주교 관료들이 동수로 구성되었고, 신앙상의 문제로 추방당한 자들의 재산을 몰수하지 못하도록 조처하였다.

　30년 전쟁으로 유럽의 지형도 달라졌다. 스웨덴은 독일의 발트 해안, 프랑스는 알자스를 얻었다. 천주교 진영은 보헤미아, 오스트리아, 바바리아에 속한 팔라티네이트 백작령의 고지대, 알사스 지방 중 프랑스에 속한 지역을 얻었다. 브란덴부르크는 포메라니아를 스웨덴에 넘겨주었고, 대신 마그데부르크와 할베르슈타트를 얻었다. 바바리아의 막시밀리안은 선제후 칭호를 계속 유지하게 되었고, 팔라티네이트 일부를 소유했다. 팔라티네이트 일부는 프리드리히 5세의 아들 카알 루드비히(Karl Ludwig)에 의해 회복되었다.

　30년 전쟁의 결과는 참혹하였다. 온 대지는 황폐하게 되었으며, 특히 보헤미아는 35,000개의 마을 가운데 29,000개가 파괴되었고, 인구가 4분의 1로 줄어들었다. 독일에서는 1600만 명의 인구 가운데 600만 명이 죽었다. 상업과 제조업 등 경제 구조가 붕괴되어 핍절하게 되었으며, 문명은 파괴되었고, 도덕은 사라졌다. 종교 문제로 전쟁이 시작되었으나 신앙생활을 불가능하게 만들었고, 기독교와 천주교회의 갈등은 더욱 심화되었다. 신앙적인 대립과 교구 확장을 위한 싸움이 계속되었기 때문이다.

2. 종교적 관용 사상의 대두

이러한 종교적 갈등과 대립 속에 신학자들은 자파의 신학적 정통성을 옹호하는 논쟁을 벌임으로 '정통주의 시대'를 열었다. 무미건조한 정통성 논쟁은 신학을 사변화 시켰고, 예배를 무기력하게 만들었다. 설교가 활력을 잃었고, 예배 때 졸거나 딴청을 피우는 자들이 늘어났다. 지성인들은 신앙적 차이로 인한 전쟁의 폐해를 논하면서, 이를 극복하기 위해 종교적 관용을 실현할 것을 제안하기 시작하였다.

기독교와 종교적 관용

기독교회는 전통적으로 종교적 관용에 대해 부정적인 입장을 취해 왔다. 기독교는 원래 다른 종교를 인정하지 않고, 이단사상을 영혼을 죽이는 저주받은 사상으로 간주해 왔기 때문이다. 초대 교부 아우구스티누스는 이단 사상을 정죄하고 이단자 처형을 주장하였고, 중세인들도 이단자들의 처형을 주저하지 않았다. 그러나 구체적인 교리나 교회 형태에 대해 무관심하였던 중세의 신비주의자들이 수단과 방법을 가리지 않고 하나님과의 연합할 것을 역설하면서 종교적 관용이 옹호되기 시작하였다. 그들의 사상을 이어 인문주의자들이 자유로운 진리 탐구를 위해서 종교적 관용이 필요하다고 주장하면서 이 사상은 지성인 사이에 널리 확산되었다.

종교개혁 시대에 이르러 종교적 관용 사상은 박해받던 무리로부터 나타나기 시작하였다. 루터나 칼빈은 프로테스탄트에게 종교적 관용을 베풀 것을 제안하였고, 프로테스탄트 권에서는 박해 받던 소수의 무리들이 의견을 냈다. 초기에 종교적 관용을 주장하였던 루터는 농민 폭동을 통해 종교의 자유가 몰고 온 무정부 상태를 체험한 후 초기의 입장을 철회하였다.

그는 교리적 오류가 세속 권력에 의해 억제되어야 한다고 보았다.

이러한 원리에 따라 종교개혁자들은 이단적인 교리를 억제하고, 통치자들은 정통 신앙을 수호하기 위해 백성들에게 예배 참석을 명했다. 정당한 사유 없이 예배에 불참하는 자를 벌하였고, 교인들을 무신론으로 이끌거나 유아 세례를 부질없는 것으로 간주하는 이들에게 제재를 가하였다. 진정한 자비는 양떼를 늑대로부터 보호하는 것이지, 방치하는 것이 아니기 때문이다. 다른 말로 하면, 징벌은 이단에게 신앙을 강요하기 위해 있는 것이 아니라, 교인들이 곁길로 나가는 것을 막고, 양떼를 이리로부터 보호함으로 사회를 보존하고, 하나님의 영광을 드러내는 데 있기 때문이다.

종교관용 사상의 확산

그러나 급진적인 소수의 무리들은 무조건적인 종교관용을 주장하였고, 이는 17세기에 이르러 하나의 시대정신이 되었다. 16세기 후반 카스텔리오가 『이단에 관하여 - 그들은 왜 박해받아야 하며, 어떻게 취급되어야만 하는가?』를 출판한 이후, 종교적 관용 사상은 한꺼번에 우렁찬 합창소리처럼 다양한 인물과 기관으로부터 제기되었다.

1632년 신대륙에 이민하여 메릴랜드를 건설한 조지 칼버트(George Calvert), 즉 볼티모어 경(Lord Baltimore)은 천주교인들에 대한 관용을 주장하였고, 로드아일랜드를 건설한 로저 윌리엄스(Roger Williams)도 신대륙에서 종교적 관용을 주장하였다. 1640년경에 이르러 영국에서는 침례교도, 퀘이커교도가 종교적인 관용을 주장하였다. 특히 웨스트민스터 총회가 열렸을 때 소수파였던 독립파도 합세하였다. 『실락원』(Paradise Lost)의 저자인 존 밀턴(John Milton)도 『아레오파지티카』(Areopagitica)를 통해 로마

천주교도를 제외한 모든 사람에게 종교적 관용을 베풀라고 외쳤다. 합리주의 철학자인 존 로크(John Locke)는 1689년 『종교 관용론에 대한 서신』(Letter Concerning Toleration)을 통하여 정부가 종교 문제에 간섭하지 말고 관용을 베풀 것을 주장하였다. 밀턴처럼, 그도 로마천주교도에 대한 관용에는 반대했다. 이와 같은 사회적 요청에 부응하여 명예혁명으로 왕위에 오른 윌리엄과 메리(William and Mary)는 1689년 '종교관용령'을 선포하였다.

종교적 관용은 수많은 소수의 종파들에게 신앙의 자유를 주었으나 이단 사상의 확산에도 일조하였다. 때마침 계몽주의의 출현과 함께 기독교의 절대적 진리를 거부하는 운동들이 나타나기 시작하였다. 인본주의적 계몽주의의 확산은 결국 종교적인 무관심주의를 초래하였으며, 근세 사회는 종교적인 다원 사회로 나아가게 되었다. 계몽주의 사상과 함께 정통적 기독교 신앙을 약화시키는 또 다른 운동이 바로 신앙의 주관화를 외치면서 나타난 퀘이커(Quaker) 운동이다.

3. 퀘이커

퀘이커 운동은 프로테스탄트, 천주교회, 그리고 영국국교회와는 전혀 다른 제3의 신앙운동으로, 조지 폭스(George Fox, 1624~1691)에 의하여 시작되었다. 그는 1624년 영국 중부의 페니 드레이턴(Fenny Draton)에서 한 방직공의 아들로 태어났다. 특별한 교육을 받지 못하였으나 종교적인 인물이었던 그는 12살이 되던 1636년에 제화업자 밑에서 도제생활을 하다가 열아홉 살 때 왕당파와 의회파 사이에 내전이 터지자, 구도자가 되었다. 이때부터 인간의 허영, 사회의 부도덕, 신자들의 왜곡된 삶에 대하여 비판하였고, 신앙과 생활의 일치를 주장하였다. 특히 명목상 그리스도인들과 교제하면서 그들에게 고백적 신앙이 없다는 것을 확인한 그는 양심의 소리에 따라 살 것을 주장하기 시작하였다. 곧 자신의 영혼에 내면적으로 말씀하는 음성에 순종하며 살 것을 권면했던 것이다.

조지 폭스

폭스는 기성 교회에 대해 비판적이었는데, 이는 당시의 사회적 상황과 무관하지 않다. 영국 사회는 왕당파와 의회파로 나뉘어 싸움을 계속함으로 사회적 혼란이 극심하였고, 분파적인 교회는 신자들의 신앙을 제대로 지도하지 못했다.[79] 청교도들은 웨스트민스터 총회로 모였으나 국교회주의자들의 방해로 어려움을 겪고 있었다.

이러한 혼란의 시기에 청년 폭스는 묵상을 통해 스스로 영적인 각성을 하였다. 그는 당시를 이렇게 회고했다: "주님을 좇고자 하는 마음은 점점 더 커갔으며, 다른 사람이나 책이나 글의 도움을 받지 않고 하나님과 그리스도 한 분만을 온전히 바로 알고자 하는 열망이 점점 자라났다. 그리

---

79. 이 시대에 나타난 분파주의적 운동은 다음과 같다. 사회적 평등을 주장한 '수평파'(Levelers), 그 중 한 분파로 농사를 하늘아래 가장 큰 사명으로 삼던 '땅 파는 사람들'(Diggers), 다니엘서 2장 36절에서 45절에 기초하여 앗시리아, 페르시아, 헬라, 로마 다음으로 그리스도의 천년왕국이 온다고 주장한 '제5왕국의 사람들'(the Fifth Monarchy Men), 성령의 직접 조명을 기다리며 성례와 성경 봉독 등 외적인 예배 형식을 거부하던 '구도자들'(Seekers), '발견자들'(Finders) 등이 있었다. 퀘이커들은 기성 교회의 신앙을 배척하고, 성령께서 성경과 관계없이 직접적이며, 실제적으로 지식을 준다고 주장하며, "내적인 빛"(inner light)을 강조하였다. 그들은 성령이 임하면 진동하게 되는 종교적 황홀경을 구하였고, 진동을 강조하였기 때문에 퀘이커(Quaker)라는 별명이 붙여졌다.

스도와 하나님에 대해 성경에서 읽기는 하였어도 하나님을 알지 못하였으나, 이제 계시를 통해 열쇠를 가지신 분이 그 문을 여셨으며 생명의 아버지이신 하나님께서 성령을 통해 하나님의 아들이신 그리스도께로 나를 인도하였다. … 그 사랑은 주님 없이 지내던 나를 돌아보게 하였다. … 나는 내 속에 두 가지를 갈망하고 있다는 것을 알았다. 하나는 피조물을 따르는 것이며, 다른 하나는 창조주이신 하나님과 그의 아들 예수 그리스도를 따르고자 하는 것이었다"(폭스 1994, 72, 73).

이러한 체험을 한 후, 폭스는 1643년 7월 가족과 친우 관계를 청산하고 영적 방랑 생활을 시작하였으며, 1646년 묵상 가운데 내적인 빛을 발견한 후 순회 설교를 시작하였다. 그는 일기에 이렇게 썼다: "주께서 내 눈을 열어 주셨다. 만일 모든 사람이 신자들이라면 모두 하나님으로부터 났고 죽음에서 생명으로 옮겨졌지만, 아무도 그렇게 말할 수 있는 수준의 참된 신자가 아니며, 스스로 신자라고 하더라도 사실은 아니라는 것을 깨닫게 해 주셨다." 그리고 명상 가운데 "한 분이 계시니, 그 분은 예수 그리스도이며, 네 처지를 말해 줄 수 있는 분이다"라는 음성을 들었다. "그 음성을 듣고 나서 너무 기뻐 나는 깡충깡충 뛰었다"고 하였다(폭스 1994, 71). 아우구스티누스와 루터 등 정통신학자들이 성경 연구를 통해 회심한 것과 달리, 폭스는 명상을 통해 새로운 세계를 보았다. 이는 폭스의 종교가 영적이며 신비적이라는 것을 보여주는 일례이다.

각성 후 폭스는 "옥스퍼드나 케임브리지에서 배운다고 해서 그리스도의 사역자가 될 자격을 갖추는 것이 아니며" 영적인 소명을 받는 것이 중요하다고 생각하였다. 성령의 감동을 받으면 남녀를 불문하고 목회자가 될 수 있다고 주장하며 목회자의 훈련을 부정하고, 직업적인 목회를 거부하였다. 그는 기성교회의 목회에 대해 철저한 비판을 가하고, 교회 건물들을 "뾰족탑이 있는 집들"이라고 조롱하고 혐오하였다. 주님은 교회 건물에 살지 않고 사람들의 마음에 거하신다고 생각했기 때문이다.

폭스는 기독교의 참된 빛이 "다른 사람, 책, 또는 글의 도움 없이 주어지는 순수한 하나님과 그리스도에 관한 지식" 곧 내면적인 계시라고 정의하였다. 그는 "내가 인도를 받아 선포한 말은 하나님께서 성령을 통해 성경을 주셨다는 것, 선지자들과 사도들이 배웠던 하나님과 그리스도를 알기 위해 모든 사람은 자기 안에 있는 성령에게로 나아가야 한다는 것, 그 영으로 말미암아 모든 사람은 성경을 바로 알 수 있을 것이라는 것이었다."(폭스 1994, 147)라고 말하였으며, 하나님이 성경을 뛰어 넘어 일하시며, 여전히 계시가 오늘날에도 임한다고 주장하였다.[80]

폭스는 '내적인 빛'에 따라 살게 될 때 타락 전의 아담처럼 완전해지며, 의롭고, 깨끗하며, 순결한 삶, 곧 하나님의 형상을 온전히 회복한 생활을 할 수 있다고 하였다. 그는 '내적인 빛'을 '그리스도의 신령한 빛'으로, 이 빛은 신비한 '그 무엇'으로 그리스도나 성령 자신도 아니라고 설명하였다. 그는 "그리스도의 빛을 통해 그리스도를 받아들이는 사람에게 … 나는 하나님의 신령한 능력과 성령과 예수의 빛을 가지고서… 나아간다"(Ibid., 87, 88)고 하였다. 따라서 "내적인 빛은 하나님께서 우리에게 주신 그 무엇이나, 하나님 자신은 아니다." 이 말 속에 조지 폭스의 신비주의가 내포되어 있다.

그는 1647년 순회설교를 통해 퀘이커 사상을 널리 전하면서 다음과 같이 가르쳤다. 신약성경과 내면의 빛은 성도에게 검소한 의식주 생활을 권하고, 법적인 선서, 무력의 사용, 군대의 입대를 금한다. 전쟁은 불법적이

---

80. 그는 하나님으로부터 리치필드라는 곳으로 가라는 명령을 받기도 하고, 그곳에 도착했을 때 신을 벗으라는 명령을 받기도 하였고, 전쟁에 대한 환상을 보기도 하고, 황홀경을 체험하기도 하며, 성경이 열리는 체험을 하기도 하였다고 하였다(Fox 1994, 111, 359, 80).

며, 노예제도는 가증한 것이다. 기성교회들은 초대교회의 신앙을 떠나 있으나, 그리스도께서는 참된 교회, 곧 퀘이커 교회를 불러 모으고 있다. 신조들은 '내적인 빛'의 인도 아래 작성된 것이 아니라 인간이 만든 것이므로 신뢰할 수 없다. 특히 의의 전가 교리, 예정론, 전적 타락과 삼위일체 교리가 그렇다. 외적인 신앙은 구원에 도움이 되지 못하며, 오직 영혼 속에 말씀하시는 내적인 빛을 통하여만 그리스도께로 가는 길을 발견할 수 있고, 그 빛은 그리스도인을 하나로 만들며, 계속적으로 성경적인 계시를 나타낸다.

급진적인 신비주의 사상으로 일관된 폭스는 대인 관계에서 평등주의를 역설하였다. 타인 앞에서 모자를 벗는 것은 열등하다는 표시가 되므로 금하였으며, 지위가 높은 사람이라도 '경'이니 '각하' 등과 같이 귀족적 존경의 뜻이 담겨있는 용어로 칭하지 말라고 하였다.

폭스는 예배 때에는 수동적 자세를 취할 것을 종용했다. 거짓된 교회는 의식을 강조하지만, 참된 교회는 조용한 가운데 내적인 예배를 드리므로 예배에서 수동적인 자세가 요구된다는 논리이다. 그리스도께서 제정하신 예배는 외적이 아닌 영적인 예배로, 성령이 기도, 설교와 간증 가운데 일하시므로, 성도는 예배 때에 성령이 감화주시기를 고대하며 기다려야 한다고 주문하였다. 그의 급진적인 사상은 영국 북부에 있던 구도자(Seeker)들에 의해 받아들여졌고, 그들은 비공식적인 성경 읽기와 기도 모임을 이끌었다.

폭스는 1649년부터 제도적인 교회를 부인하였다. 그는 예배가 영적이어야 한다는 확신 가운데 기존 설교자를 강단에서 끌어내고 자신이 설교하다가 1650년과 1651년 더비(Derby) 교도소에 투옥되었고, 그 후 최소한 7번 이상 체포되었다. 그는 진실한 언행과 자신이 하나님의 메시지 전달자라는 의식을 사람들에게 세뇌시킴으로 많은 추종자들을 얻게 되었다. 그의 가르침을 따르는 자들을 '형제들'이라고 불렀는데, 대부분이 하층민이었고 간혹 부자와 귀족도 있었다.

퀘이커의 확산

폭스는 교회 조직의 필요성을 느껴 1652년 최초의 퀘이커 공동체를 조직하였다. 60명 이상의 선교사들을 영국 전역에 보내 자신의 교리를 전함으로 1654년에 런던, 브리스톨, 노르위치에 지회가 만들어졌다. 퀘이커 교도들은 1656년 대서양을 건너 미국의 매사추세츠로 가서 청교도의 '언덕 위의 도시'에 도전하였고, 성령의 직접적인 영감을 주장하는 등 주관적이며 과격한 사상을 전하다가 1661년경에 4명이 교수형에 처해지기도 했다.[81] 1658년 영국 전역에 "형제단"이 조직되었고, 1660년경에는 스코틀랜드, 아일랜드, 독일, 프랑스, 스위스, 이탈리아, 터키, 팔레스타인, 서인도 제도에 형제단이 세워졌다.

퀘이커의 확산은 올리버 크롬웰(Oliver Cromwell)이 침례교회를 비롯한 소수파의 교회에 대하여는 관용하였기 때문이었다. 그러나 왕정복고 이후 찰스 2세가 국교회 정책을 펴면서 1661년 폭스를 포함한 3,170명 이상의 형제단이 투옥되었다. 그 중 약 400여명이 감옥에서 죽었고, 살아남은 자들은 벌금형으로 파산하였다.

---

81. 뉴잉글랜드 청교도들은 이단을 영혼을 죽이는 사상으로 보고, 이를 전하는 사람에게 일차로 경고하고, 경고해도 말을 듣지 않으면 추방하고, 추방을 해도 계속적으로 뉴잉글랜드에 숨어 들어와서 이단 사상을 전하면 사회 선동죄로 처형하였다. 퀘이커들도 이러한 과정을 거쳐서 징계를 받았고, 사회의 법을 무시함으로 처형되었다.

박해를 당하는 이유가 훈련부족과 조직 부재에서 온다고 생각한 폭스는 1666년 "월례회"(Monthly Meeting)를 조직하여 추종자들을 훈련하고, 선교지를 방문하여 퀘이커 운동의 정착을 도왔다. 1669년에는 아일랜드, 1671년부터 1673년 사이에는 서인도의 바베이도스, 자메이카, 메릴랜드, 뉴저지, 롱아일랜드, 로드아일랜드를 방문하였고, 1677년과 1684년에는 네덜란드를 방문하였다. 퀘이커 운동은 폭스의 헌신과 열정, 도덕적인 감화력으로 인하여 널리 퍼져갔다.

가난한 서민운동으로 시작한 퀘이커 운동이 귀족들을 포함한 사회 전 계층으로 퍼지게 된 것은 폭스가 마거릿 펠(Margaret Fell) 부인을 만나면서부터이다. 마거릿 펠은 폭스의 설교를 통해 개종하고, 1652년 폭스가 얼버스틴 교회에서 예배를 방해한 일로 체포령이 내리자 은신처를 제공했다. 마거릿은 법률가였던 남편 펠이 죽자, 1669년 폭스와 결혼하였고, 이 때부터 그 여인의 집인 스와스모어 홀(Swarthmore Hall)은 퀘이커 본부가 되어 다양한 계층을 수용하게 되었다.

퀘이커들은 미국으로 지세를 넓혀갔다. 그들은 1677년 웨스트저지(West Jersey)에서 "법, 양보와 일치"라는 헌장에 의하여 종교의 자유를 얻은 후, 미국 중부에 정착하였다. 특히 윌리엄 펜(William Penn, 1644~1718)은 펜실베이니아를 건설하여 퀘이커 교도들이 사는 주로 만들었다. 해군 제독 윌리엄 펜 경(Sir William Penn)의 아들이었던 그는 1661년 퀘이커 신앙에 호감을 가졌고, 1666년 개종하였다. 신대륙에 퀘이커 정착지를 건설할 결심을 하고 1677년과 1678년 약 800여명의 퀘이커들을 뉴저지로 보냈으며, 1681년 찰스 2세로부터, 찰스 2세가 그의 부친에게 진 빚의 대금으로 펜실베이니아를 불하받았고, 1682년 필라델피아를 건설하여 퀘이커 도시를 만들었다. 퀘이커 운동의 확산과 함께 유럽과 미국의 교회는 주관주의적 신앙에 영향을 받기 시작하였고, 이는 결국 합리주의와 함께 객관적인 성경의 권위만을 강조하던 종교개혁 사상의 붕괴를 이끄는 계기가 되었다.

4. 맺는말

지금까지 우리는 마틴 루터에 의해 시작되고 수많은 개혁자들에 의해 발전해 온 종교개혁의 역사에 대해 살펴보았다. 개혁자들은 무지와 미신으로 오염된 교회를 개혁하여 성경적인 교회와 사회를 이 땅에 건설하기 위해서 다양한 개혁의 모델을 제시하였고, 그것이 국가적 또는 종교 집단적으로 발전하면서 각기 다른 종교적 전통을 형성해 왔음을 보았다. 루터파, 츠빙글리파, 재세례파, 성공회, 메노파, 개혁파, 청교도 등 다양한 신학 전통들이 생겨났으며, 그 전통에 의해 각기 다른 신앙적 세계를 이루었음을 확인하였다.

그럼에도 불구하고 종교개혁이 한 나라 또는 한 종파가 아니라 유럽의 모든 나라와 다양한 종파에 동일한 영향을 미쳤다는 점은 인류 역사에 지대한 업적을 남긴 사건이었다는 것을 가늠하게 한다. 이러한 점을 간과하면서 종교개혁이 서구 사회에 미친 영향에 대해 살펴봄으로 이 글을 맺고자 한다.

종교개혁은 성경적 신앙을 회복한 운동이었다. 중세교회가 우민정책을 펴서 성경을 성도들의 품에서 빼앗음으로 무지와 미신이 지배하는 암흑사회를 만들었지만, 종교개혁은 말씀을 교회와 사회 속에 회복하고, 만인제사장주의를 실현함으로 사제주의로 인한 부적절한 사회적 관행을 타파했다. 성경적 가르침이 사회의 구석구석에 적용되면서 교권의 남용을 억제하고, 성직자의 특권을 제한하여 현대적 민주 사회로 이끌었다.

종교개혁은 물리적 권징을 영적인 권징으로 바꾸어 놓았고, 권력의 남용을 억제했다. 중세 교회는 종교재판소와 출교권과 같은 수단을 동원하여 교권을 남용하던 시대였다. 일례로, 1573년 추기경 보로메오(Charles Borromeo)는 밀라노의 스페인 총독과 귀족들, 노동자들이 자기 앞에서 모자를 벗지 않았다는 이유로 내세와 현세에서의 징벌을 수반한다고 하는 출교 처분을 내렸다. 영국에서는 출교당한 사람의 법적인 권리가 박탈되었으므로 재산을 빼앗기더라도 법정에 고소할 수 없었고, 증인의 지위를 인정받지 못했고, 결혼할 수 없었으며, 기독교식으로 장례를 치를 수 없었다. 이러한 교권의 남용은 종교개혁과 함께 사라지게 되었고, 권징의 수단이 물리적 제재에서 영적인 것으로 변화되었다.

종교개혁은 성직자만이 누리던 특전들을 폐지시켰다. 콘스탄틴의 개종 이후 일정한 부분에서 성직자들에게 주어지기 시작한 면제 혜택은 중세 말기에 교회의 작은 직분을 맡은 자들에게까지 확대되면서 특권층을 이루었다. 특권층의 조성으로 사회적인 혼란이 야기되자, 프로테스탄트 군주들은 성직의 특전을 효과적으로 통제하기 시작하였다. 영국인들은 경미한 반역죄, 살인, 성소에서의 강도 행위, 노상강도, 가옥이나 창고에 대한 방화죄를 범한 성직자들에게서 특전을 박탈하였고, 엘리자베스는 1576년 면책 선서자(宣誓者) 제도를 아예 폐지하였다.

한편 성직자들에 의한 국가 관리 업무가 폐지되었다. 종교개혁 이전 국가 관리의 업무는 주로 성직자들에게 주어졌는데, 이는 평신도보다 성직자가 교육을 더 받았기 때문이었다. 추기경 울지는 수상으로 일했고, 리슐리외와 마자렝과 같은 이들도 프랑스의 실질적인 군주처럼 활동했다. 캔터베리의 대주교 윌리엄 로드는 1635년부터 재무부와 추밀원의 외교위원으로 일했다. 그러나 종교개혁자들이 교회와 정부 업무의 구분을 주장하면서 성직자들의 세속 지배는 점차 사라졌다.

종교개혁과 함께 성직자의 결혼이 일반화되었다. 천주교회는 여전히 성직자의 독신을 주장하지만, 프로테스탄트 국가들은 사람이 독처하는 것이 좋지 않다는 성경의 가르침에 따라 목사의 결혼을 합법화했다. 칼빈은 아내와 사별한 후에 재혼하지 않았지만, 친구들과 동료들에게는 교회의 유익을 위해서 결혼하라고 권하였다. 트렌트 교회회의가 1563년 11월 성직자의 결혼을 찬성하는 모든 사람들에게 저주를 선언하자, 청교도들은 독신주의를 사탄의 가르침으로 보았다(딤전 4:1~3), 영국의 엘리자베스는 성직자의 결혼을 정당한 것으로 간주하였고, 제임스 1세는 합법적이라고 선언하였다. 프로테스탄트 권에서는 목사의 결혼이 일반화 되었고, 성경의 가르침에 따라 가정의 중요성이 강조되기 시작하였다.

종교개혁은 성직자의 학문적·사회적 수준을 향상시켰다. 종교개혁 이전의 성직자들은 의식 집전이 주된 업무였으므로 학문적인 수준이 낮았지만, 종교개혁과 함께 목회자의 업무가 설교에 치중하게 되면서 설교자 양성을 위한 대학들이 세워지고, 경건과 학문이 성직자의 중요한 덕목이 되었다. 16세기 중반의 영국의 청교도들은 목사의 자격으로 경건성과 학문성을 요구하면서 반드시 헬라어와 히브리어를 읽고 그것을 라틴어로 번역할 수 있는 어학적인 자질과 논리학과 철학, 그리고 신학에 대한 해박한 지식을 갖출 것을 요구하였다. 이러한 현상은 청교도만이 아니라 다른 종파들에게서도 볼 수 있는 일반적인 것이었다.[82] 학문성과 경건성의 고양은 목회자의 사회적인 지위를 향상시키는 결과도 가져왔다.

---

82. 1573년 링컨 교구의 주교가 25명을 사제로 임명하였는데, 그 중 8명이 대학 졸업자였다. 1583년에는 32명 중 22명이 대학을 졸업했고, 1585년 링컨 교구에는 대학을 졸업한 목사가 399명이 되었고, 1603년에는 646명으로 늘어났다(Chadwick 1999, 441).

종교개혁은 말씀을 삶의 현장에 회복함으로 새로운 질서를 창조해 나갔고, 결과적으로 근대 사회를 여는 결과를 가져왔다. 종교개혁과 함께 세속정부의 지위가 높아지면서 왕권신수설과 절대 왕정이 실행되고, 이에 대한 반발로 국가 계약 사상이 일어나면서 현대적 민주주의가 정착하게 되었다. 소명 교리의 확산으로 기술이 개발되고 산업이 발전하면서 자본주의가 일어났으며, 자본주의의 발전은 현대 산업 사회로 나아가는 계기를 구축하였다. 이처럼 종교개혁은 근대 사회를 여는 관문 역할을 제대로 하였다.

반면 종교개혁과 함께 기독교 신앙을 약화시키는 그릇된 신앙 운동도 일어나게 되었다. 종교적 관용 사상의 확산과 함께 다양한 신학 사상이 나오면서 교회의 혼란을 이끌었다. 특히 종교적 체험을 신앙의 본질로 삼은 신비주의 운동, 이성과 상식을 기독교 신앙의 기초로 보는 합리주의 사상은 성경의 영감과 권위를 부정하는 등 정통적인 기독교 신앙에 도전하고 있다. 신비주의와 이성주의는 동전의 양면과 같이 성경적·객관적 진리를 거부하며, 상대주의적 가치관에 근거한 종교적 다원화를 지향함으로 절대적인 신앙을 파괴하려고 하고 있다.

우리는 이러한 극단적인 신앙 운동을 경계하면서 좌로나 우로 치우치지 말고, 하나님의 말씀만을 굳게 붙잡고 말씀이 온 사회를 지배할 수 있도록 혼신의 노력을 다해야 할 것이다. 이것이 바로 21세기를 사는 우리에게 주어진 시대적인 사명인 것이다.

종교개혁 연대표

1215	- 영국, '대헌장' (Magna Carta) 채택
1229	- 교황청, Valencia 교회회의에서 성경을 금서로 지정
1314	- 스코틀랜드, Robert Bruce가 독립전쟁에 승리
1382	- 스코틀랜드, 존 위클리프의 사상을 이단으로 정죄
1407	- 스코틀랜드, Lollard(위클리프 추종자들)의 첫 순교
1472	- 스코틀랜드, St. Andrews 대주교좌 설치(첫째)
1516	- 프랑스 정교협약으로 왕이 교회직분 임명권을 얻음
	- 에라스무스, 헬라어 성경을 편집하여 출판
1517	- 루터, 비텐베르크에 '95개 조항 항의문' 게시
1519	- 츠빙글리, 취리히에서 종교개혁 시작
1520	- 루터, 『교회의 바벨론 포로시대』 출판
1521	- 보름스 의회; 루터 사상이 소르본느 대학에서 정죄됨.
	- 자크 르페브르의 글들이 정죄됨
1523	- 취리히에서 제1차 공개토론, 츠빙글리의 사상이 수용됨
1524~25	- 독일, 농민전쟁
1526	- 틴데일 신약 영역 작업, 종교개혁 전개
1528	- 패트릭 해밀턴, 세인트 앤드류스에서 순교
1529	- 마르부르크 회의
1530	- 아우구스부르크 국회, 아우구스부르크 신앙고백서 나옴(루터파)
1531	- 츠빙글리 살해. 불링거가 계승함
1533	- 니콜라스 콥의 파리대학 연설. 종교적 새로운 방향 제시

1534	- 칼빈 회심. 미사 반대하는 플래카드 사건, 박해 시작.
	- 헨리 8세, 로마교황청과 단교(영국)
	- 재세례파가 독일의 뮌스터를 장악
1535	- 화렐이 제네바에서 최초의 복음적 설교. 미사 폐지
1536	- 『제일 스위스신앙고백』(불링거); 칼빈의 『기독교강요』 초판 나옴; 칼빈, 제네바 도착
1538	- 화렐과 칼빈, 제네바에서 추방됨. 칼빈, 스트라스부르에서 마틴 부쳐의 도움으로 프랑스피난민교회를 돌봄
1539	- 데이비드 비튼, 세인트 앤드류스 대주교 됨(스코틀랜드)
1541	- 칼빈, 제네바 귀환
1542	- 스코틀랜드, 유아 메리를 남겨두고 제임스 5세 사망. 메리의 모친(프랑스의 기즈 가의 메리)이 섭정이 됨
1543	- 스코틀랜드 의회, 성경을 소유하며 읽을 수 있도록 합법화함; 스코틀랜드의 메리와 영국의 에드워드 6세의 결혼 제안이 스코틀랜드에 의해 거부됨. 천주교회가 추기경 비튼에 의해 강화됨
1544	- 칼빈의 『기독교강요』 파리의 노트르담에서 불 태워짐.
	- 조지 위샤트가 귀국(스코틀랜드)
1545~63	- 트렌트 종교회의(천주교회의 반동종교개혁)
1546	- 위샤트, St. Andrews에서 화형에 처해짐; 그의 추종자들이 추기경 데이비드 비튼을 살해하고 성을 점령
1547	- 프랑스의 앙리 2세가 왕위에 오름. 극심한 박해.
	- 존 낙스, St. Andrews에서 위샤트의 추종자에 합류한 후에 처음으로 설교. 프랑스, 스코틀랜드 침입. 프로테스탄트 격파하고 낙스를 노예선에 보냄. St. Andrews 성이 파괴됨
	- 헨리 8세 사망(영국). 9살의 에드워드가 왕이 됨. 첫 섭정으로

Somerset의 공작(루터파 지지자), 둘째 섭정으로 Northumberland의 공작(개혁주의 지지자)이 됨.

1549
- 낙스, 석방되어 영국에 감. 에드워드 앞에서 설교
- 『제일 공동기도서』 나옴(영국): 서머셋 공작과 크랜머 저술

1550
- 존 후퍼, 복장 논쟁 일으킴
- 카알 5세, 종교개혁에 관한 글을 인쇄 또는 소유를 금함

1552
- 『제이 공동기도서』(영국): 섭정 노섬벌랜드와 크랜머의 저술, 더 개혁적이 됨

1553
- 에드워드가 죽고 메리가 왕위 계승. 스페인과 동맹, 천주교회로 돌아감(영국)
- 낙스 프랑크푸르트로 피신하여 영국 피난민에게 설교

1554
- 로레인의 메리(프랑스)가 스코틀랜드의 섭정이 됨
- 낙스, 제네바로 감

1555
- 낙스가 스코틀랜드로 귀국, 종교개혁을 확산
- 최초의 개혁교회가 천주교 도시인 파리에서 조직됨
- 아우구스부르크 평화회의(독일): "cuius regio, eius religio"

1556
- 토머스 크랜머, 이단으로 정죄. 옥스퍼드에서 화형 당함
- 낙스가 제네바로 돌아가 영어권 설교자가 됨

1558
- 메리 튜더가 죽고 엘리자베스가 왕위 계승(영국)
- 콩드의 왕자인 루이(프랑스)가 부르봉가의 지도자가 됨; 위그노 신앙을 고백

1559
- 프랑스와 스페인이 차이점을 줄이고 종교개혁자들을 박해하기 위한 샤토 캉브레지 회담을 엶
- 프랑수아 2세가 왕위에 오르고(프랑스), 스코틀랜드의 여왕 메리와 결혼. 여왕의 모친 메디치가의 캐더린이 섭정.

- 위그노에 의해 최초의 전국대회가 열림(프랑스); 교회 헌법과 신앙고백이 작성됨
- 스코틀랜드 교회의 혼란. 낙스가 귀국하여 천주교회 세력에 대해 항거 시작(특히 미사 집행에 대해)
- 칼빈의 『기독교강요』 최종판이 나옴
- 제네바 아카데미가 설립. 칼빈의 후계자 베자가 학장이 됨

1560
- 종교개혁자들을 멸하기 위해 프랑스 군대가 스코틀랜드에 도착, 영국군이 개혁자들을 돕기 위해 진군. 에든버러 협정으로 영국과 프랑스로부터 스코틀랜드 독립. 스코틀랜드 의회가 간단하고 개혁주의적인 스코틀랜드 신앙고백서를 승인하고 교황의 권위 부인. 제1차 스코틀랜드 총회 열림
- 존 낙스가 에든버러에 있는 세인트자일스 교회당에서 천주교회를 강력하게 비판하며 설교(특히 미사에 대해).
- 프랑스에서 위그노에 의한 쿠데타 시도가 실패로 끝나고 프랑수아 2세(스코틀랜드의 메리 여왕의 남편)의 죽음으로 섭정이던 캐더린 메디치의 권세가 더 강화됨
- 제네바 성경 완역.

1561
- 위그노의 비밀 예배가 공개 예배로 전환(프랑스)
- 스코틀랜드의 여왕 메리 스튜어트가 귀국하여 홀리로우드하우스에서 미사를 드림; 낙스와의 첫 대결
- 캐더린이 천주교회를 개혁하고 위그노들을 끌어들이기 위해서 푸아시 회담을 개최(프랑스). 위그노, 회의에 참석하고, 격려를 받음

1562
- 캐더린이 종교관용령을 선포. 위그노의 종교적 자유 선언에 천주교회 측이 분노. 제1차 종교전쟁이 일어남
- 메리 여왕과 낙스의 제2차면담이 이루어짐

1563	- 천주교회와 위그노 세력 사이의 갈등이 계속(프랑스)
	- 메리 여왕과 낙스의 제3차, 제4차면담이 이루어짐. 낙스가 반역을 시도하였으나 스코틀랜드 의회에 의해 중지.
	- 『하이델베르크 요리문답서』 완성(독일 개혁교회)
	- 네덜란드에서 최초의 개혁주의교회 대회가 열림
1564	- 칼빈의 사망
1566	- 『제2스위스신앙고백서』 나옴. 스위스, 스코틀랜드, 폴란드, 헝가리에 의해 채택됨.
1567	- 스코틀랜드의 메리 여왕 왕권 박탈됨; 어린 아들 제임스에게 왕권이 넘어감
1567	- 프랑스에서 야만적인 제2종교전쟁이 일어남.
	- 스페인의 펠리페 2세가 네덜란드에서 종교개혁 사상에 대한 소탕 운동 시작(알바 공의 독재정치, 1673년까지)
1570	- 제3종교전쟁이 일어나자(프랑스), 캐더린 메디치가 위그노에 적대적
	- 토머스 카트라이트(영국)가 케임브리지대학에서 장로교 사상을 전하다가 추방됨
1572	- 성 바돌로메 축제일의 대학살(프랑스)
	- 존 낙스의 사망
	- 로버트 브라운이 케임브리지대학 졸업(Corpus Christi College)
1573	- 오란혜의 빌헬름이 종교개혁 사상을 받아들임(네덜란드)
1574	- 앤드류 멜빌이 제네바에서 귀국(스코틀랜드)
1576	- 『39조 신조』의 공포(영국)
	- 프랑스의 앙리 3세가 성 바돌로메 축제일의 대학살에 대해 유감 표명, 위그노에게 약간의 자유를 줌
	- 에드몬드 스펜시 케임브리지대학 졸업

1577	- 윌리엄 퍼킨스, 케임브리지대학 입학
1578	- 스코틀랜드 의회, 장로교적인 『제2권징서』 비준
1580	- 『일치서』 채택(루터파)
1581	- 네덜란드 독립 선언. 개혁주의 신학이 주도적이 됨
1584	- 설교자 양성을 위해 케임브리지에 임마누엘대학이 세워짐(영국)
1585	- 앙리 3세의 1576년 종교관용령이 취소됨(프랑스). 위그노 박해 받음. 무력 충돌
1587	- 스코틀랜드의 메리가 처형됨
1590	- 스펜서가 『요정 같은 여왕』(Fairei Queen) 출판(영국)
1592	- 존 로빈슨, 케임브리지대학 진학(Corpus Christi)
	- 제임스 6세에 의해 장로교체제가 인정됨(스코틀랜드)
1593	- 나바르의 앙리(프랑스)가 위그노로부터 천주교로 개종
1594	- 나바르의 앙리가 프랑스의 앙리 4세로 즉위
1598	- 앙리 4세, 낭트칙령 선포. 위그노에게 모든 자유 허락
	- 존 코튼, 트리니티대학 입학(케임브리지), 개종, 졸업 후 임마누엘대학으로 옮겨 주강사(Head Lecturer)가 됨
1603	- 엘리자베스 사망(영국). 스코틀랜드의 제임스 6세가 영국 제임스 1세가 되어 두 왕국을 감독교회로 만들려고 함
1604	- 영국의 제임스 1세가 햄턴 법정에서 장로교도 배척
1607	- 최초의 영국인이 미국 체사피크 만에 도착
1608	- 존 로빈슨이 분리주의자들을 이끌고 네덜란드로 도착(윌리엄 브래포드를 포함)
1610	- 아르미니우스의 추종자, 『항거』 제출(네덜란드)
1612	- 존 코튼 보스턴 교회로 옮김(영국)
1616	- 올리버 크롬웰이 Sidney Sussex대학 진학

1618	- 도르트 회의(네덜란드). 도르트 신경 작성(1619년까지)
1620	- 분리주의자들에 의해 플리머스 식민지 건설
1625	- 존 밀턴이 그리스도대학(케임브리지) 진학
	- 찰스 1세가 영국과 스코틀랜드의 왕으로 등극. 국교회와 천주교회의 입장을 견지하면서 청교도 박해
1629	- 찰스 1세, 영국 의회 해산.
1630	- 존 윈스럽의 지도 아래 비분리주의적 회중교도가 매사추세츠만 식민지 건설
1631	- 프랑스 소뮈르에 있는 위그노 학교 교수요 가설적보편주의의 제안자인 아뮈로(Moises Amyraut)가 프랑스개혁교회에 의해 프랑스 왕에게 낭트칙령을 취소하지 말라는 청원서 전달자로 선택됨. 위그노에 대한 박해가 가중
1633	- 청교도에 적대적이었던 윌리엄 로드가 캔터베리의 대주교가 됨(영국)
1636	- 매사추세츠에 하버드대학이 설립됨
	- 사무엘 러더포드가 찰스 1세와 로드의 정책에 반대하다가 애버딘에서 추방됨(스코틀랜드)
1637	- 로드의 『기도서』가 출판되고, 찰스가 영국과 스코틀랜드의 모든 교회가 사용할 것을 선포
1638	- 2월: 천주교회와 국교회 정책에 반대하며 개혁주의 신학과 장로교회를 지지하는 국가계약이 에든버러의 그레이프라야 교회당에서 서명(스코틀랜드)
	- 11월: 1618년 이후 최초의 스코틀랜드 장로교 총회가 열림. 감독주의 폐지, 교회가 정부에 종속되는 것을 금함
	- 영국에서 과격한 종교개혁이 일어남. 밀턴이 영국국교회의 부패를 공격하는 리키다스(Lycidas)를 출판

1639	- 찰스가 스코틀랜드를 지배하려하자 제1차 주교 전쟁 발생, 패배. 러더포드, 세인트 앤드류스의 대학교수로 감
1640	- 스코틀랜드 의회가 1638년 총회 결의를 승인(6월). 스코틀랜드 군대가 Tweed 강을 건너 뉴캐슬과 덜함을 정복(8월)하여 제2차 주교 전쟁 일어남. 찰스가 스코틀랜드와의 전비 마련을 위해 '장기 의회' 소집(11월). 그러나 의회는 스코틀랜드에 동정적. 감독직, 뿌리와 가지들, 폐지를 촉구하는 런던 청원(12월)
1641	- 찰스, 스코틀랜드 의회의 1640년의 결정을 비준. 스코틀랜드 군이 퇴각(8월); 영국 의회가 "대항의서"(Grand Remonstrance)를 통과하고 (11월) 종교회의를 소집
1642	- 영국 왕과 의회군 사이에 갈등이 시작
1643	- 웨스트민스터 총회 소집(7월 1일). 러더포드 총대로 참석. 감독주의를 폐지하고 완전한 종교개혁을 추구하는 '엄숙한 동맹과 계약'을 스코틀랜드 의회가 승인(8월). 영국 의회군을 지원하기 위해 스코틀랜드 군대가 영국으로 감.
	- 윌리엄 로드가 런던 타워에 투옥됨
1644	- 밀턴, 언론과 종교의 자유를 주장하는 Aeropagitica 펴냄(찰스에 반대). 러더포드, 왕이 법에 복종해야 한다는 Lex Rex 출간.
	- 존 번연, 의회군에 참여
	- 웨스트민스터 총회가 새로운 신앙고백 작성을 결의
1646	- 웨스트민스터 신앙고백서 작성 완료, 영국 의회에 헌정
1647	- 스코틀랜드 의회, 웨스트민스터 신앙고백서 승인
1648	- 웨스트민스터 총회가 대소요리문답서를 작성
	- 크롬웰 수하의 의회군, 장로교로 가득 찬 의회를 정화. 스코틀랜드는 영국이 독립파의 지배를 받자 실망.

	- '케임브리지 강령'(교리적이고 교회론적인 기준)을 매사추세츠가 채택
1649	- 찰스 1세 처형(1월)
	- 크롬웰, 존 오웬을 종군 목사로 선택
1650	- 찰스 2세가 유배지 네덜란드로부터 스코틀랜드 도착. '엄숙한 동맹과 계약'에 서명하자, 스코틀랜드의 왕으로 선언. 크롬웰이 스코틀랜드로 진격하여 대파. 찰스 2세는 프랑스로 피난
1652	- 존 로크가 후견인인 존 오웬이 부총장으로 있던 옥스퍼드대학에 진학.
1653	- 크롬웰 의회 해산. 호민관 제도가 정착. 밀턴, 크롬웰의 라틴 비서가 됨
1658	- 크롬웰 사망. 그의 아들 리처드가 권세를 잡음
1659	- 루이 14세 프랑스 왕이 됨. 위그노에 대한 적대감이 증가.
1660	- 왕정복고(영국). 찰스 2세가 왕이 됨. 러더포드와 다른 많은 청교도들이 반역죄로 정죄. Lex Rex가 불에 던져짐. 존 번연 투옥. 밀턴은 소경됨을 인하여 엄한 벌을 피함. 찰스가 장로교회를 폐지하고 주교를 임명하면서 감독주의 확산.
1662	- 매사추세츠에서 반쪽 계약이 채택
1667	- 밀턴, 『실락원』 출판
1672	- 번연 석방
1678	- 번연 『천로역정』 출판

참고 및 인용 도서

신복윤

1993   『칼빈의 신학 사상』. 서울: 성광문화사.

오덕교

1991   『교회사 강의: 중세편』. 수원: 합동신학교.

1994   『청교도와 교회개혁』. 수원: 합동신학대학원출판부.

1995   『장로교회사』. 수원: 합동신학대학원출판부.

2001   『청교도 이야기』. 서울: 도서출판 이레

2004   『언덕 위의 도시: 청교도의 사회개혁 이상』. 수원: 합동신학대학원출판부.

지원용

1986   『루터 사상의 진수』. 서울: 콘콜디아사.

1991   『말틴 루터: 생애와 사상』. 서울: 콘콜디아사.

Kurt Aland

1983   *Four Reformers:Luther, Melanchthon, Calvin, Zwingli*, 『네 사람의 개혁자들』. 이기문 역. 서울: 콘콜디아사.

Paul Althaus

1966   *The Theology of Martin Luther*. Philadelphia: Fortress Press.

William Ames

1992   *The Marrow of Theology*, 『신학의 정수』. 서원모 옮김, 서울: 크리스챤 다이제스트.

William Park Armstrong ed.

1980   *Calvin and the Reformation*. Grand Rapids, Michigan: Baker Book House.

Paul D. L. Avis

1981   *The Church in The Theology of the Reformers*. Atlanta: John Knox Press.

Roland H. Bainton

1952   *The Reformation of the Sixteenth Century*. Boston: Beacon Press, 1952.

1971   *The Travail of Religious Liberty: Nine Biographical Studies*. Hamden, Connecticut: Archon Press.

1982   *Here I Stand: A Life of Martin Luther*, 『마틴 루터의 생애』. 이종태 번역, 서울: 생명의 말씀사.

1993   *The Reformation of Sixteenth Century*, 『16세기의 종교개혁』. 홍치모, 이훈영 역. 서울 : 크리스챤 다이제스트.

Willem Balke

1981   *Calvin and the Anabaptist Radicals*. translated by William Heyden. Grand Rapids, Michigan: William B. Eerdman Publishing Company.

Andre Bieler

1985   *The Social Humanism of Calvin*, 『칼빈의 경제 윤리』. 홍치모역. 서울: 성광문화사.

F. Bente

1965   *Historical Introductions to the Book of Concord*. St. Louis, Missouri: Concordia Publishing House.

George Blaurock

1957   "Beginnings of the Anabaptists Reformation," In *Spiritual and Anabaptist Writers*. Library of Christian Classics. Edited by Angel M. Mergal. vol. 25. Philadelphia: The Westminster Press.

Tilman J. van Braght

1957   "The Trial and Martyrdom of Michael Sattler," In *Spiritual and Anabaptist Writers*. The Library of Christian Classics. Edited by George Williams. vol. 25. Philadelphia: The Westminster Press.

Geoffrey W. Bromiley ed.

1953   *Zwingli and Bullinger*. The Library of Christian Classics. Philadelphia: The Westminster Press.

Geoffrey W. Bromiley

1978   *Historical Theology: An Introduction*. Grand Rapids, Michigan: Wm. B. Eerdmans Publishing Company.

William J. Bouwsma

1988   *John Calvin: A Sixteenth Century Portrait.* Oxford: Oxford University Press.

Heinrich Bullinger

1849   *Decades.* Edited by T. Harding. 5 vols. Cambridge: Parker Society, Cambridge University Press.

John Calvin

1536   *The Institutes of the Christian Religion*, 『기독교 강요』. 양낙흥 역. 1536년판. 서울: 크리스찬 다이제스트(1990).

1949   *Commentary on the Book of Psalms*, I. Grand Rapids, Michigan: William B. Eerdmans Publishing Company.

1954   Calvin: *Theological Treatises.* Edited by J. K. S. Reid. The Library of Christian Classics. Philadelphia: The Westminster Press.

1958   Calvin: *Commentaries and Letters.* Edited by Joseph Harouturian. The Library of Christian Classics. Philadelphia: The Westminster Press.

1960   *The Institutes of the Christian Religion.* Edited by John T. McNeill. 2 vols. Philadelphia: The Westminster Press.

1979   *Sermons on the Epistle to the Ephesians.* Edinburgh: The Banner of Truth Trust.

1980   *Sermons on the Saving Work of Christ.* Selected and translated by Leroy Nixon. Grand Rapids. Michigan: Baker Book House.

1983   *Selected Works of John Calvin: Tracts and Letters.* 7 vols. Edited by Henry Beveridge and Jules Bonnet. Grand Rapids, Michigan: Baker

Book House.

1983a   *Sermons on the Epistles to Timothy & Titus*. Facsimile of 1579 edition. Edinburgh: The Banner of Truth Trust.

1988   *Institutes of the Christian Religion*, 『기독교 강요』. 김종흡, 신복윤, 이종성, 한철하 공역. 서울: 생명의 말씀사.

Euan Cameron

1991   *The European Reformation*. Oxford: Clarendon Press.

Owen Chadwick

1985   *The Reformation*. Middlesex, England: Penguin Books.

Jaques Courvoisier

1963   *Zwingli: A Reformed Theologian*. Richmond, Virginia: John Knox Press.

William Cunningham

1979   *The Reformers and the Theology of the Reformation*. Edinburgh: The Banner of Truth Trust.

J. H. Merle d'Aubigne

1846   *History of the Reformation of the Sixteenth Century*. Reprinted One Volume Edition. Grand Rapids: Michigan, Baker Book House.

Charles G. Dennison & Richard Gamble

1986   *Pressing Toward the Mark: Essays Commemorating Fifty Years of the*

Orthodox Presbyterian Church. Philadelphia: The Committee for the Historian of the Orthodox Presbyterian Church.

A. G. Dickens

1966 *Reformation And Society in Sixteenth Century Europe*. London: Harcourt Brace Jovanovich, Inc..

John P. Dolan

1964 *The Essential Erasmus*. New York: Penguin Books.

Gerhard Ebeling

1972 *Luther: An Introduction to His Thought*. Philadelphia: Fortress Press.

Carlos M. N. Eire

1986 *War Against the Idols: The Reformation of Worship from Erasmus to Calvin*. Cambridge: Cambridge University Press.

Werner Elert

1962 *The Structure of Lutheranism*. Translated by Walter A. Hansen. St. Louis: Concordia Publishing House.

G. R. Elton

1963 *Reformation Europe 1517~1559*. New York: Harper Torchbooks

Benjamin W. Farley, ed and trans.

1980   *John Calvin's Sermons on the Ten Commandments*. Grand Rapids: Michigan: Baker Book House.

Sinclair B. Ferguson
1987   *John Owen on the Christian Life*. Edinburgh: The Banner of Truth Trust.

Wallace K. Ferguson et al
1959   *Facet of the Renaissance*. New York, Evanston, and London: Harper & Row, Publishers.

Frederick J. Furnivall, edited
1871   *A Supplication for the Beggars - Written about the Year 1529 by Simon Fish*. London: N. Trubner & Co.

Alexander Ganoczy
1987   *The Young Calvin*. Translated by David Foxgrover and Wade Provo, Philadelphia: The Westminster Press.

Timothy George
1988.   *Theology of the Reformers*. Nashville, Tennessee: Broadman Press.

Timothy George ed.
1990   *John Calvin & the Church: A Prism of Reform*. Louisville, Kentucky: Westminster / John Knox Press.

W. Fred Graham

1978   *The Constructive Revolutionary John Calvin: His Socio-Economic Impact*. Atlanta: John Knox Press.

Janet Glenn Gray

1981   *The French Huguenots: Anatomy of Courage*. Grand Rapids, Michigan: Baker Book House.

Conrad Grebel

1524   "Letter to Tomas Muntzer" In *Spiritual and Anabaptist Writers*: The Library of Christian Classics. Edited by George Williams. volume 25. Philadelphia: The Westminster Press.

Harold J. Grimm

1973   *The Reformation Era 1500~1650*. Second edition. New York: Macmillan Publishing Co..

Thea B. Van Halsma

1959   *This Was John Calvin*. Grand Rapids, Michigan: Baker Book House.

E. Harris Harbison

1956   *The Christian Scholar in the Age of the Reformation*. Grand Rapids, Michigan: William B. Eerdman Publishing Company.

Adolph von Harnack

1958   *History of Dogma*. 7 vol. New York: Russell and Russel.

Denys Hay

1978   *The Italian Renaissance in Its Historical Background*. Cambridge: Cambridge University Press.

George P. Hays

1892   *Presbyterians: A Popular Narrative of Their Origin, Progress, Doctrines and Achievements*. New York: J.A. Hill & Co. Publishers.

Scott H. Hendrix

1973   *Luther and the Papacy: Stages in a Reformation Conflict*. Philadelphia: Fortress Press.

Guy F. Hershberger ed.

1957   *The Recovery of the Anabaptist Vision*. Scottdale, Pennsylvania: Herald Press.

Hans J. Hillerbrand

1968   *The Protestant Reformation*. New York: Harper Torch Books.
1981   *The Reformation : A Narrative History Related By Contemporary Observers and Participants*. Grand Rapids, Michigan: Baker Book House.

Bengt R. Hoffmann

1976   *Luther and the Mystics: A Re-examination of Luther's Spiritual*

Experience and His Relationship to the Mystics. Minneapolis: Augusburg Publishing House.

Melchior Hoffmann

1957　　"The Ordinance of God," In *Spiritual and Anabaptist Writers*. The Library of Christian Classics. Edited by George Williams. volume 25. Philadelphia: The Westminster Press.

David E. Holwerda ed.

1976　　*Exploring the Heritage of John Calvin: Essays in Honor of John Bratt*. Grand Rapids, Michigan: Baker Book House.

Douglas Horton

1960　　"Let Us Not Forget the Mighty William Ames," *Religion in Life*. XIX: No. 3 (Summer).

Baltasar Hubmaier

1957　　"On Free Will," In *Spiritual and Anabaptist Writers*. Library of Christian Classics. Edited by Angel M. Mergal. vol. 25. Philadelphia: The Westminster Press.

Philip Edgcumbe Hughes

1984　　*LeFevre: Pioneer of Ecclesiastical Renewal in France*. Grand Rapids, Michigan: W. B. Eerdmans Publishing Company.

Johan Huizinga

1957   *Erasmus and the Age of Reformation*. New York: Haper Torchbooks.

S. Macauley Jackson

1929   *The Latin Works of Huldreich Zwingli*. Vol. 3. Philadelphia.

E. M. Johnson

1977   *Man of Geneva: The Story of John Calvin*. Edinburgh: The Banner of Truth Trust.

Rufus M. Jones

1971   *Spiritual Reformers in the 16th and 17th Centuries*. Gloucester, Mass.: Peter Smith.

Douglas F. Kelly

1992   *The Emergence of Liberty in the Modern World: The Influence of Calvin on Five Governments from the 16th Through 18th Centuries*. Phillisburg, New Jersey: Presbyterian and Reformed Publishing.

Fred H. Klooster

1977   *Calvin's Doctrine of Predestination*. Grand Rapids, Michigan: Baker Book House.

M. M. Knappen

1970   *Tudor Puritanism: A Chapter in the History of Idealism*. Chicago and

London: University of Chicago Press.

John Knox

1982 *The Reformation in Scotland.* Edinburgh: The Banner of Truth Trust.

Paul Oskar Kristeller

1961 *Renaissance Thought: The Classic, Scholastic, and Humanist Strains.* New York: Harper Torchbooks.

H. G. Koenigsberger and George L. Mosse

1968 *Europe in the Sixteenth Century.* London: Longman Group Ltd.

Cornelius Krahn

1981 *Dutch Anabaptism: Origin, Spread, Life, and Thought.* Scottdale, Pennsylvania: Herald Press.

Tony Lane

1990 *Christian Thought.* 『복음주의 입장에서 본 기독교 사상』. 김응국 역. 서울: 도서 출판 나침판사.

Lefferts A. Loetscher

1978 *A Brief History of the Presbyterians.* Philadelphia: The Westminster Press.

Bernhard Lohse

1993   *Martin Luther: An Introduction to His Life and Work.*『루터 연구 입문』. 이형기 역. 서울: 크리스챤 다이제스트.

Martin Luther

1955   *Luther: Letters of Spiritual Counsel.* Edited by Theodore Gerhardt Tappert. The Library of Christian Classics. vol. 18. Philadelphia: The Westminster Press.

1957   *Luther's Works.* volume 25. Philadelphia: Fortress Press.

1961   *Luther: Lectures on Romans.* Edited by William Pauck. The Library of Christian Classics. vol. 15. Philadelphia : The Westminster Press.

1961a   *Martin Luther: Selections From His Writings.* Edited by John Dillenberger. Garden City, New York: Anchor Books.

1962   *Luther: Early Theological Works.* Edited by T. F. Torrance. The Library of Christian Classics. vol. 16. Philadelphia: The Westminster Press.

1969   *Luther and Erasmus on Free Will.* Edited by E. Gordon Rupp. The Library of Christian Classics. vol. 17. Philadelphia: The Westminster Press.

1970   *The Freedom of a Christian,*『크리스챤의 자유』. 지원용 역. 서울: 콘콜디아사.

1982   *Works of Martin Luther:* The Philadelphia Edition, 6 vols. Grand Rapids, Michigan: Baker Book House.

J. E. Malherbe compiled.

1998   *The Edict of Nantes 1598-1998.* Franschhoek, South Africa: Huguenot Memorial Museum.

Cotton Mather

1979 *Magnalia Christiana Americana: The Great Works of Christ in America*. 2 volumes. Edinburgh: The Banner of Truth Trust.

Harry J. McSorley

1969 *Luther: Right or Wrong?: An Ecumenical-Theological Study of Luther's Major Work, The Bondage of the Will*. New York: Augsburg Publishing House.

John T. McNeill

1979 *The History and Character of Calvinism*. London: Oxford University Press.
1990 『칼빈주의 역사와 성격』. 서울: 크리스챤 다이제스트사

Philip Melanchthon

1982 *Melanchthon on Christian Doctrine: Loci Communes 1555*. Translated and edited by Clyde L. Manschreck. Grand Rapids, Michigan: Baker Book House.

John Lothrop Motley

1900 *History of the United Netherlands*. New York.

Iain H. Murray

1987 *The Reformation of the Church: A Collection of Reformed and Puritan Documents on Church Issues*. Edinburgh: The Banner of Truth Trust.

J. E. Neal

1960   *The Age of Catherine de Medici*. New York: Haper Torchbooks.

Walter L. Lingle & John W. Kuykendall

1977   *Presbyterians: Their History and Beliefs*. Atlanta: John Knox Press.

William Niesel

1980   *The Theology of Calvin*. translated by Harold Knight. Grand Rapids, Michigan: Baker Book House.

Heiko A. Oberman

1981   *Forerunners of the Reformation; The Shape of Late Medieval Thought*. Illustrated by Key Documents, Philadelphia: Fortress Press.

1981a   *Masters of Reformation: The Emergence of a New Intellectual Climate in Europe*. Cambridge: Cambridge University Press.

1992   *The Dawn of the Reformation*. Grand Rapids, Michigan: William Eerdmans Publishing Company.

1994   *The Impact of the Reformation*. Grand Rapids, Michigan: William Eerdmans Publishing Company.

Deok Kyo, Oh

1987   "The Churches Resurrection: John Cotton's Eschatological Understanding of the Ecclesiastical Reformation," Unpublished Ph. D. dissertation. Westminster Theological Seminary.

Hughes Oliphant Old

1984   *Guides to the Reformed Tradition: Worship*. Atlanta: John Knox Press.

John Olin, ed.

1973   *Christian Humanism and The Reformation: Selected Writings*. Gloucester, Mass.: Peter Smith.

1976   *John Calvin and Jacopo Sadoleto: A Reformation Debate*. Grand Rapids, Michigan: Baker Book House.

John Owen

1978   "Death of Death in the Death of Christ," in *The Works of John Owen*. 16 vols. Edinburgh: The Banner of Truth Trust.

Steven E. Ozment

1980   *The Reformation in the Cities: The Appeal of Protestantism to Sixteenth-Century Germany and Switzerland*. New Haven, and London: Yale University Press.

1992   *Protestants: The Birth of A Revolution*. New York: Doubleday.

1980   *The Age of Reform 1250~1550*. New Haven, Connecticut: Yale University Press.

T. H. L. Parker

1975   *John Calvin: A Biography*. Philadelphia: The Westminster Press.

1992   *Calvin's Preaching*. Louisville, Kentucky: Westminster / John Knox Press.

1990   *John Calvin*, 『존 칼빈의 생애와 업적』. 김지찬 역, 서울: 생명의 말씀사.

William Pauck

1969　　*Melanchthon and Bucer*. The Library of Christian Classics. Philadelphia: The Westminster Press.

1984　　*From Luther to Tillich: The Reformers and Their Heirs*. New York: Harper & Row, Publishers.

Jaroslav Pelikan

1974　　*The Spirit of Eastern Christendom(600~1700)*. Chicago: The University of Chicago Press.

1984　　*Reformation of Church and Dogma (1300~1700)*. Chicago: The University of Chicago Press.

D. H. Pennington

1976　　*Seventeenth Century Europe*. London: Longman Ltd.

William Perkins

1626　　"A Grain of Mustard Seed or the Least Measure of Grace That is Or Can Be Effectual to Salvation." In *The Works of William Perkins*. volume 1~3. London.

G. R. Porter

1984　　*Zwingli*. London, New York, and Sydney: Cambridge University Press.

W. Stanford Reid

1968　　*The Reformation: Revival or Revolution?*. New York: Holt, Reinhardt and Winston.

1982   *John Calvin: His Influence in the Western World*. Grand Rapids, Michigan: Zondervan Publishing House.

1984   *Trumpeter of God: A Biography of John Knox*,『하나님의 나팔수: 존 낙스의 생애와 사상』. 서영일 역. 서울: 기독교문서선교회.

Beatrice Reynolds

1931   *Proponents of Limited Monarchy in Sixteenth-Century France*. Francis Hotman and Jean Bodin. New York.

Michel-Edmund Richard

1994   *La vie des protestants francais de l'edit de Nantes a la Revolution* (1588~1789). les Editions de Paris.

Philip Schaff

1985   *The Creeds of Christendom*. vols. 3. Grand Rapids, Michigan: Baker Book House.

Victor A. Shepherd

1983   *The Nature and Function of Faith in the Theology of John Calvin*. Macon, Georgia: Mercer University Press.

Ronald J. Sider

1978   *Karlstadt's Battle With Luther*. Philadelphia: Fortress Press.

George H. Williams and Angel M. Mergal, ed.

1957   *Spiritual and Anabaptist Writers*, The Library of Christian Classics. vol 25. Philadelphia: Westminster Press.

Matthew Spinka ed.

1953   *Advocates of Reform: From Wyclif to Erasmus*. The Library of Christian Classics. Philadelphia: The Westminster Press.

Lewis W. Spitz

1971   *The Renaissance and Reformation Movements*. Vols 1~2. St. Louis: Concordia Publishing House.

1972   *The Reformation: Basic Interpretations*. Lexington, MA: D. C. Heath and Company.

1983   *The Reformation*, 『종교개혁사』. 서영일 역. 서울: 기독교문서 선교회.

1990   *The Protestant Reformation*, 『종교개혁의 정신』. 정현철 역. 서울: 도서출판 풍만.

Lewis W. Spitz and Wenzel Lohff, ed.

1977   *Discord, Dialogue, and Concord: Studies in the Lutheran Reformation's Formula of Concord*. Philadelphia: Fortress Press.

David C. Steinmetz

1971   *Reformers in the Wings*. Grand Rapids: Baker Book House.

Emanuel Stickelberger

1977   *John Calvin*. translated by David Georg Gelzer. Greenwood, S.C.: The Attic Press, Inc.

John Tonkin

1971   *The Church and the Secular Order in Reformation Thought*. New York and London: Columbia University Press.

Williston Walker

1986   *A History of the Christian Church*. Edinburgh: T. & T. Clark Ltd..

Ronald S. Wallace

1982   *Calvin's Doctrine of the Christian Life*. Tyler, Texas: Geneva Divinity School Press.

1982a   *Calvin's Doctrine of the Word and Sacrament*. Tyler, Texas: Geneva Divinity School Press.

1990   *Calvin, Geneva and the Reformation: A Study of Calvin as Social Worker, Churchman, Pastor and Theologian*. Grand Rapids, Michigan: Baker Book House.

Otto Weber

1985   *Die Treue Gottes in der Geschtchte der Kirche*. 『칼빈의 교회관』. 김영재 역. 서울: 풍만출판사.

Francois Wendel

1976   *Calvin*. Glasgow: William Colins Sons & Co. Ltd.

George H. Williams

1962 *The Radical Reformation*. Philadelphia: The Westminster Press.

George Williams and A. M. Mergal ed.

1957 *Spiritual and Anabaptist Writers*. The Library of Christian Classics. Philadelphia: The Westminster Press.

William H. Werkmeister. ed.

1963 *Facets of the Renaissance*. New York: Harper Torch-books.

Ulrich Zwingli

1953 "The Clarity and Certainty of God's Word". In Zwingli and Bullinger. The Library of Christian Classics. Philadelphia: The Westminster Press.

1981 *Commentary on True and False Religion*. Edited by Samuel M. Jackson and Clarence N. Heller, Durham, North Carolina: The Labyrinth Press.

1983 *On Providence and Other Essays*. Edited by William John Hinke. Durham, North Carolina: The Labyrinth Press.

색 인

감독주의 / 368, 373, 374, 376, 377, 402
413, 419, 420, 421, 422, 423, 432, 443, 447

계약파 운동 (Covenanters) / 445, 446

공동기도서
/ 360, 395, 396, 403, 433, 436, 437, 444

공동생활형제단 / 16, 40, 54, 335

공석목회제도 (Absenteeism) / 35

교사의 자격 / 375

교회 직원 / 266

교회회의
/ 31, 49, 133, 160, 241, 285, 288, 289, 290

라테랑 교회회의 / 49

바젤 교회회의 / 49

콘스탄스 교회회의 / 49, 289

하이델베르크 종교회의 / 74

구스타푸스 (G. Adolphus) / 144, 145, 452

95개조 항의문 / 69, 70, 73

구텐베르크 (Gutenberg) / 29

권징권 / 238

그레벨, 콘라드 (C. Grebel)
/ 21, 185, 186, 187, 188, 189, 191

그로티우스 (H. Grotius) / 342, 343, 345

그리스도인의 자유 / 85

급진적 개혁운동 / 110

급진적 운동에 대한 루터의 자세 / 113

기독교강요 / 317

꾸시칙령 (Edict of Coucy) / 313

낙스, 존 (J. Knox)
/ 253, 362, 358, 365, 366, 396, 424

낭트칙령 (Edict of Nantes) / 323, 325

노빌리, 로버트 (R. Novili) / 297, 301

농민전쟁 / 116, 117, 127, 209

대중적 경건 (Popular Piety) / 41

대헌장 (Margna Carta) / 411

뎅크, 한스 (Hans Denk) / 98, 206

도르트 회의 / 343, 345

도미니칸 수도회 / 53, 74, 75, 296

라그니에 (D. Reguenie) / 254
라스코, 존 아 (J. à Lasco)
 / 348, 393, 395, 399
라이프치히 논쟁 / 77, 79, 80, 121, 137
러더포드, 사무엘 (S. Rutherford)
 / 443, 444, 445
로드, 윌리엄 (W. Laud)
 / 430, 432, 437, 465
로스만 (B. Rothmann) / 209, 211
로욜라, 이그나티우스 (I. Loyola)
 / 282, 83, 284, 285, 298
로이힐린 (Reuchline) / 40, 62, 136
로피탈, 미쉘 (M. L´Hôpital) / 320, 327
루카리스, 키릴 (C. Lucaris) / 304
루터와 보름스회의
 / 88, 89, 90, 129, 277, 282, 286
루터와 에라스무스 / 116
루터와 예배 개혁 / 92
루터의 각성 / 63, 64, 65, 113
루터의 결혼 / 92, 116
루터의 교육 개혁 / 84
루터의 사회 개혁 / 94
루터의 성경 번역 작업 / 91
루터의 소년시절 / 57

루터의 신앙적 순례과정 / 61, 62
루터의 신학 / 96
　기독론 / 100, 101, 214, 255
　만인제사장주의 / 49, 54, 82, 85, 87, 105
　109, 118, 308, 399, 410, 464
　성경관 / 99
　선택교리 / 103, 104, 339, 342
　세속관 / 105, 106, 107
　소명사상 / 81, 105, 106, 417
　신론 / 251
　율법관 / 102
　인간관 / 102, 103
루터의 저작
　교회의 바벨론 포로시대 / 84
　독일 기독교 귀족에게 고함 / 81
　선행론 / 80
르네상스 운동 / 38, 40, 42, 143
르페브르 (J. Lefèvre) / 47, 62, 226, 227
 228, 235, 308, 309, 310, 311, 312
리치, 마태오 (M. Ricci) / 32, 297, 299

마르부르크 회의 / 130, 171, 172, 177, 242
마키아벨리 (Nicolo Machiavelli)
 / 48, 288
마터, 피터 (P. Martyr)
 / 320, 346, 350, 393, 395, 400
마티스, 얀 (Jan Matthys) / 209, 210
만인제사장주의 / 49, 54, 82, 85, 87, 105

색인 503

109, 118, 399, 410

메노파 / 201, 205, 464

메이저, 존 (John Major) / 142, 222, 223

메이플라워와 추수감사 / 426

멜랑히톤, 필립 (P. Melanchthon) / 77, 91
110, 131, 133, 134, 136, 137, 138, 139, 140
141, 142, 167, 171, 174, 175, 176, 213, 244
248, 250, 287, 346, 347, 355

멜빌, 앤드류 (A. Melville)
/ 371, 373, 374, 375, 376, 377

면죄부 / 42, 44, 54, 55, 66, 67, 68, 69, 70
71, 75, 76, 77, 78, 79, 153, 160, 161, 162
235, 284, 290, 386

모어, 토머스 (T. More) / 40, 41, 44, 152
250, 382, 383, 385, 387, 388

목사의 징계 / 267

목사후보생 / 267

무지와 미신
/ 12, 30, 31, 32, 43, 57, 268, 271, 337

물가의 불안 / 27

뮌쳐, 토머스 (T. Müntzer) / 21, 120, 121
122, 123, 124, 125, 183, 187, 206, 209

미사 / 33, 37, 55, 58, 60, 84, 85, 93, 94
111, 112, 114, 129, 131, 150, 152, 160, 161
163, 164, 165, 172, 177, 186, 189, 201, 236
243, 274, 290, 291, 311, 312, 313, 362, 366
369, 390, 394, 396, 405

바로니우스, 추기경 (Cardinal Baronius)
/ 15, 16, 17

바로우, 헨리 (H. Barrow) / 422

발데스, 후안 (J. Valdés) / 349, 350, 351

발디아누스 (Valdianus) / 177

발렌시아교회회의 / 31

방종파 / 246, 249

백스터, 리처드 (R. Baxter) / 437, 439

번연, 존 (J. Bunyan) / 439, 441, 442

베르지에르 (du Vergier) / 295

베셀, 간스포르트의 (Wesel of Gansfort)
/ 40, 54

베셀, 요하네스 (J. Wesel) / 54

베일, 존 (J. Bale) / 14, 253

벨라민, 로버트 (R. Bellarmine) / 290

보뎅, 쟝 (Jean Bodin) / 327

보라, 캐더린 (C. Bora) / 92

복고주의 (via antiqua) / 15, 16, 240

복장논쟁 / 382, 398, 399, 411

볼마르 (M. Wolmar) / 223

볼섹 (Bolsec) / 247

부쳐, 마틴 (M. Bucer) / 75, 107, 131, 132
133, 134, 171, 175, 191, 239, 240, 241, 242
243, 308, 336, 351, 391, 393, 394, 396, 399
400

분리주의 운동 / 15, 183, 421, 422

불링거, 하인리히 (H. Bullinger) / 179, 180 181, 190, 274, 357, 391, 399, 400, 434

뷰캐넌, 조지 (G. Buchanan) / 373, 424

브라운, 로버트 (R. Brown) / 421, 422

브라이트맨, 토머스 (T. Brightman) / 428

브레, 드 (G. de Brèr) / 337

브류스터, 윌리엄 (W. Brewster) / 425

볼로냐 정교협약 / 308, 311

비엘, 가브리엘 (G. Biel) / 16, 17, 52, 58, 61, 65, 177

비튼, 제임스 (J. Beaton) / 352, 354, 356, 357, 358

빌니, 토머스 (T. Bilney) / 383, 384, 387

빌헬름, 오랑예의 (Wilhelm of Orange) / 332, 333, 334, 339

사도신경 / 95, 230, 298, 347

사돌레토 (J. Sadoleto) / 225, 244, 245, 286

사보나롤라 (G. Savonarola) / 53, 350

사비에르, 프랜시스 (F. Xavier) / 283, 297, 298, 300

42조 신조 / 397, 404

39조 신조 / 397, 404, 433, 434

30년 전쟁 전개 과정 / 451

새틀리, 마이클 (M. Sattler) / 191, 192, 194, 195, 196

성물숭배 / 33, 271, 310

성상 / 49, 111, 114, 163, 164, 186, 235 236, 270, 311, 312, 333, 390, 402

성상파괴 운동 / 113, 163, 235, 312, 333

성자숭배 / 32, 33, 42, 55, 115, 238

성지순례 / 42

성직자의 도덕적 부패 / 36, 240

성직자의 무지 / 37

성찬관

  공재설 / 85, 89, 111, 115, 139, 170, 173 174, 208, 256

  상징설 / 170, 173, 177

  화체설 / 85, 89, 131, 165, 169, 170, 172 195, 236, 274, 287, 291, 303, 336, 381

성화 / 49, 52, 70, 94, 102, 112, 114, 163 164, 180, 264, 270, 273, 292, 293, 310, 356 394

세례 / 46, 57, 82, 83, 85, 94, 95, 121, 131 165, 166, 167, 169, 172, 186, 187, 188, 189 190, 192, 193, 197, 204, 205, 230, 251, 256 273, 274, 297, 298, 301, 316, 377, 389, 396 405, 410, 412, 425, 426, 439, 440

세르베투스 (M. Servetus) / 214, 247, 248, 249, 250, 251

세실, 윌리엄 (W. Cesil) / 360, 402, 406, 421

소지니주의 / 213, 216, 217

수장령 / 356, 387, 389, 403

순교사기 / 14, 30, 441

순례자 (Pilgrim) / 34, 427

슈말칼덴 동맹 / 132, 133, 134

슈벵크펠트, 카스파르 (K. Schwenkfeld) / 211

슈타우피츠, 요한 (J. Staupitz) / 59, 60, 61, 62, 63, 288

슈파이에르 제국의회 / 128

슐라이다임 신앙고백서 / 192, 202

스미스, 존 (J. Smith) / 425, 426

스코틀랜드 신앙고백서 / 366

스콜라철학 / 136

스트룸, 요한 (J. Strum) / 240, 244, 337

스팔딩, 마틴 (M. Spalding) / 17

시몬스, 메노 (M. Simons) / 201

시편 찬송 / 237, 243

신대륙의 발견 / 26, 27, 296

신인협동설 / 140, 423

신학개요 / 137, 138, 139, 167

신학의 정수 / 418, 419

실재론 / 15, 16, 51, 58

십계명 / 57, 95, 230, 270, 298, 299, 347 382, 428

아디아포라 논쟁 / 140, 142

아르미니우스, 야곱 (J. Arminius) / 339
340, 341, 342, 343, 344, 345, 426, 439

아우구스부르크 신앙고백서 / 130, 131, 142, 175, 242, 303

아우구스부르크 의회 / 130, 136

아우구스부르크 평화회의 / 135, 330, 449

아우구스티누스 신학의 부흥 / 38, 39

알렉산더 6세 (Alexander VI) / 36

앙리 2세 / 252, 314, 316, 317, 319, 332

앙리 4세 (Henry IV) / 323, 324, 325

야곱, 헨리 (H. Jacob) / 425

얀센, 코넬리우스 (C. Jansen) / 294, 295, 296

언덕 위의 도시 / 429, 462

에드워드 6세 (Edward VI) / 242, 348, 350 357, 359, 368, 391, 394, 395, 397, 399, 403

에라스무스 (D. Erasmus) / 37, 40, 41, 42 43, 44, 45, 46, 47, 62, 85, 89, 91, 92, 103 115, 116, 140, 149, 150, 152, 172, 173, 176 177, 206, 219, 240, 288, 335, 349, 382, 383 384

에임스, 윌리엄 (W. Ames) / 340, 418, 419

에크, 요하네스 (J. Eck) / 73, 74, 77, 78, 79 80, 129, 132, 174, 197

에피스코피우스 (S. Episcopius) / 342, 344, 345

엠덴대회 / 338

예수회 (Jesuit) / 280, 282, 284, 285, 290 294, 295, 296, 297, 298, 300, 301, 302, 406

437, 449, 451

오늘의 헌신 (devotio moderna) / 278

오웬, 존 (John Owen) / 437, 438, 439

오키노 (B. Ochino)
/ 281, 350, 351, 393, 395

옥캄 / 15, 16, 51, 58, 61, 65

옥캄주의 / 16, 222

올레비아누스 (K. Olevianus) / 346

올리베탕, 피에르 (P. Olivetan)
/ 228, 235, 316

왈도, 피터 (Peter Waldo) / 31, 53

왕정복고
/ 436, 437, 438, 440, 441, 446, 462

외콜람파디우스 (J. Oecolampadius)
/ 171, 176, 177, 248, 336

우르술리네스회 / 281

우르시누스 (Z. Urxinus) / 346

우신예찬 / 44

울지, 추기경 (T. Woolsey)
/ 380, 381, 387, 388, 465

원전으로의 복귀운동 (ad fontes) / 39

웨스트민스터 신앙고백서 / 433, 434

웨스트민스터 총회
/ 430, 432, 433, 444, 445, 456, 458

위그노 운동 / 315, 316, 318

위샤트, 조지 (G. Wichart) / 357, 358, 359

위클리프, 존 (J. Wyclif) / 39, 40, 52, 53

78, 222, 311, 354, 384, 385, 409, 434

위텐보개르트 (Uytenbogaert) / 342

윈스럽, 존 (J. Winthrop) / 418, 429

윌리엄스, 로저 (R. Williams)
/ 21, 430, 456

유니우스, 프랜시스 (F. Junius) / 340

6개 신조 / 390, 394

율리우스 2세, 교황 (Julius II)
/ 40, 46, 380, 381

인문주의 운동 / 39, 40, 41, 382, 383

인쇄술의 발명 / 19, 28, 29

일리리쿠스 (M. Illyricus) / 14, 141

일치서 / 142

장로의 사역 / 268

재세례운동 / 188, 189, 191, 197, 209

재세례파 / 20, 131, 136, 140, 165, 167
170, 183, 184, 185, 188, 189, 190, 191, 192
196, 197, 198, 201, 202, 204, 206, 208, 209
211, 213, 219, 228, 229, 230, 237, 241, 244
256, 258, 273, 274, 335, 336, 337, 397, 422
440, 464

제3의 로마 / 305

제네바 성경 / 401

제네바 아카데미 (Geneva Academy)
/ 244, 254, 346, 374

제이공동기도서 / 360, 396, 403

제이권징서 / 374, 375

제일권징서 / 367, 368, 369, 374

제임스 6세 (James VI)
/ 372, 373, 376, 423

조리스, 데이비스 (D. Joris) / 98, 206, 207

존, 라이덴의 (John of Leiden)
/ 183, 210, 211

존슨, 프랜시스 (F. Johnson)
/ 422, 423, 425

종교개혁의 역사적 배경 / 23

종교개혁의 해석 / 11

  과격파 / 20, 21, 114, 116, 117, 184, 188
  201, 213

  루터파 / 20, 91, 116, 127, 128, 131, 132
  136, 138, 140, 141, 142, 143, 144, 175
  201, 211, 212, 216, 219, 227, 242, 332
  346, 347, 349, 388, 389, 400, 451, 452
  453, 454, 464

  세속주의 / 18

  천주교 / 15, 17, 18, 43, 128, 129, 132
  133, 157, 160, 162, 174, 176, 178, 212
  219, 234, 236, 280, 281, 285, 291, 301
  315, 320, 323, 324, 334, 369, 371, 373
  389, 390, 394, 397, 406, 413, 431, 437
  442, 449, 450, 451, 452, 454

  칼빈파 / 333, 342, 343, 346, 347, 451

종교관용사상의 확산 / 456

종교적 갈등 / 135, 317, 450, 455

종교적 관용 / 206, 213, 224, 233, 314, 364
365, 426, 430, 445, 455, 456, 457, 467

주기도
/ 48, 57, 62, 95, 230, 272, 298, 347, 382

집단세례 운동 / 297

집사의 업무 / 268

천국에서 추방된 율리우스 / 46

천인의 청원 / 413, 423, 424

청교도 / 401, 409, 410, 412, 414, 415
418, 424, 427, 429, 430, 431, 432, 438, 439
441, 442, 464

청교도 딜레마 / 424

촛불예배 / 32

출교 / 54, 162, 192, 194, 202, 203, 204
221, 240, 247, 249, 268, 342, 343, 400, 405
445, 465

츠빌링, 가브리엘 (G. Zwilling)
/ 110, 112, 113

츠빙글리 (U. Zwingli) / 20, 30, 107, 130
131, 147, 148, 149, 150, 151, 152, 153, 154
155, 156, 157, 158, 159, 160, 161, 162, 163
164, 165, 166, 167, 168, 169, 170, 171, 172
173, 174, 175, 176, 177, 178, 179, 183, 185
186, 188, 189, 190, 197, 204, 208, 219, 220
240, 242, 256, 262, 271, 274, 309, 314, 336
351, 357, 391, 399, 434

  공개 토론 / 176

  개종 / 154, 177

  성경관 /

  하나님 말씀의 명확성과 확실성 / 157

67개조 신조 / 160, 162

카라파 (G. Caraffa) / 286, 287, 288

카펠평화조약 / 178, 179

카사스, 라스 (B. Las Casas) / 297

카스텔리오 (S. Castellio) / 250, 251, 456

카알 5세 (Karl V) / 79, 88, 89, 90, 114, 115, 128, 129, 130, 131, 132, 133, 134, 135, 136, 242, 243, 277, 288, 289, 302, 314, 328, 330, 336, 349, 350, 381, 386

카제탄, 추기경 (Cardinal Cajetan) / 75, 76, 77, 79, 85, 280

카제탄과 루터 / 75

카트라이트, 토머스 (T. Cartwright) / 411, 412, 413, 414, 424

카푸친 (Capuchins) 종단 / 280, 281, 350, 351

칼빈의 신학 / 255

  교회론 / 264

  교회행정 / 266

  성경관 / 256

  성경해석 / 259

  성례 / 272

  예배 / 270

  예정론 / 261

  인간관 / 261

칼빈의 회심 / 224

칼슈타트 (A. Karlstadt) / 21, 63, 65, 77, 110, 111, 112, 113, 114, 116, 124, 143, 173

코넬리우스 호엔 (C. Hoen) / 172, 336

코르테스 / 297

코튼, 존 (J. Cotton) / 429, 430, 438

콕스, 리쳐드 (R. Cox) / 360, 361

콜렛, 존 (J. Colet) / 40, 42, 43, 382

콥, 기윰 (G. Cop) / 223

퀘이커 (Quaker) / 197, 456, 457, 460, 461, 462, 463

크랜머, 토머스 (T. Cranmer) / 242, 351, 360, 383, 387, 392, 393, 394, 396, 398, 399

크롬웰, 올리버 (O. Cromwell) / 435, 436, 437, 438, 439, 445, 462

크롬웰, 토머스 (T. Cromwell) / 387, 388, 389, 390, 391

크루즈, 후안 데 (J. Cruz) / 291, 293

크리스티안 2세 / 143, 144

클레멘트 7세 (Clement VII) / 278, 319, 349, 386

타울러, 요하네스 (J. Tauler) / 212

타협예전 (Compromise Liturgy) / 360

탑 속의 체험 / 62, 96

테레사, 아빌라의 (Teresa of Arila) / 291, 292, 293

테아틴 종단 / 280

테첼, 요하네스 (J. Tetzel)
/ 66, 67, 68, 69, 74, 77

통일령 / 394, 403, 436

통치자와 백성의 관계 / 231

틴데일, 윌리엄 (W. Tyndale)
/ 41, 355, 383, 384, 385

파커, 매튜 (M. Parker)
/ 383, 402, 403, 404, 411, 414

퍼킨스, 윌리엄 (W. Perkins)
/ 340, 341, 414, 415, 416, 417, 418, 419

페르난데스 (J. Fernandes) / 297, 300

페리에, 라 (La Ferrie) / 315, 316

페린, 아미 (Ami Perrin) / 247, 249, 253

페터손, 올라프 / 145

펠리페 2세 (Philip II) / 316, 320, 321, 330 331, 332, 333, 334, 371, 397, 401, 406

포네 (Ponet) / 327, 328, 329

포르쥬, 에띠엔 드 (E. Forge)
/ 224, 225, 229, 313

폭스, 조지 (G. Fox)
/ 457, 458, 459, 460, 461, 462, 463

폭스, 존 (J. Box) / 14, 28, 30, 441

푸페르, 요하네스 (J. Pupper) / 54

프랑수아 1세 (Francis I) / 79, 128, 168 224, 226, 228, 229, 230, 289, 303, 308, 311 312, 313, 314, 324, 354, 381

프랑스 개혁교회 / 317, 368, 433

프랑크, 세마스티안 (S. Frank)
/ 183, 211, 212

프랜시스칸 수도회 / 281, 296

프리드리히 1세 / 143, 207

항론파 (Remonstant) / 342, 343, 345

항해술 / 26

해밀턴, 패트릭 (P. Hamilton)
/ 355, 356, 365

헨더슨, 알렉산더 (A. Henderson)
/ 443, 444

헨리 8세 (Henry VIII) / 35, 280, 350, 354 356, 357, 380, 381, 385, 386, 387, 388, 389 390, 391, 392, 397, 401, 421

현대주의 (via moderna) / 15, 16, 78, 149

호마루스, 프랜시스 (F. Gomarus)
/ 340, 341

호트만, 프랑수아 (F. Hotman) / 327, 329

호프만, 멜키오르 (M. Hoffmann)
/ 192, 206, 207, 208, 209

화렐, 기욤 (G. Farel) / 233, 234, 235, 236 237, 238, 239, 245, 307, 308, 310, 312

후브마이어, 발타자르 (B. Hubmaier)
/ 196, 197, 198, 199, 206

후스, 얀 (Jan Hus) / 52, 53, 78, 89, 222

후커, 리처드 (R. Hooker) / 420, 421

후터, 야곱 (Jacob Hutter) / 199, 201

후터파 / 199, 200, 213

후트, 한스 (Hans, Hut) / 198, 199

후퍼, 존 (J. Hooper) / 382, 398, 399, 400

흐루테, 헤라드 (Gerard Groute) / 52, 335

히메네스 (F. Ximénez) / 279